西部地区农业

改良研究

（1937—1945）

XIBU DIQU NONGYE
GAILIANG YANJIU

李　俊／著

 四川大学出版社

责任编辑:高庆梅
责任校对:许　奕
封面设计:墨创文化
责任印制:王　炜

图书在版编目(CIP)数据

西部地区农业改良研究：1937—1945 / 李俊著.
—成都：四川大学出版社，2018.7
ISBN 978-7-5690-2088-5

Ⅰ.①西…　Ⅱ.①李…　Ⅲ.①农业技术改造－研究－西北地区②农业技术改造－研究－西南地区
Ⅳ.①F323.3

中国版本图书馆 CIP 数据核字（2018）第 150456 号

书名	**西部地区农业改良研究（1937—1945）**
著　者	李　俊
出　版	四川大学出版社
地　址	成都市一环路南一段 24 号（610065）
发　行	四川大学出版社
书　号	ISBN 978-7-5690-2088-5
印　刷	郫县犀浦印刷厂
成品尺寸	148 mm×210 mm
印　张	14.125
字　数	380 千字
版　次	2018 年 7 月第 1 版
印　次	2018 年 7 月第 1 次印刷
定　价	68.00 元

◆读者邮购本书,请与本社发行科联系。
电话:(028)85408408/(028)85401670/
(028)85408023　邮政编码:610065
◆本社图书如有印装质量问题,请
寄回出版社调换。
◆网址:http://www.scupress.net

绪　言

据美国洛夫博士之意见，农业问题可分研究、农业教育与推广三部。"研究"为改良农业之基础，能有研究，方能有发明；能发明，方有良好结果，以指导学者，或介绍给农民。① "农业教育"之工作，在大学农学院与中等程度之农业学校，应担负此种责任，一方面接受专门学者研究之结果，一方面从事继续发扬之工作，使改良之方法，普及于农民。② "推广"便是将研究之结果，采用各方面适当之方法，使实地经营之农民能得到实在的利益。③ "就我国农村现状而言，二三年以前之农业与现今之农业，固无甚变化，而在欧美各国则不然，其总是日新月异向前猛进，故我国农业推广，亦应迎头赶上，其地位之重要，可想而知，例如种子、肥料、病虫害防治法、家畜养育法，以及其他种种问题，均有研究推广之必要。"④ 研究与推广绝对不能分离，研究为推广之后盾，推广为研究之先锋，担任推广人员须取集农村种种实际问题，以求专门学者之解决，而研究机关则当咨询推广人员，以决定研究之步骤，如此协力进行，以事实做出发点，推广庶不致徒托空言，无补实效。农业推广，依字面而言，即将

---

① 中美农业技术合作团：《改进中国农业之途径》，商务印书馆，1946年，第37页。

② 章之汶、李醒愚：《农业推广》，商务印书馆，1935年版，第3页。

③ 章之汶、李醒愚：《农业推广》，商务印书馆，1935年版，第5页。

④ 章之汶、李醒愚：《农业推广》，商务印书馆，1935年版，第3页。

农业扩大推行出来的意思。如何谓之农业扩大推行？可分两层说明：一是将农业机关研究所得之良种美法，介绍于农民，使之仿效种植或使用，以增进农业之生产，此为农业推广狭义的解释。[①] 二是推行农村自治，提倡合作组织，实施农民教育，促进卫生运动，改革不良习惯，使整个农村成进化的农村，此为农业推广广义的解释。[②] 推广工作，物质方面如改良种子、防治病虫害等，苟不借手于教育方面、政治方面，则易生阻碍，原来推广之美满效果难于一蹴而就，质言之，农业推广是将研究之结果，采用各方面适当之方法，使实地经营之农民，得到实益，对于农民借管教卫三项手段，而达于养之目的之事业，谓之农业推广。[③]

农业推广之目的，应使农村有整个的改良，分析言之，约有下列数点：

1. 使农民了解普及农业科学知识之重要；

2. 指导各种合作事业，养成农民有组织之力量，以免外界剥削；

3. 使农村人民，对于农村生活发生淳厚之兴趣；

4. 促进各种生产事业，如改良运销方法，提倡农家副业，以增加农民之收入；

5. 调和农村经济，使农民有生产之基本金，而免重利盘剥；

6. 培养推广领袖人才，促进地方自治；

7. 实地指导农业上技术改良之方法；

8. 提高农民智识程度，以利各种事业之进行。[④]

---

① 郭霞：《40年来之中国农业推广》，《农业通讯》，1948年，10卷8期，第5页。
② 郭霞：《40年来之中国农业推广》，《农业通讯》，1948年，10卷8期，第5页。
③ 章之汶、李醒愚：《农业推广》，商务印书馆，1935年版，第7页。
④ 行政院农村复兴委员会：《中国农业之改进》，商务印书馆，1935年版，第27页。

上列各条，归纳言之，即为普及农业科学智识，提升农民技能，改进农业生产方法，改善农村组织、农民生活及促进农民合作，此即国民政府规定农业推广之目的。与美国农业推广之目的大致相同。[①]

古时帝皇之劝农崇农诏令，历代颁行，其他如祀先农先蚕，躬耕借天之事，常有提倡，但此仅为帝皇奖励农业之意义，绝不能即谓为农业推广。国内农业推广之历史，迄全面抗战爆发不过30年，其发展过程大致可以分为三个阶段。第一阶段，自清末开始倡导至1929年中央农业推广委员会成立，此一时期内，农业推广虽有进行，但是局部的、枝节的，并无专门负责机关。第二阶段，自中央农业推广委员会成立以迄抗战以前，这一时期政府开始有专门组织办理农业推广事务，但因力量太小，基础未具，仍未收到多大效果。第三阶段，抗战开始以后至解放战争，该阶段，中央以至各省政府，深感农业推广重要，积极推进，普遍发展，规模粗奠。[②]

晚清以降，农业经营仍以自给自足为目标，一切在保守状态中，农民自然不觉农业推广的需要。继和外国通商，各国科学发达，生产跃进，中国旧式农业破绽尽露，相形见绌，不足同外国竞争，因此清末社会对农业科学便逐渐重视。在教育及研究方面，设立许多农业学校，创立农林讲习会，举办农事试验场。民国元年后，北洋政府也积极倡导农业推广，以唤起农民注意，农民亦渐感需要而产生浓厚兴趣，农业推广渐有开展，但范围狭小，尚未形成社会风气。南京国民政府成立后，农业推广颇受农界重视，不少有识之士将其视作与农业科研和农业教育具有同等

---

① 章之汶、李醒愚：《农业推广》，商务印书馆，1935年版，第13页。
② 郭霞：《40年来之中国农业推广》，《农业通讯》，1948年，10卷8期，第5页。

重要意义之事业。政府对农业推广亦十分重视，并动用行政力量，号召开展农业推广工作。1928年5月，全国教育会议于南京举行，广州国立中山大学曾提出"确立教育方针，实行三民主义之教育建设，以立救国大计案"。内第三节，即说明农业推广教育。[①] 该案经全国教育会议通过，此乃以后农业推广行政组织之滥觞。1929年3月，中国国民党第三次全国代表大会通过中华民国教育宗旨及其实施方针案，此中第八项，即指农业推广而言。"农业推广，须由农业教育机关积极设施，凡农业生产方法之改进，农民生活技能之增高，农村组织与农民生活之改善，农业科学知识之普及，以及农民生产消费合作之促进，须以全力推行。"[②] 1929年5月，农矿、教育、内政三部，根据中华民国教育宗旨，参照全国教育会议通过之农业推广案，拟定农业推广规程，并由国民政府通令各省政府遵照办理。同年12月，国民政府组设中央农业推广委员会，作为全国农业推广工作的最高协调机关，负责指导和督促全国农业推广的开展。1933年4月6日，实业部、教育部、内政部复会同公布了《修正农业推广规程》，第一次以法令的形式，肯定了农业推广的重要性，并对各级推广组织建设及其应办事业做了具体规定，成为当时全国各地兴办农业推广事业的法律依据，亦为近代中国农业推广之滥觞。

南京国民政府前期，为统筹全国农业科研事业，实业部于1931年开始筹建中央农业实验所，作为全国最高农业科研实验机关，下设稻、麦、棉、旱作物、桑、果、林等试验场，及农艺、土壤、肥料、蚕桑、畜牧、兽医、森林、农经、植物病虫害等9系，每系下复设若干研究室或实验室。其任务为"研究及改

---

① 唐启宇：《近百年来中国农业之进步》，国民党中央党部印刷所印行，1933年，第107页。

② 郭霞：《40年来之中国农业推广》，《农业通讯》，1948年，10卷8期，第7页。

进发展中国农作物、森林、蚕丝、渔、牧、农艺及其他农业技术
及方法；就中外已知之良法加以研究及试验，并推广其有效之结
果；调查农业实际情形，并输入有益农业之动植物；调查及研究
农村经济及农村社会；以科学方法研究农产或原料之分级"①。
每年拨经费 60 万元，有技正 14～20 人，技士 25～35 人，助理
员 50～60 人，为当时全国最有实力之农业科研机关。② 除中农所
外，其时实业部还设有全国稻麦改进所、中央棉产改进所、蚕丝
改良场、祁门茶叶试验场、中央模范林业试验场、海洋渔业管理
局、西北种畜场、血清制造所、兽疫防治所等。地方亦普遍设有
省属农业科研机关，如仅江苏一省在 1933 年至 1934 年，就设有
省立农业机关达 86 个之多。③ 他如浙江、福建、广东、江西等
省亦各自设立数十个农事改良场，均"采用新法，参酌地方情
形，从事实地试验"④。而县级农业试验场、改良场的设立，更
是蔚然成风。据统计，至 1934 年，全国已有农事机关共 691 个，
其中国立 52 个，省立 356 个，县立 174 个，私立 76 个，社团 33
个，分布在江苏一省者就多达 208 个；人才方面，全国农事机关
中共有各类工作人员 7 638 人，其中国立机关 1 150 人，省立机关
4 317 人，县立 894 人，私立 984 人，团体 289 人；年度经费总
计 20 437 351 元，国立及省立机关分别占 9 330 455 元和 7 696 655
元，为绝大部分。⑤ 实业部为改进作物育种技术起见，还聘请了

---

① 《中央农业实验所章程》，《农业周报》，南京农业周报社，1931 年，1 卷 32
期，第 51 页。
② 李治楫：《国内农事试验机关概况》，《农业推广》，1935 年，第 6 期，第 17
页。
③ 钱天鹤：《中国农业研究工作之鸟瞰》，《农业推广》，1936 年，第 8 期，第
23 页。
④ 沈鸿烈：《全国之农业建设》，《农业推广通讯》，1943 年，4 卷 7 期，第 27
⑤ 钱天鹤：《中国农业研究工作之鸟瞰》，《农业推广》季刊，1936 年，第 8
期，第 27 页。

欧美作物育种专家如美国康奈尔大学教授洛夫博士，英国剑桥大学教授、生物统计专家韦适，美国哈佛大学博士、明尼苏达大学教授、作物育种专家海斯等，来华进行指导，给中国育种事业带来了田间技术及生物统计等新技术，"使试验效果大大提高，中国作物育种技术渐渐赶上了世界先进水平"①。农业改良从此走上了以生物技术改良为主的道路，这与欧美各国近代农业走以农业机械化道路为主的情况有所不同。农业推广亦受到国民政府重视，并动用行政力量助其发展。1929 年行政院出台了《农业推广规程》，第一次以法令形式肯定了农业推广的重要性，并成为当时全国各地兴办农业推广事业的法律依据。同时组设中央农业推广委员会，作为全国农业推广工作的最高协调机关，负责指导和督促全国农业推广。地方各省亦纷纷响应，相继设立省农业推广委员会或农业推广处，至 1936 年，各省已设推广机关多达500 个。② 唯各科研机构政出多门，各不相属，事权分散，甚至彼此重复矛盾，工作脱离实际，散漫寡效，且人事变动频繁，影响了正常科研活动的开展。而农业推广则因县级农业机关人员不敷、素质较差、待遇菲薄等，中央布置之各种任务由省到县后，往往开展困难，颇多头重脚轻之弊。且此一时期，农业科研机构之设立、农业改良与农业推广活动之开展，亦主要在东部沿海各省进行，西部地区基本上尚未举办。东、西部呈现出明显的地区发展不平衡态势，二者间农业发展水平差距甚大。

全面抗战爆发后，此一格局则为之丕变。随着东部地区的沦陷，中国农业遭受惨重损失，军民衣食、外贸出口及政局稳定等均受到巨大冲击，政府对西部地区农业经济的依赖也越来越强

---

① 曹幸穗、王利华：《民国时期的农业》，《江苏文史资料第 51 辑》，江苏文史资料编辑部，1993 年版，第 109 页。

② 《社论》，《农业周报》，南京农业周报社，1936 年，5 卷 24 期，第 32 页。

烈。为恢复和发展西部地区农业，稳定西部地区经济，支持长期抗战，国民政府乃把农业改良的重点转向西部地区，要求四川、贵州、云南、湖南、河南、陕西、湖北等西部地区 15 省成立农业改进所或类似农业改进机关，负责本省农业改良，并予以大力扶持和协助，从而在西部地区掀起了一场声势浩大的农业科技改良运动。而战时西部地区农业改良无疑有其特殊性，不仅农业科技获得了前所未有的提高，推进了西部地区各省农业的发展，支持了抗战，而且改变了战前农业科研、农业推广均分布在东南沿海一带，西部地区基本上付之阙如的状况，在一定程度上缩小了东西部农业发展的差距，打破了战前地区发展的非均衡性，提高了西部地区各省农业生产力，为农业发展注入了新的活力，在农业发展史上具有相当重要的地位，具有十分重要的研究价值。故无论是从战时西部地区农业的重要性，还是战时西部农业改良的特殊性言，研究战时西部地区农业改良的成效及其对抗战的支持，无疑具有一定的历史意义。无独有偶，20 世纪 80 年代，中国实行改革开放，东部沿海地区在 20 世纪再次获得优先发展，国家政策一度向东部地区倾斜，东部农业亦获得长足进展。20 年后，政府提出西部大开发战略，政策开始向西部地区倾斜，西部各省皆应抓住此时机，利用当今先进科技改良农业，实现科技强农，使农业获得巨大发展。无论是西部还是全国，解决"三农"问题，实现农业现代化，使中国由农业大国转变为工业大国，并在第三次农业革命中占有一席之地，均离不开农业科技的推动作用，农业科技仍然是农业第一生产力。因此，选择西部地区农业改进作为研究对象，亦具有重要现实意义。

由于本书的研究对象仅限于民国时期西部地区各省农业改进所及中央农业实验所的技术改进活动，虽所涉内容为广义的农业，即大农业，但并未关注农田水利的改进问题。因抗战时期农田水利在中央隶属水利委员会，在地方则归水利厅，与各农业改进所并无直接关系，故不在研究范围之内。此外，技术改进所产生的经济效益问题也未予以深入讨论，因战时物价波动过大，且各省物价各不相同，实难做横向或纵向比较，如就每一技术在各省所产生的经济效益开展讨论，则工作量过大，资料亦难处理，实际上难以办到，因此仅从宏观上予以探讨。

本书材料主要由大量档案资料和民国时期报刊、图书等第一手资料构成，在研究过程中，主要采用实证研究的方法，综合运用历史学、农学、经济学、计量学等相关学科的理论与方法，注意战前与战时、西部与东部沿海地区、西北与西南地区的联系与对比，将定性研究与定量研究相结合，把西部地区农业改良放在抗战的大背景下，对其改良活动进行深入的阐释分析。

抗战时期西部地区农业改进的资料主要藏于中国国家图书馆、重庆图书馆、中国第二历史档案馆、四川省档案馆等，此外多数县市档案馆亦有部分相关收藏。从1938年至1945年的绝大部分相关资料均可以在中国国家图书馆、四川省档案馆、四川大学图书馆、重庆市图书馆、北碚图书馆查找到，西部地区各省的农业改进情况基本上都能够在各农业改进所所长工作自述中得以管窥。而在所发现的相关资料中，重复者尤多，部分机关资料缺失严重，尤其是林业改良和园艺改良方面的资料最为不全。由于各改进机关几经搬迁，领导更换频繁，大多数附属机关分散各地，因而使各方面的资料亦不充足，如基础设施、经费、机关工作人员等的资料基本不全，故无法对其做精确的分析。

从数量上看，各农业改进所的档案中绝大部分是关于研究试验的案卷，尤其是关于各种农作物播种面积、生长情形及收获的估计月报。由于其时规定所有报表均须一式三份，一份留试验场，一份上交农业改进所，一份呈省府备案，故资料中重复者颇多，且月与月之间的报告并无多少变化。因此，本书关于粮食、棉花、蚕桑、畜牧、园艺、病虫害防治、肥料、森林等方面的试验研究报告主要以各改进所所长的工作自述为主，并以战时各种相关期刊资料为辅。如《中国稻作》《中国园艺专刊》《中国新农业》《中国农业推广协会会报》《中国经济统计汇报》《中国蚕丝》《战时各省粮食增产问题》《园艺》《现代农民》《西大园艺学会会刊》《西北森林》《西北农林》《土壤肥料与农业》《人与地》《全国农林试验研究报告辑要》《农林公报》《农报》《农本》《农本月刊》《国民经济建设》《农报》《西南实业通讯》《农林新报》《中华农学会报》《农声》《林学》等均刊载了一些农业改良方面的文章，是难得的史料。

　　农业推广是西部地区各省农业改进所的另一重要业务。此方面的资料主要集中在《农业推广通讯》《农业推广》《川农所简报》等期刊中，其中有关粮食、棉花、蚕桑、畜牧、园艺、病虫害防治、肥料等方面推广成效的资料最为详尽。这与当时政府对解决西部地区军需民食，发展西部地区经济，稳定西部地区社会问题的重视有关。在农业推广中，首重粮食，次为棉花，再次为出口换汇物资。病虫害防治与肥料则是增加农作物产量不可或缺的手段，因此亦得到政府和各省农业改进所的重视，被列为重要改良推广活动之一。而反映农业推广中存在的问题及其推广方法探讨的另一主要资料则是胡竟良所著论文集《农业推广》以及中美农业技术合作团所著《改进中国农业之途径》一书。这些资料为本书探讨各省农业改进所的农业推广活动，提供了极大方便。此外，中国第二历史档案馆所编印的《中华民国史档案资料汇编》第五辑第二编中的财政经济部分、战时全国生产会议秘书处编印的《全国生产会议总报告》、重庆中国农民银行经济研究处编印的《中农经济统计》、中央农业实验所编印的《中农所简讯》、南京中华农学会出版的《中华农学会报》、重庆中华农学会编的《中华农学会通讯》等亦为本书研究战时国民政府农业改良政策及其措施提供了宝贵资料。

　　根据所掌握材料的情况，本书将重点阐述各省农业改进所对粮食、棉花、蚕桑、畜牧、园艺、病虫害防治、肥料、森林的改良及推广活动，并探讨其推广体系。而对甘蔗、农具、烟草、羊毛与桐油改良则不做详细阐述。本书所论述的对象是西部地区的农业改进机关，是庞大的机构，其活动显得纷繁复杂，这给研究范围的界定和内容的整合带来了一定困难。在此情况下，本书较多地应用了分类和统计的方法，以期在调查统计的基础上得出概括性的结论。首先，笔者对各省农业改进所的各种改良活动进行了较为广泛和深入的调查和梳理，然而农业改进的情形相当复杂，研究试验对象之间往往有巨大的个体差异，其一般的"规律性"的特征并不明显，兼以相关的档案资料也相当多，各项试验研究的月报资料就多达数万卷，尽管这些对当时试验研究活动而言是很有价值的材料，但重复之处相当多，并且各月之间变化较小，要一一描述似不太可能。因此，笔者在大量调查研究的基础上，将各省农业改进所的改良活动按照改良对象的轻重缓急进行分类，其依据是战时国民政府要求亟须改良的对象，而不是各省农业改进所下属的各个工作组的工作内容。因为战时国民政府农业改良政策明确规定，改良的对象主要分为三类：一是亟须自给之粮食，二是可以换取外汇之出口农产品，三是可以作为工业原料之农作物。因此，笔者将各省农业改进所的主要改良活动范围界定为粮食、棉花、蚕桑、畜牧、园艺、病虫害防治、肥料、森林等八个方面。在分类的基础上，笔者对每一改良对象进行了详细分析与阐述。其次，笔者还对各省农业改进所的农业推广体系进行了考察，分析阐释了其推广机构和方法，检讨了农业推广中存在的问题。同时选取个案进行阐述，力求做到点与面的有机结合，希望有助于问题的深入发掘。

目　录

第一章　西部地区农业改良运动的兴起……………………（ 1 ）

　　第一节　西部地区农业改良运动兴起的背景…………（ 1 ）

　　第二节　西部地区农业改良运动的兴起………………（ 21 ）

第二章　西部地区农业改良活动（上）……………………（ 46 ）

　　第一节　粮食作物选种育种……………………………（ 46 ）

　　第二节　棉业改良………………………………………（ 76 ）

　　第三节　蚕桑改进………………………………………（101）

　　第四节　畜牧业之进步…………………………………（167）

第三章　西部地区农业改良活动（下）……………………（196）

　　第一节　病虫害防治……………………………………（196）

　　第二节　肥料改良………………………………………（236）

　　第三节　西南西北林业开发……………………………（262）

　　第四节　园艺开发………………………………………（302）

第四章　西部地区的农业推广………………………………（316）

　　第一节　农业推广机构的建立…………………………（316）

　　第二节　农业推广人才与方法…………………………（338）

　　第三节　农业推广问题…………………………………（361）

第五章　西部地区农业改良的历史评析……………………（378）

　　第一节　新县制下的西部地区农业改良………………（378）

第二节 战时西部地区农业改良评析……………………（390）

结 语………………………………………………（406）

参考资料……………………………………………（415）

后 记………………………………………………（436）

第一章　西部地区农业改良运动的兴起

全面抗战爆发后，国民政府为开发西部地区农业，增加军需民食，支持抗战，制定了一系列改良西部地区农业的方针政策，并在西部地区掀起了声势浩大的农业改良运动。西部地区各省纷纷响应，并在中央农业实验所的协助下，建立了本省农业改进机关，以期改进本省农业，提高农业产量，以应战时所需。

第一节　西部地区农业改良运动兴起的背景

一　战前中国农业概况

我国是一个以农为本的国家，一般社会的经济机构，莫不以农业生产为其主要因素。农业实为我国国民经济的命脉，乃大部分人民生活所依据。就人口方面说，全国 4 亿多同胞，有 80％以上都是聚居乡村，从事农业的生产工作。就财政方面说，国家每岁收入的赋税，也大半出自农人之手。就国际贸易方面说，逐年可观之入超，全靠油、茶、棉、丝等特产品及皮革等畜产品的输出，以资补救。再就人民之日常生活情形说，如满足食、衣、住、行民生四大需要的原料，无不取于农民。推而远之，即就历史方面观察，历朝一治一乱之事态的转移，也多视农民之动向为其决定的动力；换句话说，就是历朝统治政权的安定与动摇，全看当时统治阶级对于农民问题或是跟农业有密切关系的土地问题

1

是否获得适当的解决办法。农业问题成为我国社会问题的重心，实属毫无疑义。故欲求国富民强，工商发达，必先从繁荣农村和改良农业着手。所以说农业是工商业的基础。盖农工商三者，虽近若分离各自为业，但有相互选择的效能，确是我们所不能忽视的。

自工业方面说，凡制造原料，仰给于农产物者十之八九，俗语有谓"农以生之，工以成之"者，当非谬论。战前我国工业，尚很幼稚，虽乏统计数字可资稽考，但言其大概，如糖、茶、烟叶、丝、油、纺织、造纸等业，也全赖农产品做它的原料。就商业与交通方面说，各国通商和运输大抵以农产品占其大量，如国外的贸易，则农业的输出，工业国的输入，多以农产物为大宗，而国内的贸易，虽有因各国文明不同而生差异，但以全国计之，食品的流转，实居最多数，且其他工业品既仍多以农产品为原料，所以农产品必为国内贸易的主要货物。由此观之，则农业改良问题，对于国家社会的重要性，已概可想见其一斑。

综上所述，农业问题既为社会问题的重心，农业改良又为发展工商业的基础，而欧美各国于第一次世界大战后努力实施农业改进更获得了良好成效。故"凡我国人岂可漠然置之？我们务须急起直追，认清当前的使命，领导农民，以改良农业为今后共同努力的目的，奋力迈进"[①]。农业改良的目标，从农业的本身说：一是增加产量，即在谋同一单位耕作面积之收获量的增加；二是改进品质，即力求农产物的质地的佳良，以增进它的商品价值。从农业与整个国家、社会间的关系说，则农业改良即在于完成农业建设，以达到民生的充裕。"我们非但应谋一国的自给自足，同时要力求生产之增加，庶得以农产品的输出，换取必要的外国机械如农业或工业机器与军火等物资，以供国内发展其他实业或

① 王兆新：《战时农业政策》，独立出版社，1942年版，第3页。

抵抗外力侵略之用。这也可以说是农业改良在战时对国家社会应负的使命。"[1] 其大者主要包括以下数端：（一）须谋粮食生产之自给自足。农业为利用土地生产国民食粮的产业。设一国农业生产不够自给，每年必须从外国输入多量的农产品，以补救它的不足，即全体国民将无法维持它平稳的生活，且仰求他国供给，在平时易受输出国贸易政策的威胁，已特恐所缺乏的食粮不能源源接济，而战时或因交战国之禁止输出，或因船舶之不足及海上发生危险，无论本国所处地位如何，其食粮输入的来源，在在均感有全然断绝之虞，国民生活亦将因此而愈陷入非常困难的境地。故为保障国民生计的安全，平时对国内农业的改良发展，必须竭尽最大的努力，庶克有济。要知农业改良的唯一目标及使命，厥在供给民食消费的需要，即本国所需要的农产直接消费，都能由本国供给，这是农业国家最低限度应该做到的基本要件。（二）注意改善农民生计。农业改良的第二个目标，是增加生产，增加农民财富，因以改善农民的生活。但增加生产，不是任意增加某种产物，而是要注意到这种出产物的销路，可以增加农民的财富，不致有过剩的现象才行。（三）本国工业原料须能充分供给。工业原料大抵赖农林业、水产业、矿业等以为供给，而农林业所生产的原料尤占大宗。故欲求工业原料之能够充分供给，必须先讲求农林业的发展。本来一国工业的原料，不必完全由国内生产，如某种原料为本国所缺乏，可不妨由外国供给，不过此种情形，在工业发达的国家，能以大量的制造品去换取他国的原料，出超于入，尚不致影响本国的国民经济，可是在以农为本的国家如我国，工业上应用的原料，既大部分是农林业所供给，则必须发展本国的农林业，供给低廉的原料，乃可促进工业的发达，而保持国民经济的充裕。因之，现在世界上无论任何国家，其国土

---

① 王兆新：《战时农业政策》，独立出版社，1942年版，第4页。

的大部分，莫不利用于农林业的生产，以谋食粮的充足，与工业原料的自给。否则，一旦遇有战争或其他障碍发生时，不但工业原料来路断绝，甚而为它的影响所及，且无法维持国内产业的繁荣。所以促进国内农林业的发达，努力讲求原料自给，实为国家生存上所必须。（四）增进民族的健康。我国人口中，农民占最大多数，一般农民体格，均较从事于工商业者强健，故努力农事劳动，适足增进国民的健康。现时我国大多数农民衣食不能自给，营养卫生都很不讲究，我们要谋本国农业的改良，这也是非常值得注意的一个重要目标。

然全面抗战爆发前十年，国内农业的衰落，已到了非常严重的地步，真可说是秋风落叶，呈现出一片萧索的景象。"回到农村去""复兴农村，改良农业"这一类的口号，在"七·七卢沟桥事变"前，"我们真的是听厌了，甚至是麻木了"[①]。一般的现象是：（一）贫穷。中国人生来就穷，正如孙中山在民生主义中所说，中国人无贫富之分，只有大贫与小贫之别。乡村农民就大部分是大贫，他们终年胼手胝足，乐岁尚不能谋一温饱，凶年就更难免于死了。据抗战爆发前几年的南北各省县农家耕地面积调查显示，农家耕地面积，计每户在 25 亩以下者，邺县是 78.3%，仪征是 93.2%，江阴 91%，吴江 87.6%，宿县 62.6%，唐县 90.7%，邯郸 42.9%，以上合计平均是 81% 左右，而耕地在 10 亩以下者，又占 56.7%，且其中耕地面积较大者，还有很多是佃农。[②] 总计农民中的贫穷人口，约有 3/4，若以全国人口 4 亿计算，农民占 80%，即 3 亿左右，就有 2 亿多的人口是大贫的劳农。由这种贫穷的结果，普遍影响农村的，一是生活水平降低。我国一般农民的生活水准，本来就很低，而尤

---

① 沈鸿烈：《农林建设》，中央训练团党政高级训练班编印，1942 年，第 5 页。
② 沈宗瀚：《农林垦牧》，中央训练团党政训练班讲演录，1939 年，第 23 页。

以农村居民为最，据美国人杜格希夫氏的研究："在中国5口之家的农户，每年生活费仅25元，即每月2元8分，每人每月用4角2分，而此25元，并非纯现金的收入，农田生产物的价值也包括在内。""关于衣着，则由身边现有资料加以整理起来的话，大约近似的估计数则为平均每人每年2元左右。"① 这种低下的生活程度，恐怕是打破了世界各国的记录。虽然抗战三年来，各地物价指数普遍地飞涨着，农民日常的生活费用，成倍增长，但农民生活程度的低下仍是无可讳言的。二是教育事业不发达。由于衣食的不足，当然无力来谈受教育。所谓"衣食足，然后知荣辱"，若生活问题尚未解决，更何暇谈生活之改善？当然我国人民的先天的本质，或不一定会比他国人民差劣，但由于后天的获得性，以及环境给予的影响，致使他们没有受教育的机会，缺乏各种应有的常识，因之对各种新的科学，不知如何解释，无怪要"迷信守旧"，更谈不上耕作技术的改进和农业的建设了。（二）离村。贫穷的结果，便是造成大批农民离村。我国农村中的劳动力，本来就有过剩，在频年天灾人祸纷至沓来的时候，农民为求生的欲望所逼，不得不背井离乡。战前中央农业实验所曾做了一个22省1001县的农民离村调查，据查得到的结果：全家离村的农家有192万余户，约占总户数的4.8%，青年男女离村的农家有350余万户，占总户的8.9%。虽然这个统计还未能说明离村的农民究竟要占农民总数中的百分之几，但它的严重程度，亦可想见。又据其统计，离村最多的农家中，有70%以上是耕地未超过10亩的小农。而全体离村人口中，地主占19.5%，自耕农占28.8%，佃农占34.8%，其他占16.9%。②

---

① 沈宗瀚：《农林垦牧》，中央训练团党政训练班讲演录，1939年，第24页。

② 唐启宇：《近百年来中国农业之进步》，国民党中央党部印刷所印行，1933年，第12页。

可见佃农离村比自耕农更为踊跃。而地主离村也如此之多，盖因贪图安乐，以及青年子弟出外求学，其意义显然和前者有所不同。（三）衰落。贫穷、离村的结果是造成农村特有的萧条和衰落。离村的农民，大部分都集中到都市中去做产业工人或小贩，弄得城市中也因人口日增而造成劳动力过剩，于是一部分年壮有力的人，为生活所迫，不得已铤而走险，流为匪徒，妨害社会秩序，农村人民，也因此不能安居乐业。

而战前我国农业何以会如此衰落？概括地说：一方面是由于帝国主义列强实行经济侵略的结果，使我国自给自足的农村经济组织根本上发生动摇而趋于崩溃；另一方面，所有耕地仍集中在少数地主之手，零零碎碎地分散给佃户租种，农事的工具仍为数千百年来的旧家伙，垦殖的技术亦未随时代与科学的进步而改良。同时在从事农业生产者的本身，因大都受不到教育的恩惠，知识浅薄，农业经济又是以小农经济为基础，农民组织散漫、松懈，失去抵抗任何外力压迫与剥削之能力，是均为其症结所在，亟待今后渐加设法改进。

二　战前东西部地区的农业科技

改良农业的先决问题乃为促进民生四大需要中"吃饭"问题的解决。我国自古以农立国，农业是全国生产事业的主要部门，农民占全人口数的 80％以上，但因为农民所耕的田大都属于地主，他们辛苦勤劳所得的生产品——粮食，不过占全生产量的4/10 左右[①]，甚或一日工作的所得还不足谋一温饱，生活实嫌艰苦。所以孙中山在民生主义中力主增加粮食生产。而要促进国内农业的改良，首先应实行解放农民，使耕者皆有其田。因为农民

---

① 行政院农村复兴委员会：《中国农业之改进》，商务印书馆，1935 年版，第22 页。

是从事农业劳动的骨干，他们沐雨披风，朝夕培壅灌溉，竭尽艰辛，但他们种植的田地、所得的收益大半被地主夺去，自己能够得到手的几乎还不足自养。故要合理地解决农民问题，改善农民生活，必须切实奉行民生主义，由国家规定保障农民法律为起点，而以完全做到耕者有其田为终的。所谓耕者有其田，就是农民为自己耕田，耕出来的农产品要归自己所有，不为地主夺去，所以对于农民的权利，要规定一种法律，予以鼓励保障，使农民自己可以多得一些生产的收益。这样农民既可以多得生产的酬报，自然会更高兴地去耕田。但怎样保障农民的权利，怎样能使农民多得从事生产的好处？这是关于平均地权的问题，内容非常复杂，概括言之，如推行二五减租这样的土地政策，倘能确实做到，必可达到保护农民权利，增加农民收益的目的。

而谋求农业生产技术的改进，以增加农业生产，则为农业改良的核心问题。战前，农业生产技术的改进在东西部地区已有一定程度的发展，并成立了相应的科研机关，其主要内容包括品种改良、病虫害、土壤肥料、林业、园艺、畜牧、蚕桑等几方面的改良。

第一，品种改良是农业上最进步的一种专门技术，普通有两种方式可采取：一是维持优良的品种，重在选择；一是养成新的品种，重在培育。其目的在讲求数量的增加与形质的改进，并确保其优异的遗传性。战前世界各国对于这一问题同样重视，均由政府设立试验场所或委托学校机关，延聘专家，经年累月地专事研究试验，把它所得结果或育成的优良品种，公诸全国，普遍推广，以期争取农产品之质和量的增进。而国内自农村复兴运动以来，注意品种改良者，也不乏其人。这些农业科技工作者将外国先进的育种技术应用在水稻育种方面，从而揭开了中国稻作育种的新篇章，使中国传统农业逐步向近代农业转化。如1919年，南京高等师范农科举行品种比较试验，率先采用近代作物育种技术开展稻作育种，培育出了"改良江宁洋籼"和"改良东莞白"两个优良品种。这是中国近代有计划、有目的地进行水稻良种选育的开端。而在 1925 至 1926 年间，东南大学、中山大学又先后将穗行纯系育种和杂交育种方法应用于稻作育种，并取得了显著成就。此后，各地稻作育种机关纷纷建立（详见表 1－1），至 1930 年已发展到 110 个。[①] 稻作育种呈现出了大发展的局面，且形成了两个育种中心：一是中央大学农学院，系长江流域稻作育种中心，与江苏、浙江、江西、湖南、四川诸省建立起了技术上的联系；二是中山大学农学院，系珠江流域稻作育种中心，与华南诸省有业务上的联系。两中心互相交流，使育种工作南北并进，育种方法渐趋统一，为水稻育种工作日后的进一步开展奠定了基础。1931 年中央农业实验所成立，1935 年又成立了全国稻麦改进所，以统筹各地力量开展大规模稻作育种工作，使中国稻作育种工作在 1931 至 1937 年间走向鼎盛，选育出不少颇见成效的水稻良种。

表 1－1　稻作育种机关的设置及其选育的水稻品种

研究试验机构	成立时间	选育的代表品种
农商部中央农事试验场	1918 年	
南京高等师范农科（后为东南大学农科）	1919 年	改良江宁洋籼、改良东莞白
东南大学农科（后为中央大学农学院）	1921 年	
中央大学农学院	1928 年	中大帽子头、中大 258、中大 312、中大 345、头等一时兴、二等一时兴

① 郭文韬、曹隆恭：《中国近代农业科技史》，中国农业科技出版社，1989 年版，第 35 页。

续表1—1

研究试验机构	成立时间	选育的代表品种
广东农业专门学校（后为广东大学农学院）	1920年	
广东大学农学院（后为中山大学农学院）	1924年	中山1号、竹占1号、东莞白4号、黑督4号
岭南大学	1922年	
金陵大学农学院	1924年	金大1386
浙江农林局稻麦改良场	1930年	浙场3号、浙场9号
福建农事试验场	1930年	
江苏稻作试验场	1930年	
湖南农事试验场	1931年	万利籼、黄金籼
中央农业实验所	1932年	中农4号、中农34号
江西农业院	1934年	南特
广西沙塘农事试验场	1935年	

郭文韬、曹隆恭：《中国近代农业科技史》，中国农业科技出版社，1989年版；孙义伟：《本世纪前50年我国水稻育种的产生和发展》，《中国农史》，1987年，第3期。

同一时期，小麦的选种育种工作也在进行中。在开展此项工作的早期，主要是由金陵大学、中央大学等农业院校进行。进入30年代，中央农业实验所成立后，小麦育种工作便在更大的规模上开展起来，各地方农事试验场分散进行的试验呈现出了统一协调的局面。这一时期选育出了不少小麦良种。在育种方法上，美国育种专家洛夫倡导的纯系育种法的推行以及生物统计方法的普遍采用，使小麦育种走上了更缜密、更科学的道路，成为小麦育种工作的转折点。详见表1—2：

表1-2　小麦良种选育情况表

品种名称	育种单位	育种及推广时间
金大 26 号	金陵大学	1914
金大 2905 号	金陵大学	1925
蓝芒麦	金大西北农事试验分场	1936
南京赤壳	东南大学农科	1924
武进无芒	东南大学农科	1924
江东门	中央大学农学院	1926
南宿州	中央大学农学院	1926
浙大 64	浙江大学农学院	1928
燕京白芒	金陵大学海淀分场	1936
燕京 919	金陵大学海淀分场	1934
中农 28	中央农业实验所	
锡麦 1 号	无锡小麦试验场	
锡麦 2 号	无锡小麦试验场	
沛县小红芒	江苏铜山麦作试验场	1936（推广）
徐州 1438	江苏铜山麦作试验场	1936（推广）
徐州 1405	江苏铜山麦作试验场	1936（推广）
南宿州 61	安徽宿县农业试验场	1932
开封 124	河南开封农事试验场	1926
定县 72	河北定县教育促进会农事试验场	1935
定县 73914	河北定县教育促进会农事试验场	1935
浙场 9 号	浙江省稻麦改良场	1936（推广）
浙场 4 号	浙江省稻麦改良场	1936（推广）
铭贤贤 169	金陵大学山西太谷铭贤农事试验场	1930
河大 22-14	河南大学农学院	1936（推广）

品种名称	育种单位	育种及推广时间
济系2南	山东农事试验场	1932—1935
济系2号	山东农事试验场	1932—1935
济系4号	山东农事试验场	1932—1935

中国农业博物馆：《中国近代农业科技史稿》，中国农业科技出版社，1995年版，第54～55页。

此外，棉花的选种育种工作也在战前取得了一定的成绩。棉花是我国近代作物育种中最早从国外引进新种的作物。美棉引进之初，因多数未经驯化和提纯，导致品种严重退化而归于失败。有鉴于此，实业家张謇1914年出任北洋政府农商部部长后，特地在正定、上海、武昌、北京等地开办棉作试验场，试验引种陆地棉。1919年，上海华商纱厂联合会成立植棉改良委员会，在宝山、南京等处设立试验场，全国各地亦纷纷效法，设立试验场，从而形成了棉作改良的小高潮。其后，棉种改良研究工作逐渐集中于金陵大学、中央大学以及30年代初成立的中央农业实验所和中央棉产改进所等机关，并先后育成了一批改良棉种。详见表1-3：

表1-3 育成的部分棉种

品种名称	育种单位	资料来源
百万华棉	金陵大学	钱天鹤：《中国农业研究工作之鸟瞰》，《农业推广》第8期
金大爱字棉481	金陵大学	钱淦庭：《全国改良棉种推广调查》，《农业推广通讯》4卷6期
金大爱字棉149	金陵大学	钱淦庭：《全国改良棉种推广调查》，《农业推广通讯》4卷6期
金大脱字棉	金陵大学	钱淦庭：《全国改良棉种推广调查》，《农业推广通讯》4卷6期

续表1-3

品种名称	育种单位	资料来源
中大爱字棉	中央大学农学院	邹树文：《中大农学院改良棉作之经验》，《农业周报》3卷17期
中大脱字棉	中央大学农学院	邹树文：《中大农学院改良棉作之经验》，《农业周报》3卷17期
孝感长绒棉	中央大学农学院	邹树文：《中大农学院改良棉作之经验》，《农业周报》3卷17期
江阴白籽棉	中央大学农学院	邹树文：《中大农学院改良棉作之经验》，《农业周报》3卷17期
青茎鸡脚棉	中央大学农学院	邹树文：《中大农学院改良棉作之经验》，《农业周报》3卷17期
小白花	中央大学农学院	邹树文：《中大农学院改良棉作之经验》，《农业周报》3卷17期
北京长城棉	北京农业专门学校	胡竟良：《中国棉产改进史》，商务印书馆1945年版
南通鸡脚棉	南通农业学校	胡竟良：《中国棉产改进史》，商务印书馆1945年版

第二，作物病虫害的防治技术也取得了一些进步。民国元年后，作物病虫害防治进入了一个新时期，即应用近代技术防治时期。一些近代的治虫机构，如江苏昆虫局、浙江昆虫局等相继建立，病虫害防治工作获得了真正的开展，治虫机构遍及各地。中央农业实验所成立后，在吴福桢主持下，开展了蝗虫、棉花害虫、水稻害虫、玉米螟、果树害虫、蔬菜害虫、茶树害虫、松毛虫等多种害虫的分布状况、生活史、生活习性、生理特性、危害状况等方面的调查研究，并对几种危害较大的害虫进行了防治实验及杀虫药剂、杀虫器械的研制工作，摸索出了一些切实可行的防治措施和方法，且在生产中获得推广和应用，效果甚佳。此外，植物保护界如邹秉文、戴芳澜、涂治、林亮东等人还开展了植物病理研究，并在真菌分类、麦类病害、棉花病害等方面取得

了相当成绩。详见表1-4、表1-5。

表1-4 治虫机构的设置

机构名称	成立时间	负责人
浙江嘉兴府治虫局	1912	
中央农业试验场病虫害防治科	1914	
安徽农事试验场病虫害科	1916	
浙江农事试验场病虫害科	1916	
江苏南汇棉虫研究所	1920	
江苏省昆虫局	1922	吴伟士（美）
浙江省昆虫局	1924	费耕雨
江西省昆虫局	1928	杨维义
河北省昆虫局	1928	
湖南省昆虫局	1930	刘宝书
广东省农林局昆虫研究所	1930	张景欧
中央农业试验所植物病虫害系	1933	吴福桢

中国农业博物馆：《中国近代农业科技史稿》，中国农业科技出版社，1995年版，第71页。

表1-5 植物病理研究工作开展情况

研究单位	研究内容	研究时间	主持人
农商部农事试验场病虫害科		1913	
中央大学	作物病害及真菌	1919	邹秉文
中央大学	真菌分类及棉花病害	1930	邓叔群
金陵大学	谷类病害	1925	博德
金陵大学	真菌分类及形态	1930	戴芳澜

续表1-5

研究单位	研究内容	研究时间	主持人
金陵大学	谷类作物及果实储藏病害		俞大绂
金陵大学	稻作及果实病害		魏景超
金陵大学	真菌生理及杀菌剂		林传光
浙江大学	高粱病害		陆大京
浙江大学	油菜病害		陈鸿逵
岭南大学	果树病害、经济作物病害		邓叔群、韩旅尘、涂治、陆大京
中央研究院动植物研究所	真菌分类及棉花病害	1933	邓叔群
中央研究院动植物研究所	棉花畸形病、甘薯软腐病	1933	欧世璜
中央农业实验所植物病虫害系	麦类黑粉病、小麦线虫病、蔬菜菌核病	1933	朱凤美
清华大学农业研究所	真菌分类	1934	戴芳澜
清华大学农业研究所	谷类作物及果树病害	1934	王磊、王清
清华大学农业研究所	麦、棉、豆类病害	1934	俞大绂
中央棉产改进所	棉作病害	1934	沈其益、周咏曾

中国农业博物馆：《中国近代农业科技史稿》，中国农业科技出版社，1995年版，第82页。

第三，土壤肥料科学开始受到重视。19世纪末至20世纪初，在西方文化的影响下，全国各地陆续建立了农业教育与试验研究机构，一批有志于土壤科学研究的学者，先后介绍和翻译了一些西方近代土壤科学著作，近代土壤科学逐步为国人所重视。

1917 年，广东农林讲习所改为广东省农业专门学校，单独开设
了土壤学课程。1924 年广东省农业专门学校改为广东大学农科，
设置了农业化学系，课程包括土壤肥料、生物化学与农产制造三
科，学生可以选修其中一科作为主课，其他科为副课，这是"农
科学生有机会以修习土壤科学为主攻方向的开端"。此外，岭南
大学农科、中央农事试验场、北京农业大学、东南大学农学院、
金陵大学农学院等均开展了一些土壤学教学与研究工作，培养了
一批土壤学人才。1930 年，南京中央地质调查所成立的土壤研
究室，这是我国第一个全国性、专业性的土壤研究机构。同年，
广东设立广东土壤调查所，编印了《土壤调查暂行办法》；北平
地质调查所考查了东部地区，绘制了 1∶840 万土壤图，并出版
了《土壤调查报告》。[①] 1934 年，实业部中央农业实验所成立了
土壤肥料系。随后浙江、江西、广西、福建等省也成立了土壤调
查研究机构。这些机构的建立，标志着我国的土壤科学事业进入
了相对繁荣的时期。

　　第四，园艺科教事业得以开展。民国初期，中国近代园艺科
技有了初步发展，各地先后建立起一批园艺科研机构。如 1916
年，全国省以上的综合试验场已有 18 所，其中设在北京的中央
农事试验场设备精良，规模最大，该场园艺科一年可开展课题
20 余项。他如山东第一农事试验场、江西农事试验场等也开展
了有关园艺学的研究。一些农业院校如金陵大学、东南大学、中
山大学等，也纷纷设立园艺科系，从事教学与研究活动，从而在
基础研究、栽培技术、繁育技术、果蔬分类及遗传育种等方面均
取得了一定进展。30 年代，又成立了一批园艺研究机构，如中
央农业实验所园艺系、浙江黄岩柑橘试验场、广东潮州省立柑橘

---

　　① 　中国农业博物馆编：《中国近代农业科技史稿》，中国农业科技出版社，1995
年版，第 102 页。

试验场、江苏无锡园艺研究所、山东青岛园艺试验场、河南郑州省立园艺试验场等。至此，战前园艺科研机构设置基本确定（详见表1—6）。园艺科技理论及技术也有了新的进展，如在果树研究方面总结出果树品种改良的三种基本方法，即果株变异育种、枝条变异育种及杂交育种，并选育出了一些优良的果树品种。在蔬菜方面，也比较注重保护促成栽培的研究，并开始涉足蔬菜杂交育种的研究。

表1—6　农业院校园艺系科设置情况表（1911—1937）

校名	园艺系科设置情况	资料来源
江苏省立苏州农校	1912年设园艺科，开设园艺泛论、果树、蔬菜、花卉、造园等课程	胡昌炽：《中国最近园艺界之进步》，农林新报，1937年第1期
上海强恕园艺学校	1921年开展园艺科技研究	同上
河南汝南园艺学校	1921年开展园艺科技研究	同上
东南大学（后改名为中央大学）	1921年设园艺系，由吴耕民、王太一、范贲、葛敬中任教	南京农业大学《校史大事记》，1988年
北京农业大学	1923年设园艺系，由陆费执、夏树人、刘子明、陆文敬任教	《国内高等农校介绍》，农林周报，1卷6期，1931年
金陵大学	1916年设园艺场，由钱天鹤主持；1927年设园艺系，由胡昌炽、管家骥、叶培忠、陈锡鑫任教	《国内高等农校介绍》，农林周报，1卷6期，1931年
中山大学	1924年设园艺系，由高鲁甫（美国人）、温文光、李沛文、李德钰、邵尧年、黄昌贤在两重点从事热带果蔬研究	《国内高等农校介绍》，农林周报，1卷6期，1931年
岭南大学	同上	同上

校名	园艺系科设置情况	资料来源
浙江大学	1927年设园艺系	唐启宇：《四十年来之中国农业教育》，农林周报，2卷5期
山东大学农学院	1934年设园艺系	《农业周报》第3卷
河北农学院	1935年设园艺系	《教育杂志》第26卷
西北农林专科学校	1936年设园艺系	《第二次全国教育年鉴》
四川大学农学院	1936年设园艺系	《四川农学院历史沿革简介》

　　第五，近代林业科学技术的引进和发展。清末民初，西方林业科技的传入，客观上促进了我国近代林业科学试验研究事业的发展，各级林业试验研究机构相继建立，近代林业试验技术和测试手段也逐渐运用于林业研究的实践中。但一开始，试验研究的规模都很小，多偏重于树木育苗和树木学方面。如1912年8月，北洋政府农林部在北京天坛设立林艺试验场，翌年在北京西山设立分场，负责北京附近的育苗造林试验，这是我国近代最早的独立的林业试验研究机构。1913年北洋政府农林部又在山东长清设国立林业试验场。1915年6月北京林艺试验场改为农商部第一林业试验场，山东长清国立林业试验场则改为农商部第二林业试验场。1920年在湖北武昌又设立农商部第三林业试验场。1922年三个林业试验场均改名为林场。但这三处林业试验场实际上只从事育苗造林工作，并未进行试验研究。1916年10月，北洋政府农商部设立林务研究所，1923年因经费支绌，旋被撤销。1921年广西省政府在南宁成立农林试验场，1926年又在柳州成立柳州农林试验场，这两个试验场都做了一些育苗造林试

验。1922 年中国科学社在南京设立生物研究所，曾先后在浙江温州、处州（今丽水）、台州（今临海）、严州（今建德）、衢州（今衢江区）、金华和天目山等地，以及川东、川南、西康马边一带采集了大量的植物和树木标本进行研究。1928 年北平静生生物调查所设植物部，主要从事植物分类研究，后来也开展了一些木材解剖研究。1929 年北平研究院建立植物研究所，开展森林植物方面的研究。1930 年著名植物学家陈焕镛创建中山大学农林植物研究所，进行森林植物学的研究。1932 年国民政府实业部中央农业实验所设森林系，亦未全面开展林业试验研究工作。

第六，畜牧科技的进步。清末民初，随着西方先进畜牧兽医科技的传入，畜牧界一致认为要改良中国的畜牧业，最为简捷的方法就是引用良种。如此，畜牧产量即可迅增数倍。具体做法，就是要用外国美利奴羊和中国寒羊杂交，用海佛特牛改良中国黄牛以获得役肉兼用牛，用荷兰奶牛改良中国黄牛以求得乳用品种，以阿拉伯马、英国纯血马改良蒙古马，用来航鸡改良中国鸡种，用约克夏猪、巴克夏猪和波中猪改良中国猪种等，并开展了各种相应的试验研究。一些学者还从发展畜牧业的角度对草原和草地进行调查研究，对牧草进行栽培、选育、贮藏试验，从而揭开了中国近代牧草科技发展的序幕。在家畜疾病的治疗方面，也一改过去由中医承担的局面。1904 年北洋马医学堂成立，从此以实验为基础的西方兽医技术，开始传入中国。嗣后，各大学农学院以国外大学为参照，相继设畜牧兽医系、科，而专门性的兽医教育机构也开始创建（详见表 1—7），如 1930 年成立的上海兽医专科学校。与此同时，兽用生物药品也开始制造。如 1924 年，北平中央防疫处首先制造出马鼻疽诊断液，同年又制造出犬用狂犬病苗；1930 年青岛血清制造所试制出抗牛瘟、猪瘟血清及疫苗等生物制品。一些生物制品还被运用到传染病的防治工作中，对近代的兽疫防治起了重要作用，使牛瘟、马瘟、猪瘟等在局部地区得到控制。这标志着近代以西方兽医技术武装起来的治病体系，由从外部引进逐渐走上自身发展的道路。

表 1-7　畜牧兽医教育机构简况表

建立时间	校名及系名	地址	简况
1924 年	广东大学农学院畜牧组	广州东山	课程有养马、养猪、乳牛、家畜鉴别、家畜饲养、育种等
1927 年	蒙藏学校畜牧科	南京和平门	畜牧场（奶牛场）
1930 年	南通学院农科畜牧兽医系	江苏南通	罗清生、汪启愚、郭守纯等任职
1930 年	江苏省立教育学院院农学系畜牧组	江苏无锡社桥	两年制
1930 年	上海兽医专科学校	上海环龙路	两年制
1930 年	协和大学农业职业学校	福州祭酒岭	中级畜牧兽医学校，由美国人创办
1930 年	河南农学院畜牧兽医系	河南开封	许振英曾执教
1932 年	山西牧畜职业学校	山西山阴县	两年制
1933 年	浙江金华农业学校畜牧科	浙江金华	两年制，首届招生 120 人
1934 年	张北畜牧职业学校	张北县城南门	三年制，课程有家畜解剖、饲养等 29

中国农业博物馆：《中国近代农业科技史稿》，中国农业科技出版社，1995 年版，第 304 页。

第七，战前蚕种改良。中国的养蚕业有数千年的历史，然因故步自封，始终沿用传统的养蚕方法，鲜少进步，至 19 世纪中叶，已逐渐落后于日本。欲改变此种落后状态，唯有兴办蚕业教育，引进国外先进养蚕技术，制造和推广改良蚕种。蚕业界通常把用近代科学方法所制的蚕种称为"改良种"，而把用传统方法所制的蚕种称为"土种"。农家自留的蚕种当然是土种。1898年浙江蚕学馆创立，分别在杭州、上海开始制造改良蚕种。此后，制造和推广改良种的机构逐年增加。这些机构大体分为各级蚕业学校、蚕业试验单位和私营制种场等三类，它们都或多或少要进行蚕种的改良和推广工作。到20世纪20年代后期，改良种在江苏农家饲养中已占压倒优势，但在浙江、安徽、山东、四川等省，虽有改良种推广，却仍以土种为主。在华北、西南各省，抗战前绝大部分蚕区也仍然采用土种。土种蚕所产的丝茧，产量低、品质差，尤其是病毒流传，常予蚕农以严重威胁。

综上可知，战前，中国农业科研试验事业比较发达的是东南沿海地区，其次是华中和华北一带。西南和西北地区，由于交通闭塞，起步较晚，成绩亦较差。且此一时期，农业科研机构之设立、农业改良与农业推广活动之开展，亦主要在东部沿海各省进行，西部地区基本上尚未举办。东、西部呈现出明显的地区发展不平衡态势，二者间农业发展水平差距甚大。全面抗战爆发后，此一格局为之一变。东南沿海及华北、华中广大地区相继沦陷，这些地方的高等农业学校和农事试验场，或内迁或停废，农业改良和农业推广亦无法开展。而西部地区则因大量农业院校、农业科研机关和人才的内迁，迎来了农业科技进步的契机，从而为西部地区各省农业科技改良工作开创了崭新局面。

第二节 西部地区农业改良运动的兴起

一 战时西部地区农业改良的重要性

全面抗战爆发不足一年，沿江沿海等富裕地区先后沦亡，中国农业经济遭到严重摧残。据不完全统计，1937 至 1938 年间，中国耕地被毁数亿亩，耕牛被掠 800 余万头，稻麦种植面积损毁达 38%，棉花生产面积损失达 70%，烟叶生产面积损失亦达 32%，而产量损失则分别为 22%、68% 和 33%。[①] 另据 1938 年国民政府农本局报告，当年全国各类农作物产量与战前相比，普遍下降，其中稻谷产量只及 1936 年的 81%，小麦仅及 45%，大麦 58%，小米 20%，大豆 34%，高粱 23%，甘薯 26%，棉花 27%，烟草 69%。[②] 生丝战前产量平均为 147 000 公担[③]，战时锐减为 15 000 公担，仅及战前 1/10。[④] 畜牧业生产亦大幅度下降，出口畜产品受到巨大影响。如猪鬃，战前中国产量特丰，常占世界市场供应量的 75% 以上，1936 年全国各省猪鬃产量达 132 419 公担，全面抗战爆发后产量剧减，平均每年仅 38 600 公担。[⑤] 森林也遭到严重破坏，直接损毁地区达 21 省，连间接受害者计，竟遍及 26 省，总计损失达全国森林蓄积量的 10% 以上，折合战

---

① 董长芝、李帆：《中国现代经济史》，东北师范大学出版社，1988 年版，第 159 页。

② 中国农村经济研究会：《抗战中的中国农村动态》，新知识书店，1939 年版，第 222~224 页。

③ 1 公担等于 100 千克。

④ 中国社会科学院：《1949—1952 中华人民共和国经济档案资料选编》（农业卷），社会科学出版社，1991 年版，第 16 页。

⑤ 中国社会科学院：《1949—1952 中华人民共和国经济档案资料选编》（农业卷），社会科学出版社，1991 年版，第 21 页。

前币值达 40 亿元以上。① 而战时中国仍是一农业大国，国家财富与税收过半来源于农业，人口亦大多数为农民，故农业实占国民经济的首要地位。东部沿海农业的惨重损失，对国民政府经济影响甚巨，使其对西部地区的经济依赖越来越强烈，不仅需要其提供可靠和稳定的财政来源，且战时军民粮食、衣被、耕牛、驿马等的供给亦须仰赖，同时政府也急需大宗农产品出口换汇和换取大批军事物资。因此，发展西部地区农业，稳定西部地区经济，把西部地区农业纳入战时轨道，以支持长期抗战，成为国民政府急于开发西部地区农业的主要目的。

遗憾的是，西部地区各省由于战前农业改良基本上付之阙如，农业生产相对滞后，各种农产品产量均不高，而战时各机关、学校、厂矿纷纷迁往西部地区，难民也蜂拥而入，西部地区人口陡涨，西部地区各省农产除了供应本省原有居民消费外，尚需供应因战争而额外增加的军民衣食消耗，兼以海口被封，外援断绝，使其在生产粮食、衣料、工业原料等方面的重要性与责任愈加凸显。然，西部地区农产究有几何，是否足以担负起如此重担？诸如此类问题，实应加以讨论。兹以西南四省为中心，作一管窥。

先就粮食方面言，抗战后方根据地的西南川、滇、黔、桂四省为山丘地带，粮食生产以稻谷为主，次为小米、玉蜀黍，其他如大麦、高粱等杂粮，产量较少，且少供食用。四省中粮食之分布，如四川省之成都平原，渠江流域，以及长江沿岸各地，产米极为丰富；涪江、嘉陵江流域各县，则多产麦；玉蜀黍及其他杂粮等全省各县皆有生产。广西省于浔江流域各县产米最富，其他如小麦及杂粮等，亦有生产，但为数有限。云南亦以生产稻谷为

---

① 中国社会科学院：《1949—1952 中华人民共和国经济档案资料选编》（农业卷），社会科学出版社，1991 年版，第 27~28 页。

主，昆明附近各县，所产最多，次之为玉蜀黍及小麦，各县皆有生产，高粱、小米等杂粮，产量甚微。贵州全境多山岳地带，除东行之沅水上游地带，及北部黔江流域各县多产稻谷外，其他各处则多产玉蜀黍及小麦，杂粮则生产有限，为西南四省产粮食最少之省份。依据中央农业实验所的调查，四省粮食生产在1931至1937年7年之中平均估计如表1-8：

表1-8　西南四省粮食产量估计表（1931—1937）

（单位：1 000市担①）

省别	籼粳稻	糯稻	小麦	大麦	高粱	小米	糜子	玉蜀黍
四川	142.594②	11.204	36.258	27.480	11.971	1.523	0.514	27.623
云南	32.216	2.765	6.132	3.115	0.830	0.597	0.132	7.027
贵州	21.267	3.959	5.021	4.120	0.732	0.415	0.203	5.200
广西	57.405	5.499	1.798	1.496	0.277	0.247	0.039	2.186

王兆新：《战时农业政策》，独立出版社，1942年版，第22页。

四省人民粮食消费，以米为主，次之为玉蜀黍、小麦，杂粮供为食用者较少，依照中央农业实验所之估计，乡村人民平均每人常年对米之消费量约需350市斤③，小麦消费量约需16.2市斤，玉蜀黍消费量约需32.8市斤，其他杂粮消费量约需69.2市斤。详见表1-9：

---

① 1市担等于50千克。
② 本书表格中数据来源不一，故保留原始资料中的小数点后位数。
③ 1市斤等于0.5千克。

表 1-9　西南四省常年食料中各种粮食之重量及百分率表

（单位：市斤、%）

省别	报告系数	米		小麦		玉蜀黍		其他	
		重量	百分率	重量	百分率	重量	百分率	重量	百分率
四川	50.0	348.7	75.1	23.0	5.0	27.9	6.0	64.7	13.9
云南	29.0	346.3	70.4	21.2	4.3	33.9	6.9	90.2	18.4
贵州	16.0	315.5	59.8	20.5	3.9	105.5	20.0	86.3	16.3
广西	57.0	362.7	81.1	6.5	1.3	88.4	8.6	40.2	9.0

王兆新：《战时农业政策》，独立出版社，1942年版，第23页。

　　四省各种粮食之主产量及每人常年对各种粮食之消费既如前述，根据前面分析可知，四省人民对大米的消费，占各种粮食消费率的70%～81%，几完全以米为主，米之生产能否供给需要，如能分析而获得解答，即可测知其他。但粮食生产除供食用外，尚有一部分供饲料、种子及其他用途，故粮食生产之数量，须减去饲料、种子及其他用途之数量，所余者即为人用食料。依照中央农业实验所的估计，各种粮食供给人用食料之程度，大小不等，以稻谷而论，计供家畜饲料者占4%，供种子用者占7%，供其他用途如酿酒、造酱等占8%，故实际上稻谷可供人用食用者，仅占81%而已。[1] 又稻谷不能直接供人食用，须加工碾制成米，始可供应膳食，依照一般标准，即俗称所谓"二担谷子一石米"之标准，现将四省所产稻谷折成若干熟米，再以每人常年对于消费数量乘人口数核得消费总额，然后复以四省熟米产量与消费总量比较，即可测知产量能否供应消费。依此方法计算，制表如1-10：

---

　　① 王兆新：《战时农业政策》，独立出版社，1942年版，第25页。

表1—10　西南四省稻谷生产量及消费量比较表（单位：市担，%）

省别	产米量			消费量			盈（＋）或亏（一）		
	产谷量	备食用量	折成熟米量	人口数	每人需米量	消费量	数量	对于消费量的比率
四川	153 793 000	109 996 380	81 397 321	47 992 087	348.7	167 349 087	−85 951 766	51.36
云南	34 981 000	28 334 610	20 967 611	18 821 234	246.3	47 862 933	−26 895 322	56.19
贵州	25 526 00	20 076 000	15 300 284	14 745 722	315.5	46 522 752	−31 222 468	67.11
广西	62 904 000	50 952 240	37 704 657	10 926 647	362.7	39 630 948	−1 926 291	4.86

王兆新：《战时农业政策》，独立出版社，1942 年版，第 25 页。注：人口数字，系国民政府主计处 1939 年发表数字；产谷量，系中央农业实验所 1931 至 1937 年发表之 7 年平均数；备食用谷量，系以产量 81%计算；折成熟米量，系以供食用谷量 74%计算；每人需米量，系加权平均数（以市平均数计算）。

25

依照上表观察，四省之中，四川产量最多，常年产米达 81 397 321 市担，依照中央农业实验所估计，每人常年需米 348.7 市斤，则所产可供 23 343 080 人口消费，但依据国民政府主计处 1932 年发表之统计，四川人口总额为 47 992 282 人，若每人需米 348.7 市斤，则常年需消费米 167 349 087 市石[①]，除原有生产者外，尚短少米 85 951 766 市石，约当全省消费总额的 51.36%。[②] 云南人口总额为 13 821 234 人，当年需消费米 47 862 933 市石，除原有生产者外，亦短米 26 895 321 市石，约当全省消费量的 56.19%，故川滇两省缺米皆占原产量半数以上。[③] 贵州当年产米 15 300 284 市石，可供 4 849 535 人当年之食用，依照该省人口总额 14 745 722 人计算，常年需米 46 522 752 市石，不敷数为 31 222 468 市石，占全省消费总额的 67.11%，为西南四省缺米最多者。[④] 最后为广西省，常年产米 37 704 657 市石，可供 10 395 549 人之消费，该省人口总额为 10 926 647 人，常年需米 39 630 948 市石，不足之数为 1 926 291 市石，占全省消费总额的 4.86%，为四省缺米最少省份。[⑤] 以四省综合而论，常年产米而供人用食料者计达 172 153 074 市石，依照中央农业实验所估计四省每人常年平均需米 350 市斤，所产可供 49 186 591 人之消费，唯四省人口之总计为 87 485 885 人，常年需米应为 306 200 597 市石，不足之数达 134 047 522 市石，占总消费量的 43.77%。[⑥] 综上所述，西南四省粮食常年生产，不但不足自给，对于常年消费总额，反短少 43.77% 之多[⑦]，其中最严重者为黔省，次则滇川

---

① 市石即市担，1 市担等于 50 千克。
② 王兆新：《战时农业政策》，独立出版社，1942 年版，第 27 页。
③ 王兆新：《战时农业政策》，独立出版社，1942 年版，第 30 页。
④ 王兆新：《战时农业政策》，独立出版社，1942 年版，第 31 页。
⑤ 王兆新：《战时农业政策》，独立出版社，1942 年版，第 32 页。
⑥ 王兆新：《战时农业政策》，独立出版社，1942 年版，第 32 页。
⑦ 王兆新：《战时农业政策》，独立出版社，1942 年版，第 33 页。

两省，桂省虽感不足，但短少数量尚不甚大，当此抗战建国，军事政治经济悉移集西南之时，粮食之供给，有此破绽，其性质之严重可想而知。然而前述种种系根据统计材料加以分析而得之结论，若非中央农业实验所对于粮食产量估计过低或每人消费量过高，即为国民政府主计处对于人口数量估计得过多，否则四省人民终年仅得半饱也。实际情形究竟如何？西南四省缺粮数是否如此之多，仍有根据实际情况而加以研究之必要。

先以川省论，粮食生产密布全省，甚至山丘石堆之上，因有土层，皆种粮食，成都平原渠水流域以及长江上游皆为稻谷丰产之区，涪江、岷江及川北各县，小麦生产亦丰，其他杂粮如玉蜀黍、大麦、甘薯、高粱等，各县皆有生产。至于消费状况，成都市民消费仰给于成都平原各县，重庆万县等处，则由涪江、渠水及长江上游各县接济，其他各处则多就地取给，或从邻县输入，除遭逢灾荒偶有外米输入万、渝两地外，常年皆能自给自足，如川东宣、达、蓬、巴各县，有因交通不便，稻米推出维艰，而以消费之剩余喂牲畜者。川省人口数量，国民政府主计处发表为4 790余万，然亦有谓6 000余万甚至7 000万者。[①] 究竟人口数量多少，暂置不论，但常年粮食生产，足供全省人民之消费，似无疑问。次之为桂省，浔江、柳江、桂水、湘水上游，以及右江流域各县，为人口密集之区，皆盛产稻米。西北各县，比较偏僻，人口密度较稀，除稻谷外，杂粮生产亦丰，全省所产除自给外，常年尚有米60至100万担运销粤省、湘西。[②] 又次为滇省，地多山巅，交通不便，人口稀少，但滇中滇东各县，稻米生产尚丰，玉蜀黍、马铃薯等食料亦盛，不少县份之乡民，皆以此为主

① 鲍仪夫：《西南经济建设鸟瞰》，《西南实业通讯》，14卷5－6期，1946年，第21页。

② 鲍仪夫：《西南经济建设鸟瞰》，《西南实业通讯》，14卷5－6期，1946年，第22页。

要食料，常年常食消费，除输入少数粤米外，皆由就地取给。最后为黔省，地理环境较劣，土地瘦瘠，交通不便，世人多以不毛之地目之。但粮食之生产，如乌江流域及黔东沅水上游各县，为数尚可，全省人口常年对于粮食之消费，皆能自给自足，从未有自外常输入而供消费者。从西南四省粮食产销实际情形观察，粮食常年生产，不但足以自给，甚至有余者可运销他省，如遇丰年，更不必说。但与统计材料分析情形相对照，结果适得其反，此不能不谓为一种反常奇迹。究其原因，主要是乡村居民对于粮食消费，极富有伸缩性，非似城市居民之惯于消费米麦可比。即玉蜀黍、甘薯及其他杂粮，亦可为生，丰收之年固可大饱，如遇小欠，亦不至于饥饿。若非遭逢灾害，粮食供给自无问题。然而往年无论丰歉，每闹灾荒，其故安在？即因运销制度失败，交通不便，产销不能调节所致。

若就衣料方面论，衣为民生四大要素之一，战时军队衣被，需用尤殷，其原料就一般情形而论，以棉织、布匹为主。而棉纺织需用之棉花，其来源有二：一为国内产品，一为国外输入。1929 年全国纱厂需棉 7 338 000 担，其中 2 515 000 担或 34.27%，系由国外输入者，大部分来自印度、美国及日本。[①] 进口棉与国产棉用途亦有不同，进口棉多纺细纱，国产棉多用纺粗纱。就地理论，我国植棉区域可分三段，北段为黄河流域，中段为长江流域，南段为西江流域。三段之中，以中段植棉为最多，占全国产棉 2/3，北段次之，约占 1/3，南段则因丝茶之竞争，产棉极少，在国内或国外贸易中并无特殊地位。中段 6 省为湖北、湖南、江苏、浙江、安徽、江西，在 1929 至 1930 年间产棉 4 828 000 担，占全国产额的 68.5%；其余 2 211 000 担，占全国产额的 31.5%，

---

① 胡竞良：《中国棉产改进史》，商务印书馆，1945 年版，第 2 页。

为北部 5 省即陕西、山西、河南、河北、山东所产。[1]

国内棉产自 1918 年以后，显有衰落之势，致此之由，一部分系由于统计方法之不精密，或是收集材料之不完全，但大部分当由于内战频仍，以及病虫害、荒灾旱灾之故。尤以内战，常致交通不便，运费增加，销路绝塞，产额自亦减少。同时每亩产量亦低，在 1919 至 1920 年间，每亩产量为 27.3 斤，至 1929 至 1930 年间，每亩产量减至 21.3 斤。结果乃有改良植棉事业之企图，着手之法有三：改良技术、选配种子与扩充面积。[2] 至 1931 年以后，棉产又逐渐增加，根据中央农业实验所 1936 年的调查，国内 21 省棉产量为 20 639 000 市担，此年为抗战前一年，棉花之生产与消费尚为正常状态。[3] 陈正谟先生统计我国 21 省人口为 43 000 万人，据英人 Todd 氏估计平均每人每年需棉花约 8.7 市斤，则 43 000 万人每年需棉共计为 33 540 000 市担，以之与 1936 年自产棉花 20 639 000 市担比较，尚不敷自给，此项不敷之数，当仰给于国外，由洋棉输入而弥补之。[4]

全国情况既如上述，然则战时西南各省之衣料情形如何？估计西南棉布消费量，不能以全国人民平均棉布消费量为基准。盖西南偏处一隅，社会经济地位落后，人民购买能力较低，加以民风简朴，气候和缓，当地土纺棉布，坚韧耐用，凡此皆有使西南人民之棉布消费量降在全国平均数以下之可能性。按照严中平之精密估算，在抗战前夕，全国人民每人消费机织棉布 4 码（12磅），消费手织棉布 10 码，共 14 码。[5] 若将手织棉布换算为 12磅棉布，则全国人民平均每人消费 12 磅棉布，9.9 码。由是言

---

① 胡竟良：《中国棉产改进史》，商务印书馆，1945 年版，第 2 页。

② 胡竟良：《中国棉产改进史》，商务印书馆，1945 年版，第 6 页。

③ 胡竟良：《中国棉产改进史》，商务印书馆，1945 年版，第 6 页。

④ 胡竟良：《中国棉产改进史》，商务印书馆，1945 年版，第 7 页。

⑤ 胡竟良：《中国棉产改进史》，商务印书馆，1945 年版，第 7 页。

之，西南平均棉布消费量当在 9.9 码以下。计算一地棉布之消费
数量，应根据：一，当地棉布之历年产销数量；二，当地棉布之
历年净输入数量。而欲求当地棉布之产销数量，又应根据：一，
当地历年棉花产销数量；二，当地历年棉花净输入数量；三，当
地历年棉纱产销数量；四，当地历年棉纱净输入数量。根据此数
种基本数字，然后以其他必要资料如棉絮消费量，织布以外之棉
纱消费量等，相互考核，对于棉布消费始可获得翔实之计算。以
西南各省统计资料之缺乏及收集资料之困难，欲循此理想之途以
从事研究，实难收功。兹经所述，仅就可能收集之资料，为近似
之推算而已。

根据四川渝万两海关之花纱布输入统计及四川省政府建设厅
之川省棉产统计计算，1935 至 1937 年度四川省每年棉纱进口为
261.756 公担，棉布进口为 98.744 公担，棉花进口为 2.544 公
担，棉花生产为 238.185 公担。[①] 以此为基准，抗战前夕，川省
棉布之需求量可以推算而得。一是以输入棉花之重量折纱，更以
纱量折合 12 磅布（长 41 码，宽 35 寸，纱重 11.2 磅），为
2 904.816匹。二是自输入棉纱总量核减织布以外之棉纱消耗量，
同样折合 12 磅布为4 508.383匹。三是自生产及输入皮棉总量，
核减棉絮消耗，折合纱量，更以纱折成 12 磅布为2 052.265匹。
总计川省平时输入及生产棉布共为8 465.464匹，相等于此项布
匹所需之棉纱为 225.745 包。[②] 西康布匹需求，大体仰赖于四川
之供给，故上项数字可视为川康两省平时纱布需求量。贵州生产
皮棉年仅 4 万余市担，此少额自产皮棉，除供给当地人民棉絮消
费之外，当无手纺棉纱之生产。根据黔省各路纱布输入统计，每

---

① 胡竟良：《战时四川棉业问题》，《四川经济季刊》，1946 年，3 卷 4 期，第
87 页。

② 胡竟良：《战时四川棉业问题》，《四川经济季刊》，1946 年，3 卷 4 期，第
88 页。

年输入棉纱约17 580包，输入各种大小不同之布匹共2 148 396匹。自输入棉纱总量核减织布以外之棉纱消费，以之折合12磅布，约为576 843匹。（按该省建设厅统计，自产布匹为2 209 185匹。但其中除少量宽幅布之外，每匹重量至高不过2市斤，约2.3磅。如以所计算之12磅布的数量，折合建设厅所发表之轻量布匹，其数差相符合。）至于输入布匹总量按其大小轻重换算为12磅布，约为843 310匹。总计贵州输入及自产布匹（合12磅布）为1 420 153匹，相当棉纱37 871包。[①] 广西，根据有关方面的报告，平时该省每年棉纱净输入37 600包，棉布按12磅核计888.149匹，输入皮棉3 400市担，自产皮棉32 364市担。计输入棉纱核减织布以外之消耗外，约可织12磅布1 226.072匹；输入皮棉与生产皮棉合计，核减棉絮消费，约可织12磅布18.486匹。总计广西省输入及自产布匹（12磅布）凡2 132.707匹，相当于此项布匹之棉纱56.871包。[②] 云南花纱布供需情形，目前尚无资料足资参证，若根据上述各省棉布需求数字估计，则平均川康黔桂四省每人消费12磅布6.4码，衡诸云南人口，则云南棉布需求量应为（12磅布）1 786.559匹，相当棉纱47.641包。[③]

综观以上情形，西南各省纱布需求可以窥得其轮廓，即西南5省人口88 933 319人，平时每年消费棉布总量约为12磅布13 804.883匹，相当于棉纱368.128包。若就纺织而言，川康黔桂四省自纺自织布匹凡2 075.751匹。占四省布匹需求量之17％。易言之，川康黔桂四省棉纱之自给率仅有17％，而棉布之自给率则达69％。[④] 西南平时棉布及其原料之供需情形，略如上述。

---

①　锦民：《棉花增产问题》，《农业推广通讯》，5卷3期，1943年，第102页。

②　锦民：《棉花增产问题》，《农业推广通讯》，5卷3期，1943年，第102页。

③　锦民：《棉花增产问题》，《农业推广通讯》，5卷3期，1943年，第102页。

④　冯和法：《中国农村经济资料》，上海黎明书局，1934年版，第12页。

抗战以还，西南人口增加，棉布需求数量自亦随之增大，关于战时西南人口异动，迄无准确之调查，据各方估计，西南五省战时人口增加净数，即减去因战争外移者，至多为 100 万人。[①] 以平时棉布消费量（每人平均 6.4 码）衡之，100 万人之棉布需求为163 414匹，相当棉纱约 4.356 包，为数尚不甚巨。[②] 但西南战时棉布供给上之较大负担实尚不在此，而在军用布匹之供应。战时全国全年军用布匹为数达 14 磅布与 16 磅布共 300 万匹，折合12 磅布约 3 482 143 匹，即以西南五省负担其半数而论，达61 741 072匹，相当棉纱 46.429 包，此盖战时新增之主要棉布需求。总计西南战时棉布之新增需求凡1 904 486匹，相当棉纱50 785包，以之与平时需求量合计，则为棉布15 709 369匹，相当于棉纱418 913包。[③]

再就经济作物方面看，增加农业生产种类，不是简单地增加粮食与衣料的生产，满足人民充饥与御寒的需要，而是战时实有增产农业经济作物之必要。其意义有三：第一，我国以农立国，输出国外的货品有 90% 以上是农产品，平时国际贸易的差额，大部分是由此种出口的农产品来抵补，到了战时，军需品的消耗特别巨大，非向国外购进不可，工业上所应用的机械以及日用品，现在都是需要洋货来补充，此种大量进口的货品，如果用现金去买，那一定不能支持，况且我国法币的信用一大部分以国外汇兑基金为基础，基金减低，就会影响法币的价格。抗战后我国会与苏、俄、美、德诸国，订有物物交换办法，即以我国之农业

---

① 时事问题研究会编：《抗战中的中国经济》，抗战书店，1940 年版，第 33 页。

② 时事问题研究会编：《抗战中的中国经济》，抗战书店，1940 年版，第 33 页。

③ 时事问题研究会编：《抗战中的中国经济》，抗战书店，1940 年版，第 35 页。

上特产交换俄、美、德各国之军火或工业品。第二，战时各地粮食与衣料至关重要，并不是生产问题，而是在于运输问题。如果运输问题能够解决，粮食与衣料即可不成严重问题，而且粮食与衣料的生产达到饱和点时，供过于求，不特对于农业没有什么利益，反而因于生产有余致成"谷贱伤农"，使我国80%以上的人民，遭受农业之害，所以欲为将来农业谋一出路，农民谋一利益，可以生产经济作物。第三，工艺作物为生活日用品重要部分，平时可向国外购进，战时运输困难，输入不易，须提倡种植，普遍推广。工艺品中最重要者为植物油，其原料即为油菜，可以提炼油质，代替汽油。经济作物中在国际上有地位的，有桐油、蚕丝、茶叶、烟草以及花生油，牛、羊毛，猪鬃，苎蔴，五倍子，芝麻，蛋产品，茶油等10余种，每年输出值1亿元[1]，能推广种植，改良品质，进而注意包装方法，输出量尚可增加一倍以上。桐油为我国近年来出产突飞猛进的一种经济作物，以四川、湖北、湖南、云南、贵州产量为最大，广东、福建、浙江、广西等亦有相当产量，输出地以美、德两国为最多。美国因鉴于桐油用途之广，自行种植桐树，以期自给，我国如果不急起直追，桐油的国际市场，将因而阻塞。蚕丝原为我国过去出口大宗之一，江、浙、川、粤固为我国四大育种地，而山东、河南、安徽、陕西、广西、湖北、云南亦有出产。但自日本蚕丝在美国等地夺去我国蚕丝市场，又因人造丝与蚕丝相竞争，蚕丝销路又渐减少。茶叶近年国际市场因受日本茶叶的排挤，原有市场亦渐消失，我国出产地如福建之武夷，安徽之六安、祁门，湖南之君山，浙江之龙井、温州，云南之普洱，均极著名。烟草虽为消耗品之一，但消费力甚大，有经济上之价值，实有提倡种植之必要。我国烟草产地，最多为四川，次为山东、河南、贵州、福

---

① 沈雷春、陈禾章：《中国战时经济志》，文海出版社，1942年版，第35页。

建、甘肃等省。战前，国内推广美国烟草，山东、安徽、四川、贵州等省均有种植，品质颇优良，但推广种植烟草，同时须设立卷烟公司，否则将无销路。

综上所述，西部地区作为西部地区最富庶的地区，在粮食方面如无额外人口之大量涌入，尚能自给，但若加上战时蜂拥而入的各机关、厂矿、难民等数以千万计的人口，则粮食供应自感困难重重。衣料方面，平时本不足自给，战时随着人口剧增，纱厂内迁，更是差额甚巨。且随着战争的演进，自由区日益缩小，产棉之地几近沦陷，兼以海口被封，外援断绝，造成西部地区粮棉紧张之势日迫。故欲解决战时西部地区粮食、棉花问题，釜底抽薪的办法，仍在增加生产。经济作物则是换取外汇和枪支弹药，支持抗战所急需，更是刻不容缓，理应积极加以发展。但由于土地资源具有有限性，加之各方竞相种植，势必导致顾此失彼。因此，欲使西部地区农业能够担负起如此重担，支持长期抗战，为今之计，只能利用现有农业科技，改良农业，提高农业产量与质量，方为上策。

二 战时国民政府农业政策

战争对于农业的影响，可以从几方面来考察：一，从生产方面说，农业生产的面积——土地，因受战区的蔓延，使耕地面积成反比例减少，农业生产所必要的人工——劳力，常因农村中的壮丁被征入伍，使西部地区从事耕种的劳动力减少，农业生产所需要的蓄力、肥料以及农具——资本或被征发或统制，使生产力减低，产量减少；二从消费方面说，因为大量农产品，尤其是粮食的囤积，战争中过分的浪费与损失，使农产品的消费增加，且战时人口移动剧烈，战区人民纷纷向西部地区迁移，集中数处，消费量亦必之增加；三，从运销方面说，因为运输困难，使农产品有余的地方堆积本地无法外运，农产品不足的地方常有恐慌现象发生，供求失衡，价格也就高低悬殊。任何国家在战时，对于一切经济上的设施，总是免不了采行统制政策，农业自然不能例外。农业因为有它本质上的特殊之处，统制生产是比较困难而不易见效，所以各国大都偏向于运销与消费两方面的统制。但是统制的方法，亦因各国环境的不同而有显著的差异。当第一次欧战时，德国受协约国的封锁，无法从物产丰富的中立国输入农产品，对于农业生产的增加，不得不尽其最大的努力。在 1916 年德国利用俘虏从事于农业生产者达 120 万人以上[1]，同时利用战争休息时，令军队从事农耕。反之，英国虽略受德国潜水艇的威胁，但终能保持制海权，仍旧可以向其他殖民地与他国取得丰富的农产品，其农业政策自然偏重于运销与消费统制。英国于 1917 年曾颁布过谷物生产法，其中有规定最低工资、限制地权、强制耕作等。但其最重要的部分则为最低谷价的制定。根据该法，小麦或麦的平均价格决定价格低下者，农政部则将予耕主每 480 磅的小麦，补助上述差额的四倍，对麦的补助为五倍。[2] 同时政府为保护消费者起见，又改正已经决定的谷物最高价格，当时政府所管理的面包工厂，如出售价格受了损失，由国库负担。

　　就国内而言，战时经济力量大部分以农业为基础。抗战的人力是壮丁，壮丁最大的泉源在于农村，抗战的物力，供给前方将士及后方人民日常生活必需的物品如衣食，也是仰给于农产品，就是抗战的财力，可以说一部分是寄托在农产品身上。战时有 90% 以上的出口货是农产品。据财政部贸易委员会调查，抗战期中，输出国外 24 类货品中，非农产品只有 2 类，以之换取外汇，

---

① 汪荫元：《我国农产物价之统制》，《四川经济季刊》，1943 年，2 卷 1 期，第 18 页。

② 汪荫元：《我国农产物价之统制》，《四川经济季刊》，1943 年，2 卷 1 期，第 18 页。

增强抗战的财力。① 故农业在此时此地情形之下，为经济建设中最重要的部分，《抗战建国纲领》与《非常时期经济方案》对于农业建设曾有明确的指示，前者经济篇第 18 项规定："以全力发展农村经济，奖励合作，调节粮食，并开垦荒地，疏通水利。"② 后者于推进农业以增生产部分中说："吾国以农立国，农业生产为一切生产之基础，在此非常时期，前方抗战所需，后方生活所资，均将取给于此。"③ 是以农民农事，在经济上之地位，较平时尤为重要。因此，抗战期间，为要符合抗战建国之需要及秉承历届中央全会有关农林建设之决议案，农业政策系以增加农业生产与协助国防为中心，以农业改良与农业推广为手段，即以"实验研究""繁殖制造""示范推广"为实行农业改良与推广之工作步骤，并使三者配合进行，标本兼治，以期农业科学得以应用于乡村，而又能以优良器材推广于农民，借以达成战时增产之目的，以助成国家抗战之胜利。

而政策是一种施政的方略和准绳，战前农林政策是根据孙中山先生的民生主义而产生，是民生主义的农林政策，用以解决民生问题的基本方略和途径，亦即是发展国民经济生活的基本方策。发展国民农业，增加农业生产，是以养民为目的，一方面为富裕国家，同时即为全民谋生存。孙中山对于调整耕地分配，增加耕地面积，扩大农业试验，增加农业生产，在建国大纲、三民主义、实业计划及历次演讲中，都有很明白的指示，所以历次全国代表大会及历届中央全体会议中，对农政和农业的建设都有重

---

① 中国第二历史档案馆：《财政部贸易委员会拟定外销物资增产计划大纲草案》，《中华民国史档案资料汇编》，第 5 辑第 2 编，财政经济 8，江苏古籍出版社，1994 年版，第 14 页。

② 中国第二历史档案馆：《抗战建国纲领》，《中华民国史档案资料汇编》，第 5 辑第 2 编，财政经济 5，江苏古籍出版社，1994 年版，第 4 页。

③ 中国第二历史档案馆：《非常时期经济方案》，《中华民国史档案资料汇编》，第 5 辑第 2 编，财政经济 5，江苏古籍出版社，1994 年版，第 2 页。

要的决议。国民政府依据历届决议的政纲，颁布政令，付诸实施。但战时，为求解决民生问题，充裕国家资源，适应抗建需要，自以增加农业生产为目标，其实施途径主要包括以下诸端："一，农民生活应使安定，农民为直接生产者，必先使其生活安定，可提高其生产效率。二，有用作物之生产应使增加，目前对于增进农产之主要方法计分三款：甲，禁止有害作物之种植，限制不急需作物之过分生产，以期有益作物之增加；乙，劝导农民努力推广米麦杂粮，并就急需提倡植棉之省份，加种棉花，使军民衣食有所取给；丙，特种产物，如桐油、茶叶、蚕丝等亦应积极提倡。三，大宗农产品应设法储集调剂，产量特多之区域应选定地点，设立仓库，妥为储集，更设法调剂，使甲地之慕余得以补乙地之不足，本国农产物品如粮食、棉花、桐油、茶叶、丝、羊毛等类，政府应促进运销，内以济各地之用途，外以分销于欧美。四，农村经济应使活动，政府对于农产金融之需要，重在农村合作之组织，以利农产品之生产抵押及保证，并在农业中心区域多设合作仓库，举办农业生产贷款，并利用当地仓库为农产之储押，使农村经济益为活动。五，土地分配应逐步改良，农村土地问题之根本解决当依本党平均地权政策，使耕者有其田，劳者得食，在此抗战时期，固不可操之过急，亦须逐渐进行，稳健推进。"① 此外，整顿水利、开辟荒地、填塞池沼、取缔圩田、推广造林、增加副产等，均由政府规定办法，切实施行。

　　战时农林政策的实施，需要具备三个要素，即行政、技术与推广。行政的任务，是遵照政策，拟定计划，贯彻执行；技术的使命，是研究计划如何施行，供给或改进实行计划时所必需之材料或方法；推广的责任，则是将研究所得的实行计划之方法或材

----

① 中国第二历史档案馆：《非常时期经济方案》，《中华民国史档案资料汇编》，第5辑第2编，财政经济5，江苏古籍出版社，1994年版，第3～4页。

料，设法付诸实施，或推广于乡间。此三要素，不但缺一不可，且不能各自独立，必须相互配合，密切联系，方能生效。若只有行政而无技术与推广，则是徒托妄言，无裨实际；若仅有技术而无行政与推广，则如无的放矢，徒劳无益；若徒有推广而无行政与技术，则成效不彰。故三者必须有相当的配合及密切的联系方可。但仅有配合及联系，尚嫌不足，此三者必须有合理的组织及彼此间能有适当之运用，方能发生宏效。此则必须依赖有良好的机构与完善的人才。机构与机构间的权限必须划清，彼此不可侵犯，各机关的人员必须均能才识相当，各人责任分清，上下贯通，脉络分明，然后方能各尽其职，各忠其事，而收指臂相助分功合作之效。

此外，金融是发展经济事业的血脉，增加农业生产亦需要资金予以调剂。战前农业金融向来只有消极的施惠，如救荒，而少积极谋取资金融通。自 1937 年全面抗战开始之后，农业金融为适应战时需要，其任务更加重大。第一，增加生产，就原来之经验，交战国对于增加生产，大都采用国家直接奖金政策，其方法有二：一为提高土地及其他农业上的生产手段之利用，一为耕地面积之扩充。农业生产之要素有土地、劳力、资本三种，增加农业生产，资本问题必须设法通融，如土地之取得、耕地之改善、农业经营之改良、农村副业之提倡，皆供给资金。第二，调整农产，战时农业问题不是单纯的生产增加问题，如何调整农产，使增加的农产品成为最急需、最经济的农产物？尤为战时农业问题中之重要者，例如连年川省稻谷丰收，致发生谷贱伤农现象，如何调盈剂虚，平衡供求，提高价格，是少不了金融调剂的。因此，政府战时农业金融政策主要包括以下诸端：一是四行内地联合贴现办法。1937 年 8 月 26 日财政部颁布中中交农四行内地联合贴现办法，以谋内地金融农矿工商各业资金之流通，贴放范围有抵押、转抵押、贴现等。并规定农产品之米、麦、杂粮、棉花、植物油、花生、芝麻、大豆、蚕丝、茶、盐、糖、药材、蚕种、木、纸、烟草、猪鬃、牛羊皮等为贴放之押品，抵押折扣凡当地有市价者，以市价8.5折计算，无市价者，由当地联合贴放委员会估定，但遇有押品价值跌落时，应照补缴。二是战时合作农贷调整办法。军委会于1938年曾令颁战时合作农贷调剂办法，其要点大致如下：所有金融机关在战前约定办理合作农贷之区域，应继续负责办理农贷，并照历年放款数额，不得减少或额度情形略予增加，如所办放款因兵灾蒙受损失，应由财政部及省政府委订分别担保办法，其因增加粮食生产及调整战时农业之放款，另由农产调整委员会办理之。1938年8月24日经行政院核准后，计有四项：一为放款对象。凡依照改善地方金融机关办法纲要，领用一元券及辅币券之金融机关及依法成立之合作金库，对增加农业各种放款，应尽量利用各种合作社，但在抗战时期，凡经放款机关承认之农民组织，亦得为贷款对象。二为贷放数额。中国、交通、中农及农本局，或其他金融机关，原在各省办理之农贷，应比照历年贷出金额在各该区内扩充其放款数额，并由各该行局将拨付农贷部分资金及其对合作社或农民组织贷款之收付情形，按月分别立表呈报财政、经济两部备考。三为推进合作事业。各省合作事业应由各该省合作主管机关积极推进，务期逐渐普遍发展并应随时随地确保督促其组织之健全。四为农贷之稽核。中国农民银行为特设之农业金融机关，属于财政部，照政府规定，至少应以5 000万元经营土地抵押放款及农村贷款。战时该行办理的农村贷款主要包括优良品种之选择、肥料之加工、杀虫药剂之制造、新式农具之推行、农田水利之修筑、农村渔垦之拓殖等，放款对象主要为农业推广机关，或制造厂本身，目的则是使其有充分之资金，而努力于推广事业。如仅1939年放款就达1 840余万元。[①]

三 西部地区农业改良运动的兴起

战时增加农业生产有两大目标：一是求主要农产品之自给自足，二是求出口农产品之尽量增加。主要农产品为满足生活上必不可缺之需要，即粮食与衣料，战时敌人最易封锁海口，使国外货品不能输入，国内物品亦无法输出，如农产品能够自给，则前方将士可无冻饿之虞，后方民众之生活亦可安定。出口农产在我国出口贸易中，历来是占极重要的地位，海关报告中把我国的货品分为31组，其中有2/3以上都是属于农产品[②]，时所必需的军器以及工业上所有的原料与机械，大部分要向国外输进来补充，所以增加出口农产之后，即可交换外货。而农业在地理环境上，有适宜的气候、肥沃的土壤，有的地方每年可以种两季稻，还可以收一季冬作，且随处可以种植农产，受土地的限制极微，北方适宜种麦，南方也可以种麦，稻与棉花南北方都可以种，不过产量各有丰啬而已。惜因农事上所用之工具，仍袭旧物，农作上之技术，墨守成法，未随时代之进步而改良，虽然我国地广土肥，而事实上之生产量，并不丰富，如粮食一项，尚须向外国输进，过去每年进口2 000万担以上[③]，在平时或可仰给国外洋米，以资厄注，但至战时消费浩大，需要较平时增加，海口又大多被敌封锁，洋米亦将无法输进，急需从速增加生产，由政府详细规定法令，限制农民严格推行，成绩优良者予以奖励，成绩不著

---

① 中国第二历史档案馆：《四联总处关于全国农贷概况统计》，《中华民国史档案资料汇编》，第5辑第2编，财政经济8，江苏古籍出版社，1994年版，第103页。

② 中国第二历史档案馆：《财政部贸易委员会拟定外销物资增产计划大纲草案》，《中华民国史档案资料汇编》，第5辑第2编，财政经济8，江苏古籍出版社，1994年版，第15页。

③ 陆仰渊、方庆秋：《民国社会经济史》，中国经济出版社，1991年版，第33页。

者，加以惩罚。而技术方面，以前农作上之一切陈旧方法，均不适宜现代农作之用，应尽量加以改革，并研究科学方法，应用于农事，以谋生产效率之增加。品质方面，我国农产品质不齐，良莠杂生，战前虽努力宣传推广改良品种，而成效尚未遍及，尤须充分推广，使产物之品质，优良而纯洁。此外，如土地利用之改善、农田水利之设施、病虫害之铲除，均与增加农产有密切关系。

而改良生产方法亦有两个目标：一为改良农产品品质，二为增加农产品数量。品质的改良不但求其优良，并且须纯正齐一，优良不过是提高品质，纯正齐一能使农产品等级不致混杂。战时的农产品已经有一部分脱离自给自足的阶段，进而成为商品化，农产商品化的最重要的条件就是等级划一，农产品中商品化程度较高者为棉花、小麦，其品级比较划一，分类也较容易。战前对于棉花小麦品级的改良，曾经极大地努力，成绩颇有可观，而稻谷的品级尚混杂不堪，如一担稻子之中有籼稻、粳稻、糯稻，籼稻之中有早熟有晚熟，以如此品种不齐的稻子，商品化就很困难，不论国外市场还是国内市场上，都不会有大量的买卖，农产品质必须随产量的增加而改良，唯有如此，战时增进农业生产之两目标——自给自足与增加出口，才能实现。

就战时改良农业生产的方法而言，主要包括以下数端：（一）实验研究，涵盖 1. 粮食作物改进，各省主要粮食如稻、麦、玉米、高粱、小米、豆类、薯类等之育种及栽培，治虫施肥方法之改进，育成产丰质优之品种，研究优良栽培方法，以供推广。2. 工艺作物改进，各省主要工艺作物，如棉花、油菜、烟草、甘蔗、蔴类等之育种、栽培、施肥、病虫害、加工等研究改进，育成产丰质优之品种，及研究优良栽培加工等方法，以供推广；3. 蚕桑改进：各省优良蚕种、桑苗之育种、培养、研究与改进，育成优良种苗及研究培养制丝优良方法，以供推广；4. 病虫害防治研究，各省主要作物病虫害防治方法及器材之研究，研究适合国情之防病治虫方法，以供推广；5. 土壤肥料改进，各省土壤研究，及适当肥料来源与施用量之研究，与绿肥作物之研究，研究最合国情之肥料制造方法及用量，以供推广。6. 牧草试验，研究最适宜之牧草品种，及栽培选择适当品类，以供推广应用；7. 养鱼试验，研究淡水鱼养殖及稻田养鱼事项，以研究结果，供示范推广之用；8. 桐油乌桕试验，关于桐油乌桕之育种、嫁接、栽培研究，以研究结果，供推广应用。（二）繁殖制造，主要有 1. 繁殖优良种子，稻、麦、棉、玉米、豆类、高粱、马铃薯、甘薯等种子，已推广者，繁殖其纯种或原始种，其已试验成功者，开始繁殖；2. 繁殖果苗桑苗，果树桑树优良品类之繁殖；3. 繁殖原蚕种，以供推广应用；4. 繁殖蔬菜种子，为适应战时需要，选育重要蔬菜种子；5. 繁殖种牛，以优良种畜，配种繁殖；6. 制造血清菌苗，防治牛瘟用血清菌苗；7. 繁殖经济树苗；8. 繁殖鱼苗；9. 制造杀虫药械，喷雾器及硫酸铜、碳酸铜、棉油乳剂等。（三）推广示范，包括 1. 推广优良稻种，协助省方办理；2. 推广优良麦种，协助省方办理；3. 推广优良杂粮种子；4. 推广优良烟草种子；5. 推广优良桑苗、蚕种，先作小规模之示范推广；6. 推广畜种；7. 防治牛瘟；8. 指导养鱼；9. 保育经济林木；10 造经济林；11. 组织农会。（四）训练指导、涵盖 1. 训练高级技术人员，注重于实验研究；2. 训练中级技术人员，注重于推广，养成主持县推广工作人才；3. 训练初级人员，养成县推广人员；4. 训练初级人员，养成乡镇推广人才。此外，西部地区各省还应开展调查设计，如进行林产调查，即开展关于各省之林业副产调查研究事项，以研究结果供林业之应用；又如调查渔牧生产，即开展关于各地畜产及牧地、牧草、优良畜类之调查事项，调查结果可供发展渔牧事业之参考。同时还应充实各省农情报告网，即关于各省生产及报告制度之充实事项，以统计结果供施政之参考。

而上述各项改良农业生产的办法，其实施原则，必须力求：
1. 中央与地方机构之健全，关系之密切，并启发民众深入下层；
2. 集中人力、物力、财力，使农牧垦确实配合，一同迈进；
3. 将农林工作必须之调查、设计、实验、研究、繁殖、制造、训练、指导、示范、推广等业务冶为一炉，可称为五位一体制，以调查实验为始，以推广增产为终；4. 力求普遍、迅速、确实，争取时间，争取空间，实事求是。即行政、技术与推广必须三位一体，环环相扣，才能发挥应有效能。然战前农业机构并不健全，且屡经改组，就中央主管部门来说，1911 年设农林部，1913 年改农商部，1928 年改农矿部，1931 年并为实业部。以上是就中央主管部门来说，至于中央最大的事业机关，在 1930 年设立中央模范林区管理局，1932 年设立中央农业实验所，1934 年设立中央种畜场，开始建立农林畜牧的根基。至各省方面，先后有实业厅、建设厅，主管农林行政，其事业机关有设省农场的，有设立蚕桑局的，有设立林区署的，有设立农林局的，有设立林务局的，有设立省林场的，有设立垦殖局的，名称颇不一致，且常行改组。在各县内有县农场、县苗圃的，有专设实业技士或农林技士的，其行政则有的设科专管，或有建设科主管，尚有一度设建设局的。可见，战前农林机构庞杂，政令分歧，实有速谋调整之必要。

全面抗战爆发后，国民政府鉴于西部地区农业的重要性，于1939 年 4 月召开了第一次全国生产会议。会议明确提出西部地区各省均应建立农业改进所或类似的农业改进机关，举办农业研究事业，以促进农业生产。在会议召开之际，蒋介石在训词中亦指出，"过去科学不切实际，生产不讲技术，以致生产和科学都不发达"，并强调"今后要研究科学技术，提高生产品质""生产和科学不能分开，必须将生产和科学教育打成一片"①。会议认为农业改进应以中央农业实验所为中枢，负责全国农业改良研究，地方各省由省农业改进所负责，并由中央农业实验所予以协助，对各种农作物进行科学试验、示范繁殖和推广，以求获得适合本省种植的最佳良种和方法，从而提高农作物产量。嗣后，西部地区各省，如四川、贵州、湖南、湖北、浙江、陕西、甘肃、河南、山西、绥远、西康等设立了农业改进所；广西省设立了农业管理处；江西省设立农业院；福建省设农业改进处；宁夏、广东设立了农林局，均隶属于各省建设厅。唯云南省未设农业改进集中组织，其机构有蚕桑改进所、稻麦改进所、棉业处、茶叶改进所、农林育种场，都隶属于建设厅。各省农业改进机关内设有农业推广单位，各县亦先后成立县农业推广所，由省农业改进机关派员到县，辅导县农业推广所开展工作。1940 年国民政府特设农林部，其下附设以下各司局：总务司、农事司、农村经济司、林政司、渔牧司、垦务总局。政府对农业的重视程度达到空前。而农林部直属机构包括中央农业实验所、中央林业实验所及中央畜牧实验所，分掌农林畜牧试验推广工作。此外属于农事部分的，尚有西南、陕西两改良作物品种繁殖场，湖南、四川、贵州、广东四直辖农场；渔牧部分在陪都设淡水鱼繁殖场，并在扬子江、珠江两流域设立工作站，在四川、贵州、广西、湖南、江西、河南设 7 个耕牛繁殖场，在甘肃设西北兽疫防治处及西北羊毛改进处；林业部分在贵州、陕西、广西设 3 个经济林场，在四川、甘肃、陕西设 5 个国有林区管理处。以上各该附属机关中除中央农业实验所具有 10 余年的历史，已有相当贡献外，余均成立不久，尚待充实改善。而在推广方面，1938 年国民政府在西

① 全国生产会议秘书处编：《全国生产会议总报告》，《蒋总裁训词》，沈云龙主编：《近代中国史料丛刊》，3 编 44 辑，文海出版社有限公司，1988 年版，第 75 页。

迁途中，即于汉口设立直属中央行政院的农产促进委员会，其职责有二：一是统筹西部地区农业推广工作；二是在行政上确立农业推广督导制度，以收督促、联系、协调推广工作之效。1941年农林部设立粮食增产委员会，亦是农业推广性质的单位。1942年农林部又在川、陕、甘、黔、桂、鄂、粤、滇、赣、湘、闽等省设立农业推广繁殖站，以繁殖作物优良品种的种子，使推广材料可以在本省就近取给。至此，自中央到地方的各级农业改良机关均已建立，并形成一贯之系统，农业试验、研究、推广工作在西部地区各省县如火如荼地开展，农业改良运动在各省迅速兴起。

第二章 西部地区农业改良活动（上）

全面抗战爆发后，国民政府以庞大的经费，动员大量技术人员从事西部地区农业增产工作，以期增加抗战力量而获最后胜利。增加粮食生产是战时农业政策的中心，粮食增产问题是西部地区压倒一切的核心问题。棉花生产关系到前方军需和后方民用，以及西部地区纺织工业原料问题。蚕丝和畜牧产品则是出口换汇和换取军事物资的重要农产品。但这些农产品均需要改良，以提高其产量和质量。西部地区各省农业改进所成立后，即在中央农业实验所的协助下，制定了重点改良粮棉以应西部地区军需民用，其次改良外销农产品以增加外汇的施政策略，并立即开展各项相关试验研究，待有成效后推广。

第一节 粮食作物选种育种

一 育种技术在西部地区的广泛运用

足兵足食，同为战时之先决问题，盖以兵不足则外溃，食不足则内虚。第一次世界大战时，德国非败于军事，而屈于粮食之不继，足为殷鉴。我国以农立国，粮产素丰，唯自抗战军兴以来，食粮之需要剧增，而壮丁之出征，敌人之蹂躏，运输之困难，以致粮食来源日减，复以奸商富户之操纵居奇，粮价飞涨勿已，人心惶恐，其于抗战前途之影响，至深至巨。故重庆国民政府殚精竭虑，悉力以谋粮食问题之解决，除积极平抑价格，管制粮食外，还举行全国粮食增产运动，并由农林部拟定各省年度粮食增产计划大纲，颁发各省，普遍实行，以期增加粮食之供应，巩固抗战建国之基础。1940 年农林部成立后，即特设粮食增产委员会，负责推行粮食增产运动。至此，不仅有了总揽全国农政的中央机构，且定下一个战时中心农业政策，即增加粮食生产。"抗战以来政府发动的粮食增产运动，不只是战时经济的重要措施，也是民国以来中国农业改进的大事。国民政府以庞大的经费，动员 5 000 技术人员，从事各种增产工作，中央和地方农事机关的工作人员，与各大学农学院及农业学校的学生，都遍布西部地区各省，深入农村，推行此项中心工作，实在是一件空前的盛事。"① 1941 年 2 月农林部发布了《粮食增产计划及实施状况有关文件》，提出粮食增产"以川、湘、黔、滇、粤、桂、闽、浙、鄂、赣、皖、甘、陕、豫、康等十五省为增产区域"，具体增产措施则为："（1）增加耕地面积，如利用隙地、空地、荒地、增加冬耕面积、减少不必要农作物之栽培面积等；（2）增加单位面积之产量，如推广改良品种，防治病虫害，推广优良栽培方法，与兴修水利等项。"要求西部地区各省："悉力以赴，良以战时非特应谋粮食之自给自足，抑且当谋粮食之大量储备。"② 两大措施的提出，细化了西部地区粮食增产方法。但由于土地资源的有限性，以及战时各种有用作物均竞相种植，耕作面积扩大自然受到限制，因此，增加粮食作物产量的任务，主要还是依靠科学技术提高单位面积产量来完成。而单就增加单位面积产量言，在防治病虫害、推广优良栽培方法与兴修水利等条件不足的情形

---

① 沈雷春、陈禾章：《中国战时经济志》，文海出版社，1942 年版，第 37 页。

② 中国第二历史档案馆：《经济部关于战时农业建设方针的工作报告》，《中华民国史档案资料汇编》，第 5 辑第 2 编，财政经济 8，江苏古籍出版社，1994 年版，第 23 页。

下，则以推广改良品种最为有效。而欲推广改良品种，则首需开展作物育种，提高育种技术，培育出优良作物品种。为此，第九战区经济委员会在《关于1941年度后方农林行政概况稿》中明确提出："粮食增产之执行：（1）由农林部统筹并督导中央农业实验所协同各省办理；（2）各省统筹并督促农业改进所及农业改进机关；（3）各县督促农业推广所及农场或其他农业机关，未设立者应加紧成立；（4）农林部与农产促进委员会、粮食部、农本局、四行联合办事总处等机关，应密切联系，通力合作，各省县亦应与关系机关合作，各省当局均遵照中央计划积极推进。"①于是西部地区各省农业改进机关在中央农业实验所的协助下，积极开展本省育种工作，以期培育出优良品种，予以推广，从而提高本省粮食产量。

（一）水稻育种

由于水稻在西部地区粮食作物生产中，无论是产量还是种植面积均居第一位，因此粮食作物改良当首推水稻品种改良。稻种改良的目标主要有以下几点：（1）种子纯；（2）产量丰；（3）品质好；（4）成熟期合适；（5）秆强不倒；（6）对病虫害的抵抗力大；（7）在不同风土环境的适应性强；（8）具有其他适合需要或便于栽培的优良性状。②一个改良稻种，除种子纯是必要的条件外，至少还需具备上述各条里面的一项或几项特点。经过许多年的试验结果，确证比地方土种优良，才能进行推广。西部地区各省稻区既广，环境又复杂，因而改良稻种的数目比其他作物要多。我国稻种虽有悠久的历史和许多优良的栽培经验，但原来的

---

① 中国第二历史档案馆：《第九战区经济委员会关于1941年度后方农林行政概况稿》，《中华民国史档案资料汇编》，第5辑第2编，财政经济5，江苏古籍出版社，1994年版，第23页。

② 陈仁：《全国主要改良稻种》，《农报》，11卷10—18合期，1946年，第37页。

稻种多半混杂而不好，所以改良稻种的育成对于增加产量改善米质等，都收到了很好的效果，实是切合战时改进稻米问题的最重要而有效的工作。为获得各种优良稻种，以宜西部地区各省种植而提高其亩产量，各省农业改进所多方开展水稻育种工作，包括水稻地方品种检定、品种比较试验、纯系育种、杂交育种、特用育种等诸项，历时也较长，并取得了一定成绩。

全面抗战爆发后，中央农业实验所及东部一些农业技术推广机关和农业院校相继迁往西南，继续水稻品种的改良及示范推广工作。1938 年中央农业实验所合并全国稻麦改进所后，开始在湘、桂、黔、滇、川 5 省设立工作站，分派全部稻作技术人员赴各省协助稻作改进工作。湘、桂、川 3 省原有稻作改进基础，因此而益充裕其力量，扩大其事业。黔、滇两省也于此时分别设立农业改进所与稻麦改进所，并利用中央农业实验所西迁之材料，以及当地搜集之材料，开展水稻育种工作。这使西南各省稻作育种工作在 5 年之中有了很大发展。此外，陕西省农业改进所也设陕南农场于城固，以改进汉中区稻作。

战时中央农业实验所与各省农业改进机关开展的稻作育种工作主要包括以下几个方面：

（1）水稻品种检定。1936 年，全国稻麦改进所首先在江苏、安徽、江西、湖南、四川等省与地方稻作改进机关合作实施此项工作，其要点如下：①调查各县所有的水稻品种及其栽培生产情形；②征集各县所有品种的种子；③将全部品种集中在数处试验，考察其异同，鉴定其优劣；④淘汰劣种，使境内品种简单化、优良化、统一化。[①] 具体做法：在冬春农闲季节进行水稻品种的调查，夏秋各进行一次田间考察，秋季水稻成熟时采取各品

---

① 周拾录：《三十年来中国稻作之改进》，《中国稻作》，南京中华稻作学会，1948 年，7 卷 1—3 合期，第 23 页。

种之单穗及种子于冬季进行检定，以确定各品种品质之优劣。第二年再将各品种集中试验比较优劣，第三年则凭第一、二年调查考察的结果将最劣的少数品种淘汰，第四年再淘汰其中劣者，至第五年则可确定应保留的少数优良品种。[①] 至 1942 年已在福建、广东、广西、云南、贵州、陕西等省的部分县市施行，但因受战争影响而未能普及全国。

（2）品种比较试验。1919 年，南京高等师范农科在南京成贤街设置农场，由原颂周主持开展水稻品种比较试验，周拾录、金善宝则负责田间具体工作。经过六年（1919—1924）的选育，育成了"改良江宁洋籼"和"改良东莞白"两个品种。[②] 这是我国运用近代育种技术育成的第一代水稻良种。1922 至 1923 年间，岭南大学、东南大学也进行了水稻品种比较试验。1918 年至 1920 年，农商部中央农事试验场也先后自江苏、浙江、安徽、河南、河北、吉林、湖北、福建、广东等省和日本、意大利等国引进 47 个水稻品种进行水稻品种比较试验。[③] 中央农业实验所成立后，在 1933 至 1936 年间，也先后从国内外征得水稻品种 2 031 个作为品比试验的基础，并于 1936 年举行全国各地著名稻种比较试验，分别在 12 个省 28 个合作试验场进行。试验连续 3 年，"分早、中、晚三组试验，以各地最优品种为对照，重复 10 次，田间记载注意幼苗生育情形、出穗期、成熟期、病虫害、倒伏度等项"。这是我国稻作大规模联合区域试验的开端，评选出"南特号"等不少有示范推广价值的优良品种，自 1938 年起在江

---

① 周拾录：《三十年来中国稻作之改进》，《中国稻作》，南京中华稻作学会，1948 年，7 卷 1—3 合期，第 25 页。

② 周拾录：《三十年来中国稻作之改进》，《中国稻作》，南京中华稻作学会，1948 年，7 卷 1—3 合期，第 26 页。

③ 农商部中央农事试验场：《1918—1920 年试验成绩报告》，《农商公报》，1923 年，第 21 页。

西、湖南示范推广。[①] 战时广西农业试验场和四川省农业改进所也应用品种比较试验方法培育出了一些水稻良种，如广西的"中桂马房籼""早禾3号""早禾4号"，四川的"川农422""川农303"等。品比法成为战时中国水稻育种采用的重要方法之一。[②]

（3）纯系育种。纯系育种又称系统育种或选择育种，是对自然变异材料进行单株选择的育种方法，也是自花授粉作物、常异花授粉作物和无性繁殖作物常用的育种方法。[③] 其要点：根据育种目标，从现有品种中选出一定数量的优良个体，分别脱粒和播种，每一个个体的后代形成一个系统（株系或穗系），通过试验鉴定，选优去劣，育成新品种。[④] 具体操作方法：单株（穗）选择（第一年）→单行试验（第二年）→二行试验（第三年）→五行试验（第四年）→十行试验（第五年）→高级试验（第六年）→繁殖推广（第七年）。[⑤] 此法最初系美国育种学家洛夫、海斯及英国生物统计专家韦适于1925年来华传授，但一般需要8至9年时间方见效，耗时过长，并不经济，因而国内作物育种专家丁颖于1936年提出以小区移栽法进行产量试验，用生物统计方法分析比较产量以及改进育种程序，使育种周期缩短为4至5年。[⑥] 该法简单、有效，从而成为抗战前后国内数十年最重要的水稻育种方法，使中国"向来注重观察以选种之旧法，一变而为

---

① 周拾录：《三十年来中国稻作之改进》，《中国稻作》，南京中华稻作学会，1948年，7卷1—3合期，第26页。

② 周拾录：《三十年来中国稻作之改进》，《中国稻作》，南京中华稻作学会，1948年，7卷1—3合期，第27页。

③ 西北农学院编：《作物育种学》，农业出版社，1979年版，第44页。

④ 卢守耕：《吾国水稻育种之商榷》，《农报》，1935年，2卷23期，第11页。

⑤ 周拾录：《三十年来中国稻作之改进》，《中国稻作》，南京中华稻作学会，1948年，7卷1—3合期，第25页。

⑥ 中国农业博物馆：《中国近代农业科技史稿》，中国农业科技出版社，1995年版，第48页。

应用统计，及利用遗传以改良品种之新方法"[1]。抗战开始后，中央农业实验所将已育成的高级系 30 系，十秆行 120 系，五秆行 425 系，三秆行 488 系，二秆行 202 系等材料迁至内地，分别在四川成都、湖南芷江、广西柳州三处继续试验，又在云南、贵州等省采选 4 万余穗参加试验，并陆续育出了新品种，如"黔农2 号""黔农 28 号"，等等。[2]

（4）杂交育种。纯系育种法虽然育出了很多水稻新品种，并一度成为国内近代稻作育种的主流，但就其效率而言仍存在着一定的局限性。如要选育出更优良的水稻新品种，还需开展杂交育种，这是一种更先进、更有效的育种方法。[3] 所谓杂交育种是指通过品种间杂交创造新变异而选育品种的方法。[4] 其目的在于通过杂交，利用杂种优势，选育出秆矮而坚硬、不易倒伏、分蘖力强、早熟、丰产、质佳、不易落粒的品种。[5] 1926 年，中山大学教授丁颖在广州附近的犀牛尾发现野生稻，随即移回，并与当地栽培水稻自然杂交，于 1931 年育成第一个野生稻与杂交稻的杂交种"中山一号"，开创了我国水稻杂交育种的新纪元。[6] 但杂交育种需要较高的技术和较完备的设备，不是每一个试验场和育种单位都能办到。为此，卢守耕提出中央与地方分工协作进行水稻杂交育种的建议。水稻杂交育种其中一项关键技术是去雄，中

① 沈宗瀚：《中国作物育种事业之过去现在及将来》，《农报》，1935 年，2 卷25 期，第 6 页。

② 中央农业实验所：《本所一年来之工作概况》，《农报》，1940 年，5 卷 4—6期，第 33 页。

③ 中国农业博物馆：《中国近代农业科技史稿》，中国农业科技出版社，1995年版，第 48 页。

④ 西北农学院编：《作物育种学》，农业出版社，1979 年版，第 50 页。

⑤ 周拾录：《三十年来中国稻作之改进》，《中国稻作》，南京中华稻作学会，1948 年，7 卷 1—3 合期，第 27 页。

⑥ 中国农业博物馆编：《中国近代农业科技史稿》，中国农业科技出版社，1996年版，第 48 页。

央农业实验所育种学家赵连芳提出了一种优于以前任何方法的技术，就是去雄应在早晨日出之前或傍晚时进行，以避免在阳光下去雄而散发花粉。[①] 从 1939 年至 1945 年的 6 年时间里，由于各方面的共同努力，西部地区各省选育出了较多的水稻优良品种，并迅速推广到生产中去。具体情况见表 2-1：

表 2-1　战时西部地区水稻育种一览表

品种	育种单位	选育时间	推广时间	备注
鄂农 3 号	鄂农所	1939—1941		中籼种
都江玉	川农所与中农所	1937—1939		中籼，原产郫县
富绵黄	川农所与中农所	1937—1939		中籼，原产合川，从品种检定和比较试验中选得
巴州齐	川农所与中农所	1937—1939		中籼，从品种检定和比较试验中选得
白叶粘	川农所与中农所	1937—1939		中籼，从品种检定和比较试验中选得
嘉陵雄	川农所与中农所	1937—1939		中籼，从品种检定和比较试验中选得
白叶子	川农所与中农所	1937—1939		中籼，从品种检定和比较试验中选得
筠连粘	川农所与中农所	1937—1939		中籼，从品种检定和比较试验中选得
水白条	川农所与中农所	1937—1939		中籼，从品种检定和比较试验中选得
马尾齐	川农所与中农所	1937—1939		中籼，从品种检定和比较试验中选得

[①] 中国农业博物馆编：《中国近代农业科技史稿》，中国农业科技出版社，1996 年版，第 49 页。

品种	育种单位	选育时间	推广时间	备注
托托黄	川农所与中农所	1937—1939		中籼，从品种检定和比较试验中选得
沙刁早	川农所与中农所	1937—1939		中籼，从品种检定和比较试验中选得
大黄谷	川农所与中农所	1937—1939		中籼，从品种检定和比较试验中选得
三毛香	川农所与中农所	1937—1939		中籼，从品种检定和比较试验中选得
疲达谷	川农所与中农所	1937—1939		中籼，从品种检定和比较试验中选得
竹桠谷	川农所与中农所	1937—1939		中籼，原产宜宾，从品种检定和比较试验中选得
中农4号	中农所（在四川选育）	1938—1943	1943	中籼
中农三十根	中农所（在四川选育）	1939—1944	1944	晚籼，原种江西，三十根
中农白米	中农所（在四川选育）	1945		陆稻，原产广西
中农地禾	中农所（在四川选育）	1945		陆稻，原产广西
川农26P—317	川农所	1937—1942		早籼
川农26P—422	川农所	1937—1942		中籼，选自灌县
川农26P—303	川农所	1937—1942		中籼，选自嘉定
川农26P—282	川农所	1937—1942		中籼，选自宜宾

品种	育种单位	选育时间	推广时间	备注
川农26P-238	川农所	1937—1942		中籼，选自郫县
川农26P-397	川农所	1937—1942		中籼，选自绵阳
川农27P-37	川农所	1937—1942		中籼，选自巴县
广西早禾1号—13号	柳州沙塘农事试验场	1935—1938	1940	早籼，省内优良种，经品种试验选得
中黔2号	中农所与黔农所合作	1938	1941	中籼，广西地方种，经品比试验选出
中黔7号	中农所与黔农所合作	1938	1941	中籼，广西地方种，经品比试验选出
中黔23号	中农所与黔农所合作	1938	1941	中籼，广西地方种，经品比试验选出
中黔28号	中农所与黔农所合作	1938	1941	中籼，广西地方种，经品比试验选出
昆明大白谷	中农所与云南稻麦改进所合作	1938	1941	中熟粳稻，滇中地方种，经品比试验选出
昆明小白谷	中农所与云南稻麦改进所合作	1938	1941	中熟粳稻，滇中地方种，经品比试验选出
昆明李子红	中农所与云南稻麦改进所合作	1938	1941	中熟粳稻，滇中地方种，经品比试验选出
昆明背子谷	中农所与云南稻麦改进所合作	1938	1941	中熟粳稻，滇中地方种，经品比试验选出
中滇1号	中农所（在云南育成）	1938	1944	中籼，原种为富民大白谷

品种	育种单位	选育时间	推广时间	备注
小香谷	陕农所陕南农场	1938—1939	1940	中籼，地方种，经检定所得
凤尾粘	陕农所陕南农场	1938—1941	1943	中籼，检定品种

根据陈仁《全国主要改良稻种》整理，《农报》，11卷10—18期合刊，1946年，第33页。各育种单位均为简称，如四川省农业改进所简称川农所、中央农业实验所简称中农所，等等。

（二）小麦育种

小麦在西部地区粮食生产中占有极其重要的地位，是仅次于水稻的第二大粮食作物。小麦生产具有能够充分利用冬闲田、栽培管理比较简便、避灾保收和早接口粮等特点，故战时把发展小麦生产作为解决粮食问题的重点来抓。为快速获得可供本省推广的小麦良种，提高小麦产量，各省农业改进所在中央农业实验所的帮助下，积极开展小麦良种选育工作。如川农所在1940至1942年间，经各处地方试验，确定"中农28号""莫字101""川福麦""中大矮粒多""中大2419号"5个品种为推广材料。[①]黔农所于1938年成立后，在中农所的协助下，于1940至1941年间引进"金大2905号""遵义136号"小麦作为推广材料。[②]广西农事试验场也于1938年与中农所合作进行区域试验，并确定引进"金大2905号"及"中大美国玉皮"两小麦品种。[③]江西省农业院则于1938年确定"中大南宿洲""金大2905"及涂

---

① 四川省档案馆：《四川省农业改进所档案》，全宗号民148，案卷号2783，卷名《四川省农业改进所稻麦改良场关于小麦品种征集报告》。

② 梁光商：《西南各省水稻改良之来历及其推广》，《农业推广通讯》，1942年，4卷5期，第35页。

③ 梁光商：《西南各省水稻改良之来历及其推广》，《农业推广通讯》，1942年，4卷5期，第36页。

家埠大头小麦为推广材料。[①] 湖北省农业改进所于 1940 年成立后，即着手进行品种比较试验，于 1941 年秋确定"金大 2905""中农 28"及"中大美国玉皮"3 个小麦品种为鄂西过渡时期推广品种。[②] 浙江稻麦改良场在 1939 至 1940 年间确定新品系"17号""2 号""105 号"及"908 号"4 个小麦品系，在浙南推广。[③] 云南省稻麦改进所在 1938 年得中农所派员协助后，曾积极进行该省麦作的调查与试验工作，于 1941 年确定"四川 1 号"和"南京赤壳"等 8 个小麦品种在呈贡、昆明等 8 县推广，种植面积达 3 051 亩。[④] 此外，福建、甘肃、西康三省农业改进所自 1938 年以后，亦先后从事小麦选种工作，但因时间较短，未见成效。具体情况见表 2-2：

表 2-2 战时西部地区小麦良种选育情况表

品种名称	育种单位	育种时间
浙场 17 号	浙江省稻麦改良场	1939—1940
浙场 2 号	浙江省稻麦改良场	1939—1940
浙场 105 号	浙江省稻麦改良场	1939—1940
浙场 908 号	浙江省稻麦改良场	1939—1940
中农 166	中农所（在四川选育）	抗战期间
中农 62	中农所（在四川选育）	抗战期间
中农 483	中农所（在四川选育）	抗战期间

① 郭文韬、曹隆恭：《中国近代农业科技史》，中国农业科技出版社，1989 年版，第 164~165 页。

② 中国农业博物馆编：《中国近代农业科技史稿》，中国农业科技出版社，1996 年版，第 53 页。

③ 郭文韬、曹隆恭：《中国近代农业科技史》，中国农业科技出版社，1989 年版，第 164~165 页。

④ 梁光商：《西南各省水稻改良之来历及其推广》，《农业推广通讯》，1942 年，4 卷 5 期，第 38 页。

续表2-2

品种名称	育种单位	育种时间
骊英1号	中农所	抗战期间
骊英2号	中农所	抗战期间
骊英3号	中农所	抗战期间
骊英4号	中农所	抗战期间
川大101	四川大学	抗战期间
51—1355	川农所	抗战期间
碧蚂1号	西北农学院	1942—1948
武功27	西北农学院	1934—1939

中国农业博物馆编：《中国近代农业科技史稿》，中国农业科技出版社，1995年版，第55页。

（三）杂粮育种

抗战期间，为缓解日益紧张的粮食供应，国民政府要求西部地区各省劝导农民努力种植杂粮，以增粮食产量。为推进杂粮生产，提高杂粮产量，西部地区各省农业改进所对玉米、甘薯、马铃薯等杂粮作物均开展了不少研究活动，并培育出了一些优良品种。如玉米方面，川农所在1943至1945年间在成都、绵阳两地进行双交种比较试验，最后决选出"458""452""411"及"404"号优良品种，一般增产23%～30%。[①] 甘薯方面，1940年川农所引进美国南瑞苕后即在成都繁殖观察，后经试验证明该品种产量高且稳定，品质亦好，适应性广，平均每亩产量达2 773.8斤，与当地农家品种平均亩产1 851.6斤相比，增产达

---

① 四川省档案馆：《四川省农业改进所档案》，全宗号民148，案卷号2793，卷名《四川省农业改进所粮食作物组关于杂粮玉米品种检定，杂交育种试验报告》。

49.80％。① 此外，川农所还推广了马铃薯检定种——彭县黄洋芋。该品种品质较优，产量亦高，经大力推广后，其种植范围不断扩大，并最终在成都平原普及，从而可增种一季春洋芋或秋洋芋。②

二　良种推广及其成效

伴随新品种的育成，西部地区各省良种的示范推广工作也随之展开，其范围与规模亦由小到大。如以湖南、江西两省为例，1937 至 1941 年间，湖南水稻良种推广面积从 3.2 万余亩扩大到88.2 万余亩，扩大了近 27 倍；江西从 1.4 万余亩扩大到 67.4 万余亩，扩大 48 倍。③ 而川、滇、黔、粤、桂、冀、浙、闽、皖、陕等省的推广工作也受到一定的重视，开始走上有计划、有组织的发展道路。这些水稻良种的育成和推广对促进农业增产起了极其重要的作用，也为以后稻作育种的进一步开展打下了坚实的基础。具体推广情况详见表 2-3：

表 2-3　战时西部地区部分水稻良种推广面积及增产效益表

品种名称	主要推广地区	平均亩增产（斤）	推广面积（万亩）	增加产量（万斤）	统计年别
中大帽子头	苏、皖、赣、湘	37	21.3	788.1	1937 年
浙场 3 号	川北	40	10.0	400.0	1943 年

---

① 四川省档案馆：《四川省农业改进所档案》，全宗号民 148，案卷号 2791，卷名《四川省农业改进所粮食作物组关于杂粮甘薯品种检定，杂交育种试验报告》。

② 四川省档案馆：《四川省农业改进所档案》，全宗号民 148，案卷号 2792，卷名《四川省农业改进所粮食作物组关于杂粮马铃薯品种检定，育种试验报告》。

③ 郭文韬、曹隆恭：《中国近代农业科技史》，中国农业科技出版社，1989 年版，第 164～165 页。

续表2—3

品种名称	主要推广地区	平均亩增产（斤）	推广面积（万亩）	增加产量（万斤）	统计年别
南特号	赣、湘、闽、粤、川、浙、鄂	50	46.6	2 300.0	1941 年
万利籼	湘	60～100	84.2	6 736.0①	1942 年
黄金籼	湘	30～50	15.0	600.0	1942 年
胜利籼	湘	50	153.5	7 675.0	1942 年
抗战籼	湘	50	10.0	500.0	1942 年
茶粘 1 号	湘	50	8.0	400.0	1940 年
黑督 4 号	桂	50～60	7.0	385.0	1940 年
中桂马房籼	桂	50	2.0	100.0	1944 年
中黔 2 号	黔	50	5.0	250.0	1944 年
昆明大白谷	滇	60	0.6	36.0	1944 年
中滇 1 号	滇	60～70	0.6	39.0	1944 年
小香谷	陕	60	0.5	30.0	1941 年
凤尾粘	陕	50	0.5	25.0	1944 年
白麻粘	陕	80	0.7	56.0	1944 年

咸金山：《我国近代稻作育种事业述评》，《中国农史》，1988 年，第 1 期。

改良稻种是经过人工利用科学的育种方法改良而成的，能较大地提高水稻产量。1941 至 1944 年间，改良稻种在川、滇、黔、桂、粤、湘、浙、闽、皖、陕、赣、鄂等西部地区各省的大量推广，使稻产增产总数达 700 万市担左右，总价值达 22 亿余元。这还单是增加产量一项，其他还有改善米质等价值无从估

---

① 该数据所取亩增产数为第三栏的平均数。

算。这笔巨大的收益都无形分散在农民身上，直接增进了农民的生活，间接充实了国家的力量，由此可见改良稻种在战时贡献的重大。具体情况详见表2—4：

表2—4　西部地区12省1941年至1944年水稻良种推广概况表

年别	推广面积（亩）	增加产量（担）	平均单价（元/担）
1941 年	2 320 917	1 141 715	100
1942 年	3 704 603	1 866 617	190
1943 年	5 496 911	2 755 147	390
1944 年	2 955 501	1 217 200	550

陈仁：《全国主要改良稻种》，《农报》，1946年，11卷10—18期合刊，第34页。注：1944年因战事影响，广东、湖南、江西、广西等省大部分未能统计在内，故数字减少。

抗战期间也有大批小麦良种推广。据统计，1937年各省推广的卓有成效的小麦良种只有9种，至1941年则增至85种。各种推广品种与农家土种相较，平均每亩增产达53.22市斤。详见表2—5：

表2—5　1941年西部地区各省推广改良小麦概况表

省别	推广县数	品种数目	推广面积（市亩）	平均产量（斤/亩）	平均增产（斤/亩）	推广种占麦田总面积百分比
四川	43	4	305 316.75	249.21	69.82	1.61
陕西	16	3	182 719	352.73	69.73	1.07
浙江	13	6	27 492.95	184.62	108.48	0.44
江西	10	2	42 000	305.00	65.00	0.88
湖南	1	2	15	225.00	5.00	0.000 3

省别	推广县数	品种数目	推广面积（市亩）	平均产量（斤/亩）	平均增产（斤/亩）	推广种占麦田总面积百分比
河南	16	8	39 212.51	220.00	30.00	0.15
贵州	5	2	9 368	291.12	41.00	0.27
云南	1	3	115	361.88	58.75	0.002 3

潘简良：《各省小麦改良种推广近况》，《中农月刊》，1942年，3卷4期，第13页。

就全部粮食作物来看，据粮食增产委员会调查，若提高单位面积产量，在战时农村劳力不足情形之下，以推广改良品种最为有效。如1941年各省使用改良品种之每亩平均产量，较之1937年，除大麦、玉米、大豆外，均见增加，计以甘薯增产量最高，每市亩平均约增3.43市担。水稻次之，平均增0.94市担。豌豆平均约增0.56市担，小米平均增0.32市担，高粱平均增0.25市担，小麦及蚕豆平均各增0.03市担。1940年的单位面积产量，因战争影响，农村劳力较前削减，以致工资高涨，农事经营逐渐粗放，兼以气候干旱，遂致收成不及1937年，1941年则增加较多。如甘薯每市亩平均增产4.06市担，水稻平均增1.03市担，豌豆平均增0.64市担，小米平均增0.42市担，高粱平均增0.38市担，大豆平均增0.24市担，蚕豆平均增0.03市担。若将上述两组增产数字按作物种类对应相较，则后者增加实多。详见表2—6、2—7：

表 2−6　西部地区各省 1937 年和 1941 年的主要粮食作物每市亩平均产量

（单位：市担）

省别	冬季作物							
	小麦		大麦		蚕豆		豌豆	
	1937 年	1940 年	1937 年	1940 年	1937 年	1940 年	1937 年	1940 年
四川	2.22	2.24	2.04	2.02	1.68	1.77	1.86	1.82
西康	2.20	2.18	1.88	1.83	2.75	2.75	2.15	2.15
江西	1.80	1.73	1.20	1.20	1.70	1.70		
浙江	2.28	2.40	2.10	1.45	1.40	1.50	0.60	1.00
福建	1.67	1.83	1.00	1.00				
湖北	1.25	1.25	1.00	1.00	2.00	2.00	1.00	1.00
湖南	1.20	1.16	1.55	1.54	2.27	2.28	1.66	1.65
云南	2.13	2.21	1.55	1.58	2.16	2.12	1.58	1.58
广西	1.17	1.27	1.09	1.00			0.93	0.95
广东	1.58	1.46	1.59	1.50	2.34	2.28	1.00	0.70
甘肃	1.61	1.56	1.85	1.81	1.15	1.15	0.96	1.26
河南	1.60	1.52	1.67	1.33			1.51	1.47
陕西	1.52	1.57	1.99	2.04	1.62	1.63	1.36	1.06
贵州	2.52	2.77	2.45	2.73	1.25	1.25	1.00	1.00
省别	夏季作物											
	稻		玉米		甘薯		高粱		小米		大豆	
	1937 年	1940 年	1937 年	1940 年	1937 年	1940 年	1937 年	1940 年	1937 年	1940 年	1937 年	1940 年
四川	3.56	3.37	2.37	2.31	5.82	5.18	2.56	2.51			1.60	1.97
西康	4.93	4.90	4.83	4.67	4.00	3.50	2.30	2.25			1.10	1.10
江西	2.50	2.24	2.00	2.00	10.75	7.67	3.00	3.00			1.60	1.00
浙江	3.00	3.25	1.60	1.50	7.00	5.75	3.30	3.00	1.30	1.50		
福建	3.25	3.25	2.75	2.75	6.67	6.67					1.70	1.70

63

省别	夏季作物											
	稻		玉米		甘薯		高粱		小米		大豆	
	1937年	1940年	1937年	1940年	1937年	1940年	1937年	1940年	1937年	1940年	1937年	1940年
湖北	2.75	2.75	2.25	2.25	9.00	9.00					1.25	1.25
湖南	5.58	4.83	2.24	2.22	9.06	6.38	2.16	2.14			1.72	1.69
云南	4.22	4.40	3.42	3.51	8.36	8.00	2.05	1.80			3.18	2.83
广西	3.09	2.94	1.91	1.87	6.15	6.33	0.91	0.81			1.16	1.04
广东	3.35	3.23	3.94	3.79	10.85	10.10	1.26	1.20	0.98	0.96	0.82	0.88
甘肃	1.93	1.91	1.76	1.85			2.45	2.05	0.82	0.53	2.27	2.32
河南	2.03	1.77	1.71	1.68	11.33	10.67	1.43	1.33	1.41	1.29		
陕西	2.76	2.59	1.62	1.45	8.59	8.10	1.90	1.98	1.08	1.18	1.78	1.27
贵州	4.00	4.27	2.50	2.65	8.10	8.50	1.75	1.70			1.00	1.00

《战时各省粮食增产问题》，粮食增产委员会编印，1942年，第10页。

表 2-7　1941年度西部地区各省使用推广品种之每市亩平均产量

（单位：市担）

省别	小麦	大麦	蚕豆	豌豆	稻	玉米	甘薯	高粱	小米	大豆
四川	2.46	2.20	1.60	1.53	4.04	2.96	11.00			1.50
西康										
江西	1.68				3.50			3.50		
浙江	2.00	2.10			4.00					
福建										
湖北	1.50				3.80	2.00				1.50
湖南	1.20	1.12		3.00	6.28	1.30	10.00			

省别	小麦	大麦	蚕豆	豌豆	稻	玉米	甘薯	高粱	小米	大豆
云南	3.00	1.50	2.67		6.00			1.50		
广西	1.05	1.68		0.70	3.52	2.02	10.47	1.33		1.50
广东	1.44	1.35		0.60	3.98	3.67	8.00		1.50	1.00
甘肃	1.94	1.00			2.00	1.50		3.00		
河南	2.00	1.50		2.80	6.00	2.00	20.00		1.50	
陕西	2.03	0.90	1.40	3.00	3.33	1.82	10.33	2.58		
贵州	1.20				5.00					

《战时各省粮食增产问题》，粮食增产委员会编印，1942年，第22页。

战时西部地区通过作物育种技术提高粮食产量的措施，无疑取得了一定成效。据钱天鹤在《三年来之粮食增产》一文中统计：1941年推广水稻良种232万多亩，以每亩增产30公斤计算，约可增产稻谷0.7亿公斤；1942年推广水稻良种370多万亩，约增产稻谷1.1亿公斤；1943年推广水稻良种550万亩，约增产稻谷1.65亿公斤。即1941年至1943年，3年中累计推广水稻良种达1 152万多亩，共约增产稻谷近3.5亿公斤。而优良小麦品种的推广，也大幅度地增加了战时粮食产量，在1941至1943年间，西部地区各省亦累计推广小麦良种372万多亩，以每亩增产小麦25公斤计算，共约增产小麦0.9亿公斤。[①] 显然，这些优良品种的推广极大地增加了粮食产量，缓解了西部地区粮食供应紧张的情形，有力地支援了抗日战争。

---

① 钱天鹤：《三年来之粮食增产》，《农业推广通讯》，6卷11期，1944年，第55页。

三　影响良种推广成效的因素分析

抗战时期，良种的推广也受到种种阻碍，并非一帆风顺，使其成效未如预期，并进而影响战时粮食增产。究其原因，除了西部地区交通闭塞，乡村尚未开化，农民知识浅陋、不易接受新事物外，更主要的原因还是以下诸端。

（一）租佃问题

据粮食增产委员会调查，1940 年佃农分布情形，平均较 1937 年略低，1937 年每百户农家中，佃农平均占 42.8%，1940年占 42.7%。以各省而论，广西之佃农百分率比之 1937 年增加 15.3，云南增加 8.2，福建增加 3.8，四川增加 0.8，其余各省均较 1937 年稍见减低。唯依租佃期间言，则以不定期者最为普遍，计各省平均占 62.8%，其次为定期制，约占 27.8%，实行永耕制者为最少，仅占 9.4%。永耕制在各省之中，则以云南之 28.6% 及浙江之 25% 较高，四川之实行永耕制者仅占 3.3%。定期制以江西较为普遍，计占 60%，福建、广东、贵州、四川、甘肃、广西等省次之，不定期制则在各省均属普遍，各省百分率均在 40% 以上。详见表 2-8：

表 2-8　各省佃农及租佃期间之百分比

省别	佃农之百分率		租佃期间之百分率		
	1937 年	1940 年	永耕	定期	不定期
四川	50.0	50.8	3.3	35.0	61.7
西康	46.0	42.5	0	16.7	83.3
江西	32.0	29.7	0	60.0	40.0
浙江	55.0	49.0	25.0	25.0	50.0
福建	77.5	81.3	0	42.9	57.1
湖北	62.5	62.5	0	0	100.0

省别	佃农之百分率		租佃期间之百分率		
	1937 年	1940 年	永耕	定期	不定期
湖南	45.7	45.4	19.2	11.6	69.2
云南	36.1	44.3	28.6	14.3	57.1
广西	29.1	44.4	11.4	31.4	57.2
广东	46.0	44.7	15.4	38.5	46.1
甘肃	13.6	12.9	5.9	32.3	61.8
河南	19.2	18.7	12.5	12.5	75.0
陕西	27.6	24.7	10.3	27.6	62.1
贵州	49.6	46.6	0	41.7	58.3

《战时各省粮食增产问题》，粮食增产委员会编印，1942 年版，第24 页。

全面抗战 4 年来，物价剧涨，农产品市价随之提升，因收租关系，时有加租及退佃发生。据调查所得，这 4 年来各省加租情事以四川最为普遍，其次为西康，云南之加租事件，亦常发生，其余各省则不多。唯退佃情事除河南、陕西 2 省稍多外，各省尚不多见。租佃时期之久暂，常能影响地力之兴废，其佃期较长者，佃户对于土地视为己有，恒能安心经营。努力耕种，生产可望增多，反之，佃户必以生活不能安定为忧，而无心改良耕作，易使地力耗蚀，土质转劣，即便有优良种子，成效亦难彰显，其于战时粮食增产运动之影响，当可想见。而佃户若采用推广良种，增产部分必被地主加租收走，佃户却要偿还优良种子贷款及其利息，结果反而收获更少，佃户自然不愿接受推广良种。加租在川、康、滇等西部地区重要各省成为常态后，自亦成为粮食增产前途之一障碍。至于推行粮食增产运动，将非必要农作物改种粮食作物，业佃双方之困难如何，据粮食增产委员会调查，在地主方面，唯恐影响收租，而佃户方面，则多以田瘦、种子不足及灌水维艰为主要困难，这是又一影响粮食增产之因。

（二）农村劳力及工资问题

抗战以来，农村劳力渐感不足，已为各地普遍现象。据粮食增产委员会调查，各省平均每百户农家，缺乏人工者占21.2户，缺乏畜工者，占17.5户，人工之缺乏甚于畜工。若就各省而言，则以陕西省之人工最感不足，计占47.8%，次为西康及甘肃2省，各约占32%，湖南、云南及河南均在26%左右，四川每百户中约有22户缺乏人工。各省之缺乏畜工者，除福建之43.8%及湖北之5.0%外，其余均在10%~30%。详见表2-9：

表2-9　1940年各省农村劳力缺乏概况表

省别	缺乏人工之农家百分率	缺乏畜工之农家百分率
四川	22.3	12.6
西康	32.0	16.0
江西	17.3	10.0
浙江	0	7.5
福建	28.0	43.8
湖北	10.0	5.0
湖南	26.4	13.7
云南	25.4	22.9
广西	15.4	14.1
广东	13.7	22.0
甘肃	32.7	17.4
河南	25.9	18.6
陕西	47.8	28.2
贵州	15.1	13.2

《战时各省粮食增产问题》，粮食增产委员会编印，1942年版，第25页。

农村劳力缺乏，影响工资之高涨，殆毋庸议。据调查，1940
年工资较1937年平均增加3倍余，至1941年则增加约6倍。计
1937年长工每年工资，各省平均为53.21元，1940年为180.56
元，1941年则为331.94元。短工工资之涨势亦同。1937年平均
每月为7.49元，1940年平均为25.69元，1941年则为48.59
元，亦较1937年增高近7倍。详见表2-10：

表2-10　1937年至1941年各省农工工资变动概况表

（单位：元）

省别	长工工资（以年计）			短工工资（以月计）		
	1937年	1940年	1941年	1937年	1940年	1941年
四川	34.92	174.56	414.15	4.63	22.79	50.51
西康	82.59	419.00	705.00	19.00	49.25	110.00
江西	64.67	153.75	405.00	5.17	16.88	31.25
浙江	40.00	110.00	190.00	8.75	29.75	50.00
福建	77.50	184.00	510.00	6.25	24.75	70.00
湖北	25.00	80.00	195.00	3.50	22.00	45.00
湖南	47.27	145.96	255.17	6.57	19.17	33.23
云南	40.60	217.80	268.20	5.09	23.75	37.75
广西	65.39	209.23	305.58	9.21	28.67	43.50
广东	89.95	267.45	376.60	11.38	32.55	52.05
甘肃	50.21	143.92	256.92	5.53	17.49	36.67
河南	34.80	120.2	190.55	5.12	18.02	30.25
陕西	47.68	172.20	339.38	7.33	27.81	47.13
贵州	45.00	129.67	215.67	7.33	24.83	30.90

《战时各省粮食增产问题》，粮食增产委员会编印，1942年版，第
27页。

抗战以来，各省农村工资之变动情形，则以四川、云南、西康等省之增长最高，以江西、广东之增长较低。若以1937年各地工资为100，则1940年各省长工工资平均指数为339.3；以云南省之536.5为最高，次为西康之507.9及四川之497.0，江西之237.7及福建之237.4为最低，其余各省指数概在300左右。1941年之平均指数则为623.8；内以四川为最高，竟达1 186，西康之854.5，陕西之711.8次之，最低为广东省之418.7。短工工资指数以湖北省为最高，唯该省仅有两县之报告，难为定论。此外各省指数，1940年以云南之505.9及四川之492.2为最高，其余各省指数均在300左右，各省平均指数为343。1941年则以福建、四川为最高，指数均达1 000以上，云南为741.7，最低之广东省亦达459.4，各省平均指数计为648.7。详见表2-11：

表2-11　1940年至1941年各省农工工资指数表（1937年工资为100）

省别	长工工资指数		短工工资指数	
	1940年	1941年	1940年	1941年
四川	497.0	1 186.0	492.2	1 090.9
西康	507.9	844.5	259.2	578.9
江西	237.7	626.3	326.5	662.5
浙江	275.0	475.0	340.0	571.4
福建	237.4	688.9	396.0	1 120.0
湖北	320.0	780.0	628.6	1 285.7
湖南	308.8	539.8	291.8	506.2
云南	536.5	660.6	505.9	741.7
广西	320.0	467.3	311.3	472.3
广东	297.3	418.7	287.3	459.4
甘肃	286.7	511.7	316.3	663.1

省别	长工工资指数		短工工资指数	
	1940 年	1941 年	1940 年	1941 年
河南	330.6	555.5	352.0	590.8
陕西	361.3	711.8	379.4	643.0
贵州	288.2	479.3	338.7	544.3

《战时各省粮食增产问题》，粮食增产委员会编印，1942 年版，第 28 页。

　　各省因人工及畜工减少所受之影响，计有以下几点：（1）工作粗放，收入减低，14 省均有此种现象；（2）工资高涨，成本增加，川、康、滇、桂、粤、甘、陕、湘等省均受此影响；（3）农事失时，收割延期，计以川、康、滇、黔、甘、陕、豫、赣等省较为普遍；（4）垦殖困难，田园荒芜，如赣、川、康、湘、桂、甘、陕、黔等省；（5）役畜价涨，川、陕、湘、鄂等省均有此种现象发生。至于因人工缺乏，各省所采取之补救办法，则以雇佣童工及女工最为普遍。延长工作时间、增加工作效率者，有江西、云南、广西、河南等省。利用换工方法者，有四川、广东、甘肃、陕西等省。四川、湖南、陕西等省还利用驻军协助农作。福建省亦有发动公务人员下田助耕者。以高价雇佣短工者，亦属常见，如四川、湖南、云南、广东、甘肃、陕西等省皆是。此外如增用役畜、利用机器等，各省亦渐有采行，以补人力之不足。补救畜工不足之方法，以增加人工代替畜役，为全国普遍现象。借用或租用耕牛，各省亦属常见，因役畜价格高昂，增购耕牛者甚少，然向金融机关或私人借款购牛者，在广东、广西、陕西、贵州等省，均见实行，在四川省并有数人合购 1 牛，相互轮流使用者，亦是增加畜工之简单办法。

　　劳力为生产要素之一，战时各省农村劳力均有不足趋势，其于推广优良品种、粮食增产工作之影响，可想而知。复因劳力缺乏，刺激工资及畜役价格之上涨，资本短拙者，自无力添雇人工，是故劳力之缺乏及工资之高涨，互为因果关系，亦为粮食增产声中亟应解决之问题。

（三）农家负债及农村金融问题

资金之周转，同为农业生产之主要因子。据粮食增产委员会调查，全面抗战 4 年来，农家负债之百分率较 1937 年平均稍减，计 1937 年每百户农家中负债者占 40.9 户，1940 年则减为 38 户。就各省言，除云南、广西、甘肃、河南之百分率，略较 1937 年超出外，余均减低。但 1940 年每户之平均负债额，则较 1937 年大增，计 1937 年平均为 90.17 元，1940 年增至 142.75 元，而以四川及福建之增长最高，四川由 73.62 元增至 198.63 元，福建由 53.75 元增至 137.50 元，均涨 2 倍以上。详见表 2-12：

表 2-12　1937 年和 1940 年各省农家负债概况表

省别	负债农户（%）		每户平均负债额（元）	
	1937 年	1940 年	1937 年	1940 年
四川	46.10	31.20	73.62	198.63
西康	53.00	39.00	126.00	185.00
江西	38.00	30.80	53.75	76.88
浙江	40.00	35.00	40.00	45.00
福建	57.50	57.50	53.75	137.50
湖北	40.00	25.00	10.00	5.00
湖南	40.40	39.10	64.78	113.48
云南	40.90	49.30	190.45	236.09
广西	32.00	32.10	73.46	115.98
广东	42.70	40.70	100.12	156.57

续表2—12

省别	负债农户（%）		每户平均负债额（元）	
	1937 年	1940 年	1937 年	1940 年
甘肃	38.80	49.40	191.60	302.00
河南	29.10	33.90	89.20	139.20
陕西	36.70	33.00	132.38	211.12
贵州	37.90	36.30	63.20	76.00

《战时各省粮食增产问题》，粮食增产委员会编印，1942 年版，第 30 页。

再观 1940 年每农户需要之现金周转额，平均为 255.23 元。以四川为最高，计达 552.19 元，云南 459.09 次之，西康、广东、陕西等省均在 300 元以上，湖北为最低，仅 25 元，盖西部地区各省，因物价高涨，工价提高，农户亦须大量资金以备周转，故其平均资金额较各省为高。

农家需要之周转资金，既因物价之刺激而增加，则此项资金是否有法自己筹措，或向外贷借，自有关农村金融之荣枯。据粮食增产委员会调查，缺乏资金之农户，每百户中，自己可以筹措资金者，各省平均仅占 31.9，换言之，即平均有 68.1% 的农户无法借到所需资金。农村金融之尚待调剂，殆无疑义。各省中以浙江省情形最好，可以自行筹措资金之农户，计达 75%。其次为广东，计占 44.2%。云南、广西、甘肃、河南、贵州、福建等省均在 30% 以上。四川、西康、湖南、陕西等省，各在 25% 左右。以江西、湖北 2 省之百分率最低，计各为 18.1% 及 10% 以上（详见表 2—13）。可见，资金短缺在西部地区各省农户中已属普遍现象，而农业改进机关在推广良种时大多采取贷予的方式，即商请中国农民银行办理购储种子贷款或直接贷予种子给农民，收获后加 1 至 2 成偿还。上述 68.1% 无法借到资金的农户，自然也无法贷到良种，其结果必然会影响优良种子的推广，进而影响西部地区粮食产量的增加。

表 2-13　1940 年各省农家需要资金周转额概况表

省别	每农户需要资金周转额（元）	自己可以筹措资金农家所占之百分比
四川	552.19	24.80
西康	342.00	28.50
江西	112.50	18.10
浙江	42.50	75.00
福建	202.50	30.00
湖北	25.00	10.00
湖南	163.26	27.00
云南	459.09	31.00
广西	171.43	32.50
广东	392.86	44.20
甘肃	284.62	35.60
河南	236.74	32.60
陕西	317.88	22.50
贵州	180.67	34.30

《战时各省粮食增产问题》，粮食增产委员会编印，1942 年版，第 30 页。

（四）其他问题

为推行粮食增产，各省所遇困难问题甚多。据粮食增产委员会调查，有土地、资本、肥料、种子、水利、病虫害、农具、人工及畜工等 9 项。若以各省有报告之 240 余县为 100，计算各项问题所占百分率，则以资本为最高，计平均占报告县数之 85.6%，例如四川之 48 县中，缺乏资本者有 42 县，约占 87.5%；其次为水利问题，计各省平均约占 68.4%；缺乏种子及肥料者，均占 52％左右；病虫害问题，平均约占 44％，缺乏人工及畜工者，各约占 40％；农具问题，占 36.8％；而以土地问题之百分率最低，平均计为 27.4％。详见表 2-14：

表 2-14　各省推行粮食增产所遇各种困难问题
之百分率（以各省报告县数为 100）

省别	资本	土地	肥料	种子	水利	病虫害	农具	人工	畜工
四川	87.50	31.30	64.60	68.80	66.70	43.80	39.60	47.90	33.30
西康	100.00	20.00	60.00	60.00	100.00	60.00	60.00	60.00	40.00
江西	100.00		100.00	70.00	75.00	50.00		25.00	25.00
浙江	50.00	100.00	100.00	100.00	50.00		50.00		
福建	100.00	25.00	75.00	25.00	25.00	100.00	25.00	75.00	50.00
湖北	50.00	50.00			50.00		100.00	50.00	100.00
湖南	100.00	34.80	30.40	47.80	73.90	47.80	26.10	43.50	21.70
云南	100.00	40.00	40.00	30.00	80.00	50.00	80.00	40.00	40.00
广西	91.70	12.50	33.30	33.30	70.80	41.70	29.20	33.30	37.50
广东	95.00	10.00	75.00	45.00	90.00	45.00	15.00	30.00	28.00
甘肃	78.30	17.40	26.10	69.60	60.90	47.80	30.40	56.50	47.80
河南	76.20		47.60	61.90	66.70	28.60	47.60	47.60	52.40
陕西	77.30	13.60	54.50	63.60	77.30	59.10	54.50	59.10	72.70
贵州	93.10	28.50	21.40	57.10	71.40	42.90	7.10	7.10	28.60

《战时各省粮食增产问题》，粮食增产委员会编印，1942 年版，第 32 页。

上列九项同为扩大粮食种植面积、增加粮食单位面积产量所发生之问题，抑且为农业生产之主要因子。各因子相互影响的结果，自然也会波及良种的推广，进而影响到整个西部地区粮食的增产问题。

第二节 棉业改良

一 西部地区棉花紧缺问题

衣服为人生四大需要之一，不可一日或缺。就衣服之原料言，虽有棉花、羊毛、生丝、蔴类、皮革以及人造丝等类，然其性质最为适宜，价格最为低廉，使用最为普遍者，则当首推棉花。近代以来，由于科技的进步，与棉花有关之制成品已有800余种[1]，如棉毛织物、棉花炸药、脱脂药棉、飞机翼、降落伞、防雨布、人造丝、汽车轮胎、电话机线等物品。每种物品制造时，莫不仰给棉花为其一部分或全部之必需原料，可见棉花用途之广。而棉花在国防上之重要性，亦日见增高，非仅供给人类价廉物美之衣被原料而已。

抗战前后，我国棉花生产及其对外贸易均有长足进展。论其生产，原居世界第3位，在抗战以前棉花增产进步，较之美国、印度为强，但若与苏联相较，则又较弱。论其对外贸易，则居世界第6位；美、印两国之棉花对外贸易，均能绝对处于出超地位。反观我国棉花对外贸易，不独长期处于入超地位，而且棉纺织品之进口，显有与年俱增之趋势。国计民生，均蒙不利。尤其在1933年前后，世界经济危机爆发，工业大国咸以过剩物品，寻觅市场，而我国关税较轻，遂成外货倾销之地。其中又以日本纱厂侵略为甚，使我国纱厂遭受影响最巨。而原棉生产，1931年全国棉花产量仅630余万担，且品质粗短，能纺20支者，不及其半，量质均差，而是时日本等国纺纱支数，平均已在20支

---

① 胡竟良：《中国棉产改进史》，商务印书馆，1945年版，第21页。

以上，迫使国内纱厂不得不输入美棉。[1] 是故，该年进口棉花达460万担，为通海以来最高之记录。[2] 这也使我国唯一最大工业之棉纺织厂，减工闭厂，甚至转厂给日商者，日有所闻。

国民政府鉴于此种危机，拟成立棉业统制委员会，以谋补救。1934年10月，该会成立伊始，乃斟酌缓急，拟定实施计划：一是增加棉花生产，先使供求相应，抵补国内产额之不足，改良棉花品质，使能充20支以上细纱之原料，以应纺织业之需；同时改良植棉方法，防治病虫害，及办理产销合作，以谋棉农经济力之增加；并成立了中央棉产改进所，专门负责此项任务。二是铲除积习，树立棉花贸易标准，取缔棉花掺水掺杂，并办理棉花分级，此项任务则由中央棉花掺水掺杂取缔所办理。三是改良纺织技术，实施各厂技术指导，办理纺织之各项统计，并与中央研究院合办棉纺织染实验馆。四是训练人才，派遣高级人员出洋留学，开办植棉及棉业合作训练班，补助南通大学纺织科、江苏省立苏州工业学校、河北省立工业学院染织科三校经费，充实其设备，完全其课程，以造就切合适用人才。[3] 此外，棉产统制委员会还与各省政府合作，成立省棉产改进所，担任各省试验、推广及调查工作。试验方面，各省设立试验场及分场，面积各500至1 000亩[4]，从事棉作育种及试验繁殖。推广方面，则将全省划分为数个或数十个相当大小之指导区，每区包括三四县或七八县，各设植棉指导所一处，担任全区指导工作。每一指导所设繁殖种场一处，面积1 000亩[5]，接受试验场或分场棉种，从事繁

---

① 胡竟良：《中国棉产之前途》，《农报》，1946年，11卷1—9合期，第47页。

② 胡竟良：《中国棉产改进史》，商务印书馆，1945年版，第22页。

③ 胡竟良：《中国棉产改进史》，商务印书馆，1945年版，第29页。

④ 迈进兰：《我国棉业近年来之状态》，《汉口商业月刊》，1934年，1卷6期，第13页。

⑤ 冯泽芳、孙逢吉：《中国的棉花》，《农报》，1935年，2卷1—36期合期，第29页。

殖，其出产之棉种，分年供给棉种管理处，供农户繁殖之用。而在繁种场附近，圈定棉田 1 万亩或 5 万亩，为棉种管理区，区内农户之棉田，须用同一棉种，其有破坏此制度者，则由当地政府制裁之。① 管理区内，设轧花厂一所，供区内农户轧花之用，以防棉种混杂。籽棉及棉籽不得擅自进出，违者亦请地方政府制止之。管理区内，既集中轧花，农民如需出售籽棉或皮花，即由指导所收买，交运销处运销，或由农民组织运销合作社，在指导所指导下，委托运销处代为运销。管理区及普通推广区植棉指导技术，由指导所派员负责指导登记、分年换种、植棉方法、防治病虫害等工作，以及检举区内棉花掺杂掺水掺粗等情事。而棉花分级检验则由轧花厂负责。是年设立改进所者主要有河北、山西、河南、湖北、江苏等六省。而浙江、江西、安徽、湖南四省则未改制。1935 年后，四川、云南、贵州等省也相继成立棉作改良场。

此一时期，因棉业统制委员会的努力，自生产、运销以至纺织，三方兼顾，是为棉业整个改进，非以往棉作改良可比，棉花病虫害之种类与分布，亦有确切之调查，杀虫药剂也已用国产原料，所有这些均使我国棉花增产，确有长足进步。即以 1932 年至 1937 年之 6 年而论，根据中华棉业统计会之统计报告，在1932 年，全国皮棉产额计有 4 902 207 公担，自此以后，显有与年俱增之趋势。如 1933 年则增为 5 911 342 公担，较诸前岁，增加 20.59％。1934 年更增为 6 774 856 公担，较之前年，计增38.20％。殆至 1936 年，棉产大增，计达 875 万公担，开中国棉产空前未有之新纪录。衡诸 1932 年之产量，则增多 78.50％。虽 1937 年因抗战爆发，使棉产为之减少，但仍有 6 356 797 公担。

————————

① 冯泽芳、孙逢吉：《中国的棉花》，《农报》，1935 年，2 卷 1—36 期合期，第29 页。

具体情况详见表 2-15：

表 2-15　战前 6 年我国棉产统计表（1932—1937 年）

年别	植棉面积		皮棉产额	
	市亩	指数	公担	指数
1932 年	34 131 816.00	1 100.00	4 902 207.00	1 100.00
1933 年	37 217 702.00	1 109.40	5 911 342.00	1 120.59
1934 年	41 373 563.00	1 121.22	6 774 856.00	1 138.20
1935 年	32 223 822.00	994.41	4 924 750.00	1 100.46
1936 年	51 713 634.00	1 151.51	8 750 276.00	1 178.50
1937 年	59 213 394.00	1 173.48	6 356 797.00	1 129.67

杨逸农：《最近 10 年来我国棉花之生产及其对外贸易》，《经济汇报》，7 卷 5 期，第 50 页。

我国棉花产区主要位于北纬 20 度至 40 度之间，且均在东经 110 度之东，若逾此而西，则以地面过高，温度不足，不宜种植。全国产棉区域，除辽宁、新疆不计外，可分为华北、华中与华南三大棉区。华北棉区或称黄河流域棉区，主要包括河北、山东、山西、河南、陕西、甘肃 6 省，其中河北、陕西 2 省不仅为国产美棉之中心，而且各有莫大之希望。华中棉区或称长江流域棉区，主要包括江苏、浙江、安徽、江西、湖北、湖南、四川 7 省，其中江苏、湖北 2 省为我国产棉之重心。华南棉区或称西江流域棉区，主要包括福建、广东、广西、云南、贵州 5 省，其中以云南木棉之增产尤具有前途。在战前，我国棉产之统计，若就棉区而论，根据中央农业实验所之 7 年（1931—1937 年）农情报告：其中棉产较大者首推华中棉区，平均每年计有 7 814 千市担，占全国棉产总额的 49.37%；次为华北棉区，平均计有 7 829千市担，占 49.28%；最少为华南棉区，平均仅有 214 千市担，占 1.35%。详见表 2-16：

表 2-16 战前 7 年我国各省棉产统计表

省别	植棉面积		皮棉产额		每市亩皮棉产量（市斤）
	千市亩	占全国百分比	千市担	占全国百分比	
河北	9 197.00	16.39	2 676.00	16.84	29.10
山东	5 466.00	9.74	1 859.00	11.70	34.00
河南	7 197.00	12.83	1 759.00	14.07	24.40
山西	2 706.00	4.82	626.00	3.94	23.10
陕西	4 005.00	7.14	856.00	5.39	21.40
甘肃	188.00	0.34	53.00	0.33	28.20
江苏	11 930.00	21.22	3 600.00	22.66	30.20
浙江	1 699.00	3.03	560.00	3.53	33.00
安徽	1 671.00	3.98	486.00	3.06	29.10
江西	1 081.00	2.93	277.00	1.74	25.60
湖北	6 218.00	11.08	1 826.00	11.49	29.40
湖南	1 402.00	2.50	404.00	2.54	28.80
四川	2 468.00	4.40	691.00	4.35	28.00
福建	37.00	0.07	9.00	0.06	24.30
广东	44.00	0.08	8.00	0.05	18.20
广西	441.00	0.79	91.00	0.57	20.60
云南	131.00	0.23	36.00	0.23	27.50
贵州	254.00	0.45	70.00	0.44	27.80

杨逸农：《最近 10 年来我国棉花之生产及其对外贸易》，《经济汇报》，7 卷 5 期，第 50～51 页。

由上表可知，在战前 7 年，我国棉花生产有逐年增多的趋势，约占世界棉产总额的 11% 以上。到 1936 年，棉花已经可以自给。且战前一二年，国内经济特别繁荣，纺织工业发达，刺激棉农增产，在农业经济中，棉业前途有着无限希望。但此种繁荣也已潜伏着问题，纺织工业主要集中于东南，而棉产却集中于华北，且川、滇、黔、桂、粤西南 5 省的棉花产量只占全国棉花产量的 5.5%，纱厂（包括外资和华资）仅占全国纱厂总数的 0.4%。[1]

全面抗战爆发后，国民政府西迁重庆，冀、晋、鲁、豫、苏、浙、赣、鄂等 8 省之大部相继沦陷，棉田之陷在战区者，占90%，纱厂之陷入敌手者，占 98%，布机所余，不过千台，几于全失。产棉省份，仅余陕西、湖南、四川 3 省，及河南西部各县、湖北少数县份，所有棉田，不过 600 万亩。[2] 西南广西、贵州、云南、福建等棉花、棉纱及棉布生产，向来极度缺乏，棉花生产本不能自给，兼以大批纺织工厂纷纷迁往西部地区：截至1940 年，内迁纺织工厂达 97 家，开工 58 家；各机关、学校和难民亦潮水般涌入，使西部地区人口陡涨，棉花军需民用孔殷。[3] 据统计，战时西部地区人口达 1.6 亿，占全国人口的 1/3，按其穿用计算，需要 160 万纱锭，而当时仅有 26 万纱锭，相差甚大。但西部地区所有的纱厂仍开工不足，只及生产能力的 7 成左右。[4] 可见西部地区棉花供应十分紧张。而欲从长期抗战，以取得最后胜利，不能不设法增加西部地区各省棉花生产。

为解决西部地区棉花紧缺问题，丰裕军民衣被供给，1938年 3 月国民党临时全国代表大会通过了《非常时期经济方案》，提出："急需提倡植棉之省份，加种棉花，使军民食衣，皆有所

---

① 陈洪进：《战时棉产问题之分析》，《四川经济季刊》，1943 年，1 卷 1 期，第193 页。

② 胡竟良：《中国棉产改进史》，商务印书馆，1945 年版，第 37 页。

③ 陈真等编：《中国近代工业史资料》第 1 辑，三联书店，1957 年版，第 88页。

④ 陆仰渊、方庆秋：《民国社会经济史》，中国经济出版社，1991 年版，第 604页。

取给。"① 要求西部地区各省积极增种棉花，扩大棉花种植面积，增加棉花产量，以供军民之需。同年 6 月，经济部在《战时农业建设方针》中复强调："纱厂渐移川滇，而川滇原棉供不应求，宜在四川云南推广植棉区域，以济其需。"② 据农本局棉业办事处负责人估计，西南需要棉花数量在 1939 年约为 62.5 万市担，1940 年 6 月前需要 112.5 万担，两年共需 175 万担。③ 除用各种方法尽力抵补外，尚净缺皮棉 15 万担。以西南每亩棉田平均出产皮棉 15 斤计算，即需增加棉田面积 100 万亩。④ 而以后随着纱厂纱锭的增多，需要当更倍之。故在西南各省推进棉作至少以增加棉田面积 200 万亩，增加皮棉产量 30 万～40 万担为目标。⑤ 因此，四川应增加棉田面积为 80 万亩，云南 35 万亩，贵州 20 万亩，广西 15 万亩，陕西南部 20 万亩，湖南西部 20 万亩，西康东部 5 万亩，湖北西部 5 万亩。⑥ 可见，花纱布之增产，已成迫切问题，工作至为艰苦。而欲解决战时西部地区棉花紧缺问题，必须走棉业改良的道路，引进优良棉种，改进栽培方法，利用现有科技提高棉花产量，以达到支持抗战之目的。

---

① 中国第二历史档案馆：《非常时期经济方案》，《中华民国史档案资料汇编》，第 5 辑第 2 编，财政经济 5，江苏古籍出版社，1994 年版，第 2～3 页。

② 中国第二历史档案馆：《经济部关于战时农业建设方针的工作报告》，《中华民国史档案资料汇编》，第 5 辑第 2 编，财政经济 5，江苏古籍出版社，1994 年版，第 5 页。

③ 全国生产会议秘书处编：《全国生产会议总报告》，沈云龙主编：《近代中国史料丛刊》，3 编 44 辑，文海出版社有限公司，1988 年版，第 190 页。

④ 全国生产会议秘书处编：《全国生产会议总报告》，沈云龙主编：《近代中国史料丛刊》，3 编 44 辑，文海出版社有限公司，1988 年版，第 190 页。

⑤ 全国生产会议秘书处编：《全国生产会议总报告》，沈云龙主编：《近代中国史料丛刊》，3 编 44 辑，文海出版社有限公司，1988 年版，第 190 页。

⑥ 全国生产会议秘书处编：《全国生产会议总报告》，沈云龙主编：《近代中国史料丛刊》，3 编 44 辑，文海出版社有限公司，1988 年版，第 190 页。

二 棉作试验研究

全面抗战爆发后，棉业统制委员会改隶实业部，1938年1月，实业部改组经济部，棉业统制委员会撤销，其棉产改进工作划归中央农业实验所办理，而纺织研究工作改由中央工业实验所负责，纺织工业管理由经济部工矿调整处办理，花纱布运销则归农本局管辖。于是抗战时期关于推行棉业政策之任务，遂分属数个机关。中央农业实验所遂于1938年2月增设棉作系，任命孙恩麔为主任，接收中央棉产改进所。由山西、河南、湖北棉产改进所，及正定棉业试验场，负责进行棉作育种试验及研究事业，并派员协助西部地区各省棉做推广事业。棉花分级及取缔掺水掺杂工作，则完全停止。同年，开始在西部地区四川遂宁、湖南澧县、云南滨川辟地举行美棉育种试验及研究。湖南常德进行中棉育种试验，河南灵宝棉场仍进行德字棉育种栽培试验。为加快西部地区各省棉作改进工作，中央农业实验所还派出技正胡竟良、技士张步云、朱海帆、杨启俊驻四川，技正冯泽芳驻云南，技士彭寿邦驻贵州，技士于绍傑驻西康，以协助各该省办理棉花增产工作。[①] 河南省在技术人员的协助下，于灵宝设豫西棉麦推广区，自办棉花推广，并自灵宝运德字棉531号棉种千担，赠予四川省政府，供推广之用。1939年中央农业实验所棉作系在四川、西康、贵州、广西、云南5省举行西南棉花区域试验，设木棉试验场于云南开远，又由胡竟良在豫陕二省输入德字棉棉种4 300担，赠予四川省府在射洪、三台、蓬溪、中江、简阳等县推广，并加派华兴鼎主持工作。[②] 1940年，复在陕西泾阳辟地进行斯字

---

① 中央农业实验所：《本所成立以来之棉花试验研究工作摘要》，《农报》，1942年，7卷34—36期，第34页。

② 中央农业实验所：《本所成立以来之棉花试验研究工作摘要》，《农报》，1942年，7卷34—36期，第37页。

棉育种，派技正王桂五、俞启保主之，并协助该省在关中区进行大量斯字棉换种，以增进棉产。[1] 同年复由川省运往德字棉种千担，赠西康省府在西昌推广。[2] 1941 年又于陕西武功、泾阳，河南灵宝、洛阳举行陇西段棉花区域试验。[3] 而自 1939 年起，中央农业实验所于川、陕、豫三省划设德字棉、斯字棉特约良种繁殖场，及棉种管理区，以保推广种之纯洁，一方面供战时推广之需，增加西部地区棉花生产，另一方面培养种源，供战后复兴我国棉业，恢复沦陷区棉田之需。[4] 综观其整个试验研究工作，主要包括以下几方面：

（一）中美棉品种之适应试验

民国初年，政府提倡植棉，数度输入美棉，然何区宜于美棉，何区宜于中棉，而宜于美棉区域又当种植何种品种为宜，中棉区域以何种中棉品种为宜，对于这一系列问题，均茫然无知。时国立棉业试验场曾举行品种试验，但成绩不著。1918 年华商纱厂联合会延请美国棉作专家柯克来华指导棉作改良。确定脱字棉、爱字棉为最适宜在中国引种的两个美棉品种。故在 1919 至 1932 年间，国内美棉改良，仅从事于脱字棉和爱字棉之育种驯化，未再引进新种作适应试验。1933 年，中央农业实验所总技师洛夫开始征集中美棉品种 31 种[5]，分在苏、浙、皖、赣、鄂、陕、鲁、湘、豫、冀等省举行中美棉区域试验，1935 年后，洛夫回国，由冯泽芳继任此项工作，并与中央棉产改进所合作。至

---

① 魏文元：《四川之棉作》，《四川经济季刊》，1946 年，3 卷 4 期，第 56 页。

② 胡竟良：《德字棉之试验结果及其推广成绩》，《农报》，1944 年，9 卷 7—12 期，第 22 页。

③ 中央农业实验所：《本所成立以来之棉花试验研究工作摘要》，《农报》，1942 年，7 卷 34—36 期，第 39 页。

④ 中央农业实验所：《本所成立以来之棉花试验研究工作摘要》，《农报》，1942 年，7 卷 34—36 期，第 35 页。

⑤ 冯泽芳：《再论斯字棉与德字棉》，《农报》，1936 年，3 卷 25 期，第 72 页。

1937 年，该项工作停止，前后共 5 年，结果显示：斯字棉 4 号在黄河流域 15 处试验之成绩，平均（5 年平均）每亩增产籽棉 10.65％～66.76％；德字棉 531 号在黄河流域之试验成绩，稍次于斯字棉，唯在长江流域之平均产量，比其他品种为优，1934 年 10 处试验，平均产量增收籽棉 14.87％。[①] 抗战时期，为推进西部地区棉花产量，复在西部地区各省举办了中美棉品种适应性试验。

首先，战时西南 6 省在中央农业实验所的帮助下，自 1939 年起至 1941 年，在四川、贵州、云南、广西、湖南、西康等 6 省 18 处举行中美棉区域试验，供试品种计有中美棉各 16 种，所得结果如下。

（1）中棉：黔滇桂棉种，茎紫多花，抗畸形病力强及成熟迟为其通性。滇省之宝川、婆兮两棉种，茎色深紫，叶色浓绿，节间长，株较高。黔种施秉土棉，具倒伏性。川湘棉种，茎薄少毛，类均受畸形病，唯有轻重之别，浦市木花，茎叶毛多，受畸形病极轻，类似云、贵品种。川种则叶色淡绿，显然可分，衣分较低。就籽棉产量言，因中棉适应性低，常以本省品种为高，就地点而论，则又常以当地品种之产量较高。黔、滇、桂棉种，生长情形与川湘棉种显然有别，确应分隶两棉区，川、湘不宜向黔、滇、桂棉区大量引种土棉。[②]

（2）美棉：桂省之玉林、宣武两棉种，节间稀长，枝叶茂密，开花较迟，徒长少实，棉铃细小，在川生长甚劣，不适宜长江流域环境。但该品种茎毛多，抗病力强，未受畸形病、茎枯病之影响，显然具有西南棉种之特性。宝川小花，在川、湘生长性

---

① 冯泽芳：《再论斯字棉与德字棉》，《农报》，1936 年，3 卷 25 期，第 72 页。

② 中央农业实验所：《本所成立以来之棉花试验研究工作摘要》，《农报》，1942 年，7 卷 34—36 期，第 32 页。

良，成熟甚早，棉铃多，产量高，品质与改良品种相较，稍逊。德字棉 531 号，在川、康产量、品质均列前茅，福字棉及湘南 72 号，乃丰产有希望之品种。苛字棉为 1939 年自美国征集加入试验之新品种，试验期间，在遂宁南部、陇阳等地，产量、衣分均高，纤维细柔，是值得注意之新品种。[①]

其次，陇海西段美棉区域试验。自 1940 年起，中央农业实验所与陕西、河南 2 省农业改进所合作，在陕西武功、泾阳、大荔及河南省的灵宝、洛阳等地，选择斯字棉 4 号、3 号，德字棉 531 号、719 号，L.S33－12 等 5 种美棉，举行区域试验，至 1943 年取得初步结果如下：就各地各年之棉花平均成绩观之，斯字棉 4 号、L.S33－12 之产量为最高；就各地之成绩分别论之，泾阳、洛阳以 L.S33－12 为最佳，云宝与大荔则以斯字棉 4 号为最好，武功又以德字棉 719 号为最好。而德字棉 531 号之成绩，各地各年均不佳。斯字棉 4 号之产量不稳定，在同一地方，忽优忽劣，反之，德字棉 531 号之产量则甚为稳定。棉花区域试验之结果说明：黄河流域棉区，包括陕、晋、冀、鲁、豫等省及苏、皖 2 省淮水以北棉区；长江流域棉区，包括川、鄂、湘、赣、皖、江、浙 7 省棉区；西南棉区，包括滇、桂、粤及西康之西昌部分，黔闽 2 省之南部。凡一个区域内之棉种，只能在同一区域内推广，若移至另一区域种植，产量常有减低之趋势，此原则于棉作育种及推广上有极大之应用。[②]

综上所述，棉种之适应性，美棉品种以早熟种适宜于我国。美棉品种在我国栽培较久者，为金字棉、爱字棉、脱字棉，金字棉分布于辽宁、河北、山东及江苏盐垦区，脱字棉之适应性较

---

① 中央农业实验所：《本所成立以来之棉花试验研究工作摘要》，《农报》，1942 年，7 卷 34—36 期，第 41 页。

② 中央农业实验所：《本所成立以来之棉花试验研究工作摘要》，《农报》，1942 年，7 卷 34—36 期，第 44 页。

大，遍布于全国。四川、湖南、云南、西康棉区，以脱字棉之退化种为主，在各地产量皆称中平，至战时仍不失其重要性，尤以黄河流域为最重要，今将为斯字棉代之。爱字棉曾在南京附近推广，其地位已由德字棉代之。斯字棉适于黄河流域，自1937年由棉业统制委员会开始推广，分布于河北、陕西、河南、山西等省。德字棉宜于长江流域，在黄河流域亦不失其优越性，更足见其适应性大；亦在1937年与斯字棉同时推广，分布于皖、鄂、湘、赣、川等省，及河南之陕州、灵宝、新乡，陕西之汉中，及西康之西昌一带。中棉各品种之适应区域，视各种型而有不同。各型之适应地域，终不若美棉之广，各时均以当地棉种为佳。中棉型之业行棉，分布于鲁西南、豫东、皖东北、苏西北等地，大兰花为本型之代表。多毛型为我国西南棉区各省棉种之特性，浅绿色棉型，为四川省内之棉型。普通性棉型，遍布于长江、黄河流域各省棉区，江阴白籽为其代表。黄河流域，美棉取中棉而代之；长江流域，因天然环境复杂，一部分地区，中棉仍不失其重要之地位；西南棉区，为推广长绒棉种及埃及棉、海岛棉、木棉最有希望之区域。[①]

（二）棉作育种试验

自清季至民国初年，国内曾数次输种美棉，但因输种之品种既未经试验，又不知去伪选良，推广均告失败。1920年东南大学、金陵大学始输种纯种脱字棉及爱字棉，加以驯化，然后推广，美棉之驯化事业实肇始于是。主其事者，东南大学为孙恩麐，金陵大学为郭仁风。当脱字棉、爱字棉初次输种时，孙恩麐亲率学生在江苏、湖北、河南等省棉场举行去劣，嗣后始终未

---

① 胡竟良：《中国棉产改进史》，商务印书馆，1945年版，第45页。

断，至抗战时期国内有较纯之脱字棉、爱字棉供给，当是孙氏之功。[①]

而国内系统育种，即采用单本选种选择法，从事中美棉育种亦自东南大学始。其开创者包括孙恩麐、过采先、王善佺、叶元鼎等人。当时对于选择单株标准，室内改种方法，决选标准，田间试验程序，分选株一、二、三次遗传试验，品系比较，纯系隔离繁殖，纯系推广等方面，王善佺都曾作有试验，并著有《纯系育种》一书。1929 年复增加选铃、自花受精及种子区三项试验，并成为全国各棉场效法之楷模。1935 年，中央农业实验所曾根据中央大学农学院棉作田间试验程序，加以修正，中美棉系统育种方法遂至完善。中美棉系统育种包括选铃、选株、铃行、株行、五行、十行及高级试验等项。而自铃行起，实行自交；自五行试验起，各系另设种子区。试验区行长及中美棉之株行距，均有规定。铃行、株行严行去劣，不计算产量，唯注重品质之考查。而五行与十行试验则品质与产量并重。棉作室内改种，系考查籽棉之经济性状。[②] 最早计划室内改种者，为东南大学王善佺。王氏还发明了衣分、衣指、籽指、检查表等，抗战时期国内各处实行之考种法，皆渊源于此。[③] 1935 年美国育种专家洛夫主张棉作育种程序中，考种似不必注重，而产量之比较应视为品系淘汰当选之第一要件。国内各棉场亦颇有废止此项工作者，胡竟良却不以为然，并撰文指出偏重产量，忽略品质之不当，认为诸多的试验结果证明根据品质选择之可靠，且考种项目应由简而繁，力主增加考种一项。[④] 各棉场也都普遍采纳了他的观点。考

① 中国农业博物馆：《中国近代农业科技史稿》，中国农业科技出版社，1995年版，第 51 页。

② 冯奎义：《棉作学》，黎明书局，1939 年版，第 23 页。

③ 马广文：《棉作学》，商务印书馆，1943 年版，第 51 页。

④ 胡竟良：《中国棉产改进史》，商务印书馆，1945 年版，第 45 页。

种取样，据彭寿帮之研究：测定纤维长度，至少须用 10 粒籽之平均数；求衣分长度则须用 30 粒籽；测量籽棉纤维方法，通常采用左右分梳法。[①] 据胡竟良研究，分梳法测量之长度，其准确性与 Clegg 之有效长度无大差异，仍可运用。[②] 手拉法所获得之长度极不可靠，不可应用于考种；王善佺所定之同籽差、异籽差，为测定纤维整齐度之标准，凡同籽差在 3 公厘[③]，异籽差在 6 公厘以上者，均为不整齐，极不可靠。而据胡竟良之研究，凡高级试验、品种、品系较少者，考查纤维整齐度，可用 Clegg 之短纤维百分率，及费花百分数测定之。[④] 棉作育种田间试验规划，据萧辅试验之结果："3 行区为最理想之小区面积；如地积不足，初级试验可用单行；单行长度，不必超过 20 尺；小区面积如为长形，则较长之方向，最好与土壤差异较大之方向平行；试验区四周，必须设保护行；缺株足以影响产量，但在 14％～16％以下时，缺株之影响不显著；增加重复区数，比扩大小区面积有利，重复 5 次已足；若为单行，亦可重复 10 次。"[⑤] 程侃声等在研究棉作田间试验技术的报告亦认为："随机排列之区块面积若增大，则试验差异亦必增加；方形区块，较长形区块为佳；试验差异，以狭长形单区较方形单区为小；增加单区面积，减小误差之程度，不及增加重复次数为有效。"[⑥] 应用系统育种，育成之改良品种，主要包括改良青茎鸡脚棉、改良小百花、改良江阴白籽棉、孝感光籽长绒棉、百万华棉、澧县美棉 72 号、中农德字棉新品系等品种。[⑦]

---

① 冯泽芳：《中等棉作学》，中华书局，1937 年版，第 27 页。
② 胡竟良：《中国棉产改进史》，商务印书馆，1945 年版，第 11 页。
③ 1 公厘等于 1 毫米。
④ 胡竟良：《中国棉产改进史》，商务印书馆，1945 年版，第 12 页。
⑤ 冯泽芳：《中等棉作学》，中华书局，1937 年版，第 27 页。
⑥ 胡竟良：《中国棉产改进史》，商务印书馆，1945 年版，第 13 页。
⑦ 胡竟良：《中国棉产改进史》，商务印书馆，1945 年版，第 14 页。

棉作杂交育种则由冯泽芳主持。他将美棉与亚洲棉杂交，其结论为："以美棉为母体本，成功之希望较大，杂种之杂交势颇盛；杂种自交不稔，回交亦不稔；不稔之原因，由于花粉与胚均不正常。"[1] 奚元龄则报告："中棉、印度棉间相互杂交之成功百分率平均在 37.58%。"[2] 吴泽雍则认为："中棉间杂交之成功百分率为 35.47%。"[3] 棉花之自交方法，龙耀宣曾发明用紫绒草浸酒精中可作自交液，据周惠之试验甚为可靠。[4] 国内采用杂交方法，联合数种经济性状，育成杂交种者尚不甚多，主要有过氏棉、长丰棉、多囊大蒴棉、抗病长绒棉、鸡脚德字棉等品种。[5]

抗战时期，陕西省因土地面积辽阔，耕地众广，各县天然环境不同，植棉工作亦因地制宜。自 1934 年棉产改进所成立后，大量介绍脱字棉及灵宝棉，于是陕西棉花质量大为提高。战时为进一步提高棉花产量，陕西省农业改进所亦在中央农业实验所的帮助下，自 1940 年起，在泾阳举办斯字棉、德字棉育种试验。至 1943 年已有铃行 52 系、株行 123 系、5 行 89 系。[6] 试验结果证明，斯字棉 4 号具有早熟、丰收特性，宜于关中各县种植，德字棉具有抗雨特性，适宜汉中盆地种植，遂举行大量推广。至 1941 年陕西棉田面积已达 400 万亩以上，所产皮棉达 100 余万担，其中斯字棉种植面积为 1 022 150 亩，德字棉种植面积为 239 153 亩。就全省而论，育种试验及推广种植的结果表明，斯

---

① 冯泽芳：《中等棉作学》，中华书局，1937 年，第 27 页。
② 胡竟良：《中国棉产改进史》，商务印书馆，1945 年版，第 15 页。
③ 胡竟良：《中国棉产改进史》，商务印书馆，1945 年版，第 15 页。
④ 胡竟良：《中国棉产改进史》，商务印书馆，1945 年版，第 16 页。
⑤ 胡竟良：《中国棉产改进史》，商务印书馆，1945 年版，第 16 页。
⑥ 陕西省档案馆：《陕西省棉产改进所档案》，全宗号 75，案卷号 553，卷名《泾阳县棉作试验报告》。

字棉 4 号及德字棉均可在该省各县推广种植。①

（三）棉花栽培试验

棉作栽培方法对产量关系甚大。因棉区土壤、气候、农作制度及棉种等互异，故需要举行试验，加以改进，方收地尽其利之效。其试验耕种主要涵盖以下几方面：

（1）耕地试验。棉田冬耕春耕试验，据孙恩麐 1926 年在郑州棉场试验结果，以冬耕及春耕各一次为宜。不行春耕各区，产量减收甚巨；在南京大胜关农场试验的结果，亦以耕两次为佳，不行冬耕区产量减少。② 而浙江棉业改良场 1931 年在慈溪试验结果，则以行春耕、冬耕各一次，产量高于不耕区，单行春耕者，产量与不耕区差异不大。据此可知，在长江流域冬耕甚为重要，行春耕而不行冬耕者，产量减少；黄河流域春耕反而重要，冬耕如不得宜，足使收成减低。③ 而耕地之深浅，据孙恩麐在南京劝业农场举办的美棉耕地深浅试验，处理分深耕、浅耕二种，试验结果以深耕为佳；嗣后，孙氏又举行了中棉耕地深浅试验，结果中棉对于深耕无何效果。在郑州的试验结果则与长江流域相反，深耕反使产量较低，山西的试验结果亦同。可见黄河流域不宜深耕。④ 而在西南地区，多行两熟制，两熟制经济收益较一熟制有利，正因如此，每年小春收毕，农民植棉嫌迟，一般棉地不及深耕，仅将表土稍事耙松，即行种棉。故棉田冬耕春耕都少举行。但试验证明，凡播种前将棉地既耕且耙者，其生长情形与产量，显著比不耕单耙为优。不耕单耙者，又比不耕不耙者为优，

---

① 陕西省档案馆：《陕西省棉产改进所档案》，全宗号 75，案卷号 553，卷名《陕西省棉产概况调查》。

② 胡竟良：《中国棉产改进史》，商务印书馆，1945 年版，第 35 页。

③ 俞起葆：《浙江棉作改良之经验》，《农业周报》，1 卷 3 期，第 23 页。

④ 胡竟良：《中国棉产改进史》，商务印书馆，1945 年版，第 35 页。

故在蓄力与时间两具充裕之棉区，棉花播种之前，应将地深耕一次。① 此外，长江流域植棉生长期多雨，宜采畦作，以利排水；黄河流域如陕西等地可行平作；西南棉区春季须行灌溉，夏秋须排水，宜采垅作。②

（2）播种时期试验。为提高棉作产量，各产棉省份还做了棉花播种时期试验。战前，山东、河南、山西、江苏、浙江、安徽、江西、湖北、湖南等省均举行了棉作播种时期试验。全面抗战爆发后，为提高西南地区产棉省份棉花产量，四川、云南等省也开展了棉作播种期试验。如四川棉作试验场在 1936 至 1938 年在遂宁以孝感棉进行试验，结果以谷雨节为适宜期，若迟至小满，则产量大减，脱字棉以清明后 10 日播种者产量为最高，此后各期逐渐减低。③ 所有的试验结果表明，长江流域下游棉区，棉花播种适宜期为美棉在谷雨节前后，中棉在立夏，至迟不得过小满；湖南、四川棉区，播种适宜期稍早于长江下游；黄河流域，中美棉均在清明谷雨之间；但因中美棉均为两熟制，以及立枯病、地老虎之为害，仍不宜过早。④ 云南宝川棉作试验场也在 1937 年以百万华棉及爱字棉作播种期试验，结果表明，中棉之播种适宜期在 4 月 5 日至 10 日之间，迟至谷雨节，则产量歉收；美棉适宜期在 3 月下旬至 4 月中旬之间。⑤ 中央农业实验所亦在 1939 年在开远进行试验，其结果证明：中美棉均以 3 月底至 4

---

① 魏文元：《四川之棉作》，《四川经济季刊》，1946 年，3 卷 4 期，第 61 页

② 中央农业实验所：《本所成立以来之棉花试验研究工作摘要》，《农报》，1942 年，7 卷 34—36 期，第 47 页。

③ 四川省档案馆：《四川省农业改进所档案》，全宗号民 148，案卷号 3106，卷名《四川省农业改进所棉业改良场棉花混作试验报告》。

④ 冯泽芳：《中国棉产之分布及其因果》，《中农月刊》，1 卷 3 期，第 31 页。

⑤ 胡竟良：《中国棉产改进史》，商务印书馆，1945 年版，第 57 页。

月初播种者产量最高，即清明节前后为适宜期。[①] 西康省西昌农场亦在 1939 至 1940 年间举行试验，其结果为中美棉均以清明节前后播种适宜。[②] 综上所述，西南棉区西昌及滇西棉区，中美棉播种适宜期均在清明节前后。

（3）行株距试验。美棉之行距株距，据孙恩麃试验证明，肥地以行距 2 尺、株距 1 尺为佳，瘠地以行距 2 尺、株距 6 寸为佳。但不同地区不同棉种又稍有不同。如浙江最适宜距离为行距 2 尺，株距 8 寸；河南行距在 2～2.5 尺，株距为 8 寸至 1 尺为最优。即总体而论，美棉之行距以 2 尺为宜，株距不必超过 1 尺。[③] 中棉试验之结果：据浙江棉业改良场报告，中棉行距为 1.5 尺时株距以 1 尺为佳；江西的报告则是行距 1.2 尺、株距 8 寸时产量最高；广西柳州的试验结果则是行距 1.5 尺、株距 5 寸最佳。综上所述，中棉行距以 1～1.5 尺、株距 0.5～1 尺为宜。[④]

（4）耕作制度试验。西部地区各省尤其是西南棉区如四川、西康、贵州、广西等省棉田，普遍盛行间作，实为栽培技术上一大特点，唯其间作方法并不科学。考其原因，与两熟制不无渊源。如河南省与棉花间作之作物主要有西瓜、甜瓜、豇豆、向日葵、甘薯等；陕西与棉花间作之作物则主要是小麦、玉米、大豆、芝麻、高粱、西瓜、黄瓜、辣椒等；四川与棉花间作之作物主要包括玉米、高粱、辣椒、芝麻等；广西亦盛行棉田间作，其间作作物主要为玉米、黄豆、甘薯；云南木棉则以间作植株矮小匍匐蔓生者为原则，即甘薯、花生、荞麦、黄豆、辣椒、小米、

① 中央农业实验所：《本所成立以来之棉花试验研究工作摘要》，《农报》，1942年，7 卷 34—36 期，第 49 页。

② 胡竞良：《中国棉产改进史》，商务印书馆，1945 年版，第 57 页。

③ 胡竞良：《中国棉产改进史》，商务印书馆，1945 年版，第 61 页。

④ 胡竞良：《中国棉产改进史》，商务印书馆，1945 年版，第 61 页。

烟草等。① 但间作对棉花生长是否有影响，或影响如何？为明了科学的间作及指导棉农科学植棉，四川省农业改进所与中央农业实验所合作，对此一问题进行了试验研究。四川冬季作物以大麦、小麦、蚕豆、豌豆等最为普遍，稍有认识的棉农，每将较肥的土地播种麦类或蚕豆，预备来年接种棉花。但据农人经验，棉花早播，其产量必丰，为达成目的，即在冬作行间，点播棉花，如此一传十，十传百，以致千万，终于蔓及全省，形成一种间作习惯，更推而广之，以致在冬夏季作物同时同田内，有作必间，且一间再间，甚至三四五间，遂在本省形成一种烂间制度。"间作制度在农业栽培法上，并非绝对不良，如条播小麦，行距 7 寸，每隔 2 行小麦，留出一行不种，或种大麦或早熟油菜，来春用锄掘松，预留空行之地如种有大麦或油菜应收获后锄土，及时将美棉播下，其增收之益，确可补预留空行的损失。"② 但这些都属于两季作物的短期间作。至于同季作物，在同田内同时间作的习惯也非完全不善，如大豆与玉米间作，或大豆与高粱间作，在美国颇为流行，在中国亦然。西部地区各省，亦复不少。"虽然美国的行间作目的在于饲料中的养分，但据中央大学农艺系试验结果，其经济收入确较单栽者为高。"③ 不过西部地区农民，一般间作不得其法，每将同时下种，或播种期相差不远的作物，不问种类、形态或株式，在同田内，间作太多，以致形成烂间。如四川沱江、涪江两流域的棉田，多于麦作抽穗后播棉于麦行间，麦作收获后，锄松表土，即棉行中又播玉米及秋大豆。玉米

---

　　① 郭文韬、曹隆恭：《中国近代农业科技史》，中国农业科技出版社，1989 年版，第 89 页。

　　② 胡竟良：《战时四川棉业问题》，《四川经济季刊》，1946 年，3 卷 4 期，第 77 页。

　　③ 四川省档案馆：《四川省农业改进所档案》，全宗号民 148，案卷号 3109，卷名《10 年来之四川棉作试验与研究》。

的生长期，先后约 3 个月，初期生长至速，棉虽早播一月，不数旬而玉米的高度已超过棉株，阳光遂被遮住，及至玉米成熟收获，大豆已有相当高度，但大豆枝叶繁茂，近地一尺中，几乎不透阳光，因此棉苗在整个生长期内，有感受日光不足之苦。棉田间作，在程度上虽轻重不一，然对棉花的影响绝对很大。合理的间作是可取的，但滥用间作则得不偿失。"棉田间作他物，其经济收益，并不大于单作，且有减低棉产的趋势。"① 四川省农业改进所为探求科学间作方法及两熟制与一熟制的得失，在 1938 至 1939 年间开展了冬作行间播种中棉试验，结果"以经济收入论，两熟制优于一熟制；小麦、油菜行间种棉经济价值最高，蚕豆行间种棉次之，休闲地种棉居第三，而以大麦行间种棉为最差，且凡冬作收获后种棉者，产量均低"②。为进一步测定小麦行间究竟何时播种中棉为最优，改良场还举行了小麦行间播种中棉时期试验。试验证明，"在小麦开花末期，于其行内，间作棉花，比小麦收获后植棉，增收籽棉多达 44％"③。可见，小春作物成熟前，在其行内间作棉花，实有两熟制之优而无其弊，故宜行推广。除间作外，棉农植棉亦大都喜欢混作。"所谓混作，即在同田内，除主作物有适当的行株距外，其余一种或二种以上的作物，皆零碎散布，无行株距可言，此与间作的方式不同。"④棉花播种后，因栽培技术，或气候不良，常出苗不齐，更因立枯病为害，木棉死亡缺株，农民为经济土地，增加收益，而补种其他作物，虽说是混作，但情非得已。但四川、贵州等省一般棉

---

①　魏文元：《四川之棉作》，《四川经济季刊》，1946 年，3 卷 4 期，第 58 页。

②　魏文元：《四川之棉作》，《四川经济季刊》，1946 年，3 卷 4 期，第 58 页。

③　刘宏运：《川西川南植棉考察记》（下），《川农所简报》，1941 年，3 卷 12 期，第 59 页。

④　四川省档案馆：《四川省农业改进所档案》，全宗号民 148，案卷号 3106，卷名《四川省农业改进所棉业改良场棉花间作、混作试验报告》。

农，其棉田中常见有数种作物混作其中，而其情理，既非补缺，也非无心，而属故意为之。混作之最普通者，为中棉田内混有美棉，美棉田内又混有中棉。此乃棉农在播种前，未剔除杂劣，间苗时又不愿拔出杂株所致。也有一田内混种玉米或大豆，甚至有混植高粱、花生、芝麻、甘薯、辣椒及豇豆等作物者。殊不知作物种类不同，生长习性各异，植科小者则受较大者欺蔽，直生者每受蔓生者缠害，而花生、甘薯之伏地作物，则为病虫出没之所，"如此而欲丰收，绝不可能"①。但"棉农反以为甲欠则乙丰，丙弱则丁强，无论气候及病虫如何，总可保障收获，宁非妄臆"②。四川省农业改进所为研究棉田内混种其他作物的影响，以及用何种作物及何种方式混作较为有利，在 1939 至 1941 年间，进行了混作试验。试验结果，"单种棉花产量最高，经济收益亦大，其他作物，无论多、少、稀、密，一经混作，非但棉产减低，且用以混作之农作物亦受影响，产量降低，生产成本反而增加，如不增施肥料，地力亦因混作而渐减"③。

（四）木棉试验研究

战时为提高云南木棉之产量，中央农业实验所与云南农业改进机关合作，对该省木棉进行了研究试验。就产量而言，开远北城墙上生长之 4 年生木棉，每株全年平均收棉花 841 克，南屏木棉场全年平均收籽棉 141 克。就纤维言，4 至 5 年生之老木棉，纤维最长为 37 公厘，普通为 23 至 33 公厘，最短为 28 公厘。而其衣分，四年生之木棉最高为 32%，普通为 30%，又两个生长

① 四川省档案馆：《四川省农业改进所档案》，全宗号民 148，案卷号 3106，卷名《四川省农业改进所棉业改良场棉花间作、混作试验报告》。
② 四川省档案馆：《四川省农业改进所档案》，全宗号民 148，案卷号 3106，卷名《四川省农业改进所棉业改良场棉花间作、混作试验报告》。
③ 四川省档案馆：《四川省农业改进所档案》，全宗号民 148，案卷号 3106，卷名《四川省农业改进所棉业改良场棉花间作、混作试验报告》。

期之衣分，第二生长期较第一生长期为低，此与虫害不无关系，盖第二生长期之虫害较烈也。[①] 此外，为了提高木棉产量，还举办了木棉纯系育种试验。主要以开远离核木棉为材料，选育产丰质良之品系，备做推广之用。1940 年开始，在木棉繁殖区内选拔 1 000 单株，记载其产量及品质，1941 年淘汰 238 株，再选 406 株，加入记载，至 1943 年已选拔 21 系举行株行试验，并获得 5 系最优秀之木棉。[②] 其具体产量及品质详见表 2-17：

表 2-17　云南木棉最优秀 5 系试验表

系统	1942 年第一生长期产量折合年产量（亩/市斤）	衣分平均数	纤维平均数	纤维整齐度
1 061	231.60	31.75	31.33	乙
1 259	231.00	30.20	31.20	乙
1 263	237.00	29.35	29.38	乙
1 782	234.38	32.50	30.89	甲
1 787	252.38	31.50	30.99	甲

胡竟良：《中国棉产改进史》，商务印书馆，1945 年版，第 70 页。

三　良种推广

棉花良种推广，自 1922 年即开始，率皆由学校、社会团体及棉业机关负责。在抗战发生以后，西部地区对于棉花增产甚为努力，亦有长足进展。根据中央农业实验所之历年农情报告，在抗战初年，我国西部地区之棉产，除去沦陷棉区，尚有 4 831 000

[①]　胡竟良：《中国棉产改进史》，商务印书馆，1945 年版，第 69 页。
[②]　胡竟良：《中国棉产改进史》，商务印书馆，1945 年版，第 69 页。

市担。① 1938 年，因战区扩大，棉区沦陷更多，使棉产为之锐减，计有 4 688 000 市担。② 之后，西南西北各省农业改进机关在中央农业实验所的帮助下，努力推广棉花良种，使西部地区棉花产量与年俱增。如陕西省得棉业统制委员会的帮助，自 1940 年起换种斯字棉，以增加每亩产量，进步最速。四川则是推广德字棉及脱字棉，贵州推广脱字棉及中棉，湖南推广常德铁子 1 号棉及澧县 72 号美棉。各省每年棉作推广及换种数字：1938 年为 192 441 亩，其中，陕西 66 749 亩，河南 5 164 亩，四川 74 926 亩，湖南 43 602 亩；1939 年，推广 524 371 亩，其中陕西 250 526 亩，河南 44 740 亩，四川 133 583 亩，湖南 5 284 亩，云南 77 000 亩，贵州 13 238 亩；1940 年，推广 1 379 694 亩，其中陕西 941 418 亩，河南 8 744 亩，四川 381 260 亩，湖南 15 343 亩，云南 12 800 亩，贵州 20 126 亩；1941 年，推广 1 693 945 亩，其中陕西 1 260 303 亩，河南 38 643 亩，四川 352 000 亩，湖南 12 550 亩，贵州 29 449 亩；1942 年，推广 1 281 270 亩，其中陕西 1 090 990 亩（此系调查德字棉及斯字棉之种植亩数），河南 22 675 亩，四川 134 000 亩，湖南 6 045 亩，贵州 37 560 亩。③ 西部地区各省棉花，于抗战时期所以未感极度缺乏者，实有赖于此。其中仅以四川德字棉推广之成果而论，德字棉每亩平均皮棉产量较之当地中棉及退化洋棉，1938 年增收 18.2 斤，1939 年增收 37.6 斤，1941 年增收 25.9 斤，1942 年增收 18 斤。自 1938 年至 1942 年，德字棉较当地棉增收皮棉产量达 123 891 担，增益之价值共达 16 248 万余元，农民

---

① 杨逸农：《最近 10 年来我国棉花之生产及其对外贸易》，《经济汇报》，7 卷 5 期，第 50 页。

② 杨逸农：《最近 10 年来我国棉花之生产及其对外贸易》，《经济汇报》，7 卷 5 期，第 50 页。

③ 《八年来全国棉田面积与产量一览表》，《农情通讯简报》，1945 年，第 7 期，第 12 页。

之受益，亦非浅鲜。①

总之，由于西南西北之产棉省份努力棉花增产之故，使西部地区棉产显有与年俱增之趋势。如 1939 年则增为 5 833 千市担，较之抗战初年，计增 20.74％。1940 年，更增为 6 078 千市担，计增 25.82％。1941 年微有减少，仍有 5 944 千市担，计增 23.04％。详见表 2—18：

表 2—18 战时我国西部地区棉产统计表

年别	植棉面积		皮棉产额	
	千市亩	指数	千市担	指数
1938 年	17 602	96.88	4 688	97.4
1939 年	18 055	99.37	5 833	120.74
1940 年	21 514	118.41	6 078	125.32
1941 年	21 294	118.20	5 944	123.04

杨逸农：《最近 10 年来我国棉花之生产及其对外贸易》，《经济汇报》，7 卷 5 期，第 52 页。

由上表之统计，乃知我国在此抗战 4 年内之西部地区棉产概况。在全面抗战进入第二年，即 1938 年，战区扩大，河北、山东、山西、江苏、安徽 5 省之棉区则全部沦陷，河南、浙江、湖北 3 省之棉区则局部沦陷。以致是年西部地区之棉产，仅有 4 688 千市担。在全面抗战进入第 3 年，即 1939 年，战区虽较扩大，但西部地区产棉省份努力增产，情势好转，是年之棉产增为 5 833 千市担。在全面抗战进入第 4 年，即 1940 年，战区渐趋稳定，西部地区对于棉花增产尤为努力。是年棉产，大为增多，计达 6 077 千市担。在全面抗战进入第 5 年，即 1941 年，战区愈趋

① 四川省档案馆：《四川省农业改进所档案》，全宗号民 148，案卷号 3111，卷名《10 年来四川棉作推广报告》。

稳定，西部地区棉花增产，继续前进。是年之棉产，较之前岁，虽微见减少，但仍有5 943千市担。战时我国西部地区棉产具体情况详见表2-19：

表2-19 战时我国西部地区棉产统计表

（单位：千市担）

省别	战前7年平均		修正战前7年平均（除去沦陷各县）		1938年		1939年		1940年		1941年	
	棉田	产棉	棉田	产棉	棉田	产棉	棉田	产棉	棉田	产棉	棉田	产棉
甘肃	188	55	188	53	123	37	141	41	167	51	203	58
陕西	4 055	856	4 005	856	3 895	997	3 187	862	3 671	670	3 415	759
河南	7 197	1 759	2 030	946	2 006	296	1 967	470	2 415	708	2 623	685
湖北	6 218	1 826	4 651	1 366	4 249	1 203	4 080	1 659	4 683	1 855	4 923	1 460
四川	2 468	691	2 468	691	2 945	763	3 650	1 280	4 718	1 129	3 900	1 034
云南	131	36	131	36	217	62	274	61	230	60	216	56
贵州	254	70	254	70	263	64	338	97	448	134	461	109
湖南	1 402	404	1 402	404	1 253	409	1 374	498	1 637	526	1 801	581
江西	1 081	277	1 081	277	958	306	1 205	361	1 500	391	1 652	525
浙江	1 699	560	1 437	474	1 146	437	1 165	422	1 309	403	1 388	505
福建	37	9	37	9	54	13	69	16	71	15	68	14
广东	44	8	44	8	39	7	44	7	48	8	52	95
广西	410	91	441	91	454	94	554	108	609	127	630	145

杨逸农：《最近10年来我国棉花之生产及其对外贸易》，中央行《经济汇报》，7卷5期，第53页。

可见，战时西部地区棉产，在各省农业改进所与中央农业实验所的共同努力下，取得了一定成绩，不仅基本上解决了西部地区军民对棉花、棉纱之需，同时也为抗战胜利做出了积极贡献。

第三节　蚕桑改进

一　战时蚕丝业的重要性

蚕丝发源于我国，为我民族固有之产业，历史悠久，产区广袤，外为国际贸易之大宗收入，内为无数农民劳工生活所依赖，于国计民生，关系甚重。自科学进步，立体战争逐渐强化，降落伞部队之规模日益扩大以来，因蚕丝品质坚韧轻柔，富于弹性及强伸力，已为制造飞机降落伞之必需原料，又因易于燃烧，爆发性特大，炮弹之炸药，大都用丝袋盛置，以期发挥炸药之最大效能。复据英国伦敦服装业最近发明，用油丝试制之防毒衣，能防止药烟性之毒气，达 40 至 50 分钟之久。[①] 此外，手榴弹拉线、橡皮代用品、电气绝缘体，以及无线电电器零件等，颇有用高级生丝所制造者。而自太平洋战争爆发，各国所需军用生丝数额激增，战时盟国收集华丝，系由英国政府统筹，是以生丝在军工上之功用已日渐扩展，成为重要作战资源，非如暴日所称只是衣被原料而已。故战时国际间生丝之供求，已超越通常国际贸易互通有无之意义，实为盟国交换军用物资之作战行动。

国际间能生产大量生丝者，为中国、日本、意大利，此三大蚕丝国中，以日本数量为最大，中国次之，意大利又次之。依据 1936 年统计，全世界生丝总额约 64 万公担，日本生产量为 47.3 万公担，占 74％，中国为 10 万公担，占 15.6％，意大利为 5 万公担，占 7.8％，其他各国仅占 2.6％而已。[②] 至消费大量生丝者，则为中、美、日、意、法、德、英等国，美国为需要生丝数

---

① 于起风：《蚕丝》，正中书局，1943 年版，第 2 页。
② 赵鸿基：《战争与蚕丝业》，《蚕声》，1939 年，5 卷 2 期，第 6 页。

量最大之国家，在 1936 年，其消费量约为282 000公担，占44.1％，日本为160 000公担，占 25％，中国为60 000公担，占9.4％，法国为30 000公担，占 4.7％，德国为20 000公担，占3.1％，英国为15 000公担，占 2.35％，意大利为11 200公担，占 1.75％。① 苏联第二期五年计划中，亦列入发展蚕丝经费预算，战时虽产有生丝，尚未能自给自足，每年仍需输入相当数量，印度亦正注意育蚕制种，亟谋生丝之增产。② 战时，英、美、苏、印诸国，同为中国盟国，其一般消费所需生丝，虽在战争第一之前提下，严格节约，但因积极扩充各项军备，其军用方面，需要生丝之殷切，则倍于往常，唯国际间有供应大量生丝能力之国家，已如上述，日本、意大利乃为轴心国，故在战时情势下，同盟国家所需作战资源之生丝，应由我国负起供应责任。

育蚕缫丝织绸，向为我国主要之产业，在风土上、劳力上、技术上，均占优越之地位。若就地理上划分，以浙江、江苏、安徽、湖南、湖北、四川等省为最广，南部之广东、广西次之，而北部之山东、山西、河北、河南、陕西，东北之辽宁等省，尤以产野蚕著称，西部之新疆，西南部之西康，亦产蚕丝。在中部诸省中，首推浙、苏 2 省，川、皖次之，其范围最广，产额亦最多，如浙江省年产生茧百余万担，生丝八九万担，1928 年以前，我国出口商品，丝居第一位，而浙省输出之丝则占全国生丝出口额30％以上。③ 苏省蚕业，以沿太湖一带为中心，农民之经营为副业者，达44县，制造改良蚕种之制种场有 156 所，产制春秋

---

① 戴礼澄：《蚕丝业泛论》，商务印书馆，1939 年版，第 3 页。
② 戴礼澄：《蚕丝业泛论》，商务印书馆，1939 年版，第 3 页。
③ 《浙江省立蚕丝改良场给浙江省建设厅的呈文》，《浙江建设月刊》，1932 年，6 卷 1 期，第 4 页。

蚕种 300 万张以上，年产生丝 5 万担，技术进步，甲于全国。[1]
川省在嘉陵江及岷江流域，鄂省在汉水流域育蚕亦甚，产黄茧丝
甚多，南部以广东为主，因特蒙天惠，一年能收茧七八次，生产
额亦不弱，自民国元年后，粤丝输出，占该省总输出额在
50％～60％以上。[2] 历年来洋货输入激增，而粤省经济仍不致大
受影响者，即赖生丝输出为相抵。至东北之辽宁产柞蚕特盛，
鲁、豫 2 省次之，而其茧绸业之发达尤为首屈一指。据 1946 年
调查，全国桑田约计 420 余万亩，蚕户 300 余万家，占农户总数
之 5.1％，养蚕农民约 2 400 万人，其他种业、绸业之工人、商人
关系人，当有 100 余万人，缫丝厂共有 290 所，丝车 105 000
部。[3] 又据海关贸易报告，1921 年我国输出总额为 610 000 000 关
两，其中，121 000 000 关两为生丝之价，30 000 000 两为蚕茧、
丝及丝织物之值，总共 151 000 000 两，几占输出总额的 1/4。[4]
1931 年后，虽受世界经济不景气之影响，然 1936 年出口总值
70 574 万余元中，生丝之值为 4 334 万余元，蚕茧类 89 万余元，
丝织类 1 598 万余元，绸缎类 1 299 万余元，总计 7 321 万余元，尤
占出口总值 10.37％以上，其对于农业上、工业上、贸易上及国
家经济上关系之重要，盖可想见。[5]

遗憾的是，全面抗战爆发后，江浙等主要产丝之省几近沦
陷，蚕丝业遭到巨大破坏，加上敌伪的残酷统治，使蚕业备受摧

---

　① 全国经济委员会蚕丝改良委员会：《蚕丝改良事业工作报告·江苏省蚕丝业之近况》，1934 年，第 37 页。

　② 夏道湘：《中国蚕丝业概况及其复兴之我见》，《中国实业》，1935 年，1 卷 8
期，第 37 页。

　③ 陆仰渊、方庆秋：《民国社会经济史》，中国经济出版社，1991 年版，第 531
页。

　④ 陆仰渊、方庆秋：《民国社会经济史》，中国经济出版社，1991 年版，第 532
页。

　⑤ 谭熙宏编：《十年来之中国经济》，文海出版社，1976 年版，第 102～104
页。

残。战火过后，太湖地区的蚕农继续养蚕，日本商人运来大批蚕种推销，品种混杂，质量低劣，苏南、浙西制种场则为华中蚕丝股份有限公司（简称华中公司）所控制。该公司成立于1938年8月，名义上为中日合办，实则完全由日本人所把持。日本政府赋予它统制江、浙2省沦陷区内全部蚕种、丝茧及丝织品的特权。华中公司凭其所控制的蚕种来掠夺蚕农生产的蚕茧。该公司从苏南等地的种场收购蚕种，而以稍低的价格卖给蚕农。蚕农养蚕，卖茧给该公司特约的茧行时，可凭蚕种纸取回部分种价的价款，以此来诱引蚕农，收购蚕农生产的蚕茧。太平洋战争爆发前，华中公司在中国所掠夺的生丝几乎完全运销美国。1941年太平洋战争爆发，生丝销美完全断绝，华中公司不久即解散。其时沦陷区内粮荒严重，敌伪加紧搜刮粮食，有些农家挖去桑树改种粮食。桑树少了，养蚕也少了，江、浙的蚕种业也随之萎缩。珠江三角洲的沦陷稍晚于苏南、浙西。珠江三角洲沦陷时，广东的蚕业机关、学校迁往粤北，在粤北饲养、繁育从沦陷区抢运出来的种蚕，但困难重重。而与此同时，由于很多蚕业科技工作者转移到西部地区，使西部地区的养蚕业有了一定程度的发展。

二　西部地区各省蚕丝业之推进

我国生丝产量，战前估计年147 000余公担[1]，全面抗战爆发后，主要蚕丝产区多成战场，蚕丝资源悉在敌伪操纵掠夺之下，而战时我国外销物资以农产品为主，矿产品次之，手工艺品及工业品又次之。为积极拓展农产品外销以换取外汇支援抗战，1940年8月财政部贸易委员会拟定《外销物资增产计划大纲草案》，将蚕丝列为头号外销物资，并将蚕丝主要生产区域暂定如下：旧

---

[1]　陆仰渊、方庆秋：《民国社会经济史》，中国经济出版社，1991年版，第533页。

蚕丝区——江苏、浙江、广东；新蚕丝区——四川、云南。其工作内容则暂定如下：新蚕丝区建设工作以推广优良桑苗，及培育并推行原蚕种为主；旧蚕丝区未沦陷部分增产工作，以提倡小规模制丝为主；旧蚕丝区已沦陷部分复兴准备工作，以保存大量优良蚕种与桑苗为主；蚕丝人才训练及储备工作。而工作机关则安排如下：新蚕丝区建设工作由四川、云南2省农业改进机关负责；旧蚕丝区未沦陷部分之增产工作，由江苏、浙江、广东3省农业改进机关负责；旧蚕丝区已沦陷部分之复兴准备工作由中央农业实验所负责；建设新蚕丝区所需人才之训练，复兴蚕丝区所需人才之储备，由江苏省立蚕丝专科学校负责。在经费支配方面亦规定：经费总额暂定为170万元，其中四川100万元，云南20万元，江苏另有来源不列入，浙江另有来源不列入，广东10万元，中央农业实验所20万元，江苏省立蚕丝专科学校20万元。工作目标则暂定如下：四川5年内增产生丝4万担；云南5年内增产生丝1万担；江浙粤能自行缫制未沦陷区全部丝茧；准备沦陷区复兴工作所需要之蚕种桑苗与人才。[①] 嗣后，四川、云南、新疆等西部地区产丝各省在中央政府与地方政府及蚕丝界同仁的共同努力下，树立了新基石，各省蚕丝业均获得了一定的发展。

（一）四川

四川为国内三大主要蚕区之一，亦是西部地区最重要的产丝大省，气候温暖，土地肥美，天然适宜栽桑养蚕，且人民勤劳，利用田陵地角栽桑，行株距远，高秆剪伐，纯系用作副产，不与其他农作竞占田地。采桑养蚕不拘妇孺，利用剩余劳力，极短时

---

① 中国第二历史档案馆：《财政部贸易委员会拟定外销物资增产计划大纲草案》，《中华民国史档案资料汇编》，第5辑第2编，财政经济8，江苏古籍出版社，1994年版，第72页。

日内，即获收成，其生丝生产成本远较他省低廉。四川蚕业，如依自然地理分布，可分为川北区、川南区、川东区、下川南区及下川东区。如依水道系统分布，则包括嘉陵江流域、岷江流域、长江流域三大区域，"全川适于蚕桑之县份在一百县以上，大量出产者有七十余县"①。但川省蚕丝生产数量究有若干，则人言言殊，莫衷一是，各种统计数据也相互冲突，无法彼此印证。据蚕桑改良场场长尹良莹调查，自清季以来，川省蚕业逐渐发达，至1927年、1928年间为极盛时期，丝价高昂，每担丝价达1 600两银子，故丝商曾有"一两生丝一两银子"之说。其时全川生产量总额约达4万担，总值几达1亿元之多，即川北区域约产2万担，川南区域约产1万担，川东区域约产3千担，下川南区和下川东区各约产2千担，其他地区约产3千担。输出价额，据海关统计，每年恒在2千万元以上。② 另据中外人士的调查报告，多估计川丝约占全国产量的20%，在国内产丝各省中仅次于江浙及广东，位居第三，在全国生丝出口贸易中的地位，除浙江、广东2省外，几与江苏并驾齐驱。即便在本省出口物品中亦超过猪鬃、桐油、药材及山货等，位居第一，每年均占出口额的21.7%以上，价值高达1 100万元左右。③ 其销路，出川之丝，大多数经重庆、万县两海关，用船运往上海，然后再行转销，或运出于海外，或售于他省，另有一部分，则由宜宾运至云南，再辗转运往印度、缅甸等处。据统计，繁盛时期，川丝运往上海者，每年达2万担之多，而销往缅甸生丝亦有5千担。④

---

① 周开庆：《四川经济志》，台湾商务印书馆，1972年版，第347页。

② 钱天鹤、费达生：《川康蚕丝产销之回顾与展望》，《西南实业通讯》，1942年，5卷1期，第49页。

③ 尹良莹：《四川蚕业改进史》，商务印书馆，1947年版，第291页。

④ 李守尧：《四川之蚕丝业概述》，《四川经济季刊》，1945年，2卷3期，第129页。

然而好景不长。1931 年后，因受世界经济危机影响，生丝出口困难，四川蚕丝遂渐衰落，至 1934 年、1935 年，丝价越发跌落，销路疲滞，丝厂相继倒闭，茧无人收，影响所及，农村收入减少，农民生活困难。养蚕为四川省农民的主要副业，尤其在川北地区，随处可见"要想子孙不穷，唯有栽桑种桐"或"栽桑种桐，子孙不穷"之类的标语，而乡间普通借贷契约上均书明"明年 4 月还钱"或"丝月归还"等字据，即便赋税征收机关亦认为鲜茧上市时间为旺月，足见养蚕对农民经济的重要性。这主要是因为丝的大部分成本为茧，而茧为蚕农所养，故丝的价值大部分回流到农村，"当蚕业繁盛时期，蚕茧收入特多，农村经济富裕，到处歌舞升平，各乡场庙宇戏楼之多，可以推想当时之盛况"①。迨至衰败时期，则茧无人收，茧价惨跌，丝锦无市，农村经济破产，养蚕农家纷纷砍伐桑树，尤以川北为甚，几砍去2/3。川南因有特殊销路，可运往缅甸、印度等地销售，故所受影响较之其他各区为小，"然亦仅三分之二也"②。当时全川生丝产量总额仅有 5 500 担，每担丝价跌至 500 元左右，总值亦不过300 万元而已。③ 四川丝织工业亦受蚕丝业的影响至巨。蚕业自烘烤至缫丝织绸均属工业范围，在蚕业繁盛时代，丝厂机房林立，仅规模较大的铁机丝厂就有 20 多家，而木机丝厂更是不计其数，尤以川北南充、三台、阆中等县最盛，据估计，当时缫丝及机织工人至少达 200 万人之多。④ 但自丝业衰落后，丝厂机房相继倒闭。1930 年，7 家铁机缫丝厂为振兴出口生丝，乃联合组

---

① 尹良莹：《四川蚕业改进史》，商务印书馆，1947 年版，第 45 页。
② 钱天鹤、费达生：《川康蚕丝产销之回顾与展望》，《西南实业通讯》，1942 年，5 卷 1 期，第 49 页。
③ 钱天鹤、费达生：《川康蚕丝产销之回顾与展望》，《西南实业通讯》，1942 年，5 卷 1 期，第 50 页。
④ 尹良莹：《四川蚕业改进史》，商务印书馆，1947 年版，第 45 页。

成久合公司，从事出口生丝制造，但不久即告失败。1932 年，四川省政府为振兴川省蚕丝业，乃由善后督办总署筹设川丝整理委员会，并由 11 家铁机丝厂联合组成大华生丝贸易公司，除募集现金作股本外，各厂家的厂房和机车亦均抵借款项加入股本，嗣因经营失败，除资金完全折损外，尚有政府代为偿债约 50 万元，11 家丝厂遂被川丝整理委员会接收保管。[①] 至此，较有规模的铁机丝厂全部倒闭，而规模小者亦难以为继。丝厂停歇，工人失业，"凄惨状况，不言可知"[②]。除了农村经济和丝织工业遭到巨大打击外，四川商业亦受莫大影响。川丝繁盛时期，贸易价值约达 1 亿元，金融活跃，商业兴隆，乃一番盛况。"大都市固无论也，即以南充城内东南角一处，每年生丝交易已达 700 万元之巨，丝月当市，拥挤不堪。"三台、乐山城内丝市，每年交易额恒在 1 千万元以上，乡场如合川的大河坝、三台的万安寺、中江的观音场、南充的市阳场、西充的仁和场、盐亭的秋林驿、青神的汉阳坝等处，每年的丝市为数甚巨，然而转眼衰败，"顿呈一片荒凉凋零之像，市场萧条，货物缺少，金融停滞，经济崩溃，市民已多辗转流离，甚有生活难以维持者，亦云惨也"[③]。丝厂倒闭后，数百万工人失业，"原属增加生产之人，多变为无奈消费之份子，改习他业者，固属不少，因而辗转流离失所者，亦在所不免，倘受饥寒压迫时，以其坐以待毙，自易铤而走险，其影响于社会治安者，自不待言。农村经济破产，市场金融枯竭，筹款困难，措施不易，其影响于生产建设者，已可想见"[④]。

---

① 重庆地方银行经济调查部：《川北丝业衰落》，《四川经济月刊》，1935 年 1 月，3 卷 1 期，第 187 页。

② 重庆地方银行经济调查部：《川北丝业衰落》，《四川经济月刊》，1935 年 1 月，3 卷 1 期，第 187 页。

③ 尹良莹：《四川蚕业改进史》，商务印书馆，1947 年版，第 46 页。

④ 尹良莹：《两年来之回顾与前瞻》，《蚕丛》，1938 年，1 卷 1 期，第 6 页。

正所谓"秩序紊乱，民不聊生"[①]。考其衰落原因，约可分为以下数端：一是世界经济危机导致生丝业不景气。1929年至1933年，世界经济危机爆发，资本主义各国遭到沉重打击，商品大量积压，工厂倒闭，工人失业，社会经济陷入空前萧条之中。各工业国家如美国、英国、法国等因产量过剩，公众购买力严重减削，因而世界生丝消费总量，亦随之减少，江浙丝大受打击，川丝销路随之停滞。二是日本丝倾销。其时，日本蚕丝业虽然也受经济危机影响，但由于政府厉行倾销政策，由政府发行公债，救济丝商，每出口一担生丝，即由政府奖励，不使丝商亏折，故能大量倾销。川丝因无此经济力量，不克倾销，遂致失败。三是人造丝发达。人造丝的大量生产和输入，也使中国天然生丝在国际国内的生产和消费受到巨大影响。人造丝不仅价格便宜，且可与棉纱混纺成各种织品，物美价廉，深受广大消费者欢迎。在经济不景气之时，消费者自会趋向于选择人造丝。这使天然丝在竞争中更加不利，而尤以四川蚕丝业所受影响最为严重。四是川丝成本高昂。川丝在繁盛时期，凡经营者，无论铁机、木机缫制，均能大获其利，因此一般商贩多高价竞买鲜茧及干茧，烘茧缫丝费用亦大，以致生丝成本太高，兼以防区制时期，苛捐杂税到处剥削，致川丝运出成本更高，不能与外丝倾销而竞争，丝商亏折至巨，乃至丝厂无力维持，真是内忧外患。五是川丝品质不佳。繁盛时期，因一般丝商多只顾眼前利益与享受，耗费极大，不做与生丝有关之改进，虽有扩充丝厂及设备者，但亦只求量之增加，对于设备是否合理、管理如何改善、原料如何研究、如何提高质量等问题，均漠然视之，乃致川省旧有生产技术较逊于江浙。[②] 如江浙土茧每缫生丝1担，需鲜茧1 400～1 500斤，四

---

① 尹良莹：《四川蚕业改进史》，商务印书馆，1947年版，第47页。
② 尹良莹：《四川蚕业改进史》，商务印书馆，1947年版，第43～44页。

川土茧每缫生丝1担，需鲜茧1 500～1 700斤。① 江浙土茧缫制生丝，每担需工资150～180元，四川土茧缫制生丝，每担需工资250～300元。② 如鲜茧价每斤以3角计算，在茧方面，四川应较江浙高出60元，工资高出100元，故每担生丝的成本较江浙约高200元。③ 四川蚕丝既有此缺点，在过去汇价较低时，尚可赖以维持，而世界经济危机爆发后，销路转差，即不能与他人一较高下，遂空前惨败。1931年出口价额尚不及200万元，四川蚕丝业已由繁盛急剧转向衰落。"就产量言，衰落时期约占繁盛时期的1/8，就价值言，衰落时期降至1/30。其惨状严重实已达于极点。"④ 此外，四川蚕种品质亦较低劣。当时蚕农所饲育之蚕均为黄茧土种，即用本地代代相传的技术生产的蚕种。其来源有二：一是农民自留，二是专业制种户制造。尽管品种因地而异，质量参差不齐，但均系农家土法所制，故俗称"土种"。由于土种多为近亲繁殖，品种退化严重，产茧量较少，蚕茧烘缫折大，出丝率低。如改良蚕种每斤（16两，下同）能缫丝1两8钱，每升茧420颗，重22两，能缫丝2两4钱；⑤ 土种茧每斤能缫丝1两2钱，每升茧670颗，重30两，能缫丝1两8钱。⑥ 在缫制方面，土种也没有改良种解舒容易、工作效率高。如南充第二丝厂工人，每人每日能缫改良种13两5钱，但土种茧仅能缫6两

① 四川省档案馆：《四川省农业改进所档案》，全宗号民148，案卷号3757，卷名《蚕丝改良场关于四川蚕丝缫制烘折报告》

② 四川省档案馆：《四川省农业改进所档案》，全宗号民148，案卷号3757，卷名《蚕丝改良场关于四川蚕丝缫制烘折报告》

③ 四川省档案馆：《四川省农业改进所档案》，全宗号民148，案卷号3757，卷名《蚕丝改良场关于四川蚕丝缫制烘折报告》

④ 尹良莹：《四川蚕业改进史》，商务印书馆，1947年版，第25页。

⑤ 四川省档案馆：《四川省农业改进所档案》，全宗号民148，案卷号3756，卷名《南充县第二丝厂报告》。

⑥ 四川省档案馆：《四川省农业改进所档案》，全宗号民148，案卷号3756，卷名《南充县第二丝厂报告》。

而已。① 工人相同，丝厂相同，丝车相同，只因缫丝原料各别，两者成绩之差竟高达一倍以上。蚕种不同，不仅造成工人工作效率不同，而且对工厂加工费高低的影响亦大。如改良茧丝每担加工费为 120 元，而土种茧丝每担加工费则为 180 元。② 此外，在匀度和丝长等方面，土种茧也难以适应国际市场要求。因茧质恶劣且多薄皮，所缫丝之匀度较改良种相差甚远，甚至不能缫制高级生丝。因此，川省蚕种改良已势在必行。

1935 年省政统一后，省府有鉴于蚕丝业的重要及其对川省经济的巨大影响，亦急谋策进。建设厅厅长卢作孚乃特邀时任江苏省立淮阴农校蚕科主任、蚕学家尹良莹来川，主持川丝改良事宜。翌年，省府通过的施政纲要中，即专门针对蚕丝事业拟定了要旨："一是改良蚕种，使死亡率减少，丝量增加，丝质改良，丝之品质既因之良好，蚕农收入也赖以增多；二是管理丝业，首先严格管理输出丝的缫制，使品质划一，等级分明，以建立贸易信用；三是统一经营，统一经营的利益，一以免原料的竞价收买，使茧本涨落太骤，一以节省制造费用，一以使多头简单，确立四川丝在外市场的资格与价格，再以政府的力量提挈监督之，也不使对内垄断茧市，压迫农民，对外乘机居奇，或因投机贻误。"③ 企图从蚕种、管理、经营三个方面进行改良，以恢复四川省蚕丝事业。姑不论纲要实施情况如何，但就纲要本身而言，应是抓住了事物的本质。从政治环境上讲，十分有利于蚕丝事业建设。但时仅一年，全面抗战即爆发，国民政府为换取大量外汇

---

① 四川省档案馆：《四川省农业改进所档案》，全宗号民 148，案卷号 3756，卷名《南充县第二丝厂报告》。

② 四川省档案馆：《四川省农业改进所档案》，全宗号民 148，案卷号 3756，卷名《南充县第二丝厂报告》。

③ 四川省档案馆：《四川省蚕桑改良场档案》，全宗号民 155，案卷号 19，卷名《四川省蚕桑改良场工作概况，省政府指令，训令》。

以支持抗战，对生丝、桐油等主要输出品，均力求改良以增产量。[①] 1938 年 6 月，经济部在《战时农业建设方针》中就明确指出：“蚕丝为出口大宗，今后蚕丝生产，将以四川及广东为中心，而于云南贵州亦宜积极提倡。设法扩充，以期蚕桑相应发展。”[②] 要求西部地区各省发展蚕桑事业，大力生产出口蚕丝。同年，国民政府为推动对外贸易的发展，专门成立了贸易委员会，负责进出口贸易管制，以期扩大外销产品，换取大量战争所需物资。翌年，全国生产会议亦通过了《蚕丝增产案》，指出：“就现阶段而论，增加生产，必须直接间接与抗战有关，固不待言，蚕丝生产，实属必要，其理由：一可平衡国际收支，二可巩固农村经济，三可充裕织物原料，四可充作军用材料。”[③] 并提出增产目标：“一是提高品质，以利外销而期加增产值；二是大量生产，以增出口，藉资多换外汇。”[④] 然而，随着战争的发展，中国蚕丝产地遭受严重破坏。“七·七事变”后，日军由华北而华中、华南，沿江沿海主要蚕丝产区，如江苏、浙江、安徽、山东、广东等省相继沦陷，日本以中国为其蚕丝业之最大劲敌，遂对占领区内的蚕丝采取摧毁政策，砍伐桑树，摧毁丝厂及制种场，使中国蚕丝业遭受灭顶之灾。据调查，抗战期间，中国桑园被毁 218 万亩，损失桑树 1 132 百万株，受损桑园 536 万亩，应更新桑树 20 亿株；蚕户受损害者 260 万户，损失 23 600 万元；制种业减少

---

① 陆仰渊、方庆秋：《民国社会经济史》，中国经济出版社，1991 年版，第 531 页。

② 中国第二历史档案馆：《经济部关于战时农业建设方针的工作报告》，《中华民国史档案资料汇编》，第 5 辑第 2 编，财政经济 5，江苏古籍出版社，1994 年版，第 5 页。

③ 全国生产会议秘书处编：《全国生产会议总报告》，沈云龙主编：《近代中国史料丛刊》，3 编 44 辑，文海出版社有限公司，1988 年版，第 570 页。

④ 全国生产会议秘书处编：《全国生产会议总报告》，沈云龙主编：《近代中国史料丛刊》，3 编 44 辑，文海出版社有限公司，1988 年版，第 570 页。

制种量 460 万张，损失 1 090 万元；制丝业损失丝车 45 000 部，值 2 810 万元，其他损失 2 500 万元；生丝产量损失 1 018 000 担，战后减产损失 585 000 担。[①] 若以全国生丝出口而言，约损失 2/3。面对如此惨重损失，国民政府乃把复兴蚕丝业的目标转向西部地区的四川及云南两省。1940 年财政部贸易委员会鉴于外销物资的重要性，特组设外销物资增产委员会，以加强办理西部地区外销物资的生产。同年，为发展西部地区蚕丝事业，财政部贸易委员会将江苏、浙江和广东划为旧蚕丝区域，四川、云南划为新蚕丝区域，并拟定了《外销物资增产计划大纲草案》，制定了新旧蚕丝区域具体工作任务和目标，要求新蚕丝区域建设工作以推广优良桑苗及培育并推行原蚕种为主，5 年内四川须增产生丝达 4 万担，云南须增产生丝 1 万担，并由四川、云南 2 省农业改进所各自负责办理。而旧蚕丝区未沦陷部分增产工作，则以提倡小规模制丝为主。[②] 同时拨款 170 万元作为支持经费，四川 100 万元，云南 20 万元，广东 10 万元，中央农业实验所 20 万元，江苏省立蚕丝专科学校 20 万元。[③] 足见政府对四川蚕丝事业殷望之高。而战时，由于大批江浙蚕桑专家及熟识养蚕的江浙人士多逃往西部地区，形成有利的人力资源，自然有利于四川蚕桑事业的发展。正如 1941 年卜少夫所言："蚕丝人才 90% 由江浙移向

[①] 谭熙宏编：《十年来之中国经济》，文海出版社，1976 年版，第 102～104 页。

[②] 中国第二历史档案馆：《财政部贸易委员会拟定外销物资增产计划大纲草案》，《中华民国史档案资料汇编》，第 5 辑第 2 编，财政经济 8，江苏古籍出版社，1994 年版，第 14 页。

[③] 中国第二历史档案馆：《财政部贸易委员会拟定外销物资增产计划大纲草案》，《中华民国史档案资料汇编》，第 5 辑第 2 编，财政经济 8，江苏古籍出版社，1994 年版，第 14 页。

西南，集中四川、云南两地。"① 养蚕技术人员已不成问题。

增加生产，充裕经济，然后可谈改善生活，平时如此，战时尤为重要。四川养蚕"天赋甚厚，然以科学落后，至蚕业技术不发达，致天赋实藏，掩没甚多，甚至维持原有地位之不能，殊足浩欠。际此关系国家生死存亡之抗战时期，增加生产，以维长期之军事，尤为当务之急。欧战期中之德国，非败于军事，实败于经济，前车之鉴，此毋容讳言也"②。而四川蚕丝增产亦属可能。"由生产要素中土地、气候、人力观，四川土地广袤，气候温暖，到处宜桑宜蚕，且人民众多，劳力充裕，尽有余暇；由过去产量观，年约4万担之生产，近年来蚕丝业本身，虽加改良，然进步殊缓，不能与时代并进，致产量低减，几及过去一半，故即恢复原状，比之现在，亦得增加约三万担，而此种生产可能性，实极大也；由农村副业观，蚕丝原料之蚕茧生产，系农民育蚕所获，而此种育蚕期间，率在农闲，故不妨碍农忙，且以育蚕工作，较为琐屑，得利用妇孺劳力，涉及农村主要生产力者极少，故增产可能，并不受时期与生产劳力之限制也。"③ 此时四川生丝产量也略有恢复，年产达1万5千余担，较之衰期增产1万担左右。④省政府为稳定和增加川省蚕丝产量，旋于1938年初通过了《稳定四川蚕丝业方针》，企图通过各种措施达到改良川丝之目的，以应战时政府发展出口农产、换取外汇、支持抗战之需。其内容

---

① 卜少夫：《云南蚕丝新村一瞥》，《西南日报》，1941年10月13日。转引自王树槐：《抗战时期云南的蚕桑业》，《抗战建国史研讨会论文集》，台湾研究院近代史研究所编，下册，1985年版，第578页。

② 全国生产会议秘书处编：《全国生产会议总报告》，沈云龙主编：《近代中国史料丛刊》，3编44辑，文海出版社有限公司，1988年版，第571页。

③ 全国生产会议秘书处编：《全国生产会议总报告》，沈云龙主编：《近代中国史料丛刊》，3编44辑，文海出版社有限公司，1988年版，第571页。

④ 钱天鹤、费达生：《川康蚕丝产销之回顾与展望》，《西南实业通讯》，1942年，5卷1期，第49页。

如下：

本府为谋有效之发展蚕丝事业起见，爰拟具下列方针以为进行之依据：

一 国家蚕丝对外贸易应以奖励与保护为上策，凡出口丝除特别减轻税率（或全免税率）便利运输外，应规定标准价格。国际市价在标准价以上时，其利润由商人自得，政府藉以换取外汇，如国际市价在标准价格以下时，由政府以标准价收存，待价出售或竟亏本售出，以期对外维持其市场地位，对内维持其各阶段相当之利润，使长久立于不败之地。

二 必须改良蚕桑品种及养蚕技术，使能达到农业生产方面成本，及产量多且品质优越之目的，直接裨益农民，间接增厚国家蚕丝生产之基本利益。

三 必须使栽桑养蚕缫茧售丝各阶段均有密切之联系，相互适应为一整个计划之经营与管理，用避无谓消耗之损失，杜多头竞争。

四 必须对全省从事丝业农工商各阶段之利益统为规筹，兼顾并及，绝不使经营丝业上之任何一环独抱向隅之慨叹，在过程上利益祸福相与共之，以期达到蚕丝业产制销共存共荣之目的。

五 在改进之过程上，其最低限度之费用，政府必须妥为筹拨以利进行，纵属循环基金之投资，亦必随时准备转让，决不与民争利。

总上五大方针，期能使本省蚕丝事业彻底改良，确保国际市场上之竞争地位长久立于不败。[①]

可见，四川省政府企图通过减免税收、补贴丝商成本、改良

① 四川省档案馆：《四川省农业改进所档案》，全宗号民148，案卷号3768，卷名《四川省农业改进所蚕丝生产事业计划、使命、方针等的指令、训令、函、呈等》。

蚕种、拨发改良经费及统筹蚕丝产运销等措施，彻底改良蚕桑产业，稳定并发展之。这一系列措施的施行，就改良蚕种制造、推广改良种，以及促进农家蚕桑生产改良言，确实曾起到一定作用，但就茧价制定和统购统收方面，却对蚕农太过苛刻，乃至蚕农亏折至巨，迫使其最终对养蚕丧失兴趣。

川农所成立后，四川省政府为推进川省蚕丝事业，为其制定了六大使命："一是换取外汇，稳定法币价值。抗战发生后，鉴于我国土地沦陷，出口货少，虽有财政部管理外汇，而我国法币价值仍不免逐渐低落，川省大量生丝的生产，增加了出口物资，直接可以换取外汇，稳定法币价值，间接亦可换取枪炮，充实抗战力量。二是增加生产，富裕后方农村。川省为中华民族复兴根据地，唯以生产较少，民多贫困，农村经济素称艰窘，而蚕业最为挽救农村经济之良剂，凡经推广之蚕区，无不早获实效，倘能大量生产，则农村富裕，盗匪自少，治安无忧，力量乃增，人力财力，均系支持抗战胜利之因素。三是供给后方发展各省蚕业之资料。川省蚕业改良较早，所有原种桑苗及其他设备，均较完善，除发展本省外，对西部地区滇、黔、西康各省均先后供给原种、普通种、桑苗、桑籽等资料，尽量扶植，以助其蚕丝业之发展。四是准备复兴战区各省蚕业之资料。如苏、浙、皖、粤、鲁各省蚕业经敌人摧残破坏，抗战胜利后，如欲速恢复，则蚕种、桑苗及技术人员，均应由川省妥为准备，以免有临时措设不及之虞。五是保存国家蚕业命脉。抗战前各省原有蚕丝技术人员，优良原蚕种及各种珍贵设备等，概系中国蚕业之命脉，到达川省后，无不妥为安插与运用，以期保存其原气，俟抗战结束，返回原地仍能发挥其原有力量，以贡献于国家。六是供应军需用品。蚕丝用途，日渐增广，除衣料外，军需甚多，飞机各部及降落伞等，多系丝织物所制成，他如弹药及手榴弹制线等，多用丝为原料，后方各厂所用者，概寄予川省所产之蚕丝。"① 可见，仅就四川省政府赋予之六大使命和外销物资增产委员会制定的 5 年蚕丝增产 4 万担的庞大计划而言，川省蚕桑改良也已势在必行。

1. 蚕种改良与桑树研培

欲期增产蚕丝，务必根据蚕丝业之特质，善为措施，以达目的，否则隔靴搔痒，易踏过去覆辙，难冀完成任务。蚕种是蚕丝业的第一生产资料，在蚕丝业生产中起着关键作用。在残酷的国际市场竞争中，蚕种优劣与否不仅直接关系到蚕茧产量的高低、成本和蚕丝质量等级的评定，关系到售价和销量，甚至关系到整个蚕桑事业的命运。由于受气候和地理等自然因素的影响，国内各地的蚕品种差异十分明显。据调查，全面抗战爆发前，四川的蚕品种都是一化性三眠蚕，茧呈黄色，形状有椭圆、微束椭圆及纺锤形等，与河南、山东的蚕种大致相同，差异不大。而江浙地区的蚕主要有一化、二化和多化性三眠或四眠蚕，颜色以白色和淡绿色为主，形状也以椭圆为主。但就国内整个蚕丝业而言，晚清以降，各地蚕种均为土种，都具有收茧少、产量低、烘折高、缫折大、解舒不良、匀度和丝长均不符合国际市场要求等种种缺点，且皆为蚕农自行繁育，并无科学的蚕种制造场和蚕桑科研机构，蚕业科技停滞不前，"除栽桑技术略有改进外，其余养蚕技术都沿用着传统的老方法，没有明显的进步"②。

然而同一时期，西方各国的蚕丝科技却获得了巨大发展，如法国、日本和意大利等均处于世界领先地位。尤其是在蚕病防治方面，法国科学家巴斯德经过多年潜心研究，发明了治疗各种蚕

---

① 四川省档案馆：《四川省农业改进所档案》，全宗号民 148，案卷号 3768，卷名《四川省农业改进所蚕丝生产事业计划、使命、方针等的指令、训令、函、呈等》。

② 郭文韬、曹隆恭：《中国近代农业科技史》，中国农业科技出版社，1989 年版，第 545 页。

病如白僵病、脓病、中肠型多角体病等的方法，并推出各种消毒剂，使蚕丝业取得了显著进步，法国蚕桑科技亦因而名列世界前茅。20世纪初期，日本蚕丝科技也取得了一定程度的发展，并一跃成为世界丝业最发达国家，成为中国学习的榜样。"要想出口生丝在国际市场上竞争，效法日本用近代科学改进养蚕技术已是刻不容缓。"[①] 清末民初，中国乃选派留学生前往日本学习蚕桑科技，同时翻译日本蚕丝业著作，聘请日本蚕桑专家来华讲学，使国内蚕桑事业逐步近代化。到20世纪二三十年代，在蚕桑业发达的江浙地区，蚕桑科技获得了一定程度的发展，无论是引进、制造良种还是桑树科研，都在国内处于领先地位。战前四川的蚕桑品种改良和科研基本上均效法江浙，甚至直接从江浙输入改良蚕种进行饲育。所谓改良蚕种，即是指"采用近代科学方法所制成的蚕种"[②]，是与采用传统方法所制成的蚕种相对而言的。它通常包括两类：一是系统所育蚕种，又称纯系分离法培育品种，即"是对一个原始材料或品种群体实行有目的、有计划地反复选择淘汰，而分离出几个有差异的系统。将此系统与原始材料或品种比较，使经济性状表现显著优良而又稳定者，形成新的品种"[③]。系统育种是家蚕育种工作中最根本之方法，与杂交育种法相较，其法较简单，把握性较大，但效果却不一定很好。二是杂交育种，即"在两个不同遗传结构的个体间进行有性杂交，其杂交后代由于两亲本基因之自由组合，能够出现新的遗传类

---

① 中国农业博物馆：《中国近代农业科技史稿》，中国农业科技出版社，1996年版，第316页。

② 中国农业博物馆：《中国近代农业科技史稿》，中国农业科技出版社，1996年版，第323页。

③ 中国农业科学院蚕业研究所：《家蚕遗传育种学》，科学出版社，1983年版，第251页。

型，继而可选择优良个体，经培育而成新品种"[1]。杂交育种能对现有品种加入更优良之新遗传性状，或使两种分别具有不同优良特性之类型结合而成更加优秀的新类型。适当的杂交，不仅可使两亲的优良性状简单地结合，而且能产生两亲所未出现过的优良性状。因此，杂交育种是国内外应用最广泛而有成效的一种育种方法。但由于战前纯系育种方法尚不甚成熟，所育品种"体质一般较土种弱，如果饲养条件较差，饲养管理稍有疏忽，蚕就容易患病，饲养成绩有时甚至还不及土种"[2]。

育种工作的目的就在于不断培育出适应不同地区和不同季节饲养的"好养、高产、优质、易繁"的优良品种。川农所成立后，积极开展土种、家蚕、柞蚕试验研究，以培育出优良蚕种，提高川省蚕丝品质。

战前国内所推广的蚕种基本上来自日本，而这些品种在日本已被认为是逐渐退化的品种，早已淘汰不用，但却被国人奉为良种，饲育推广。"对其环境之适当与否在所不计，质量之差，可想而知，是何以能赶及他人？"[3] 但在抗战期间，海口被封，就连日本退化品种也难以输入，且随着战争的推移，江浙等蚕丝业兴盛之地不幸渐次沦为战区，兼以交通运输困难，从江浙输入改良蚕种也成为不可能之事，故川省蚕业遂变得一切均须自给，勿赖他人。川农所于是决心急起直追，从事改良，力谋补救。补救方法之一，即是在川省广泛征集优良土种，加以试验改良，以培育出优良品种，以图自立。而川省土种繁多，其中茧层丰厚，丝质优良者亦多，且以往川丝品质也颇受外商称道，之所以能够在

① 中国农业科学院蚕业研究所：《家蚕遗传育种学》，科学出版社，1983年版，第268页。

② 中国农业博物馆：《中国近代农业科技史稿》，中国农业科技出版社，1996年版，第324页。

③ 尹良莹：《四川蚕业改进史》，商务印书馆，1947年版，第95页。

20世纪20年代前后在世界市场占有一席之地，自有其特殊优点，倘能搜罗试验，从事改良，并统筹大量生产，亦"不难占有世界商场一角，于富国裕民极巨"①。战前日本已有专门研究四川系统土种之蚕桑机关，川农所更感急迫，加之抗战爆发前后，川省蚕业均尽力提倡推广饲育良种，土种势必逐渐减少，乃至绝迹。若不乘此机会普遍征集佳种，则将有欲得而不能之势。而就所征集得的优良土种来看，部分也确较江、浙、鲁等省土种为优。因此，川农所在主要育蚕之34县开展优良土种征集，征集品种达112种，遍及四川各有名土种。② 在征得优良土种之后，改良场即运用育种方法，加以研究改良，保存并发扬其固有优点，并利用这些优点育成新品种。经初步试验后，复以蚕之斑纹、茧之形状、颜色等差别，细分为783种，分别继续试验。最终选出优良土种如大毛、二毛、紫花、笔杆、歪沟子、七眠蚕等参加更高级试验，以期培育出更优良品种。

为培育出优良品种，川农所除了对土种进行改良外，还对家蚕进行了杂交试验研究，以育成品质优良、抵抗力强的品种。1938年秋，川农所先举行了早秋蚕、晚秋蚕、晚晚秋蚕及冬蚕纯系选种试验研究，并以茧层率高低为优劣的衡量标准，结果以晚晚秋蚕的茧层率最高，达到18.86%，早秋蚕最低，仅12.7%。③ 同时，为选择优良适宜品种作为推广之用，川农所还征集了全国优良品种19种、欧洲种11种、日本种9种，进行比较试验，结果选出欧洲种6号一种、日本种42号一种，以及中国品种61、62、63、64、113、115号等12种，在四川推广。但由于蚕丝改良场最初推广的蚕种均为洽桂与华六两品种杂交的一

① 赵永余：《战时四川省之丝业》，《经济动员》半月刊，昆明国民经济研究所，1938年，1卷2期，第31页。

② 尹良莹：《四川蚕业改进史》，商务印书馆，1947年版，第99页。

③ 尹良莹：《四川蚕业改进史》，商务印书馆，1947年版，第97页。

代杂种，杂交方式则抄袭江浙各省，而四川与江浙皖各省环境多有不同，兼以推广的蚕种已有退化趋势，故应亟须寻求其他品种以代之，以适宜川省环境。1939年，川农所开展了家蚕第一代杂交试验，结果以中国品种63号、64号为最优。杂交种因其丝质较优、蚕病少，颇受丝厂和蚕农欢迎。同年，为选出抗病力强、丝量多、品质佳、适应性大的优良纯种以供推广，川农所还开展了家蚕纯系育种试验，供试品种来自中农所蚕桑系、中大农学院及江浙各省，共58种，试验结果，春蚕以27号为最优，秋蚕以133号为最佳。此种用新法育成之纯系蚕种与土种相较有一定优势，"品质纯粹、丝量多、茧质好，为丝厂所欢迎，但体质弱，对外界环境抵抗力较差。如气候冷暖失常、饲养方法不合要求，容易遭致失败"①。并不能显示出其明显优越于土种之特点，是较难饲养的蚕种，故不太受蚕农欢迎，也就没有在蚕农中广泛地推广开来。此外，由于川南气候潮湿，蚕儿僵病滋生，为害蚕作，影响殊大，但蚕农不知预防，且将病蚕收集出售，借图微利，遂使蚕病四处蔓延，故无论春、夏、秋蚕均有大量僵病发生，其猖獗情形无可比拟。"从事推广指导工作人员虽一再劝道蚕农将病蚕烧毁，以资防范，无奈蚕农利益所在，根本不予理会。"② 而分发防治僵病的药剂，因战时物价高涨、原料奇缺、交通运输困难等诸多原因，导致成本高昂，因而药物售价过高，蚕农无力负担，川农所只得另辟蹊径，采用石灰做经济有效的防治僵病试验。经试验证明，石灰对于僵病防治具有积极效果，所采用之区，蚕子死亡率下降，而解舒丝长、茧层率亦有增多趋势，此法遂得到大量推广。战时原料供应紧张也导致盐酸购买困

---

① 郭文韬、曹隆恭：《中国近代农业科技史》，中国农业科技出版社，1989年版，第552页。

② 尹良莹：《四川蚕业改进史》，商务印书馆，1947年版，第100页。

难，原用的盐酸浸种消毒方法实际已无法采用，川农所乃因地制宜开展了人工孵化、温水浸种孵化以及蚕种冷藏消毒等各项试验，以代替盐酸浸种孵化。这些方法不仅简单、低廉，几乎不需要什么成本，而且蚁蛾孵化率高、病蚕率亦低，从而增加了蚕农收益。

为促进川省蚕丝业的发展，选育出抵抗力强、蚕丝量多的优良蚕种，川农所除了开展土种和家蚕研究外，还于 1939 年在重庆南岸黄山放牛坪开展了柞蚕试验研究。但由于柞蚕小蚕历来都是在柞树上露天放养，易遭低温、风雨、冰雹和鸟虫野兽危害，小蚕损失很大，生产量不够稳定。为选出最佳种系进行推广，川农所广泛征集了 7 个种系 411 蛾区柞蚕参加试验，试验结果，若以万头蚕收茧量计算，则綦江种为最佳，收茧达 55 公斤，其次为黑蛾种，收茧量 43 公斤，最差者为四眠绿，仅 27 公斤。[①] 之后，川农所即在川内适宜柞蚕饲养的地区开展了綦江种和黑蛾种的推广工作。此外，为赢得柞蚕病毒检查的充裕时间，以及为饲育秋蚕以增加一季秋蚕收益，而使柞蚕卵孵化延迟，调节放蚕时期，川农所还开展了柞蚕卵冷藏试验，即将已制成的蚕种入库冷藏以延迟其孵化日期。试验结果证明，柞蚕卵冷藏后可有效延期一个月，这为病毒检查和延期放养赢得了时间，可顺利达到想要的目的。

从理论上看，就四川的气候和地理环境而言，一年可以育蚕三次。但由于受桑叶产量、蚕种制造、疾病预防等诸多因素制约，蚕农每年养蚕均以春蚕为主，间或有人饲养夏蚕，但从未有饲养秋蚕者。而所饲养土夏蚕，由于茧质不好，所缫制之丝拉力差、色泽不佳，难以出售。就蚕种而言，养蚕次数的多寡，全受品种化性限制，欲当年中多养一期，在改良场建立之前，对于川

---

① 尹良莹：《四川蚕业改进史》，商务印书馆，1947 年版，第 103 页。

省蚕农来说，实不可能。而随着蚕桑科技的发展，20世纪二三十年代，江浙两省的蚕业学校和制种场利用科学方法试制秋种成功，并用人工孵化法孵化秋种，使改良秋蚕获得丰收，从而为秋蚕的饲养创造了条件，同时还育成夏蚕种和早秋蚕种。如此，一年即可以饲养四期蚕，不仅使夏秋盛期桑叶得到充分利用，也使农村劳力和土地资源得以合理开发，增加了农民收益，发展了农村经济。改良场成立后，为解决秋蚕饲养问题，便引进江浙所发明的人工方法，制造与春种相同的秋种。但此等蚕种必须经过冷藏，始可孵化。省政府为解决冷藏问题，特于1937年春在南充改良场装置阿莫尼亚冷藏库一座，名为南充冷藏库。从此，各种场春季养蚕均得制成秋种，放入冷藏，待秋季拿出孵化，秋种供应问题即告解决，从而"开创了川省秋种制造与推广的新纪元，农民及国家藉此增加收益实非浅鲜"[①]。嗣后，随着事业的扩展以及秋蚕茧价格的高涨，蚕农购买力增强，而各场制种亦均以秋种为主，因此，产量远较春种为多，川农所复在北碚增设冷藏库一座，在峨眉山和成都亦设有冰库等，使蚕种冷藏甚为方便，从而保障了秋种的制造与供应。

　　1934年前，川省农村养蚕用种，概由蚕户自留或购买当地黄茧土种，间有以经营方式制种者，但为数极少，品种驳杂，病毒亦多，改良种则仅供机关学校试验而已。但"种子为蚕之母"[②]，良种繁育的任务就是保持和提高良种的特性，迅速大量繁殖新品种，为农村提供优质良种。故1936年，蚕桑改良场成立后，即设定制种股，并于各处设立制种场，从事改良种制造，以分发农民饲育。同时，因蚕种制造关系蚕丝业整个政策，省政府遂决定由蚕桑改良场统筹制造，禁止私人经营。全面抗战爆发

---

① 尹良莹：《四川蚕业改进史》，商务印书馆，1947年版，第123页。
② 尹良莹：《四川蚕业改进史》，商务印书馆，1947年版，第49页。

后，四川成为西部地区的中心，经济建设非同一般，省政府鉴于制种事业的重要及日益发达的趋势，拟独立经营，于 1937 年 12 月成立了四川省营蚕种制造股份有限公司，旋归并于四川丝业公司（以下简称"丝业公司"），并令改良场将南充、西充、仁和、盐亭、三台、蓬安、阆中、北碚、巴县、乐山等 10 个制种场转归蚕种制造公司，改良场只负责原原种和原种的研究培育以及各种场的技术指导工作。1938 年即由丝业公司负责经营全川改良蚕种制造业务，嗣后因丝业公司人力、财力有限，自 1940 年秋季起，省政府乃将改良种制造事宜予以开放，复准由私人经营。制种事业开放后，一般商营制种场颇有风起云涌之势。如 1941 年春季，制种场除丝业公司制种场外，尚有双桂、兴隆、内江、绵阳、夹江等制种场，1942 年春已有制种场 10 余家，1943 年春即增加到 22 家，1944 年春达到 25 家，1945 年春发展到顶峰，达 30 家。[①] 由此可见川省制种事业之进步。太平洋战争爆发后，海运不通，蚕丝外销受阻，丝业公司于是紧缩缫丝、制种业务，旗下改良种制造单位比 1941 年减少了 4 个，两季共制成蚕种 444 924 张，比 1941 年减少了 39.57%。[②] 在制种量方面，自 1936 年改良场设场制造起到抗战结束止，所制种量逐年增加，至 1940 年达到最高峰，嗣后则逐渐减少。同时秋种量远较春种量为多，系因春季蚕农自养土种者多，而秋种蚕农不能自制，且乐于购买饲养之故。具体各年制种情况详见表 2—20：

---

① 四川省农科院编：《四川省农业改进所志略·蚕业改良卷》，未公开出版资料，1986 年，第 11 页。

② 四川省档案馆：《四川省农业改进所档案》，全宗号民 148，案卷号 3758，卷名《蚕桑改良场蚕种育种工作报告》。

表2—20　四川省10年来改良种制造数量表

（单位：张）

年别	春制春种	春制秋种	秋制春种
1936年	15 634		13 536
1937年	7 519	44 841	58 428
1938年	126 352	193 353	214 547
1939年	82 123	334 747	235 926
1940年	92 945	403 637	244 629
1941年	55 705	365 710	232 908
1942年	8 196	260 000	166 898
1943年		330 649	194 670
1944年	29 131	428 046	108 621
1945年		386 952	101 840

　　四川省档案馆：《四川省农业改进所档案》，全宗号民148，案卷号3758，卷名《蚕桑改良场蚕种育种工作报告》。

　　在1937年春季前，蚕桑改良场繁殖一代杂交种所用原种均须于蚕期前预向中国合众蚕桑改良会镇江蚕种制造场订购，由航空运寄重庆，派专人押运到场，非但成本高昂，旅途辗转，仰赖于人，颇感不便，且气候地域是否适应，亦是问题，兼以抗战爆发后，交通运输困难，难以保障原种能及时运到，如稍有延误，后果不堪设想。且原蚕种培育是蚕种繁殖上重要一环，改良场遂力谋自给自足。1938年春即赶建原蚕室、冷藏库，添置设备，征集原原蚕种，开始自行培育原原种和原种，以饲育原蚕，供制造强健优良原种之用。秋季开始供应各种场冷藏浸酸人工孵化原种，并制成原种2 693张。① 至此，川省所需原种问题得以解决。1939 年，因划归川农所后，经费和业务均有所增加，机关也得以扩大，而原种需求量也日益增多，改良场乃扩大原种培育，制成原种22 239张。② 嗣后因政府放宽制种政策，私人种场增多，各种场需用原种数量猛增，改良场所制原种供不应求，1940 年川农所乃在成都增设原种制造场，并于次年春培育原种5 271张。③ 1942 年，由于财政困难，川农所奉令缩减，成都原蚕种制造场遂停止作业，而在北碚蚕种场增设原种部，培育原蚕种。具体原种培育情况详见表 2-21、2-22：

表 2-21　改良场 9 年来原蚕种培育数量表

（单位：张）

年别	春制原种	秋制原种
1937 年	2 009	648
1938 年	7 177	4 121
1939 年	12 000	10 239
1940 年	21 970	3 600
1941 年	10 156	6 760
1942 年	2 650	6 310
1943 年	6 091	7 971

---

　　① 四川省档案馆：《四川省农业改进所档案》，全宗号民 148，案卷号 3758，卷名《蚕桑改良场蚕种育种工作报告》。

　　② 四川省档案馆：《四川省农业改进所档案》，全宗号民 148，案卷号 3758，卷名《蚕桑改良场蚕种育种工作报告》。

　　③ 四川省档案馆：《四川省农业改进所档案》，全宗号民 148，案卷号 3758，卷名《蚕桑改良场蚕种育种工作报告》。

续表2-21

年别	春制原种	秋制原种
1944 年	6 745	740
1945 年	3 583	1 308

四川省档案馆：《四川省农业改进所档案》，全宗号民 148，案卷号 3758，卷名《蚕桑改良场蚕种育种工作报告》。

表 2-22　北碚场 3 年来原蚕种培育数量表

（单位：张）

年别	春制原种	秋制原种
1943 年	2 762	3 935
1944 年	5 213	5 426
1945 年	7 076	4 889

四川省档案馆：《四川省农业改进所档案》，全宗号民 148，案卷号 3758，卷名《蚕桑改良场蚕种育种工作报告》。

　　蚕茧生产是种植业和养殖业相结合的产业。桑叶和柘叶是蚕子的主要粮食，养蚕最基本的条件就是培植桑树和柞树。桑树和柞树均非一年可成，而是多年生深根植物，它们对不同生态条件具有广泛的适应能力，对自然灾害的抗御能力也远比大田作物强。四川由于气候潮湿，土质肥沃，天然适宜桑树生长，故全省各县到处皆有桑树，但川南一带比较温湿，川北一带比较干燥，因而各地桑树种类和栽植方法均有一定差异。为明了全川桑树分布、品种特性及栽桑技术等情况，以便选择优良品种进行推广，改善栽培方法，川农所成立后，欲在全省开展调查，但限于人力、财力和时间紧迫，乃与国立中央大学合作，由中央大学农学院桑木系主任赵鸿基主持，在 130 余县展开调查。调查表明，全川桑树主要集中在川南如乐山、青神2县，川北如三台、盐亭、西充、南充、阆中5县，川东如合川、璧山、铜梁、江北4县。桑树品种则有嘉定桑、讨桑和砍桑等20多个品种，涵盖白桑系、鲁桑系和湖桑系等。就栽培技术看，乐山最优，三台次之，盐亭最劣，但总体上，"插条成绩较劣，成活率低，而桑叶采摘和修剪枝节亦不研究，影响桑叶产量和树势甚巨"①，亟待改良。川农所遂针对桑树栽培技术进行了专项研究，以期寻获最佳方法，推广民间，提高栽植成活率和桑叶产量。

四川蚕农养蚕，主要以桑叶为主，但川南也有用柘叶饲育者。由于柘叶发芽早，生长容易，所以农民喜欢用柘叶养蚕。但柘叶叶片浆汁浓厚，蚕儿易生脓病，蚕农不知治疗，招致损失至巨，影响农村经济收益。川农所于是对柘叶育蚕进行试验研究，并专门成立了川南蚕桑研究室。1940年开始试验，结果表明，柘叶所饲育之蚕子与桑叶所饲育蚕子相较，反呈有利倾向，如茧层率、上茧百分率、解舒丝长、丝量、丝的强力和伸力等均较优。而这些优点可以使蚕丝缫折率降低，解舒容易，产丝能力增高，制丝成本减少，生产能力得以提高。且强伸力可以增加丝织品耐久性。同时，由于柘叶成本低廉，发芽早，可以减少农忙期间劳工困难问题，且桑叶也可以得以充分长成，增加叶量，有利于增加农民收益。故用柘叶养蚕利大于弊。

另外，由于受人力、物力以及技术支持等方面的限制，桑树品种保存、桑叶营养成分测定等项研究工作无法独立开展。川农所于是与国立四川大学农学院订立了蚕丝合作试验办法大纲，委托四川大学农学院桑木系进行蚕丝合作试验。

四川原有桑树颇多，30年代前期，由于丝业衰落，丝厂相继倒闭，养蚕无利可图，蚕农无奈砍桑，以改种其他农作物。川

---

① 尹良莹：《四川蚕业改进史》，商务印书馆，1947年版，第129页。

北各县平均损毁 2/3 桑树，川南损毁 1/3 桑树，予养蚕业毁灭性打击。桑叶为蚕的主要饲料，欲谋复兴蚕业，须首谋桑叶量的增加，桑成则养蚕始能大量推广，否则只能就原有的桑树养蚕，为数自不能过多。桑叶产量增加之法，除农民自动培育桑树外，尚赖政府提倡奖励之。1936 年，蚕桑改良场成立后，最急迫的工作为培育桑苗，即把桑苗繁植和推广作为恢复和发展蚕丝生产的首要工作。当年，川省即播种桑苗 10 市亩，计培育桑苗 5 530 株；次年育苗面积又增至 36.5 市亩，并商请全国经济委员会蚕丝改良委员会赠送实生苗 902 430 株，分植南充中坝 128.15 市亩，北碚制种场约 300 市亩，是年共计繁育实生桑苗达 2 254 400 株。[①] 1938 年，为进一步扩大育苗事业，推进农村蚕桑改良，提高桑叶产量和质量，川农所遂与经济部中央农业实验所订立育苗合作办法，由中农所补助经费，在南充江村、南门两坝播种优良桑苗 270.60 市亩，嫁接湖桑 63 市亩，以供来年推广。[②] 1939 年复设三台苗圃一处，以增加桑苗产量。同时，为激励农民培育桑苗的积极性，川农所乃在全川倡办特约桑苗圃，凡自愿培育桑苗的农民，经填具特约桑苗圃申请书函请蚕丝试验场同意后，即为特约桑苗圃，由实验场派员指导育苗技术，并帮助解决经费、种子、苗圃用具以及良桑接穗上的困难。育成的优良桑苗，则由试验场定价收买，成绩优者，还予以奖励。随着抗战的进行，交通日益困难，桐油的运销遂不如蚕丝运销方便，而外销物资仍然是换取外汇和军火的重要手段。1940 年，为资助蚕桑生产，农林部和贸易委员会均对川农所育苗经费予以补助，育苗规模再次扩大。但由于集中一地育苗，往往产生运输上产生困难，川农所

---

①　四川省档案馆：四川省蚕桑改良场档案，全宗号民 155，案卷号 20，卷名《四川省蚕桑改良场桑苗培育情况报告》。

②　四川省档案馆：《四川省农业改进所档案》，全宗号民 148，案卷号 3760，卷名《四川省农业改进所蚕桑改良场培育桑苗概况统计》。

从本省地域辽阔、交通不便和蚕区分布的实际出发，采取多点育苗、就地育苗、就地推广等办法，增设南充、阆中、三台、绵阳、遂宁、乐山、井研、宜宾、合川、万县及达县等苗圃11处，面积约3 710.04市亩。[①] 一时间，育苗事业似乎有着无限希望。1941年，由于物价突涨，田赋征实，所租苗地发生加租纠纷，而育苗经费却无法追加，经与贸易委员会技术处处长杨开道商洽后，经费仍无从解决，告贷无门，川农所万般无奈，只得停办乐山、井研、宜宾、万县、达县5县苗圃，并缩小了南充、绵阳、阆中、三台、遂宁、合川6县苗圃面积，育苗工作就此走下坡路，多年心血可谓白费。1943年，通货膨胀加剧，物价飞涨乃至狂涨，省政府经费困难，划拨给川农所的事业费一再缩减，使各地苗圃实际已经无法维持，而与租地农民的纠纷却不断，各地函索经费的报告纷呈，川农所亦迭经上报省府，仍然解决无方，育苗工作陷于困境，建设厅于是出面将桑苗繁殖划归四川省外销物资增产委员会统筹安排，蚕丝改良场只负责研究和技术指导工作。虽场内仍有苗圃经营，但只为科研起见，规模与1940年最兴盛时期相较，实无法相提并论。改良场多年育苗工作就此落下帷幕。各年具体育苗情况可参见表2-23：

---

① 四川省档案馆：《四川省农业改进所档案》，全宗号民148，案卷号3760，卷名《四川省农业改进所蚕桑改良场培育桑苗概况统计》。

表 2－23　川农所 5 年来桑苗繁殖数量表　（单位：株）

区域	1938 年 实生苗	1938 年 嫁接苗	1939 年 实生苗	1939 年 嫁接苗	1940 年 实生苗	1940 年 嫁接苗	1941 年 实生苗	1941 年 嫁接苗	1942 年 实生苗	1942 年 嫁接苗
南充改良场	2 629 700	96 290	5 479 580	142 942	6 484 922	1 153 161	6 988 876	594 648		
阆中苗圃					5 618 600		1 740 000			
遂宁苗圃					3 805 918		1 411 525	245 179		
三台苗圃					5 184 804	18 260	4 700 000	402 000	352 200	22 200
绵阳苗圃					1 253 000		323 928	5 000		
剑阁苗圃							1 200 000			
合川苗圃					2 112 500		5 579 705	25 922		
万县苗圃					450 000		635 000		536 000	
达县苗圃					3 554 870		938 522	21 560		
乐山苗圃					9 579 600		5 000 000	200 100		
井研苗圃					2 000 000		300 000	80 000		
乐山实验区			500 000		2 204 000		3 577 361			
宜宾苗圃					2 500 000		710 000	32 000		

四川省档案馆：《四川省农业改进所档案》，全宗号民 148，案卷号 3760，卷名《四川省农业改进所蚕桑改良场培育桑苗概况统计》。

2. 蚕桑推广与蚕业教育

"蚕丝增产之实施，殊有赖于适切之方案，与当局之勇于推进，农民之乐于接受，方可奏效。"[1] 而"蚕茧为制丝之原料，桑叶又为蚕之饲料，欲增产蚕丝，必先栽植大量桑树，以图增多育蚕数量，茧多自然丝多，故必以栽桑为前提"[2]。然欲大量植桑，必须大量推广优良桑苗，同理，"欲增加育蚕产茧数量，更非推广优良之改良蚕种，切实指导育蚕技术不为功"[3]。故蚕丝业的生产至少包括了优良蚕种推广、优良桑苗推广和科学饲育三个环节。这三个环节只有都做到环环相扣、完美结合，蚕丝产量才能顺利增加，缺少任何一个环节，都有可能导致减产或育蚕失败。

早在 1934 年春，四川省政府为避免蚕业衰败，向蚕桑改良会镇江蚕种制造场购买一代杂交改良种 4 500 张，分发巴县、江北、合川、三台、盐亭、绵阳、射洪等县蚕农免费试养，蚕儿生长发育整齐，框制种平均每张产茧 27 斤多，散卵种每钱亦产茧 15 斤以上，茧质良好，丝厂互相竞买，每斤售价达 0.34 元，而土茧不过 0.20 元余，饲养改良种蚕户，无不喜形于色。[4] 虽时值丝业衰落，但改良蚕种已在四川蚕农心中留下良好印象。1936 年春，四川生丝贸易公司股东新华生丝贸易公司出资购买改良种 31 000 张，在川东蚕区免费推广，蚕丝改良场也在川北蚕区无价推广改良种 17 129 张，蚕农均获得丰收，并喜赠蚕桑改良指导所

① 全国生产会议秘书处编：《全国生产会议总报告》，沈云龙主编：《近代中国史料丛刊》，3 编 44 辑，文海出版社有限公司，1988 年版，第 571 页。
② 全国生产会议秘书处编：《全国生产会议总报告》，沈云龙主编：《近代中国史料丛刊》，3 编 44 辑，文海出版社有限公司，1988 年版，第 571 页。
③ 全国生产会议秘书处编：《全国生产会议总报告》，沈云龙主编：《近代中国史料丛刊》，3 编 44 辑，文海出版社有限公司，1988 年版，第 571 页。
④ 四川省档案馆：《四川省蚕桑改良场档案》，全宗号民 155，案卷号 22，卷名《四川省蚕桑改良场蚕种推广概况统计》。

对联等，以示感谢。① 据尹良莹在南充的调查，改良蚕茧每斤缫丝一两八钱，比土种茧高出 50%，缫丝效率亦提高 1.25 倍，深受丝厂欢迎。② 但同年 5 月，四川省政府通过了省建字第 8035 号布告，规定改良茧统归四川生丝贸易公司购买，专供铁机丝车缫制出口丝需要，凡木机丝厂及贩运丝商不得私买改良蚕茧，对违反者定予严究。由于规定并未涉及蚕茧收购价格，蚕农仍然沉浸在改良蚕种带来的丰收喜悦之中。因此，同年秋，发种通告帖出后，川东、川北蚕农皆踊跃登记，蚕户较集中的指导所只数小时即告登记完毕。1938 年秋，随着事业的扩大，川农所便将改良场推广部分划出，成立了四川蚕业推广委员会，专门负责全省蚕业推广。该会成立后，即划定江北、巴县、合川、铜梁、璧山、南充、西充、三台、盐亭、射洪、阆中、苍溪、仪陇、南部等 14 县为主要推广区域，设置江北、合川、南充、西充、盐亭、三台、阆中等 7 个蚕业推广区，并附设指导所 62 处，使改良种推广量猛增至460 955张。③ 然而，由于有省政府撑腰，四川丝业公司对蚕茧收购实行垄断经营，强行压价收购改良茧，是年三台区 5 个等级平均限价仅为每公斤 0.48 元，比三台附近县土茧时价 0.66 元低 27.27%，蚕农虽怨声载道，但亦无力与之抗衡。④ 翌年虽价格有所上升，均价为 0.92 元每公斤，但仍比土茧时价 1.56 元低 41.03%。⑤ 丝业公司的低价垄断行为，激起了蚕农和

　　① 四川省档案馆：《四川省蚕桑改良场档案》，全宗号民 155，案卷号 22，卷名《四川省蚕桑改良场蚕种推广概况统计》。

　　② 四川省档案馆：《四川省蚕桑改良场档案》，全宗号民 155，案卷号 22，卷名《四川省蚕桑改良场蚕种推广概况统计》。

　　③ 四川省档案馆：《四川省农业改进所档案》，全宗号民 148，案卷号 3761，卷名《四川省农业改进所蚕桑改良场 1938 年施政报告》。

　　④ 四川省档案馆：《四川省农业改进所档案》，全宗号民 148，案卷号 3761，卷名《四川省农业改进所蚕桑改良场 1938 年施政报告》。

　　⑤ 四川省档案馆：《四川省农业改进所档案》，全宗号民 148，案卷号 3762，卷名《四川省农业改进所蚕桑改良场 1939 年蚕种推广报告》。

当地农工商人士的愤慨。1940 年 1 月，三台县农工商临时代表请愿团即向省府痛陈丝业公司勒价买茧、垄断改良茧丝、剥夺农工商自由企业权利情形，并恳请省府取缔丝业公司统制改良茧丝法令。省政府鉴于民意难违，旋即公布了《修正四川省政府管理蚕丝业办法大纲》，规定从秋季起，所有改良蚕茧准许蚕农自由卖给四川丝业公司以及经省政府核准登记的商营公司或丝厂，未经核准登记者只准购买黄茧黄丝，严禁购买改良茧。然而，同年秋季，改良茧价格仍由当年春季的 5.70 元每公斤压低到 3.90 元每公斤。[①] 同时省政府还颁布了《缉私办法》，对私买、私缫、私藏改良茧丝者，除没收其茧丝外，还须处以茧丝价款的 2 倍罚款。如当年查获阆中凤鸣乡蚕农廖洪伟有 46 斤改良茧未出售，不仅没收其全部蚕茧还罚款 18.74 元。[②] 如此严酷的规定，自然严重挫伤了蚕农养改良种的积极性。由于物价上涨，蚕种成本增加，兼以制种业开放，私人制造场增多，蚕种开始有价推广，加之各丝业公司的严重恶意压价收购，也极大损害了蚕农的经济利益。如 1942 年春，桑叶市价平均 0.50～0.60 元，每公斤鲜茧耗桑叶不下 10 元钱，而蚕农出售春茧时每公斤仅得 5 元，出售秋茧时每公斤得 7 元，已是每公斤亏损 3～5 元，如再计入劳动报酬，蚕农亏损甚巨。[③] 时因粮价上涨，许多蚕农乃将桑园改种杂粮，蚕种销售越发困难。尽管指导所增至 97 处，但每处均抱怨推广工作难以开展。川农所复采取无价分发办法推广春种，建设厅也派员分赴督促指导工作，且一再电令各县府会同蚕桑指导所

① 四川省档案馆：《四川省农业改进所档案》，全宗号民 148，案卷号 3766，卷名《四川省农业改进所蚕桑改良场 1940 年度施政报告》。

② 四川省档案馆：《四川省农业改进所档案》，全宗号民 148，案卷号 3766，卷名《四川省农业改进所蚕桑改良场 1940 年度施政报告》。

③ 四川省档案馆：《四川省农业改进所档案》，全宗号民 148，案卷号 3771，卷名《四川省农业改进所蚕桑改良场 1942 年度蚕种推广报告》。

督促乡镇保甲长劝告蚕农订购改良蚕种，但农民养蚕积极性受到巨大挫伤，购种数量锐减，兼以秋种制造成本过高，仍采取有价销售办法推广，故仅售出314 375张，余下71 743张，只得由财政部贸易委员会补助种款，无价配发于新蚕区。[1] 若与上年相比，1942 年产茧量减少了34 647.60市担，全年推广的改良蚕种也比上年减少了32.34％。[2] 1943 年，由于通货膨胀加剧，省府财政越发困难，已无力开支川农所庞大的事业费，乃令川农所将蚕业推广工作交由四川丝业公司兼办。翌年春，推广工作复由省府直接办理，但此时经费更感窘迫，仅能够成立蚕业督导室，划蚕业督导区，分区督导而已。迨至 1945 年春，连蚕业督导区也无法维持，乃予以取消，实行蚕期派员督察制，但也仅限于督察制种场，而指导工作则早告停顿。各年具体推广情况详见表 2－24、表 2－25：

表 2－24　川农所 10 年来春种各区推广数量表

（单位：张）

区域	南充	西充	阆中	三台	盐亭	川东	川南	其他
1936 年	12 500	2 000			2 000			629
1937 年	27 736	20 091			2 800	29 990	2 624	
1938 年	41 265	78 836	37 563	30 880	30 000	56 247	5 350	
1939 年	35 300	50 000	55 000	30 000	54 698	53 510	60 000	54
1940 年	28 047	57 753	54 000	28 500	50 971	47 500	25 000	5 030
1941 年	30 862	60 000	60 000	35 000	50 000	50 000	15 938	4 005

---

[1]　四川省档案馆：《四川省农业改进所档案》，全宗号民 148，案卷号 3771，卷名《四川省农业改进所蚕桑改良场 1942 年度蚕种推广报告》。

[2]　四川省档案馆：《四川省农业改进所档案》，全宗号民 148，案卷号 3771，卷名《四川省农业改进所蚕桑改良场 1942 年度蚕种推广报告》。

区域	南充	西充	阆中	三台	盐亭	川东	川南	其他
1942 年	40 000	50 095	58 000	30 000	47 000	45 000	15 000	
1943 年	20 000	25 628	30 000	20 000	25 000	30 000	16 741	
1944 年							22 004	
1945 年							15 869	

　　四川省档案馆：《四川省农业改进所档案》，全宗号民148，案卷号3773，卷名《四川省农业改进所蚕桑改良场历年蚕种推广总报告》。

表2-25　川农所10年来秋种各区推广数量表

（单位：张）

区域	南充	西充	阆中	三台	盐亭	川东	川南	其他
1936 年	2 520	1 500			400	7 726	300	
1937 年	19 710	20 042			800	26 784	500	
1938 年	32 840	54 714	14 820	15 856	29 558	33 026		
1939 年	33 292	58 334	54 288	36 139	55 950	60 533	18 000	
1940 年	41 391	75 590	73 407	55 100	51 823	65 320	30 096	6 578
1941 年	39 769	86 965	63 155	28 543	33 757	52 445	21 300	66 243
1942 年	30 000	48 792	50 000	26 982	30 000	48 480	19 451	
1943 年	40 000	50 000	65 000	30 000	40 000	35 000	38 906	12 910
1944 年							26 033	
1945 年								

　　四川省档案馆：《四川省农业改进所档案》，全宗号民148，案卷号3773，卷名《四川省农业改进所蚕桑改良场历年蚕种推广总报告》。

发展蚕业，除蚕种推广外，"尤须培育桑苗推广于民间，否则只有种而无桑将何以养蚕"[①]？川农所成立后，即着手培育桑苗分发农民栽植，在 1938 至 1940 年间都是无价配发蚕农栽培，由川农所派技术员加以指导，推广县份由南充、西充逐渐普及到阆中、盐亭、三台、乐山、川东等地。1941 年因物价高涨，开始对嫁接苗、二年实生苗试行有价出售，并分为 3 个等级，每个等级的价格均不相同，该年共出售嫁接苗422 221株，二年生实生苗62 952株。[②] 1942 年，虽然蚕丝改良场仍培育有桑苗出售，然因通货膨胀，物价飞涨，而改良茧售价过低，农民养蚕栽桑实际已无法获利，兴趣大减，故售出桑苗数量较 1941 年以前大为减少。据统计，1939 至 1942 年四年间共计推广优良桑苗2 600余万株，其中实生苗约占 95％，嫁接苗约占 5％。[③] 此后因工作移交四川丝业公司办理，川农所遂不再负责桑苗推广。历年推广株数详见表2-26：

表2-26　蚕桑改良场历年出售桑苗数量表

（单位：株）

区域	1939 年		1940 年		1941 年		1942 年	
	嫁接苗	实生苗	嫁接苗	实生苗	嫁接苗	实生苗	嫁接苗	实生苗
南充	20 000	1 000 000	13 610	885 650	137 429	1 142 761		
西充	20 000	1 000 000	20 000	1 300 000	110 600	610 348		
阆中	10 000	1 000 000	10 000	1 000 000		3 966 000		
盐亭	10 000	1 000 000	24 500	200 000				
三台	20 000	1 000 000	21 086	193 704		1 330 500		
川东	10 000	800 000	30 000	900 000	40 300	650 000		

① 尹良莹：《四川蚕业改进史》，商务印书馆，1947 年版，第 112 页。

② 尹良莹：《四川蚕业改进史》，商务印书馆，1947 年版，第 179 页。

③ 四川省档案馆：《四川省农业改进所档案》，全宗号民 148，案卷号 3765，卷名《四川省农业改进所蚕桑改良场推广桑苗概况报告》。

续表2－26

区域	1939 年		1940 年		1941 年		1942 年	
	嫁接苗	实生苗	嫁接苗	实生苗	嫁接苗	实生苗	嫁接苗	实生苗
乐山		10 000		271 300		1 553 180	298 720	4 553 942
其他			399 440	30 000				

四川省档案馆：《四川省农业改进所档案》，全宗号民 148，案卷号 3765，卷名《四川省农业改进所蚕桑改良场推广桑苗概况报告》。

  蚕丝业生产，除了需要优良蚕种和丰富桑叶外，还必须有科学的饲养技术，否则"虽有大量桑园，虽普发改良蚕种，如蚕农育蚕技术不加改良，陷蚕作于不安定，则不特增加产茧之日的不能达到，即于推广改良蚕种一点，亦易使蚕农怀疑，以为不逮土种矣"[1]。战前，川省农村养蚕普遍存在设备简陋、缺乏专用蚕室、忽视消毒防病、小蚕用桑偏嫩、入眠不止桑提青、饲养过密、蚕儿发育不整齐、蚕病危害严重等问题。而在催青方面[2]，由于蚕农所养土种均系自己催青，其法或放于怀中，或置于被窝或厨房感温，以促进胚子发育、孵化。但这些方法均不能提供胚子健康成长所需要的条件，造成蚁体虚弱，易受病害。蚕桑改良场成立后，对配发改良蚕种均分点集中施行共同催青后再分发给蚕农饲育，如此，胚子发育较齐，孵化率较高。川农所时期，催青工作则分由改良场、各制种场进行。1939 年春，川农所在南充、西充、阆中、盐亭、三台、川东蚕业推广区、乐山蚕丝实验区设置共同催青点达 31 处，实行就地催青，就地分发。[3] 除进

---

  ① 全国生产会议秘书处编：《全国生产会议总报告》，沈云龙主编：《近代中国史料丛刊》，3 编 44 辑，文海出版社有限公司，1988 年版，第 573 页。

  ② "催青"又名"暖种"，即将蚕种保护在合理的环境条件下，使卵内胚子顺利地向生产需要的方向发育，转青孵化，这一技术操作过程，称为"催青"。

  ③ 四川省档案馆：《四川省农业改进所档案》，全宗号民 148，案卷号 3763，卷名《四川省农业改进所蚕桑改良场指导农民育蚕工作概况报告》。

行共同催青外，还进行共育。1936 年春，第九蚕业指导所组织盐亭城乡数十蚕户首次进行稚蚕共育，到 1939 年春，共组成稚蚕共育团 98 个，共育蚕种 7 404 张，并由蚕户轮流担任共育工作。[①] 共育试验，既让蚕户学习了育蚕知识，又提高了每张茧种的产蚕量，是为一举两得。同时，为了提高指导效能，指导所还选择养蚕设备较全、技术较好、饲养种量较多、桑叶充分、乐于接受指导的蚕户作为模范蚕户，借与蚕具，补贴经费，用合理方法饲育，并组织蚕农参观仿效。1938 年始设示范蚕户 662 户，1939 年即增至 1 144 户，饲养蚕种达 3 452 张。[②] 通过示范蚕户育蚕，不仅使蚕茧产量有所增加，其每张种的产量是普通蚕户的一倍以上，而且也使蚕农切身体会到科学养蚕的好处，更容易掌握科学的育蚕技术。

四川蚕业由来已久，而蚕桑教育也有悠久的历史。远在清光绪末年，劝业道周孝怀在成都设立省立高等学校蚕桑科及省立女子制丝讲习所，在各县按照等级，分设县立蚕桑传习所，一等县设复式传习所，两年毕业，二、三等县设简易传习所，一年毕业，并提倡公私立蚕桑学校及蚕桑公社等，"俾多训练实地工作技术人员，不数年训练人员为数甚多"[③]。迨至 1917 年后，在巴县及重要蚕区均分设有乙种或甲种农业学校蚕科，以培植中级技术人才。1936 年，蚕桑改良场成立后，即附设蚕桑讲习班，利用场内设备与人力，培养蚕桑实地工作人员，为改进四川蚕业准备技术力量。讲习班免费招收 16 至 25 岁具有一定文化和蚕桑常识且能吃苦耐劳的青年，学习期限为一至二年，实行讲授与实践

---

① 四川省档案馆：《四川省农业改进所档案》，全宗号民 148，案卷号 3763，卷名《四川省农业改进所蚕桑改良场指导农民育蚕工作概况报告》。

② 四川省档案馆：《四川省农业改进所档案》，全宗号民 148，案卷号 3763，卷名《四川省农业改进所蚕桑改良场指导农民育蚕工作概况报告》。

③ 尹良莹：《四川蚕业改进史》，商务印书馆，1947 年版，第 297 页。

相结合的方法，使做、学、教合一，并随时、随地、随事训育学生，陶冶其人格，增进其生活技能，培养其服务精神。川农所成立后，对于人才造就，按照当时的规划主要分为三类：一是初级人才，即农隙时以民众为对象，以普遍性之演讲，教以蚕桑知识；二是中级人才，即设立训练班、专修班，造就栽桑养蚕之指导人才；三是高级人才，即蚕桑领袖人才、指挥者，担任本省蚕桑事业的高级人员，负主持规划重任者，应由大学设立蚕桑系培养。[①] 就改良场所能致力者，以初级及中级人才的训练为主，以中级人才的训练为要。

1937 年，为谋蚕业早日复兴，四川省建设厅与教育厅联合发文，指令改良场接办南充县立普通农作科职业学校，并改组为南充职业学校，由尹良莹兼任校长，培养蚕桑技术人才。川农所成立后，学校首次招收具有初中文化程度的学生组成高级蚕桑班和高级蚕丝班各一班，同时招收具有小学文化程度者组成初级蚕桑班一班，并代办一年制蚕桑职业培训班一班。1941 年后改为按教育厅下达的招生计划招生。但有记录者仅 1943 年，该年招生 47 人。[②] 自 1936 年起至抗战结束，省立高蚕校先后培育了初中级毕业生共计 429 人。[③] 在培养初中级蚕丝技术人员的同时，川农所还与四川大学农学院签订了共同培养高级蚕丝技术人才协议，由农学院招收蚕丝专业学生，进行培育。1939 年四川大学正式添设蚕桑系，正规培育高级蚕丝技术人才。至 1945 年，蚕

---

① 四川省档案馆：《四川省农业改进所档案》，全宗号民 148，案卷号 3767，卷名《四川省政府建设厅、教育厅、农改所关于培育初中高级蚕桑人才的指令、训令、函、呈等》。

② 四川省档案馆：《四川省农业改进所档案》，全宗号民 148，案卷号 3776，卷名《四川省农业改进所蚕桑改良场关于培训初中级蚕桑人才计划、培训概况报告》。

③ 四川省档案馆：《四川省农业改进所档案》，全宗号民 148，案卷号 3776，卷名《四川省农业改进所蚕桑改良场关于培训初中级蚕桑人才计划、培训概况报告》。

桑系先后毕业有 50 余人。^① 这些初、中、高级毕业生，部分回乡参加蚕业生产，部分由政府安排到有关部门工作，另有部分考入相关专业继续深造，为川省蚕桑事业的发展做出了贡献。

此外，1939 年川农所还利用农闲举办蚕户训练班，由各推广区招收所属指导所共育蚕户子女集中训练一月，讲授栽桑法、养蚕法、消毒法、共同催青、稚蚕共育、蚕业合作等课程，养成稚蚕共育骨干。共举办了 5 个班，培训了 241 人，具体包括：南充区一个班，培训了 50 人；阆中区一个班，培训了 50 人；三台区一班，培训了 49 人；盐亭区一个班，培训了 51 人；川东区一个班，培训了 41 人。^② 同时，各区又以保甲为单位，每保或两保以上联合举办一次到二次蚕户讲习会，由指导所派定日程，通知各保长召集所属蚕户于指定地点听讲，会期一或二天，主要讲述蚕农原来栽桑养蚕方法的缺点和改善方法，计西充举办 169 次，听讲蚕农达 19 371 人；阆中区 223 次，有听众 32 902 人；三台区举办了 97 次，有 8 336 人听讲；盐亭区举办了 39 次，有听众 2 540 人；川东区 200 次，参加农民达 17 580 人。^③ 这些讲座使蚕农明白了自己在养蚕过程中的缺点和应改进的方面，使科技与农民的生产实际相结合，促进了养蚕业的发展，予农民实惠，从而提高了蚕农的养蚕兴趣。

（二）云南

云南蚕桑业肇始于清光绪末年，政府曾一度提倡养蚕栽桑。

---

① 四川省档案馆：《四川省农业改进所档案》，全宗号民 148，案卷号 3777，卷名《四川省农业改进所与国立四川大学农学院关于培训高级蚕桑人才的计划、办法、省府指令、训令、培训概况报告等》。

② 四川省档案馆：《四川省农业改进所档案》，全宗号民 148，案卷号 3774，卷名《四川省农业改进所蚕桑改良场培训蚕户计划、培训概况报告》。

③ 四川省档案馆：《四川省农业改进所档案》，全宗号民 148，案卷号 3775，卷名《四川省农业改进所蚕桑改良场关于举办蚕农讲习会计划、办法的呈、令、函、培训概况报告等》。

早在 1903 年，云南创办的农业学堂就已设有蚕科，当时曾从浙江引进大圆、龙角、桂圆等蚕种进行繁育。当其繁荣之时，云南有蚕桑学校，有制丝厂，有染织厂，各县有蚕桑局，而滇缎则负有相当之盛名。后因辛亥革命、护国之役，军兴频仍等种种原因，乃将此项繁荣农村之副业中途停顿，其后 30 多年中，云南蚕桑业始终处于停滞冷落状态，渐致废圮，滇缎也已成为历史名词。20 世纪初从浙江引进的蚕品种也早已消失，民间饲养的都是四川的土种蚕。全面抗战爆发后，苏浙等省沦陷，蚕桑大利悉数为日寇所垄断。为复兴滇省蚕桑，以增生产，挽回利权，1938年 9 月经中央政府经济部与云南省政府之提倡及实施，其蚕桑事业乃渐有起色，且其规模与计划皆较昔日更为远大而周详。

云南之气候，除蒙自碧色寨以下之地段外，其他区域各县均宜栽桑养蚕，且因气候干燥，更适宜于饲育优良品种。如欧洲之交杂种，其丝之质与量，均较中中交杂及中日交杂之品种为优，该品种即便在江浙亦认为难以饲育，但却在云南曾经饲育多次，结果均极美满，此乃天然环境优良、气候干燥使然。此外，云南有若干之区域为冲积土平原，土质既肥，气候亦暖，栽桑尤为相宜，根据两年来已播之苗圃，及已栽之桑树，论其成绩，均较江浙同等时期之苗圃及桑之发育为优。故云南之于蚕桑，诚如法国桑教授郎贝尔之言："云南区域为蚕桑之天堂。"[1]

1. 蚕桑改进所的成立及其要务

为发动复兴云南之蚕桑，1938 年 7 月，经济部派常宗会到昆明与建设厅厅长张西林接洽，经若干次洽谈后，于同年 7 月14 日拟成复兴云南蚕桑初步计划，并带回重庆商诸。农林司当局即转呈翁文灏部长批准照办，当即派常宗会于 8 月 15 日离渝，务于 8 月底以前赶到昆明筹备。与此同时，试育秋蚕事宜也复经

---

[1]　常宗会：《蚕桑推广指导工作报告》，大中印刷厂，1939 年，第 1 页。

商请，决定由中央农业实验所拨发试育秋蚕临时费1 440元，交常宗会本人带滇使用。[1] 9月常宗会抵昆后，秋蚕饲育取得了极佳成绩，建设厅即向省政府提议成立建设厅蚕桑改进所，并获省政府同意，且决议改进所经常费由省政府负担，每年拨款18 744元。[2] 所长则由张西林厅长自兼以重其事，副所长计任命三位：一为常宗会兼任，一为黄林务处长兼任（1939年秋改委云南蚕业新村公司总经理葛敬中兼任），一为云南全省经济委员会秘书马子静兼任，均为名誉职。举凡执行所务及定订大政方针，均由常宗会及张西林长二人全权负责。蚕桑改进所成立后，积极开展工作，并取得了一定成绩。综观其要务，主要包括以下几方面：

（1）培育桑苗圃。自1939年5月中央召集生产会议，对于复兴滇省蚕桑，首在培育桑苗之提案议决通过之后，咨送行政院执行，行政院认为此案对于增加西部地区生产极为重要，立即准予补贴国币30万元，专做培苗之用，并先拨20万元汇昆，以资急用。[3] 蚕桑改进所在获得培苗经费后，当即选择滇越铁路沿线的草坝地方，设立大规模苗圃，后又得云南全省经济委员会之赞助，允将草坝地皮，由苗圃无偿尽量使用。中央农业实验所亦补助改进所桑籽20市担，由四川省蚕丝改良场派员选购，专车运滇。[4] 至1939年7月改进所已播种苗圃216亩，播种桑籽13担，计可出苗3 000万株。[5] 而从1940年春季起，改进所开始将此苗中的400万株（内有春秋两季嫁接苗40万株）分年陆续无偿赠送当地农民栽植，且由改进所负责运到各县，运费则由经济部补

---

① 常宗会：《蚕桑推广指导工作报告》，大中印刷厂，1939年，第3页。
② 常宗会：《蚕桑推广指导工作报告》，大中印刷厂，1939年，第4页。
③ 王树槐：《抗战时期云南的蚕桑业》，台湾研究院近代史研究所编：《抗战建国史研讨会论文集》（下册），1985年版，第95页。
④ 常宗会：《云南蚕业之改进》，独立出版社，1940年版，第7页。
⑤ 常宗会：《云南蚕业之改进》，独立出版社，1940年版，第8页。

助。① 此外，改进所还在滇缅公路沿线，自昆明起，在昆明、楚雄、弥渡、保山等处，设有规模大小不等桑苗圃数处，总计可出桑苗500万株。② 故滇省培苗工作实际可得桑苗3 500万株。虽因物价陡涨，原定30万元之经费难以敷用，然较之外省运来之桑苗，每株价格及运费在2角以上者，则必低廉。③ 且1940年桑苗嫁接成活率均在95％左右④，这在江浙即便熟练之技工，尚难办到，而在战时之云南却有此喜人成绩，此固由于苗圃主任指挥及训练之得当，但云南自然环境对于培苗之适宜，则是又一重要因素。而在桑苗推广方面，改进所培植的桑苗除供给云南大规模桑业公司栽植外，大多选择交通便利、人口比较集中、政治力量使用灵敏之农村区域进行，并由改进所集中财力做有计划之推广，多派栽桑技术人员从事严密之指导及监督，务使此项桑苗能有最高之成活率。另一方面，改进所还积极指导农民组织合作社，并代向银行接洽，让银行予以农民栽桑低利息之贷款，同时利用政治力量，使用保甲制度发动民众，务使技术、金融、政治三方打成一片。但"此项力量，在开始推动时，极为困难，非有金融力量不足以促进之，非有政治力量不足以促进之，非有技术力量不足以总其成。总之，滇省蚕桑之改进，若处处使此三项力量合而为一，成为三位一体，则蚕桑之发展，必有异样光彩之日也"⑤。

（2）制种。改进蚕桑，首在选种，此项原则，非独近代科学家早已证实，且孙中山总理遗教上亦有明训。云南蚕桑改进所根据江浙及四川改进经验，将其优点留而用之，劣点汰而去之，乃

---

① 常宗会：《云南蚕业之改进》，独立出版社，1940年版，第8页。
② 常宗会：《云南蚕业之改进》，独立出版社，1940年版，第13页。
③ 常宗会：《云南蚕业之改进》，独立出版社，1940年版，第13页。
④ 常宗会：《云南蚕业之改进》，独立出版社，1940年版，第19页。
⑤ 常宗会：《云南蚕业之改进》，独立出版社，1940年版，第21页。

决定将制种事业保留，由建设厅办理，以免重蹈江浙粗制滥造之覆辙。且云南蚕桑在此提倡时期所需种量不多，更有由官厅树立良好制种规模之必要。故1939年云南省政府决议成立长坡蚕桑生产制种农场，先由中央及省政府各拨经费3万元，作为基金及开办费（中央部分由中央农业实验所拨助，省府部分由滇新银行拨付），其不足之数由中国农民银行及农本局以低利长期贷款方式借放。[1] 至1940年7月已投资本共计30万元，购地1 400余亩，内栽桑1 000亩，其中包括由江浙运来已嫁接之湖桑20万株，由四川运来之草桑80万株。[2] 其保留之400亩则作为桑室建筑及将来蚕桑教育建筑之用地，到1941年已建成蚕室2座，草屋、瓦屋等80间，水电、冷藏设备亦即将完成，每年可制春秋蚕种8万~10万张，并视该省需种情形，逐渐扩充，以资完成五年计划，出种50万张，出丝1万担之数。[3] 此外，制种场内还附设研究室，可利用云南优良的天然环境每年能做多次良种试验，以期发现新品种，可资解决全国蚕种之整个问题。在对外联系方面，制种场也积极与云南丝业公司、云南蚕业公司及其他蚕桑企业取得密切联络与切实合作，并供给其改良蚕种。故战时云南蚕桑技术方面，制种归改进所主办，集团养蚕由桑业新村主持，民众养蚕由改进所指导，制丝由丝业公司办理，亦可谓三位一体之制度。

（3）蚕桑推广。1938年秋在提议复兴云南蚕桑之时，民众对于蚕桑之观念，非独淡薄，且已遗忘，故欲使蚕农回复蚕桑之兴趣，必须使民众得到养蚕之利益，而后可达上项之目的。改进所乃决定于1939年春成立推广部，并派推广部名誉主任朱新予

---

[1] 常宗会：《云南蚕业之改进》，独立出版社，1940年版，第23页。
[2] 常宗会：《云南蚕业之改进》，独立出版社，1940年版，第32页。
[3] 常宗会：《云南蚕业之改进》，独立出版社，1940年版，第35页。

（中央农业实验所云南省工作站技士）及楚雄区主任杨星狱、韩惠卿于 1939 年 1 月至 5 月对玉溪、楚雄、镇南、大理、宝山、宝川、漾濞、凤仪、弥渡、祥云、姚安等县开展调查，作为扩充推广区域之参考。[①] 其主要使命有二：①寻觅昔时蚕桑区域，利用余留之桑树，赠发改良蚕种，尽量利用其桑叶，使农民即刻有养蚕之机会，而获养蚕之利益；②分赠桑苗，并指导其栽种方法。据调查结果，除宝川、弥渡、姚安、大姚、漾濞 5 县蚕桑稍有基础，足资推广外，其余各县桑树不多，欲言推进蚕桑事业，则须从栽桑着手。根据各方调查情况，蚕桑改进所将全省宜蚕区域划分为 7 区：楚雄区，包括楚雄、姚安、大姚、镇南、广通、牟定、盐丰 7 县；宝山区，包括宝山、漾濞、永平、腾冲、云龙 5 县；蒙化区，包括蒙化、弥渡、祥云、凤仪、宝川、大理 6 县；绥江区，包括绥江、永善、盐津、彝良、镇雄 5 县；鹿鸣区，包括鹿江、鹤度、邓川、洱源、剑川 5 县；昆明区，包括昆明、罗茨、安密、禄丰 4 县；玉溪区，包括玉溪、郑江 2 县。并决定首先在迤西一带原有蚕桑较为发达之楚雄、宝山、蒙化 3 县设立蚕业推广区，实施推广，其余各县则拟随指导力量之增强而逐渐扩充。为完成上项使命，改进所决定在各县各乡凡能寻得残余桑树之区域即成立指导所。

然欲谋蚕桑推广，推广技术人员则是首先必须要解决的问题。但由于蚕桑改进所刚刚成立，推广人员几近于无，而推广工作迫在眉睫，兼以蚕农多年来已习惯养殖土种，对土种的习性颇为熟悉，饲养起来自感容易，今欲令其改弦易辙，养殖改良种，这对蚕农而言无疑是一新鲜事物，一时间自然难以接受。为使蚕农正确认识改良种，并积极饲养，蚕桑改进所决定在发种之前，除广贴宣传标语、县府训令、布告等劝导蚕农采用改良蚕种外，

---

① 常宗会：《云南蚕业之调查》，《农报》，1940 年，5 卷 16—18 期，第 35 页。

还派党政要员下乡协助取缔土种，俾土种全部淘汰，改良蚕种得达普遍推广之目的。此一时期的推广，均借政治力量。改良蚕种由各乡保长转发蚕农具领，并由乡保长造具蚕户花名册，送指导所备查，作为指导依据。为提高育蚕指导效能起见，楚雄推广区还提倡稚蚕共育，每所共育蛾量 15～30 两，每所指导员 3 人中抽出 1 人主持巡回视察，指导新法饲育，避免顾此失彼之弊。[①]全区共育蛾 9 098 两[②]，共育之蚕儿，大部分育至三龄，再由蚕户领回自育。然因实施大量共育，指导人员不敷分配，蚕桑改进所遂于 1939 年春延聘江浙技术人员数十名从事此项工作，同时决定招收养蚕练习生，训练本地青年男女学生，传其养蚕技术，以养成当地推广人员。具体做法则是招收粗识文字练习生 23 名，由推广所提供伙食，并酌情给予 4～6 元的津贴补助，开展为期两月的训练，期满后，成绩优良者，得留用学习指导员。[③] 但遗憾的是，因事属草创，仅城区指导所招得 3 人，其他乡间指导所则因识字女子极少，未能招得合格练习生。[④] 此后，为招得大量合格推广人员，蚕桑改进所不得不扩大招收区域，广为宣传，最终共计招收练习生 220 名，授以必要课程并提供养蚕实习，在1939 年冬毕业 80 名。[⑤] 1940 春因指导区域有相当之扩大，且其组织更较精密，须用技术人员自需增加，蚕桑改进所乃延聘江浙籍指导员共计达百名之多，加上云南本省集训之青年已毕业及未毕业者，以及当地委聘初中毕业生任干事者，共计 350 余名，分赴 17 县之蚕桑区域从事指导工作。[⑥] 其具体工作内容主要包括：

---

① 常宗会：《云南蚕业之调查》，《农报》，1940 年，5 卷 16—18 期，第 37 页。
② 常宗会：《云南蚕业之调查》，《农报》，1940 年，5 卷 16—18 期，第 38 页。
③ 常宗会：《云南蚕业之调查》，《农报》，1940 年，5 卷 16—18 期，第 40 页。
④ 常宗会：《云南蚕业之调查》，《农报》，1940 年，5 卷 16—18 期，第 41 页。
⑤ 常宗会：《云南蚕业之调查》，《农报》，1940 年，5 卷 16—18 期，第 42 页。
⑥ 常宗会：《云南蚕业之调查》，《农报》，1940 年，5 卷 16—18 期，第 43 页。

①登记桑树，估计叶量而便分配蚕种；②代蚕户办理消毒；③代蚕户办理共同催青；④代蚕户办理共同饲育；⑤分发稚蚕及巡回指导，并医制蚕病；⑥介绍集茧与茧行；⑦指导栽桑垦地方法，代办稚蚕共育及模范桑园；⑧分发桑苗；⑨指导桑园之管理及修剪方法。① 全年共需做春夏秋三季之饲育指导。然而，由于指导区域大多交通不便，人口疏散，兼以滇省蚕桑推广系属初创，而创办事业，初步最难，如对社会环境不熟悉，则难收宣传推广之效，如对当地风俗习惯不十分了解，则所采行的方法又易生阻碍，而该省蚕农育蚕习惯，每日给桑回数平均不过 3 次，且缺乏育蚕应有之设备，是以所育蚕儿，每因方法不良、食桑不足、饲育期过长，加以保温不善致碍生理，因之收成未能理想。

推广事业，非有巨额之经费，难收成效，尤以云南蚕桑业，事在初创，对于蚕农之饲育指导、宣传奖励以及调查等，在在需款，而改进所又因经费过少，对于基本工作之制种、培苗等经费，尚感不足，对于推广经费，自无余力。为解决推广费用问题，所长常宗会多次致函省政府，爰经商准云南蚕丝股份有限公司于 1939 年春补助指导费国币 37 000 元，复经函准中央农产促进委员会拨助推广费 28 920 元，以资补充而利事业之推动。② 1940 年度因推广范围扩大，丝厂不能担任此项行政费用，乃由省政府决议，准由全省经济委员会拨款 18 万元，作为推广行政费，而以全部收茧权划归经委会之附属丝厂为拨款条件。③ 此外，中央农产促进委员会亦补助推广费 35 000 元，指定专做推广之用。④

（4）蚕业教育。农林事业为国家百年大计，蚕桑事业亦复如

---

① 常宗会：《云南蚕业之调查》，《农报》，1940 年，5 卷 16—18 期，第 43 页。
② 常宗会：《云南蚕业之改进》，独立出版社，1940 年版，第 52 页。
③ 常宗会：《云南蚕业之改进》，独立出版社，1940 年版，第 53 页。
④ 常宗会：《云南蚕业之改进》，独立出版社，1940 年版，第 55 页。

是。云南蚕桑将来能否发扬光大，端在战时蚕业教育之是否能依照计划而完成。就事实之需要，蚕桑教育所应造就之人才，可分初级、中级、高级三种。初级者，利用农隙之时，作普遍之讲演，以期灌输蚕农养蚕栽桑普通常识，亦可名之曰民众蚕桑教育。中级者，设立训练或专修班，授以较高之蚕桑学科，造就栽桑养蚕之指导人员，或企业公司之中级干部人员，以及蚕业新村之村户。高级者，为将来之蚕业领袖人才以及指挥者，以期负担云南省将来蚕业行政、蚕业、企业团体高级人员之主持者，并负规划全省蚕桑计划之重任，换言之，继续目下工作之负责者，则应由大学设立蚕桑系，而负造就此项人才之使命。蚕桑改进所推广部所设之训练班，则系介于初级、中级之间者。1939 年 6 月，云南省政府决议，由蚕桑改进所附设农蚕技术人员训练班，规定学宿膳等费全免，且择其成绩优良者月给奖金，以示鼓励，此班可于七八月间开学。同时，为了矫正云南素以男子育蚕之习弊，并造就实地养蚕工作人才起见，蚕桑改进所还专门创办了女子育蚕训练班。除由楚雄、宝山、蒙化三区招收完全小学毕业及初中毕业女生 42 名外，并函姚安、大姚、镇南、盐丰、牟定、凤仪、祥云、弥渡、漾濞、大理等县各保送女生 3 名，以期普遍造就人才。[1] 该班共招收学生 75 名，分高级、初级两班，高级班为初中毕业人员，学习期一年，初级班系小学毕业人员，学习期 6 个月。[2] 训练期间，两班学员均分派到各制种场、指导所服务。就训练方法而言，则是学科、术科兼施，尤以术科为主。受训期内，学员的膳费、书籍、讲义、杂费等概系免费供给，并于术科训练期间，每月酌情供给津贴 2～4 元。[3] 各练习生也能刻苦耐

---

① 常宗会：《云南蚕业之改进》，独立出版社，1940 年版，第 60 页。
② 常宗会：《云南蚕业之改进》，独立出版社，1940 年版，第 61 页。
③ 常宗会：《云南蚕业之改进》，独立出版社，1940 年版，第 61 页。

劳，堪资造就。此外，1940年春云南省昆华高级农业学校亦奉令即时成立蚕桑科二班，并要求对学生予以严格训练，以造就蚕桑行政以及蚕桑企业团体所乐于聘用之中级干部人才。开远农校1940秋亦成立蚕桑科。可见战时云南教育当局对于蚕业教育极为重视。唯就江、浙、皖以往蚕桑教育情形而论，其所造就人才，除少数有名之学校外，其余均不为蚕业界所录用，其原因主要在于学校当局不能予学生以严格训练及管理，而蚕桑职业系极其劳苦之职业，训练基础不固，则毕业学生多系不称职者。当兹普通农业学校，创办蚕业教育开始之际，教育行政当局以及学校当局均应吸取江、浙蚕业教育失败之点，引以为戒。高等蚕业教育亦经云南大学农学院早为计及，唯因经费不充，"虽然希望1940年秋成立蚕桑专修科，作为将来蚕桑系之初步，然事实上能否实现，尚不可知，至于设科设系之计划，该校当局已托常宗会、何尚平、葛敬中三位，详为筹商"[1]。凡战时已成立蚕桑科中级、高级班的学校，当局因其本身设备之艰难，期望与蚕桑改进所合作，而改进所亦因建教合作，中央早有明令之规定，且造就蚕桑人才，为百年大计，故凡人力、物力所能办到之处，改进所无不竭诚欢迎之。蚕桑改进所亦希望云南能在5年之内造就中级、高级蚕业人才2 000名[2]，担负继续发展滇蚕之使命，更能于抗战胜利之后，将此项人才分出一部作为复兴沦陷区域之蚕桑人员。而就战时云南之状况言，颇能负起为沦陷区域储蓄及培养蚕桑人才之使命。

2. 设立云南缫丝厂

云南省蚕农，以往习惯，因无行收茧，其所成之茧，只能自缫土丝，故欲求发展云南之蚕桑必先确定农民蚕茧之销路。1939

---

① 常宗会：《云南蚕业之改进》，独立出版社，1940年版，第62页。
② 常宗会：《云南蚕业之改进》，独立出版社，1940年版，第63页。

年春，云南全省经济委员会为赞助云南蚕丝之发展，首先创立丝厂，以周君梅主持其事。周君梅在江浙丝厂的经验丰富，主办该厂，自属游刃有余。该厂共有地皮 30 亩，位于昆明湖边，取湖水以制丝，极为便利；共有丝车百部，其机械为最新之多条线式，堪称中国最新式之丝厂，年可出生丝 200 担，固定资本 20 万元，流动资金 50 万元。[①] 1940 年 4 月，机器装置完毕，年底即能生产生丝于市场。滇丝销路大部以美国为对象，然安南及缅甸亦可容纳一部分中下级生丝，以作当地纺织之需。

总之，复兴云南蚕桑运动，"非独与云南本省为极有兴趣之工作，且亦为后方生产极有价值之一部，果能依照计划进行，他日云南蚕桑有整个之繁荣，则世界丝市亦将受其相当之影响，蚕桑改进所同仁在滇努力之方针，举凡培苗、栽桑、制种、推广、养蚕、制丝，以及贸易等等之工作，均取最新之方法，以期立 20 世纪蚕桑之基础，将以此项农村副业，针对敌人特为国家经济命脉之蚕丝，在五年十年之后，于世界市场上与之周旋，且草坝之蚕业新村公司，投资在 1 000 万元以上，面积占地 6 万亩，此项大规模之投资，非独在蚕桑事业中为我国难能可贵，且在全世界蚕业国家中亦为创例，此项资本全为政府、银行、领袖所提倡而合成，毫无私人资本掺杂其中，尤为企业团体中难得之现象也"[②]。复兴云南蚕桑之使命，"重而且大，难而且巨，在推广方面深感农村人工之不足，以及旧有蚕桑区域人口之疏散，加以生活费用高涨，茧价难以随其他物价作比例之增加，农民对于养蚕栽桑之事业，自难感觉浓厚之兴趣，且因云南之交通无水道可以利用，制丝成本特别增高，更加统制价格之规定，竟在生产成本

---

　　① 云南蚕桑改进所：《蚕桑改进所生产农场半年来之工作报告》，云南蚕桑改进所印制，1939 年，第 3 页。

　　② 常宗会：《常宗会滇省蚕业工作自述》，独立出版社，1940 年版，第 4 页。

之下，殊为复兴云南蚕桑极大之隐忧，蚕业新村方面则亦深感人力之艰难，盖此为抗战时期应有之现象也。所幸能以克服此种之困难者，本省龙主席对于此项事业感觉极浓厚之兴趣，中央主管部翁部长，对于此项运动亦尤为关心"①。而滇省蚕桑机关工作之同仁，既得各方之同情与信任，无时不兢兢勉力，以图不负本身之使命。"此外各方之实力或精神上赞助此项事业者，在1939年5月，孔兼院长批准津贴滇省培苗费30万元（先拨20万元），此为奠定云南培苗事业之基本，行政院秘书长魏伯聪博士与以精神之鼓励，振委会许委员长批准补助移民费10万元（先拨5万元），本省推广及养蚕之技术指导员以及大批技工，均从沦陷养蚕区域而来，路费有着，此为促成事业进行之极大因素。"②1939年推广部之经费虽大部由本省自筹，但能得农产促进委员会主任穆藕初之赞助，津贴一部分经费，则更能引起民众之兴趣，使其深感中央政府对于滇省推广事业之关心。此外，如农林司司长钱安涛以及农林司同仁，对于常宗会受命之际，无不寄予无限之同情与鼓励，"受命之后，二年来更能与以种种之便利及实力之协助，中央农业实验所谢所长家声，沈副所长宗瀚，屡经昆明，本人与之商谈各项计划，或请其实力协助，均予照办，尤为可感至于本省各机关之长官，对于复兴滇蚕之工作，热心尤为备至。如建设厅张厅长西林，以政务丛集之身，尚愿兼长蚕桑改进所，则对于蚕业行政之推动，受益难以数计。富滇新银行缪行长云台，对于滇蚕之热心，以及尊重专家之意见，可谓在任何人之上。财政厅陆厅长子女，对于通过有关蚕桑之预算，均予赞助。凡此种种，均为促进复兴蚕桑之主因，而不可忽略者也。建设厅林务处处长黄日光，于开办生产农场之初，举凡购地以及建

---

① 常宗会：《常宗会滇省蚕业工作自述》，独立出版社，1940年版，第4页。

② 常宗会：《常宗会滇省蚕业工作自述》，独立出版社，1940年版，第6页。

筑事项，均系由彼主办，黄君对于生产农场之热心提倡，于此可见一斑。滇越铁路公司对于桑苗以及有关蚕丝机械之运输，非独与以便利，且于建设厅蚕桑改进所之全部物件，均能免费运输，盖该公司深知此部之事业，为民众者多，此种实力赞助实业之精神，当为国内交通机关所可模仿者也"[①]。

综上所述，复兴滇蚕运动，中央政府、地方政府、中外关心此项事业之友人，均以精神或物资加以赞助，希望此事能顺利进行，而达成功之目的。而蚕桑改进所也不负众望，经过极其艰苦的努力，云南省蚕桑建设也取得了一定成绩。如1939年春夏秋三季，共收鲜茧仅800担，而1940年春季，收鲜茧已达900担，数量虽微，但推广效果之有进步，已属显然可见。而1939至1940年间之推广工作，不过为复兴滇蚕之前奏曲，真正大批桑苗之推广，乃于1940冬及1941年春方才举行。"1940年丝价就美国市场而论，已达每华担400金元左右，黑市合国币已在8 000～20 000之间（昆明行情计算），其价格之高，虽非绳后，已属空前。而云南天然气候，栽桑养蚕就技术上而论，已有绝对之把握，将来果能依照计划施行，五年之后，出丝万担，十年之后，出丝十万担，当非完全理想之计划，乃亦极有实现可能性之事业也。"[②] 经过数年艰苦经营，至1946年，蚕业新村已能用新品种制改良种25万余张，其中一部分运到江、浙、广东等省，支援这些省战后蚕业的恢复重建。[③]

（三）新疆

抗战期间，新疆蚕业的改进和发展亦得到四川省的支援。19

①　常宗会：《常宗会滇省蚕业工作自述》，独立出版社，1940年版，第6页。
②　常宗会：《常宗会滇省蚕业工作自述》，独立出版社，1940年版，第7页。
③　王树槐：《抗战时期云南的蚕桑业》，台湾研究院近代史研究所编：《抗战建国史研讨会论文集》（下册），1985年版，第123页。

世纪 60 年代后期，左宗棠曾在新疆提倡蚕桑，曾数度派员到浙西采购桑秧、蚕种。彼时尚无改良种，所购蚕种皆是浙江土种。1907 年，新疆再次提倡蚕桑，曾从浙江蚕学馆购去少量改良种，经由西伯利亚运到新疆试养。而在此之前，新疆已有少数蚕农购用俄国改良种，新疆农牧局也收购民间蚕茧，用显微镜检验制成无病毒蚕种。蚕农饲养该蚕种所受的蚕病威胁，比农民自留的土种稍好，故 30 年代新疆蚕农自留土种者已逐年减少。据调查统计，1942 年新疆共用蚕种97 864盒（每盒蚕卵净重 25 克），其来源有三：①从苏联贸易公司买来者77 664盒；②新疆农牧局收买民间蚕茧而制的无病毒蚕种5 200盒；③农民自留者15 000盒。[①]同年，农林部派员去新疆协助改进蚕业，从四川带去改良种6 000张，还引去若干新品种，在吐鲁番及塔里木盆地四周的阿克苏、莎车、墨玉等地设置 9 个制种场，并在和田设立原种场。[②] 1943 年各种场制原种1 000张，1945 年增至2 256张，1943年制普通种45 000张，1945 年增至 10 万余张。[③] 可见，抗战期间新疆的蚕业在中央政府的协助下也有较大的改进和发展。

三　影响成效的因素分析

战时，由于当局倡导及各方努力，西部地区四川、云南两省的蚕桑改良，成绩卓著，蚕丝产量有了大幅度回升，而且还支援了新疆等省的蚕桑事业，并为战后江、浙、广东等省蚕业的恢复重建做出了贡献。

抗战期间，四川和云南的蚕丝产量，究有若干？对此并无确切的统计数据，各方记载也相互矛盾，难以彼此印证。由改良种

① 赵鸿基：《新疆蚕业》，《蚕丝》，1947 年，1 卷 10 期，第 23 页。
② 赵鸿基：《新疆蚕业》，《蚕丝》，1947 年，1 卷 10 期，第 25 页。
③ 赵鸿基：《新疆蚕业》，《蚕丝》，1947 年，1 卷 10 期，第 26 页。

推广数量与每张平均产茧量推算的结果，仅四川在 1938 至 1943 年 6 年间平均每年产改良鲜茧约3 002 449公斤，土茧 1938 年至 1941 年 4 年平均每年产鲜茧约为8 601 289公斤，合计年产鲜茧约为11 603 738公斤。[①] 生丝产量方面，除土法大车缫丝乏精确统计外，抗战时期四川机械缫丝历年产丝量详见表 2－27：

表 2－27　四川省 10 年机械缫丝数量表

（单位：公斤）

区域	1936 年	1937 年	1938 年	1939 年	1940 年	1941 年	1942 年	1943 年	1944 年	1945 年
乐山实验区						1 191	4 278	20 990	17 221	
丝公司	27 803	88 572	160 022	350 779	121 242	124 025	108 900	124 751	114 786	151 250

四川省档案馆：《四川省农业改进所档案》，全宗号民 148，案卷号 3764，卷名《四川省农业改进所蚕桑改良场为全省蚕丝产量概况估计、统计报告》。

从上表可知，川省蚕丝产量在 1938 至 1941 年间为繁盛时期，1939 年达到顶峰，产量达 35 万公斤，但此后却急转直下，尤其是 1942 年川农所裁缩后产量下滑严重。从总体上看，已呈复兴之象，但尚未完成计划，较之昔日极盛时代亦甚悬殊。战时，由于四川为民族复兴根据地，建川即建国之一部，中央及省府均十分重视川省蚕丝，要求川农所奋起直追，厉行改良。按照外销物资增产委员会 5 年内川丝增产达 4 万担要求，川农所拟定了《四川省农业改进所蚕丝生产事业 5 年计划纲领》，内容包括增加生丝出口数量、准备复兴战区资料以及提倡柞蚕生产三个方面：

---

① 四川省档案馆：《四川省农业改进所档案》，全宗号民 148，案卷号 3764，卷名《四川省农业改进所蚕桑改良场为全省蚕丝产量概况估计、统计报告》。

一 增加生丝出口数量 川省为一蚕丝生产之主要省份，1939 年共产改良生丝 5 000 担，价值 1 250 万。现拟于 5 年内达到产额 40 000 担，价值 1 亿元，对于栽桑、育苗、原种培育、蚕种制造及推广按其需要逐年设施如下（单位千株/千元/千张/千蛾）：

年份\标题	进度	1940 年	1941 年	1942 年	1943 年	1944 年
培育桑苗	实生苗	13 800	69 000	71 500	92 500	122 500
	嫁接苗	2 100	4 200	6 400	8 000	10 000
培育原种	原原种	7 千蛾	165	22	32	38
	原种	20 千张	34	54	104	116
推广蚕种	区域	23 县	33	43	53	63
	数量	800 千张	1 150	1 500	1 800	2 000
生产蚕丝	产额	1 万担	1.7 万担	2.5 万担	2.3 万担	4 万担
	价值	25 000	42 500	62 500	82 500	100 000

二 准备复兴战区资料 中国蚕业区域如江浙皖粤诸省均因战事停顿，抗战胜利后，复兴蚕业所需要资料端赖川省。现拟于 5 年内分别妥为准备以应需要。兹列表如下：

年份\标题	1940 年	1941 年	1942 年	1943 年	1944 年
桑苗（株）	1 000 000	2 000 000	3 000 000	6 000 000	10 000 000
原种（张）	2 000	8 000	20 000	40 000	50 000
蚕种（张）	20 000	50 000	100 000	200 000	500 000

三 提倡柞蚕生产 川省青杠树较多，气候亦颇宜柞蚕饲育。1939 年已开始试验，现拟于 5 年内大量推广达到收茧 600 万颗，价值 6 万元。对于推广区域制造柞蚕种，按其需要逐年设施。兹列简表如下：

年份 标题	1940 年	1941 年	1942 年	1943 年	1944 年
推广亩数	3 130	6 300	9 600	13 800	201 500
饲育蛾数	4 000	25 000	45 000	75 000	125 000
收茧颗数	200 000	1 250 000	2 250 000	3 750 000	6 250 000
价值（元）	2 000	12 500	22 500	37 500	62 500

由上可知，"若能按照该计划，勇猛推进，5 年不难达到年产生丝 5 万担，10 年不难达到年产生丝 10 万担。每担生丝以 5 千万元至 10 亿元计，则川民增富，国家增强"①。但实际上每年生产生丝 5 万担的计划，直至抗战胜利也未实现，即便 20 世纪 20 年代极盛时期年产 4 万担的成绩亦未追平，因此，战时川农所蚕桑改良只取得了部分成绩。云南蚕桑改进所亦复如是。而川滇二省同为西部地区，且互为邻省，所遇境况大致相同，加之从常宗会留下的自述资料中也可印证，二省蚕桑改进过程中所遭遇的困难基本上雷同。故分析川省情形，亦可管窥滇省状况。就二省而言，影响蚕桑改良成绩的要因约可分为下列诸端：

一是经费困难。蚕丝改良场经费，因档案记录不全，且申报无系统，以致未能对其全貌有所了解。就有限的资料来看，其经费来源主要是建设厅预算拨款、有关部门补助以及自身生产收入三个方面。但就当时的情形而言，这三个来源应该是毫无疑义的，基本上符合二省改进所在整个抗战时期经费的来源情况。就川农所言，1936 年成立之初，省政府拨给开办费 1.77 万元，经常费 2.4 万元，1937 年，改良场经费总额增加为 14.04 万元（内含建设南充蚕丝业学校经费 2.12 万元），其中 1.42 万元为中

---

① 四川省档案馆：《四川省农业改进所档案》，全宗号民 148，案卷号 3768，卷名《四川省农业改进所蚕丝生产事业计划、使命、方针等的指令、训令、函、呈等》。

农所划拨的桑苗补助费，余为建设厅拨款。① 1938 年的经费，按照四川大学历史文化学院钟华英 2005 年硕士学位论文《从繁荣到衰败：民国四川蚕丝业的演进历史——以南充为例》一文的记述，"除建设厅、中央农所外，省农业改进所补助 4.12 万元，年度收入总额 15.17 万元"②。此数据似未可尽信。尤其是省农业改进所补助 4.12 万元一说，颇值得怀疑。按照赵连芳的说法，川农所 1938 年 9 月 1 日成立时，"因系年度当中，不便增加预算，仅由省府拨发开办费 10 万元，其余各项经费，仍在原有农事机关剩余项下开支"③。这就至少说明，各原有机关的经费只在剩余项下开支，并无补助一说，此其一。其二，川农所刚刚成立，需花费钱财的地方自然很多，比如添设仪器、租地、建房、延揽人才等，区区 10 万元，甚是捉襟见肘，如果真照钟氏所说，单是蚕丝改良场就获得 4 万多元，那么所剩就只有 5 万余元，而就当时情形而言，粮食和棉花相对于蚕丝来说，是更为重要、更为迫切需要改良的事业，即便川农所真能够拿出 10 万元开办费中的部分予以补贴，蚕丝改良场也应排在第三位，即使真能获得补贴，也断不可能获得 4.12 万元之多。其三，可以佐证的是，1939 年川农所经费总额仅 24.588 万元，其中蚕丝事业经费为 9.486 万元，已经占到 38.67%，而 1940 年，蚕丝业务扩大，下属工作单位增多，蚕丝事业经费增为21.165 5万元，占总经费的31.60%，占事业费总额的 34.06%。④ 而 1938 年中农所桑苗补

① 四川省档案馆：《四川省蚕桑改良场档案》，全宗号民 155，案卷号 25，卷名《四川省蚕桑改良场经费来源统计表》

② 钟华英：《从繁荣到衰败：民国四川蚕丝业的演进历史——以南充为例》，四川大学硕士学位论文，2005 年，第 65 页。

③ 赵连芳：《本所 3 年来人事及经费概况》，《川农所简报》，1941 年，3 卷 9、10 期合刊，四川省农业改进所办，第 9 页。

④ 四川省档案馆：《四川省农业改进所档案》，全宗号民 148，案卷号 23，卷名《四川省农业改进所经费来源及使用报告表，省政府指令等》。

助费也仅为1.863 4万元。[①] 可见，蚕丝改良场在1938年经费达到15万元之多的说法，值得商榷。1941年，由于通货膨胀，省政府财政困难，补助经费开始有所减少，蚕丝事业费计为19.793万元，占总额的21.11％。[②] 1942年，通货膨胀加剧，省政府财政越发窘迫，对川农所的固定补贴大为减少，蚕丝改良场只能自谋出路，主要靠销售蚕种和桑苗勉力维持。同年，省政府为解决改良场日渐艰难的经费问题，与财政部贸易委员会订约，将改良场部分房舍设备借与贸易委员会生丝研究所，改良场经费则由贸易委员会负担，但翌年即解除借约。1944年，省政府仅拨给部分补助，大部分只能靠自给，但由于战争影响，蚕丝外销剧减，农民养蚕者日趋减少，蚕种和桑苗无法售出，改良场只得向中国农民银行借贷度日，1945年借贷营运资金达400万元。[③] 这些经费的支出，也因档案不全，报账不明，而无法作统一性分析。大致而言，建设厅补助经费也即川农所划拨经费，多为经常费，中农所补助费则为桑苗培育费，自身售卖蚕种和桑苗所得，则主要用于后期改良场日常经费开销。导致改良场经费困难的原因主要有二：其一，经费来源不固定，中农所和贸易委员会的补助并不可靠，偶然有指定项目的经费，但是否完全用于该项目，无法确知。如1940年和1941年两年，在川农所的经费来源一项中各有贸易委员会补助的蚕丝增产费用1 000 000元，但也仅此两年而已。[④] 中农所的补助也仅出现两次。省政府的经费也不是完

---

① 四川省档案馆：《四川省农业改进所档案》，全宗号民148，案卷号23，卷名《四川省农业改进所经费来源及使用报告表，省政府指令等》。

② 四川省档案馆：《四川省农业改进所档案》，全宗号民148，案卷号23，卷名《四川省农业改进所经费来源及使用报告表，省政府指令等》。

③ 四川省档案馆：《四川省农业改进所档案》，全宗号民148，案卷号3769，卷名《四川省农业改进所蚕桑改良场经费来源、使用报告》。

④ 四川省档案馆：《四川省农业改进所档案》，全宗号民148，案卷号3769，卷名《四川省农业改进所蚕桑改良场经费来源、使用报告》。

全可靠的，尤其是1942年后，由于通货膨胀，省政府拨款紧缩，川农所经费剧减，无法维持，只得裁减机构，而改良场所得经费就更少，只能自力更生。其二，物价高涨，原预算的经费自然不足开支，川农所的经费不仅没有增加，反而有减低的趋势，而物价之高涨，自1939年100的指数，到1945年时，已经涨了709倍。[①] 改良场的经费仅是川农所经费的一部分而已，以其区区之经费，维持已经不易，更遑论推进事业。由于经费困难，自1943年起，改良场蚕种推广和桑苗推广工作均移交四川丝业公司办理，随后又交予省政府办理，旋即省府又因财政困难，将推广所改为督导室，最后连督导室也无法维持，只能改为派员督察，蚕丝推广事业遂一蹶不振。云南蚕桑改进所的经费也是捉襟见肘，各项拨款均不敷所需。所长常宗会亦四处致函求援，勉为其难。经费短缺实已成为制约两省蚕桑事业发展的最大因素。

二是美国市场缩减的影响。抗战时期，生丝主要以出口美国换汇为主，故受美国市场的影响尤大。尤其是太平洋战争爆发后，生丝出口数量下跌十分严重（详见表2-28），因而对四川、云南蚕农的影响十分严重。部分蚕农乃改弦易辙，改种其他农作物。其情形正如中美农业技术合作团报告所言，珍珠港事件后，生丝供应停顿，美国丝织厂商改用人造丝织造降落伞，及其他战争用丝绸。由于新式机械之高速率生产，及人造丝之匀度齐一，而价格波动减少，产量亦较稳定，所产人造丝绸较之以前用生丝织造者增加八倍至十倍，是以美国丝织厂商已不再从事于生丝纺织。可见，太平洋战争爆发后，美国市场对中国生丝的需求量已经大为减少。

---

① 沈雷春、陈禾章：《中国战时经济志》，文海出版社，1942年版，第30、31页。

表2-28　战时中国生丝出口量值表

出口情况	1937 年	1938 年	1939 年	1940 年	1941 年	1942 年	1943 年	1944 年	1945 年
出口量（千市担）	175	111	152	110	99	4	1	2	2
出口值（千元）	52 876	37 524	140 800	279 138	235 569	13 516	68 725	221 942	1 083 091
平均（元/担）	302	338	926	2 538	2 379	3 379	63 725	110 971	541 545

　　生丝出口量及出口值，摘自1948年农林统计手册，第300页，表49。转引自王树槐：《抗战时期云南的蚕桑业》，《抗战建国史研讨会论文集》，台湾研究院近代史研究所编，下册，1985年版，第605页。

　　三是政府统购政策的影响。抗战时期，国民政府对于蚕丝、桐油等外销物资，均采取统购统销政策。但政府统购价格往往与蚕农成本价相去甚远，使蚕农亏损严重。正如云南蚕桑改进所所长常宗会在工作自述中所言："生丝贸易统制环境之下，云南鲜茧生产成本，以及生丝成本之高昂，远远超过统购价格，蚕农亏损之巨，深望有关此事之主持者，能予深切之注意。"[①] 而严酷的缉私办法，又堵死了蚕农私下买卖蚕茧的唯一路径，这势必造成伺蚕之家对养蚕失去兴趣。蚕业再次走向衰退，乃不可避免。试观战时四川蚕丝收购价格，即可见一斑。详见表2-29：

表2-29　战时四川蚕丝收购价格表

（单位：元/担）

年别	丝别	内销价	政府收购价	每担平均差价	历年收购数量	成本（元）
1937 年	秋丝	800	600	200	20	726
1938 年	秋丝	1 200	900	300	760	909

---

① 　常宗会：《常宗会滇省蚕业工作自述》，独立出版社，1940年版，第12页。

年别	丝别	内销价	政府收购价	每担平均差价	历年收购数量	成本（元）
1939年	春丝	3 000	2 200	800	1 500	1 552
	秋丝	4 500	2 920	1 580	500	
1940年	春丝	8 050	6 000	2 050	2 100	9 127
	秋丝	8 050	6 000	2 050		
1941年	春丝	9 700	7 950	1 750	600	11 885
	秋丝	15 000	10 000	5 000	1 000	
1942年	春丝	54 000	34 000	20 000	600	32 137
	秋丝	74 000	69 500	4 500	600	
1943年	春丝	140 000	137 500	2 500	600	137 775
	秋丝	144 000	144 000		370	
1944年	春丝	318 000	310 000	8 000	500	394 426
	秋丝	490 000	510 000	20 000	450	
1945年	春丝	2 000 000	1 951 000	49 000	400	2 039 361
	秋丝	1 600 000	1 424 000	176 000	200	

　　成本费用来自尹良莹：《四川蚕业改进史》，商务印书馆，1947年版，第326、327、347、348、369、370页。其他则见罗承烈：《四川蚕丝业》，《四川经济季刊》，1944年，1卷3期，第253、254页。

　　四是时局原因。四川、云南虽然在西部地区，但蚕丝业受战争的影响亦不小。据川农所调查统计，战时四川农民所受影响中，仅蚕丝卖不出一项所占的比例最高达37%，最低也达6%，而更多的徘徊在20%左右。具体情况可参见表2-30：

表 2－30 抗战发生后四川农民所受之影响表

（%）

农业分区	县别	布匹涨价	桐油跌价	蚕丝卖不出	农作物跌价	牛羊皮跌价	猪鬃跌价
桐油水稻区	云阳	34	33	33			
	开江	31	38	6	6	13	6
	忠县	48	47			5	
	丰都	50	50				
	秀山	50	50				
	南川	29	71				
	邻水	41	42	17			
	江北	44	44	12			
	綦江	50	43	7			
	江津	47	40	7		6	
	壁山	41	35	24			
	合川	43	40	17			
	广安	60	40				
水稻杂粮区	垫江	100					
	渠县	33	33		34		
	仪陇	33	34	33			
	巴中	35	41	18	6		
	城口	33	33		34		
	广元	50	50				
	剑阁	37	38	25			
	彰明	33	33		34		

163

农业分区	县别	布匹涨价	桐油跌价	蚕丝卖不出	农作物跌价	牛羊皮跌价	猪鬃跌价
甜薯稻棉区	阆中	37	38	25			
	蓬安	33	33	22		12	
	盐亭	32	30	32	6		
	三台	38	30	30	2		
	射洪	37	30	23	4	6	
	蓬溪	31	23	15	8	8	15
	南充	35	32	27		3	3
	潼南	36	40	20			4
	遂宁	38	32	18	6	3	3
	乐至	50	17	17	6	5	5
	安岳	41	30	11	10	4	4
	大足	36	29	14	14		
	铜梁	33	34	33			
	荣昌	100					
	内江	33	17	17		17	16
	资中	38	29	17	12	4	
	资阳	50	25	16		4	5
	仁寿	44	38	15	3		
	井研	55	27	18			
	荣县	42	38	10		10	
	富顺	50	11	22	11	6	
	泸县	58	42				
	合江	50	33				17
	威远	60	20	20			
	江安	47	33	13		7	

农业分区	县别	布匹涨价	桐油跌价	蚕丝卖不出	农作物跌价	牛羊皮跌价	猪鬃跌价
甜薯稻棉区	长宁	43	43	14			
	南溪	56	33				11
	宜宾	33	34	33			
	犍为	33	38	17	12		
水稻区	绵阳	43	14	29	14		
	罗江	53	34	13			
	德阳	45	19	36			
	绵竹	55	25	20			
	广汉	71	4	25			
	成都	75			25		
	崇宁	78		22			
	郫县	83			17		
	温江	78		22			
	双流	70	10	10	10		
	华阳	60	20		20		
	简阳	53	24	12		6	5
	新津	100					
	彭山	67		33			
	眉山	50	25	25			
	乐山	32	26	37		5	
稻麦玉米区	灌县	64		14	22		
	崇庆	71	5	14	10		
	大邑	64	9	18	9		
	邛崃	67	9	20	4		
	丹棱	43	28	29			

续表2-30

农业分区	县别	布匹涨价	桐油跌价	蚕丝卖不出	农作物跌价	牛羊皮跌价	猪鬃跌价
稻麦玉米区	洪雅	47	35	12	6		
	雅安	60	40				
	荣经	50	22	11	11		
	汉源	50	36	7	7		
	夹江	50	17	33			
	峨嵋	40	20	20	20		
	峨边	50	33		17		
	马边	50	17	16	17		
	高县	50	37	13			
	庆符	50	37	13			
	琪县	50	50				
	古宋	50	50				
	叙永	50	50				
	古蔺	50	50				
	越西	67	17		17		
	会理	100					
玉米区	平武	38	21	23	8		
	北川	75	25				
	安县	64	18	18			
	理番	67			33		
	宝兴				100		
	庐山	100					

　　四川省档案馆：《四川省农业改进所档案》，全宗号民148，案卷号27，卷名《四川省农业改进所经济组调查统计报告》。

此外，由于四川、云南大量壮丁出征，以及役政的施行，使大量青壮年农民皆离开农村，留守农村者，只有老幼妇女及少数壮丁，造成农村劳力严重不足，农忙时找不到雇工，而蚕丝业是较费人工的副业，是在利用农闲剩余劳力为之，农村劳力缺乏，自然也会影响到蚕丝业生产。

第四节　畜牧业之进步

一　畜牧改良的急迫性

1937 至 1945 年间，畜牧业在农业上占据着非常重要的地位，是仅次于种植业的第二大业，占农业全部总产值的 55%。[1]发展畜牧业，可以利用很多农垦及园艺上所不能利用的荒地、山巅、雨水过多或过于低湿的地方，使土地得以充分利用。畜牧也是开垦的先锋，因为垦荒如果尽是人力，进度太慢，必定要利用畜力进行耕种。畜牧还可以供给一般农家所需的肥料，农民饲养牲畜大半的目的均在获得粪肥。同时，畜牧业也与人们的衣食住行各项均有密切关系。国家文化程度越高，利用家畜正副产品的需要越大，因肉、乳、蛋等食品含有丰富的蛋白质，营养价值很高，未可一日或缺。畜牧业的经济价值亦至为巨大，占国家财富一极重要地位，总价在 20 亿至 30 亿元之间。[2]而许多畜产品都是工业上的原料，在国际贸易中占主要地位，是出口大宗。如羊毛、猪鬃、羊皮等每年恒占出口的前几位，均运往美、英、德、

---

① 中国农业博物馆：《中国近代农业科技史稿》，中国农业科技出版社，1996 年版，第 242 页。

② 戈丽计：《目前畜牧推广事业两大方针》，《农业推广通讯》，南京农业部农业推广委员会：1940 年，2 卷 3 期，第 73 页。

法等国供制造之用。

全面抗战爆发后，随着沿江沿海大片国土的沦亡，畜牧业生产受到巨大影响，产量大幅度下降。据估计，仅西部地区十五省各种牲畜减少之趋势益形显著，如水牛由 9 218 000 头减至 7 438 000 头，黄牛由 13 613 000 头减至 1 849 000 头，马由 1 631 000 头减至 1 094 000 头，骡由 1 068 000 头减至 626 000 头，驴由 2 480 000 万头减至 1 593 000 头，山羊由 8 121 000 头减至 6 858 000 头，其他猪及家禽减势均甚剧烈。[1] 抗战胜利后，据联合国善后救济总署估计，中国战时牲畜之损失约占总数的 25%。[2] 另据 1946 年全国牲畜数量估计，牛、马、骡、驴共为 4 673 万头，以全国 63 221 000 农户计，平均每农户有役畜不到一头。[3] 出口畜产品也受到战争的巨大影响。战前羊毛、猪鬃、羊皮等均为出口大宗。如羊毛是西北主要出口产品，以天津和上海为出口市场，1936 年出口羊毛 195 737 公担，价值 19 311 000 元。[4] 但抗战爆发后，天津和上海市场为日寇所占领，西北一部分亦不幸沦陷，羊毛出口数量剧减，1941 年仅出口 10 676 公担，价值 903 万元。[5] 又如猪鬃，战前产量特丰，常占世界市场供应

---

① 中国第二历史档案馆：《国民政府主计部关于战时畜牧生产状况的调查统计》，《中华民国史档案资料汇编》，第 5 辑第 2 编，财政经济 8，江苏古籍出版社，1994 年版，第 48 页。

② 中国第二历史档案馆：《国民政府主计部关于战时畜牧生产状况的调查统计》，《中华民国史档案资料汇编》，第 5 辑第 2 编，财政经济 8，江苏古籍出版社，1994 年版，第 48 页。

③ 中国第二历史档案馆：《国民政府主计部关于战时畜牧生产状况的调查统计》，《中华民国史档案资料汇编》，第 5 辑第 2 编，财政经济 8，江苏古籍出版社，1994 年版，第 48 页。

④ 全国生产会议秘书处编：《全国生产会议总报告》，沈云龙主编：《近代中国史料丛刊》，3 编 44 辑，文海出版社有限公司，1988 年版，第 37 页。

⑤ 全国生产会议秘书处编：《全国生产会议总报告》，沈云龙主编：《近代中国史料丛刊》，3 编 44 辑，文海出版社有限公司，1988 年版，第 37 页。

量的 75% 以上，1936 年全国各省猪鬃产量达 132 419 公担，全面抗战爆发后产量锐减，平均每年仅 38 600 公担。[①]

面对如此惨重损失，政府当局对畜牧事业予以了极大关注，尤其对西部地区畜牧业的开发做了具体规划。1938 年经济部通过了战时农业建设方针，要求"促进畜牧"，并将其主要工作列举如下：

第一，畜种之储备及改良。西北各省牛、羊、马、骡、猪、鸡等之选种、交配及饲养，亟须规划筹办，其进行方式：（1）设置规模较大之改良试验场，以为倡导；（2）奖励民间饲养良种且随时予以指导；（3）耕牛尤为战后所需，急需储备。

第二，羊毛、猪鬃、猪肠，及皮毛等，向居出口贸易之重要地位，今拟对于自生产以至加工制造之全部过程，规划改进，俾品级提高以维国际市场信用。

第三，兽疫之防除。制造血清为保育家畜之重要基础，今川桂二省均能自制血清，现拟协助扩大其工作，以为防除兽疫之用。不仅使川桂两省力能自给，且须兼能供给邻省制造血清，拟使川桂分工：（1）川省制造大量抗猪瘟血清、抗猪丹毒血清、抗猪肺疫血清、猪肺疫菌苗、抗炭疽血清供本省之用外，兼供邻省之用，牛瘟血及牛瘟菌苗则先求本省自给，现已派专门人员接洽实行；（2）桂省制造大量抗牛瘟血清、牛瘟菌苗，除供本省之用外，兼供邻省之需。另制造抗猪瘟血清、抗炭疽血清等，专为本省之用。

第四，耕牛之保险。耕牛为我国农家生产工具，一遇死亡，损失至巨。今为善保耕牛减轻农民损失计，特办耕牛保险，由农本局主持其事，已择定四川之新都、新汉两县，广西之桂林、武

---

① 中国社会科学院等编：《1949—1952 中华人民共和国经济档案资料选编》（农业卷），社会科学出版社，1991 年版，第 21 页。

鸣、郁林、南宁、贵县五县，开始筹办。①

方针对促进西部地区畜牧业发展、畜种改良及出口畜产品均做了详细规定，并明确要求四川、广西二省应设厂大量制造防疫血清和筹办耕牛保险，以促进畜牧业的发展。蒋介石亦在第一次全国生产会议上提出"努力造林畜牧，加紧农村生产"②的号召，随后召开的国民参政会也通过了"发展畜牧兽医事业"的决议案，认为"畜牧关系农村经济及国民营养甚大"，要求西部地区"亟应切实推广"。③ 而"外销特产扩展，不止能够得到外汇……就是抗战胜利以后，元气也可以迅速恢复，如大量购买机器，以增进农工业的发展之类，都非外销特产真个大量扩充不行"④。因此，1940 年 8 月财政部贸易委员会在拟定外销物资增产计划大纲草案中就明确指出："我国外销物资，以农产品为主，矿产品次之，手工艺品及工业品又次之。故本计划亦以农产品为主，手工艺品及工业品次之。""农产品之增产工作，以各省农业改进机关为执行机关，但遇必要时得商请有关方面专设机关办理之。"⑤ 为明确增产计划起见，贸易委员会特制订了羊毛和山羊皮两类出口物资的具体增产方案：

---

① 中国第二历史档案馆：《经济部关于战时农业建设方针的工作报告》，《中华民国史档案资料汇编》，第 5 辑第 2 编，财政经济 8，江苏古籍出版社，1994 年版，第 76 页。

② 全国生产会议秘书处：《全国生产会议总报告》，沈云龙主编：《近代中国史料丛刊》，3 编 44 辑，文海出版社有限公司，1988 年版，第 3 页。.

③ 中国第二历史档案馆：《国民参政会参议员提案选编》，《中华民国史档案资料汇编》，第 5 辑第 2 编，财政经济 8，江苏古籍出版社，1994 年版，第 33 页。

④ 中国第二历史档案馆：《陈济棠关于农林部工作方针原则与计划的报告》，《中华民国史档案资料汇编》，第 5 辑第 2 编，财政经济 8，江苏古籍出版社，1994 年版，第 27 页。

⑤ 中国第二历史档案馆：《财政部贸易委员会拟定外销物资增产计划大纲草案》，《中华民国史档案资料汇编》，第 5 辑第 2 编，财政经济 8，江苏古籍出版社，1994 年版，第 119 页。

羊毛　1．主要区域——暂定如下：A、川康区，B、甘宁青区，C、陕西。2．工作部门——暂定如下：A、蕃殖优良羊种，B、储备冬季饲料，C、建筑畜舍，D、防治疾病，E、改良剪毛方法。3．工作机关——暂定如下：A、川康商请四川及西康农业改进所，在松潘及雅安各设一畜牧改良场，分别办理川康羊增产事宜。B、甘宁青区商谓农林部，在西北设一畜牧改良场，负三省羊毛增产责任，其羊毛部门经费由本计划经费拨付之。C、陕西由该省农业改进所负责。4，经费支配——经费总额暂定为一百八十万元，支配如下：A、四川五十万元，B、西康十万元，C、甘宁青等省一百万元，D、陕西十五万元。5、工作目标——五年内增产八十万担，分配如下：A、四川十万担，B、西康五万担，C、甘宁青六十万担，D、陕西五万担。

山羊皮　1、主要区域——暂定如下：A、四川、重庆、成都、万县，B、西康、雅安。2．工作部门——暂定如下：A、仿照英国东印度山羊皮制法，以山羊皮用漆树叶蹂制成半成品，输出至英国、美国、苏联各国，以高输出品之价值（约可百分之三十），并减少运输费用（至少减少百分之三十）。B、指导农村，改良宰杀山羊皮，初步处理山羊皮之方法（详见经济部中央工业试验所印行之改良山羊皮原料改良法），以减少皮革原料之损伤及破裂，此项损伤有百分之四十左右。C、鼓励增加山羊皮之产品五百万。3、工作机关——经济部中央工业试验所。4．经费支配——各项工作所需之试验指导推广经费，暂定为十万元。5、工作目标——五年以内增产五百万张，详情如下：A、增加四川山羊皮三百万张，西康二百万张，以半数制成半成品输出，可以换取外汇，总数一千万元港币（以四月份每张山羊皮价值二元计算）。B、减少山羊皮原料之损伤破裂。C、指导山羊皮初步处理工作。D、以山羊皮制成半制品，输出至国外，以增其价值百分之三十，减少其运费百分之三十。①

但由于战前畜牧向被认为农家副业，政府从不重视，对于畜牧育种、管理、运销等事项均不加以研究改良，而内地农民，乃一耕耘者，不谙畜牧。边陲人民，虽向以游牧为生，然不事耕种，缺少饲料补充牲畜，度过冰天雪地之严冬。无论西北或东南地区，均尚未策动一大规模的畜牧改进计划，以致中国大部分畜种迄战时仍未脱原始体型。少数本地类型，虽亦勉强适应市场需求，但大多数类型的产品，无论在质或量方面，均距理想甚远。再有若干地域，其现有管理方法，以及饲料供给，尚未达到豢养优良类型条件。然而发展畜产品外贸，换取大量外汇，支持抗战，则是战时主要经济政策，而利用马、骡、驴、牛、骆驼等牲畜作为交通工具，运输粮食和军需用品，解决战时交通困难亦是势所必需。因此，利用当时现有科技，改进西部地区畜牧事业，已是迫在眉睫。

二　畜种改良

战前，虽然中国农产品出口的 43％ 为畜产（包括蚕丝），但畜产改进工作却远较其他事业落后。"畜牧界一些对中国畜禽品种特性有深刻认识了解者，纷纷指出中国畜种性能的缺点。如马的速率，英国纯血种马在跑马场上，跑 1 英里②用 1 分 2 秒，中国马则需 5～6 分钟；英国挽用马，一马可挽重 500 余公斤，中国马只能挽 300～350 公斤；荷兰牛每日产乳 15～20 公斤，中国牛仅产 3.5～6 公斤；牛肉产量，英国短角牛每头可产 750～800

---

① 中国第二历史档案馆：《财政部贸易委员会拟定外销物资增产计划大纲草案》，《中华民国史档案资料汇编》，第 5 辑第 2 编，财政经济 8，江苏古籍出版社，1994 年版，第 120 页。

② 1 英里约等于 1.609 公里。

公斤，中国牛则不过 250～300 公斤；中国绵羊产毛量，每只不过 1～1.5 公斤，而美利奴羊可产 5 公斤以上。至于鸡蛋产量，相差亦大，来航鸡年产蛋可达 300 枚，而中国鸡只产 70～80 枚。"[1] 但战时工业的发展需要大量羊毛以供纺织，牛羊皮以做皮革，猪鬃以做毛刷；更需要大量之肉、蛋及乳类，以改进营养，尤以儿童之需要为最迫切。且畜牧发达后，动物粪肥增多，农产亦因之增加，故"许多畜牧界人士纷纷发表文章，主张通过改良中国畜禽品种的方式来达到发展畜牧业之目的。关于羊毛的改良，张松荫、钱仲南等人指出，要用美利奴羊来改良中国地方羊，以提高羊毛产量。关于鸡种，王兆泰、黄思农等人提出由政府在各省、县开设鸡种试验场，或附于畜牧试验场和各地农业学校、农业试验站等处，大力推广来航鸡，奖励农民饲养纯种。王世浩认为在引进改良鸡种的同时，必须考虑其在国内的适应性，对于改良鸡种，还需注意其在国内的退化问题。对于猪，吴英华认为利用西洋优良猪种固然是改良中国猪种的最有效途径，但是还应有优或次优之分，他认为巴克夏和波支猪适合于改良东三省的猪种。其他如王宗祐、李秉权、崔漫丞、莫甘霖、朱明等，都提出一些改良中国或某一地畜牧业的良策。他们还一致认为，要改良中国畜牧业，引进畜种是主要方面，但是首先应该对国内畜种进行调查，以发掘出适合改良的优良种群，然后选优汰劣或用外国纯种改良，最后繁殖固定，继而推广，达到促进我国畜牧业发展的目的"[2]。因此，战时西部地区增加畜产之计划，应以改进畜牧育种为主，并使其获得合理发展。

良种是提高经济效益的基础。畜种改良的目的是提高畜产品

---

① 中国农业博物馆：《中国近代农业科技史稿》，中国农业科技出版社，1995 年版，第 265 页。

② 郭文韬：《中国农业科技发展史略》，中国科学技术出版社，1988 年版，第 459 页。

的产量和质量并降低生产成本，从而提高饲养业的经济效果。由于优良的性状可以遗传下来，所以一旦得到良种就可以长期受益。战时，由于时间和条件有限，以及工作的轻重缓急不同，西部地区的畜牧改良工作主要以猪、牛为重，并兼及绵羊、乳牛、兔、鸡等家畜家禽，品种改良与兽疫防治齐头并进。所谓品种改进，即就本省现有的本地或引进的优良品种作基本种畜，从事改良，以期育成优良品种。由于繁育的目的不同，所采取的方法和措施也各种各样。

而欲改进畜牧育种，首先得明白种畜的选择要领。何谓种畜？即繁殖用的家畜。家畜之繁殖，不但需求其头数之增加，且须求其所产殖的幼畜，必能维持或更增进其优良性。是以畜产上之所谓繁殖，实兼有改良增殖之意义，而繁殖的成绩与种畜的优劣或适否，有直接的关系。故优良种畜的选定或育成，乃改进畜产事业中的一个重要课题。但欲选定种畜，必先知一般品种的特征，而后参酌地方风土及经济上的情形，考虑其是否适宜，方可予以决定。待品种选定后，可再由其各个体的外貌、能力、血统三者，而行使淘汰与选择。

其一，外貌。外貌系指外观的体格、五官、皮毛与优劣可辨的各点而言。畜养的直接目的固不在外貌，但在某一时候外貌颇与经济能力有关，且其他事项的选择，也很难调查鉴定，故外貌不失为判断种畜优劣的一种标准。种畜不问牝牡，均以体质强健及性情驯良为要件。凡举动敏捷，眼耳灵活，毛羽光滑，能注意四周环境之清洁者，即为强健之表征。其眼耳之运动不定，则性情必乏驯良。又牝牡皆宜避肥满。缘种畜肥满，则生殖能力减退，牝者甚至有全然不妊者，故除供屠宰之肉用外，实无过度肥满之必要。至种畜须具有牝牡的特性，尤为重要。如牡畜应该是雄性显著，要有刚强的风姿。头部宜有棱角而不流于细长，颈短而粗，上缘隆起，胸部发达，这都为雄畜优点的表示。如有反于此者，则繁殖之结果，必属不良。而牝畜之最优的姿势，为头颈部细长优美，胸部广狭适宜，后躯发育充分，臀部广阔。反之，如前躯呈粗大之形态者，它的能力定很差劣，生殖力也不完全，自不能选充繁殖之用。[①]

其二，能力。能力即牝畜特具的本领，为种性之直接的表现。近代检验能力的办法日有进步。育种家对家畜的繁殖颇多提倡"能力本位"者，如检定马之驰行速力与乳牛的乳量均是。唯能力之检定，究未充分发达，有时仍须借重外貌的检验，以辅助之。[②]

其三，血统。个体之父母、祖父母、曾祖父母等数代相互循嬗之关系，是为这一个体的血统。选择之目的，纯为取得其遗传力最强与优良的子孙。但有时这种遗传力有非于外貌与能力检定中完全表现的，甚至有虽经熟练之检定，也往往与繁殖的结果不相一致。因此不能不借助于系图。像现物所潜伏着的性能，可由祖先之经历推测而知。因数代的祖先，皆受纯粹的配合，本无形质分裂之忧，所以根据血统以行繁殖，较为有效。如欧美各国之优良种畜，都已有血统登记之组织，一般欲知种畜之血统者，乃大受方便之利。血统登记簿系繁殖同一品种的家畜育种者，为保证品种之纯粹，以一地方为区域，组织协会，合力制作血统登记簿，以登记会员生产的仔畜，而明示其祖先，以供种畜选择及适当配合之用。但这种登记组织应以共同的事业为原则，继有好处，否则，倘缺乏绝对信用，反致危害不浅。战时欧美有名品种已都有这种组织，家畜买卖移动之际，皆持有此登记簿以为证。[③]

---

① 沈鸿烈：《农林建设》，中央训练团党政高级训练班编印，1942 年，第 5 页。

② 李秉权：《家畜改良意见书》，《中华农学会报》，1931 年，第 86 期，第 23 页。

③ 王宗佑：《改良我国种畜之重要及步骤》，《农业周报》，1930 年，第 21 号，第 19 页。

种畜关于遗传之程度，牝牡同一。但其制造子孙的数目，则牡的种畜往往数十倍于牝者。所以得一品种优良的父畜，可敌过数十的母畜。家畜育种家因之对此常加选择。而优良的雄性种畜，其价昂贵，饲养者若非大规模之经营，而单独购入，则于经济上颇不合算，故以共同使用为原则。各国有组织特种会社，或由政府经营之者，其意甚美，诚以种牡之良否，关系一国之家畜产。国家对此，自宜予以种的补助。

我国畜产品在国际贸易上占出口物品中的第三四位，关系对外贸易颇巨，要谋畜产事业的发展，对种畜改良一端，似应由国家设场办理，以示提倡。而战时家畜育种方法，则主要包括以下数端：

第一，纯种繁殖法。家畜的纯种繁殖，不像作物的纯种繁殖那样界限分明，其所谓"纯种"，不过是一种比较上的名词，牝牡二种血统相近的牲畜，使之繁殖，它的后代都可以纯种总称之。如察出牝牡家畜，体制强健，繁殖力强，肉质、毛质、乳量和工作效率等，都能合于所需标准，即应令其子女再行配合，以保持优点。"大致要想在较短的时间，获得优良畜种的特质，并且能确保种畜的遗传性者，都采用此法。但家畜施行配合，观察务宜精明，不可视作普通随意的配合。因为血统相近的家畜，使之配合，不仅能把形质上的优点遗传到后代，也能遗传它的劣质，以增进它的退化的强势，故不宜于叠次继行，以致引起了种畜的体质衰弱，疾病横生，这是不容忽视的。"[①]

第二，同品种繁殖法。这种方法不问血统相近与否，凡是牝牡同一种类的家畜，如有特殊的优点，即应令其配合，育成新种。这种新种也能遗传。例如阿拉伯的牝马和阿拉伯的牡马配

---

① 李正谊：《中国畜牧之改良刍议》，《中华农学会报》，1932年，第96期，第53页。

合，南京种的母猪和金华种的公猪配合，其产生的后代，都可以说是纯种。所以购买仔猪时，要检定血统，是否由于某优良的父母传下，再定价格的高低。"凡欲使优良种畜的特殊形质得以选择，并图谋经济的减省，大都采用此法。唯须注意其性质要相类似，境遇也约略相同，以减少配合上的障碍与管理上的不便。"①

第三，杂交法。此种方法是同种而异品的家畜相互配合，所生的后代称为杂种。所用的方法就叫作杂交法。例如用中国猪和美国猪配合，中国黄牛和荷兰乳牛配合。其目的在改良畜种和增加家畜利用。这种杂交法，普通计有三种方式：

（1）取异品种的家畜累代交配，可获得新品种。用异品种的家畜杂交，其最初的一二代，生产势力非常强盛，各个幼畜皆具有良好的形质，但以后若令随意的与其他的异种相配合，则其生长势力就渐渐衰弱，优良的形质亦致日渐退化。因之，要想优良形质继续遗传，必须实行累代配合，以固定良种的形质，渐渐育成一种新品种而使之繁殖。②

（2）劣种家畜配以优良品种继续数代可获得改良品种。依照世界著名育种学家孟特耳氏的遗传定律，劣种的动植物和优良的相配合，其子代（第一代）优劣性各半，第二代劣性还有 1/4，第三代仅余下 1/16，如此配合，于继续数代后，劣性就会渐渐淘汰。利用这个定律，可先把劣种牝畜配以优种牡畜，然后再以所得杂种的牝畜，配以优种的牡畜。如此逐次相交，即可收畜种改良的效果。劣种的血液虽仍累易数代，亦不会有尽失的时候，但是经过了数代以后，却可得近似的优种。这个方法在没有优良

---

① 许振英：《中国的畜牧》，上海永祥印书馆，1950 年版，第 23 页。

② 实业部报告：《我国畜种改良之方针及其具体办法》，《农业周报》，1931 年，1 卷 8 期，第 29 页。

畜种的地方实在大可应用一下。①

（3）一代杂交法。杂交法所产生之第一代幼畜，常能平均发育，增进能力，以此可在经济上获得较大利益。例如牛、羊、猪等肉用家畜，若施以一代杂交法，其利益颇为确定，有时且能兼有两项用途者。是故畜产进步的国家多采用之。不过这种育种法，其确实佳良之结果，只限于一代。假如继续用之于繁殖，则形质仍起分裂，以致良莠混杂，利益不能确定，甚且发现多数为劣化者。因之每一代必须把两品种再行配合一次，以确收优良种畜所遗传的特殊形质，达到一代利用之目的。② 例如我国黄牛与荷兰乳牛配合，其主要目的并不在希望繁殖，而仅欲得一生产乳量特多的杂种罢了，所以一代杂交法一般都不用于繁殖。而战时畜牧育种的主要目的是提高畜产品数量，并兼及质量，因此在技术上主要是靠引入杂交、改进杂交，以发挥杂种优势。

（一）马种的引进与改良

中国各地皆有马，据 1937 年估计，全国共有马约 3 260 000 匹，而西康、西藏、东北、新疆等均未计算在内。③ 较多之省份为河南、云南、山东、河北、湖北、安徽、贵州、绥远、甘肃与广西。福建、浙江两省数目极少。边陲各省虽无统计，但乘役既唯马是赖，故数目必大。就类型而言，中国之马约分四型：一为蒙古马，二为西宁马，三为四川马，四是西康马。而各类型之马，无论体型、身长、负重、行走能力等方面均相差悬殊。1900年，法人由北非输入中国东北部阿拉伯或拨尔布血统之种马百匹。1907 年马群解散，分售内蒙古各部。由于事先既无计划，

---

① 许振英译：《中国畜牧改良计划》，《中央畜牧兽医汇报》，1944 年，2 卷 2 期，第 21 页。

② 沈宗瀚：《农林垦牧》，中央训练团党政训练班讲演录，1939 年，第 13 页。

③ 谢成侠：《中国养马史》，科学出版社，1959 年版，第 253 页。

复缺组织，故无形中被土种所卷吸，仅剩些微陈迹，不时重现。[①] 而新疆、东北各地，毗连西伯利亚，故不免与血统不明之俄马混杂，体躯增大，然并无具体育种计划，故结果确实如何，亦无从得知。1935 年，国民政府军政部为改良军马，在江苏句容成立种马场。其马政计划则是利用阿拉伯种公马与良种蒙古母马杂交，以期育成类似法国盎格鲁阿拉伯马的中国新品种。种马场内设有马厩 10 幢，共育有 11 匹阿拉伯马，其中公马 6 匹，母马 4 匹，幼驹 1 匹，后又输入澳洲产英纯血种马 20 匹。并附设兽医诊疗室、蹄铁工场、研究室、调教场、牧草实验区、饲料库、农具库等。[②] 1937 年，新疆省政府由苏俄购入公马 50 匹进行杂交改良，据称所获子代，较土种高大健壮。[③] 而沿海大埠，也曾由外国输入马匹，然专供跑马比赛，并未参与级进改良工作。其附近所产之马，亦恐无此血统。全面抗战爆发后，句容种马场所有设施均毁于战火，种马场奉命撤往西部地区，先撤至湖南常德，后又撤至贵州清镇，并在贵州设立民马配种场 7 处。同时又从伊拉克引进阿拉伯种公马 7 匹，母马 15 匹，幼驹 1 匹，共 23 匹。[④] 并采用级进杂交方式，使外血统品种的优良性能最大限度地在杂交品种上得到体现，且注重对优良品种进行纯种繁育，务使其优良性能不致退化。人工授精技术的采用，则大大提高了优良种公马的利用率。因此，战时这些国外优良种马的输入，对中国马匹的改良无疑起了一定的积极作用。

---

①　崔霍成：《改良西北畜牧意见书》，《中华农学会丛刊》，1927 年，第 59 期，第 12 页。

②　谢成侠：《中国养马史》，科学出版社，1959 年版，第 279 页。

③　刘行骥：《新疆省畜牧兽医概述》，《畜牧兽医月刊》，1944 年，4 卷 5 期，第 37 页。

④　张仲葛、朱先煌：《中国畜牧史料》，科学出版社，1986 年版，第 103 页。

（二）猪种的引进与改良

民国时期，"大量的外国猪种通过不同途径引入中国，对中国猪种改良起了相当大的作用"[1]。1936 年夏，中央大学畜牧兽医系得到美国洛克菲勒基金资助，开始对中国猪种进行改良。改良工作由许振英主持，其先后自美国进口巴克夏猪、约克夏猪、切斯特白猪、波支猪、汉普夏猪和杜洛克猪等猪种，并将其中一部分用作纯种繁殖，另一部分则用于级进杂交。[2] 全面抗战爆发后，这些引进猪种被迫迁往四川成都，中央大学畜牧兽医系乃与四川省农业改进所合作，继续进行品种改良。1941 年，以巴克夏、约克夏与当地优良猪种杂交后育成的新猪种具有早熟、易肥、饲料利用率高、加工品质好等优点。[3] 同时，川农所对四川省所产的优良猪种，尤其是荣昌白猪及内江黑猪，也进行了繁育推广。这两种猪因生长迅速，繁殖及适应力强，兼以猪鬃产量特高，实为不可多得的良种。故川农所特在内江和三台设立种猪场，分别主持内江黑猪和荣昌白猪的改良与推广工作。遗憾的是，1941 年后因经费紧张而不得不停止试验。总体上看，猪种的引进与改良，"由于时间持续不长，仅获得一些初步改良效果，未能育成一个标准品种，仅有一些杂交代数不一的杂种猪"[4]。

（三）耕牛的改良

清季至民国时期，由于政府对耕牛的改良未加重视，听任耕牛繁殖的群交乱配，使其役用性能普遍下降。而抗战以来，随着战区的扩大，农民颠沛流离，畜牧损失巨大，其中尤以耕牛的损

---

[1] 吴英华：《改进东三省猪种意见书》，《农业周报》，1930 年，第 24、25 号，第 17 页。

[2] 许振英：《中国的畜牧》，上海永祥印书馆，1950 年版，第 47 页。

[3] 四川省档案馆：《四川省农业改进所档案》，全宗号民 148，案卷号 2338，卷名《四川省农业改进所畜牧改良场关于猪育种试验报告》。

[4] 许振英：《中国的畜牧》，上海永祥印书馆，1950 年版，第 51 页。

失最甚。耕牛是农民的首要生产工具，为增加战时农牧产收入，以及备战后供应农人所需，全国生产会议呼吁西部地区各省均应设法增加耕牛的繁殖，并"由中央及省县农业机关在后方省份内择荒田、空谷、旷野就经费可能范围内繁殖耕牛，注意选种及尽量利用已有的外国纯种乳用或肉用种之壮者推广杂交"，且应"由政府农业经济机关如农本局贷款农人增养耕牛"。① 众多社会有识之士也极力主张繁育耕牛，以应战时发展农村经济之需，国民政府亦鉴于畜力在开发西部地区农业中的重要作用，着手耕牛改良工作。行政院遂拟具战时耕牛繁殖办法，呈请中央通令各省迅速举办，借以增强西部地区实力而济牛荒。其案称：

本院对于繁殖耕牛一项，经加研究并拟具改良繁殖进行步骤纲要：一，厘定奖励保护耕牛暂行办法；二，调查登记各县适合繁殖耕牛标准；三，设立大规模种牛改良场，育成大量优良种犊牛，尽量与母牛交配；四，检查民有种犊牛，优者暂准留供种用，劣者去势淘汰之；五，厉行耕牛总检查，将老弱羸瘦的母牛淘汰；六，普及耕牛保险；七，厉行防疫；八，大量供给预防用的血清疫苗；九，训练大量兽疫人才以应需要。以上所举诚为改良畜牧必经的途径，即征之各国，改良畜牧所采方策也无逾于此。顾事有轻重，时有缓急，抗战而后，沦入战区耕牛惨遭屠杀者，宁可数计，将来各战区恢复立需巨数之耕牛补充，而牛之滋生至慢，专恃改良繁殖，比数年后始成效可期，缓不济急，不问可知。故借此非常时期，自非另筹非常方策，殊不足以济恢复战区牛荒之窘。②

---

① 全国生产会议秘书处编：《全国生产会议总报告》，沈云龙主编：《近代中国史料丛刊》，3编44辑，文海出版社有限公司，1988年版，第39页。

② 中国第二历史档案馆：《拟请中央在各省设立大规模畜牧场案》，《中华民国史档案资料汇编》，第5辑第2编，财政经济8，江苏古籍出版社，1994年版，第123页。

1940 年，农林部渔牧司开始在西部地区筹建耕牛繁殖场。1943 年分别在江西临川、湖南零陵、广西桂林、四川南川、贵州湄潭等地设立了 6 个耕牛繁殖场和一个西北役畜改良场。负责选择当地优良黄牛和水牛，进行品种改良，并与西部地区各省农业改进机关密切配合，以促进其耕牛繁育工作。其后，由于战事的发展及经费紧张等原因，6 个耕牛繁殖场遂合并成南川、湄潭、零陵、成都 4 个场。繁殖场选育耕牛的主要目的是提高黄牛和水牛的体尺、体重和挽拉能力，而对黄牛、水牛的产肉和产乳性能则未列入改良计划。"通过六年的选育，川、湘、陕、黔四省种用黄牛平均体尺、体重均达到了预定标准，其中陕西秦川牛的体尺、体重指标最佳。4 个耕牛繁殖场在抗战期间共繁殖耕牛近万头，与民间耕牛配种 5 万余头。"[1]

（四）羊种的引进与改良

清光绪十八年（1892 年），政府从新西兰购入 6 只美利奴羊运往察哈尔，供杂交改良之用。[2] 此为中国最早引进国外绵羊以改良中国本地绵羊之尝试。此后，绵羊引进工作逐渐展开。1937 年四川家畜保育所从美国购入兰布里种羊 50 头，并生产出大量杂种后代。[3] 全面抗战爆发后，为改进羊毛品质及产量，增加出口换汇，支援抗战起见，1940 年国民政府农林部始设西北羊毛改进处。翌年乃自新西兰选购美利奴羊、考力代羊、洛姆尼羊、林肯羊共 150 只，输入境内以供杂交。旋因太平洋战争爆发，只能由西藏入境向内地运输，但旅途羊只损失极大，仅余 20 只，

---

① 许振英：《中国的畜牧》，上海永祥印书馆，1950 年版，第 63 页。
② 谢成侠：《中国养牛羊史》，农业出版社，1985 年版，第 23 页。
③ 李群：《中国近代畜牧业发展研究》，南京农业大学博士学位论文，2003 年，122 页。

遂拨给西藏地方政府。[①] 1942 年，中央畜牧实验所在云南省宣威县建立绵羊场，研究当地绵羊，并以 4 头兰布里纯种公羊与云南宣威及贵州威宁本地绵羊杂交，繁育出一代杂种羊 50 余只。该杂种羊体型比本地羊骨骼结实，初生重也比本地羊大，被毛渐趋纯白，产毛量亦较本地羊提高了 31.49％。[②] 1944 年 1 月，为改进甘肃绵羊，西北羊毛改进处又将新疆伊犁巩留羊场所饲育的兰布里哈萨克五代改良杂种羊 110 头运往甘肃永昌、岷县、海原、中宁等地进行繁殖，繁育情况良好。[③]

与此同时，新疆的羊种杂交工作也取得了一定的进展。1939年，新疆伊犁巩留种羊场从南山种畜场挑选了两个父系杂种母羊 1 675 只，包括高加索杂交一、二代母羊及三代母羔 150 余只，普瑞考斯杂交一、二代母羊百余只，并加入伊犁种羊场原有的杂种母羊 900 余只（包括高加索杂交一、二代母羊 500 余只，普瑞考斯杂交一、二代母羊 400 余只），以及从苏联引进的高加索公羊 42 只，普瑞考斯公羊 90 只，分两系进行级进杂交。[④] 1941 年后，伊犁种羊场开始向民间推广级进高代公羊和横交后代公羊，以改良哈萨克羊及蒙古羊。其中改良所用公羊主要是以四代杂种为标准，当时称之为"新疆式种羊"（又称为"兰哈羊"），至 1949 年累计推广新疆式种羊 3 894 只。[⑤] 这些种羊均与土种羊杂交，以改良土种母羊。"新疆伊犁种羊场的绵羊育种工作，是近

①　张松荫：《中国绵羊事业之鸟瞰及其品质之研究与改进之商榷》，《畜牧兽医季刊》，1940 年，3 卷 1 期，第 22 页。

②　许振英：《云南绵羊及其改良经过》，《畜牧兽医月刊》，1942 年，2 卷 7 期，第 33 页。

③　蔡无忌、何正礼：《中国现代畜牧兽医史料》，科学技术出版社，1956 年版，第 39 页。

④　许康祖：《中国的绵羊与羊毛》，永祥印书馆，1950 年版，第 39 页。

⑤　刘行骥：《新疆省畜牧兽医概述》，《畜牧兽医月刊》，1944 年，4 卷 5 期，第 39 页。

代绵羊育种史上较有成效的育种活动，虽然当时未能育成一个标准品种，但是育种工作在有条不紊地进行，杂交工作也进入了横交固定阶段，这在中国近代绵羊育种史上是少见的。"[①]

（五）鸡种的引进与改良

近代中国鸡种改良肇始于 1922 年通州潞河中学附设之潞河乡村服务部鸡场。其时之试验，主要是使用白来航鸡与本地鸡种杂交，然后再与白来航鸡回交。结果表明，白来航鸡与本地鸡杂种一代产卵量提高不大，而第一次回交提高最大，但以后逐代的回交，产卵量虽有提高，效果却不是特别明显。抗战时期，山西铭贤学校也引进了白来航鸡、芦花鸡等优良鸡种，并开展了白来航鸡与土种鸡的杂交育种试验。据试验报告，土种鸡无论初产日龄、平均蛋重及全年产卵数等指标均不如来航鸡，而杂交后代的产品性能虽不能与来航鸡相比，但比土种鸡大为提高。1943 年，许振英、范宝珍与广西、湖南二省农业改进所合作，以单冠白色来航鸡与桂林、衡阳地方鸡杂交，开展产卵日期、200 日龄重及产卵量试验，结果表明，杂交后代的产蛋性能比土种鸡均有提高。[②] 战时鸡种的引进和改良工作取得了相当大的成就，"但是由于鸡育种工作短期内难以取得成效，外部环境也不能提供良好的育种条件，因此也就未能育成性状相对稳定的标准品种"[③]。

三 兽疫防治

中国畜类疾病至为普遍，此种病菌及寄生虫，每年造成畜类

[①] 中国畜牧兽医学会：《中国近代畜牧兽医史料集》，农业出版社，1992 年版，第 306～307 页。

[②] 许振英、范宝珍、杨源聚：《广西土法人工孵化法初步试验报告》，《中央畜牧兽医汇报》，1943 年，1 卷 3～4 期，第 15 页。

[③] 刘鸿勋：《发展我国养禽事业之途径》，《畜牧兽医月刊》，1944 年，4 卷 12 期，第 37 页。

死亡之数字殊足惊人。不仅畜产皮、毛减少，并有数种疾病可传染人类，影响人类健康。此种畜类疾病如不加防治，中国畜牧事业甚难发展。战前全国畜产年产值约 30 亿元，但因兽疫四处流行，畜产因瘟疫而遭受之损失每年为 7 亿~10 亿元，且以牛瘟、猪瘟、鸡瘟为最烈。① 每次发生蔓延数县，猪死于瘟疫者占 20%~30%，鸡死于瘟者甚至高达 80%，而牛瘟尤其普遍，以产牛区域如川、黔、陕、甘、宁、青等省最为剧烈，每年死亡占 40%以上。② 兽疫成为大规模发展畜牧生产的第一障碍。其所以能如此蔓延并造成巨大损失，主要是由于以下几点："一是农民牲畜不卫生，以致疾病丛生；二是集合放牧，增加疾病传染机会；三是剥食售卖，运输病畜及肉、骨骼，扩大传染因素；四是缺乏兽疫防治机关主持预防治疗工作，以扑灭病根。"③ 因此，战时为增加农村动力，稳固农村经济，发展畜牧事业，兽疫的防治实为要图。然畜牧病疫种类繁多，不特各种之病疫，即一种牲畜也有多种病疫，本应均加研究，实施防治，但因战争环境及人力、财力、物力所限，与其兼顾各种病疫，不如集中人才、经济，认定几种最重要、影响农人经济最大的畜疫，谋普遍的防疫，反易收经济上最大的效果。而关系农人经济最大的兽疫莫过于猪瘟、牛瘟、马瘟、羊瘟等 4 种。故 1940 年农林部部长陈济棠明确提出防治目标：防治牛瘟，以减少畜牧灾害损失，拟于三年内减少死亡600 000头；防治乳牛结核病，拟于三年内全部肃清；防治猪瘟丹毒等疫病，拟于三年内减少死亡45 000 000头；防治羊痘、羊疥癣等症，拟于三年内减少死亡840 000头；制造兽疫血清菌苗以利防疫，拟于三年内制造各种兽疫血清

---

①　钱树人：《家畜保险与防疫》，《农业推广通讯》，1941年，3卷10期，第21页。

②　《实业部调查全国兽疫情形》，《农业周报》，4卷1期，1935年，第37页。

③　胡祥璧：《西北兽疫防治之回顾与前瞻》，《畜牧兽医月刊》，5卷11—12期，1945年，第41页。

24 000 000立公分①，菌苗7 500 000立公分；制造兽医用具，拟于三年内供给80 000件。② 同年，农林部乃出台《防治兽疫计划草案》，指出防治兽疫的目的在平时为保持牲畜的健康，在兽疫发生时则应采取最有效、最经济的方法，以制止其蔓延，扑灭其根源。并拟具了具体办法：

一，成立中央兽疫预防委员会。由于目前各省兽疫的防治，除设有防治机关者外，其余各省因缺乏组织人才、药品仪器，兽疫流行时，无法制止。应依国民政府1937年10月颁布的兽疫预防条例第三条的规定，组织中央兽疫预防委员会处理各省兽疫防治事宜。根据前述兽疫预防条例，由经济部草拟中央兽疫预防委员会组织条例，呈行政院转立法院通过后即成立。经费开支为6万元，由行政院负担。

二，成立各省兽疫预防委员会。各省防治兽疫方针的决定、防疫人员的支配、防疫法令的执行，应由省兽疫预防委员会负责施行。并按照兽疫预防条例第三条规定，由经济部派兽医协助各省组织成立之。经费方面拨旅费2万元，由经济部担任。

三，组织兽疫情报网。兽疫发生首贵报告迅速，方能及时防治，如蔓延日久，区域扩大，则扑灭不易。如去年四川、贵州、湖北、湖南等省牛瘟的大流行，即因报告拖延之故。因此，各省应责成各级地方行政人员为兽疫情报员，负责报告兽疫，此外由省兽疫预防委员会聘请地方热心人士为义务情报员，以补地方行政人员之不及。当兽疫发生时，依级报告最后至省兽疫预防委员会，及中央兽疫预防委员会，由中央兽疫预防委员会担负印刷费、邮电费及报告资金5 000元。

四，设立县兽疫防治员。各省区域辽阔，兽疫发生时，决非

---

① 1公分等于1厘米。
② 陈济棠：《农林建设》，中央训练团党政高级训练班编印，1940年，第23页。

少数人在短时间内能够扑灭，必须在平时注意家畜卫生，防患于未然。故应设立县兽疫防治员，负责县内防疫宣传及执行防疫条例事宜。如遇疫区扩大，则调邻县防治员协助，此种组织在广西执行4年，已见成效。具体办法则视各县经费的多寡，规定兽疫防治人员1或2人，受省兽疫预防委员会指挥，在县内从事兽疫防治工作。人员薪俸、出差旅费等每人每年约500元，加入县政府预算。

五，组织兽疫防治督导团。兽疫邻县区域，须用多数兽医人才，方能执行隔离、消毒、预防、注射等有效工作，在缺乏兽疫防治人才组织之省，应由中央派遣兽疫防治督导团，协助各省防疫。具体办法是，由中央兽疫预防委员会组织兽疫防治督导团5队，每队设队长1人，队员2人，合计15人。于平时出发各省调查兽疫，接到兽疫报告时，驰赴疫区防治。由中央兽疫预防委员会拨款15 000元作为经费。

六，举行全国兽疫会议。国内从事兽医事业及教育者虽为数不多，但各学有所长，对于兽疫防治人员的训练、牲畜的检验，皆具有经验，如能相互贡献意见，讨论各种实施办法，则所得结果必能圆满。具体办法，由中央兽疫预防委员会于最近期间召集于重庆，并由中央兽疫预防委员会负担1 000元费用，其他旅宿费则由各赴会会员原机关担任。

七，训练兽疫防治人员。为推进各项兽疫防治工作所需用的技术人员，必须积极训练方敷应用。具体办法，由中央兽疫预防委员会委托现有兽疫防治机关，如四川省农业改进所血清制造厂、广西家畜保育所、江西农业院、贵州省农业改进所，每处20人，每期训练时限半年，学员由各省保送，教师除各机关原有者外，由经济部及中央农业实验所派兽医协助，结业后分派各省应用。学员膳食、宿费及往来旅费由各省负担，训练期间旅费及实习材料费由训练机关负担，经济部及中央农业实验所所派兽医由原机关负担。

八，增加制造兽疫生物药品。兽疫生物药品，为防治兽疫重要工具之一，目前较大规模制造者，有四川省农业改进所血清制造厂及广西家畜保育所，其他各省皆仰赖于此二处，应尽量增加产量以供需要。具体办法，由经济部中央农业实验所补助经费及委托制造，以供需要。经费则由中央农业实验所补助制造费30 000元，委托制造费20 000元。

九，推行牲畜保险。牲畜死亡，农民为挽救损失，往往剥食售卖病畜，以致畜疫蔓延，对于防疫设施诸多阻碍，提倡牲畜保险可以保障农民资产及增加防疫效率。具体办法，初办时限于耕牛，用合作社方式组织之，鉴定区域，凡在区域内合格的耕牛，一律保险，遇发生疾病时，立即报告，派员医治，遇有死亡时，照评价80％赔偿之，如疾病不报，则死亡不付赔偿之则。保设分社，联保设保险合作社，县设联合社，省设总社。向农本局再保险，将盈余的一部分拨作防疫经费，先由四川及广西2省试办，待有效再推广其他各省。经费由农本局拨款100万元，为再保险基金。积极推行该计划一年，以后的预测结果如以减少牲畜死亡损失40％计算，则在直接的方面可消极增加牲畜价值2亿8千万元，至于促进农作生产，调节农村金融等间接收获，将未可计量也。[1]

按照上述草案规定，除中央成立兽疫预防委员会外，地方各省还成立了以本省农业改良机关为主的畜牧兽疫防治督导团，县级农业推广所则成立相应的兽疫防治队，以防治猪牛瘟疫流行，减少疾病死亡，增进畜产。按照规定，各县兽疫防治队在遇到猪牛疫病流行，人力、财力不足时，得呈请省农业改进所兽疫防治

---

① 中国第二历史档案馆：《防治兽疫计划草案》，《中华民国史档案资料汇编》，第5辑第2编，财政经济8，江苏古籍出版社，1994年版，第57、58页。

督导团辅导办理。各县猪牛疫病防治工作以指导家畜卫生事宜及办理防疫工作为主，以家畜病症的治疗为辅，具体猪牛卫生指导事项则由县农业推广所各中心推广区办理，由兽疫防治队协助进行，家畜疫病防治由兽疫防治队办理，各中心推广区负责办理登记、调查及其他协助事项。县级兽疫防治采取定期巡回方式轮流办理，其基层接受机构则以各乡镇农会组织为限，必要时得普遍办理之。各乡农会会员凡欲享受县推广所疫病防治权利者，须向农会缴纳家畜卫生费 2 元①，凡未加入农会，临时请求办理疫病防治者除应立即加入农会外，还需缴纳家畜卫生防疫费 16 元。②赤贫农户和抗战军人家属经证明属实者可免缴费用，并有优先享受权。所收费用则专用于发展农会内兽医事业，不得移作他用。各县农业推广所还出台了相应的猪牛卫生指导实施细则、猪牛疾患治疗实施细则、猪牛预防注射实施细则等，以指导本县兽疫防治和预防。

1941 年，沈鸿烈继任农林部部长后，亦要求增设兽疫血清制造厂，以期充实中央各血清制造厂，充实各省血清制造厂，充实兽医用具制造厂。而在防治兽疫方面则要求：①筹设赣粤边区、川甘陕边区、川滇康边区、黔桂边区、浙闽边区等防疫总站，区内每县设防疫员 1 人；②充实川、黔、湘、鄂四省边区防疫总站，每县设置防疫人员；③充实西北兽疫防治处及其青宁两省工作站巡回工作队。③嗣后，中央畜牧实验所即于同年在广西桂林良丰成立，其前身为中央农业实验所畜牧兽医系和农林部兽疫防疫大队。该所成立后，将原防疫大队扩展为 10 个防疫分队，

---

① 全国生产会议秘书处编：《全国生产会议总报告》，沈云龙主编：《近代中国史料丛刊》，3 编 44 辑，文海出版社有限公司，1988 年版，第 40 页。

② 全国生产会议秘书处编：《全国生产会议总报告》，沈云龙主编：《近代中国史料丛刊》，3 编 44 辑，文海出版社有限公司，1988 年版，第 40 页。

③ 沈鸿烈：《农林建设》，中央训练团党政高级训练班编印，1942 年，第 11 页。

分赴各区从事防疫工作。同年 10 月，川、黔、湘、鄂四省边区防疫总站及兽疫防治大队亦成立。中央畜牧实验所防疫机构在 1941 至 1942 年的一年多时间内，重点进行了牛瘟防治，区域涉及云南、贵州、四川、湖北、湖南、广西等 6 省，预防注射牛只 9 435 头，治疗注射而痊愈者 407 头，使用血清 42 万余毫升、脏器疫苗 15 万余毫升。这些防疫活动，除间接挽回经济损失外，直接挽回经济损失达 800 万元。[①] 详见表 2-31：

表 2-31　中央畜牧实验所 1941 年至 1942 年
云、贵、川、鄂、湘、桂防治情况表

（单位：头）

年别	省别	县数	防治注射血清	疫苗	血清治疗	保存耕牛数
1941 年	云南	5	515	1 180	59	1 754
1941 年	贵州	11	864	2 915	183	3 962
1941 年	四川	4		824		824
1941 年	湖北	1	7	37	3	47
1942 年	云南	9	1 068	1 571	141	2 780
1942 年	湖北	1	82			82
1942 年	湖南	3	273	18	4	295
1942 年	贵州	4	2	68	16	86
1942 年	来宾第三耕牛场		9	2	1	12
总计		38	2 820	6 615	407	9 842

中央农业实验所：《本所三年中事迹撮要·兽医部分》，《中央畜牧兽医汇报》，1945 年，3 卷 1 期，第 17 页。

---

① 《农林部各区兽疫防治处概况》，《畜牧兽医月刊》，1947 年，6 卷 10—12 期，第 29 页。

青海省是兽疫危害较为严重的省份，30 年代初期曾有较大规模的传染病流行，死亡牛只等家畜达 70 万头以上。[①] 其兽疫防疫的主要对象则集中在流行最烈、损失最大的牛瘟、牛出血性败血症、牛肺疫、炭疽、鼻疽等传染病。抗战时期，青海牛瘟及牛出血性败血症亦十分流行，家畜死亡惨重。因此，青海省政府商请农林部设立青海省兽疫防治机构。1941 年，青海省原有兽疫防治机构归并农林部西北兽疫防治处（兰州），防治处所设兽疫防治所则并入青海兽疫防治大队，并成立西宁血清厂，积极进行防疫。然而好景不长，1942 年底，青海牛瘟极为猖獗，死亡牛只逾百万头。[②] 翌年春农林部即在西宁特设青海兽疫防治处，立即开展兽疫防治工作，其防治注射情况详见表 2—32：

表 2—32　农林部青海兽疫防治处历年工作统计表

具体情况	1943 年	1944 年	1945 年
防治疫苗血清数（万毫升）	18.4	8.7	46.7
防治家畜数（头）	12 802	8 354	28 438

中国畜牧兽医学会：《中国近代畜牧兽医史料集》，农业出版社，1992 年版，177 页。

抗战时期，广西省亦积极开展兽疫防治工作。1938 年，广西省农业改进机关便制订了兽疫防治计划："（一）调整各级兽疫防治人员。为健全防疫组织增进工作效率起见，本年六月间任命中央农业实验所技正寿标为家畜保育所副主任，对于该所原有技术人员及各县防疫人员均重新加以调整，并力谋制药方法之改善。（二）规定疫畜扑杀偿金。为减少防疫困难救济农民损失起

① 张逢旭：《六年来青海兽疫防治工作》，《畜牧兽医月刊》，1942 年，2 卷 10 期，第 45 页。
② 张逢旭：《六年来青海兽疫防治工作》，《畜牧兽医月刊》，1942 年，2 卷 10 期，第 45 页。

见，本年度规定扑杀疫畜时酌按该畜价值予以五分之一赔偿，由本年农业建设预备费项下提拨法币一万元，为该项扑杀赔偿金。（三）提倡家畜保险。为保障家畜生命，发展畜牧事业起见，经制定广西省办理家畜保险大纲及各项办法通彻施行，并饬各县农管处积极提倡宣传，以期将来进行顺利。（四）整理全省屠宰物。制定广西各县屠宰场组织章程及检验规则，令饬各县遵照办理，厉行肉品检验，促进人民健康。（五）训练现任防疫技术人员。为增进各县防疫人员之技术与知识起见，特饬家畜保育所开设现任兽疫防治人员训练班，分期调集各县防疫人员入班受训。（六）派员视导所属各机关工作状况。为督导各机关工作，藉资增进工作效能起见，先后派员前往视察种畜场、家畜保育所，及各区防治所、各县农管处、县农场工作，并积极指导改进。"①1940 年，又将原设于 1936 年的南宁、玉林、平乐、百色、柳州五个防疫区（每区辖 20 县，每区设一兽疫防治所）的防疫所撤销，防疫事宜则由各区专员公署负责办理。而广西家畜保育所、各区专员公署及县，均由省政府派驻防治兽疫人员，以备兽疫发生后随时调派。经过多年努力，兽疫防治工作也取得了一定成绩。详见表 2-33：

表 2-33　广西省 1937 年至 1941 年兽疫防治情况表

（单位：头）

年别	预防注射数	患病数	治愈数	死亡数
1937 年	12 494	1 317	883	443
1938 年	5 451	1042	583	459
1939 年	4 463	4 346	1 018	3 328

① 郑庚、张照：《广西之畜产事业》，《中央畜牧兽医汇报》，1944 年，2 卷 4 期、3 卷 2 期，第 19、33 页。

年别	预防注射数	患病数	治愈数	死亡数
1940 年	9 568	964	543	421
1941 年	101 993	1 161	641	520

郑庚、张照：《广西之畜产事业》，《中央畜牧兽医汇报》，1944 年，2 卷 4 期、3 卷 2 期，第 19、33 页。

由上表可知，通过预防注射的家畜，其防治效果显著。又据寿标统计，1940 年广西因牛瘟死亡牛数为 6 005 头，而家畜保育所未成立的 1933 年因牛瘟导致 110 680 头牛只死亡，可见兽疫防治工作收到明显效果。[①] 1940 年死亡的 6 005 头中，有 93％是在未及防疫的情况下死亡的，防疫措施实施后死亡牛只仅占总死亡数的 7％。[②] 如再进一步努力，广西牛瘟即可扑灭，惜因家畜保育所于 1944 年毁于日军战火，防疫工作遂告中止。

四川省兽疫亦十分普遍，并且死亡颇大。据调查，全省每年因瘟疫死牛约 20 万头，占 40％以上，经济损失达 1 千万元之巨。[③] 1938 年四川省农业改进所成立后，积极采取兽疫防治措施，至 1942 年共对 120 个县的牛瘟和 100 个县的猪瘟进行防治，共计注射牛 57 943 头，猪 42 402 头。[④] 其措施主要有三：一是在梓潼、盐亭、剑阁等地春季牛马庙会时实施强迫注射；二是在川

---

① 寿标：《一年来广西牛瘟之分布及防治经过》，《畜牧兽医月刊》，1941 年，2 卷 2 期，第 29 页。

② 寿标：《一年来广西牛瘟之分布及防治经过》，《畜牧兽医月刊》，1941 年，2 卷 2 期，第 31 页。

③ 四川省档案馆：《四川省农业改进所档案》，全宗号民 148，案卷号 2342，卷名《四川省农业改进所畜牧改良场关于猪牛瘟病调查统计报告》。

④ 四川省档案馆：《四川省农业改进所档案》，全宗号民 148，案卷号 2345，卷名《四川省农业改进所畜牧改良场关于猪牛瘟防治总报告》。

南盐、糖产区集中施行预防注射；三是家畜保险后预防注射。[①]
经过预防注射后，家畜患病及死亡率均大为降低。如 1940 年川
北牛马庙会时施行牛瘟预防注射后，半年间该地又发生牛瘟，经
过调查发现未注射牛只死亡率为 55%，注射血清的 216 头牛中，
仅有 2.3% 即 5 头牛死亡，而注射牛瘟脏器疫苗的 200 头牛则无
一死亡。[②] 1941 年，川农所又对 7 县 3 254 头猪使用血清及菌液
同时注射，以预防猪丹毒病，半年后调查发现，在 173 头死亡猪
中，患猪丹毒死亡者为 41 头，仅占预防注射的 1.26%。[③] 这些
预防措施取得的立竿见影效果，使农民脑海中旧有的瘟疫不治、
鬼神作祟、时运欠通等谬见，转瞬烟消云散。在目睹了瘟疫能够
防治及理解了传染有多方原因后，民众"脑筋一新，热忱勃勃，
对于防疫注射，多深信无疑，而主动请求防治者甚众"[④]。唯因
生物药品有限而不能满足民众要求。

贵州省也于 1938 年组建兽疫防治督导团，除向中央及广西
借用兽疫防治人员外，还开办畜牧兽医训练班，充实兽疫防治人
员。然该团于同年 11 月解散，防疫工作则转由贵州省兽疫防疫
委员会承担。自 1939 年开始，该委员会除在贵州东北部诸县组
织防治牛瘟外，还督促全省各县组织兽疫防治分会，并派员赴各
区宣传防治兽疫的重要性，指导各分会进行兽疫防治。同时，又
以联保为单位，组成兽疫防治情报网络，一旦兽疫发生，能及时
报告，以便组织防疫，从而使兽疫造成的危害尽量减轻。其防治

① 四川省档案馆：《四川省农业改进所档案》，全宗号民 148，案卷号 2345，卷名《四川省农业改进所畜牧改良场关于猪牛瘟防治总报告》。
② 四川省档案馆：《四川省农业改进所档案》，全宗号民 148，案卷号 2345，卷名《四川省农业改进所畜牧改良场关于猪牛瘟防治总报告》。
③ 四川省档案馆：《四川省农业改进所档案》，全宗号民 148，案卷号 2345，卷名《四川省农业改进所畜牧改良场关于猪牛瘟防治总报告》。
④ 叶仰山：《四川省兽疫之政治防疫法》，《农业推广通讯》，1942 年，4 卷 6 期，第 61 页。

情况详见表 2-34：

表 2-34　贵州 1938 年至 1939 年兽疫防治情况表

（单位：头）

年别	保全牛只	治愈牛只	死亡牛只
1938 年	100 690	256	46 059
1939 年	6 202	562	2 571

虞振庸：《黔省之畜牧事业》，《畜牧兽医月刊》，1941 年，1 卷 5—6 期，第 29 页。

总之，抗战时期，由于国民政府对开发西部地区农牧业的重视，云南、贵州、四川、湖北、湖南、广西、青海等省的畜牧业获得了一定程度的发展，近代畜牧科技得以大量引进，畜牧人才得以聚集，畜牧科研得以开展，从而推动了西部地区各省畜牧业的现代化进程。

第三章　西部地区农业改良活动（下）

抗战时期，因时局关系，增加生产之道，不外以引进优良种子、兴办农田水利、科学施肥和防除病虫害为要。为提高农作物产量，各省农业改进所除积极开展育种工作，培育出大量优良品种并推广外，还开展了病虫害防治和科学施肥研究，并建立了药剂厂和骨粉厂，生产出大量杀虫抗病药剂和肥料，以增加农产。同时，由于西部地区蔬菜水果供应紧张，如改良园艺则既可增加食物和营养，解决西部地区尤其是前线军需，又可增加农民收益，活跃农村经济，实为一举两得。而战时因军需用材浩繁，森林砍伐严重，为抗战建国计，森林亦亟须改良，故各省农业改进工作也兼及了园艺和森林方面。

第一节　病虫害防治

一　病虫危害情况

一般而言，农作物的敌害，不外乎病害、虫害和灾害三者。灾害如水、旱、风灾，都不是人力所易于防治的，另外两种物害则是人力所能够设法防止的。一种是植物的害，如病菌、秕和野草等，往往在作物的生长期间，侵入它的躯体或杂处行间，吸取养分，危害作物的生命或阻止它的生长，这是非常有害的，自应用科学的方法，研究防除这种病菌、秕和野草的方法。又一种是动物的害，最显著的是昆虫的危害。欧美各科学昌明的国家都把病虫害看作农业上一个很重大的问题，专设局所，并由学校成立专科来极力研究预防和驱除的有效方法。如美国过去曾费去许多金钱，设立专管机关，延聘专门人才，研究如何消除害虫的方法。经过专家多年埋头苦干，虫害问题已得到相当缓解。每年农业的收入较前能增加几亿元。反观国内农人，则认为病虫害也是一种不可制止的天灾，向来只抱着听天由命的消极态度，不加预防，致素称以农立国的我国，农业科学远不及欧美工业国家的发达。有鉴于此，孙中山先生曾在民生主义第三讲中，把这个问题纳入增加农业生产的 7 个方法中，详加阐述，以提醒国人的注意。于是我国农政的设施，始群起效法欧美各国，在重要市县也有昆虫局、生物检验所这一类机关的出现。在县政府内则有治虫督导员等专职人员的设置。一致采行科学的方法，从事防治病虫害的试验研究。可惜机关人员之设立，仍限于几个重要城镇，对大多数乡村农民，尚未发生引导作用。

而农业受天时地利的支配力很大，凡气候失调、土壤不宜，均足使农作物陷入病境，致有害细菌的活动更烈。细菌种类繁多，均不能自营生活，寄生在高等植物之上，吸取养分，以供其滋长。它们都以粒状孢子生殖，这种孢子飞散在各处空中，故繁殖率和传染率都很大。作物被侵入了，便会现出各种的病状来。若不设法防除，终必至枯死，其中尤以幼弱作物更易传染。且昆虫之于作物为害亦巨，昆虫大多数是产卵繁殖。繁殖力强的昆虫，每年能产种好几次，每次产种的数目又很可观。如遇气候温湿适宜，则更能增进其繁殖。而风力雨水所及，又能把甲地的害虫或虫卵传带到乙地。他如购买苗木和种子时，也常能将附着在苗木或种子上的异地的虫卵传播到本地来，足见害虫的传播力和繁殖力都很惊人。据专家估计，农作物每年遭受病虫害损失，年在 12 亿元以上[1]，为数之巨，颇为可观。如螟虫之患，遍布于水稻区域，为害盛时，白穗满目，每致颗粒无收，全国每年所受总损失，达 5 亿元以上。[2] 至引进的新种美棉，其生长情形虽佳，但自发芽以至成熟，历受地老虎、蚜虫、卷叶虫、金刚钻、红铃虫等的侵蚀，生活力累遭摧残，即使勉强成熟，收成亦必致大减，而仅红铃虫造成的损失就年达 1 亿元之巨。[3] 又如麦作，每届成熟之时，辄有黑穗发生，全穗籽粒变为黑粉，不能供食，每年损失也达 1 亿元左右。[4] 专就四川一省而论，因其幅员辽阔，地形复杂，植物种类繁多，气候条件悬殊，有利于各种病虫害滋生蔓延，对农林生产危害亦巨。1937 年，据省农林植物病虫害防治所报告，水稻螟虫发现于各处，同时，绿椿象、大蚕、稻苞虫等亦无不大肆为虐，受灾面积达到 115 县，各种粮食作物均未幸免，损失最高者近乎其半，最低也达 30％左右（参见表 3-1），仅眉山等 24 县水稻遭受螟害损失就达 738.7 万市石（参见表 3-2），堪称惨重。1938 年大邑等 62 县复遭螟害，粮食损失达 11 032 682 市石。[5] 翌年，全省粮食继受螟害，损失竟高达 17 662 882 市石。[6] 可见，仅螟虫一项造成的损失已相当惨重。

---

① 曾省：《昆虫事业之今昔观》，《农业通讯》，1942 年，4 卷 8 期，第 14 页。

② 李凤荪：《中国治虫之过去概况与战后实施》，《农业通讯》，1942 年，4 卷 8 期，第 17 页。

③ 戴芳澜：《对于改进我国植病事业之一建议》，《农业推广通讯》，1942 年，4 卷 8 期，第 9 页。

④ 全国生产会议秘书处编：《全国生产会议总报告》，沈云龙主编：《近代中国史料丛刊》，3 编 44 辑，文海出版社有限公司，1988 年版，第 195 页。

⑤ 四川省档案馆：《四川省农业改进所档案》，全宗号民 149，案卷号 70，卷名《四川省螟害损失调查统计》。

⑥ 四川省档案馆：《四川省农业改进所档案》，全宗号民 149，案卷号 70，卷名《四川省螟害损失调查统计》。

表 3－1　1937 年四川省 115 县夏季作物受灾情况表

灾情	水稻	高粱	玉米	大豆	绿豆	甘薯	芝麻
作物面积受灾成数估计（总平均%）	51.48	30.97	35.96	49.99	40.02	41.09	31.38
受灾面积估计（亩）	14 883 897	1 888 563	4 718 878	1 859 051	960 383	3 685 514	301 371
受灾损失成数估计（总平均%）	44.54	31.20	29.28	48.61	41.64	24.27	42.65

　　四川省档案馆：《四川省农林植物病虫害防治所档案》，全宗号民 149，案卷号 71，卷名《四川省夏季作物受灾统计》。

表 3－2　1937 年眉山等 24 县螟灾损失统计表

（单位：万市石）

灾情	眉山	宜宾	金堂	大邑	邛崃	郫县	彭山	温江	巴县	犍为	彭县
损失数量	117.9	82	68.5	58.9	57.2	42.9	34.3	28.5	21	20.6	19.4
平均损失率	39%	21%	17%	28%	30%	29%	34%	38%	11%	41%	6%

灾情	华阳	双流	高县	庆符	新津	成都	新繁	资中	灌县	资阳	筠连	合川	乐山
损失数量	19.1	17.8	17.7	16.7	16	15.2	13.1	11	5.1	4.6	4.4	3.7	3.6
平均损失率	11%	24%	33%	28%	15%	11%	11%	35%	4%	10%	42%	3%	13%

　　四川省档案馆：《四川省农林植物病虫害防治所档案》，全宗号民 149，案卷号 70，卷名《四川省螟害损失调查统计》。

　　全面抗战爆发后，疆土日蹙，军需民用孔殷，政府与农民咸致力于农业增产，然因土地资源有限，各种有用作物竞相争地，种植面积必然受限，而产量增加却时不我待，故各种增产之法均须应用，除积极增产外，消极之产量减损，亦不可忽视。病虫害防治即是消极增加粮食产量的有效方法之一，否则病虫一至，为害必烈。"以优良种子栽植于毫无保护的田地，更易遭全军覆没之危，其例已数见不鲜。世界各国对病虫害防治之道，莫不视为要政之一，而以战时尤为然。因其能以最速的方法，保护农林植物免受病虫灾害，以获稳产丰收。"[①] 国民政府对病虫害防治亦十分重视。1938年经济部在《战时农业建设方针》中就明确提出西部地区各省应防除病虫害，以增生产。翌年全国生产会议召开，会议通过了《抗战期间农作物病虫害防治计划大纲案》，对稻虫、棉虫、麦作黑穗病、桑木虱等害虫的扑灭方法及其药械制造、经费等均做了详细规划，以期"稻虫在川桂二省防治120万亩，平均以每亩增收谷产40斤计，共增收谷产48万担，值银144万元（以每担售价3元计）；棉虫在陕川桂滇四省防治187 000至387 000亩，可增收籽棉2 850至5 850担，值银841 500元至1 741 500元（以每担售价3元计）；麦病在川黔二省防治30万亩，可增收麦产6万担，值银3万元（以每担售价5元计）；桑虫在川省北部蚕桑区防治，仅以西充一亩计，可增收春桑20万担，值银40万元（以每担桑售价2元计）"[②]。并规定了具体防治办法：

一　指导川陕滇桂黔五省农民扑治棉虫

自华北沦陷后，陕西实为西部地区唯一之大棉区，而川、滇、桂、黔，虽受气候与害虫之限制，产棉较少，然政府为谋补救棉产自给计，亦正在努力开辟中。查上述各省，蚜虫、卷叶虫、造桥虫、红铃虫为害至烈，其损害棉产，几达30%。诸植棉专家常以西南各省未能畅劈棉区，归咎于虫害太多，诚非虚语也。近几年来，关于棉虫防治方法，已有所成就。如棉蚜以棉油

---

① 全国生产会议秘书处编：《全国生产会议总报告》，沈云龙主编：《近代中国史料丛刊》3编44辑，文海出版社有限公司，1988年版，第195页。

② 全国生产会议秘书处编：《全国生产会议总报告》，沈云龙主编：《近代中国史料丛刊》3编44辑，文海出版社有限公司，1988年版，第205页。

乳剂及烟草水喷浸，成本甚低，而著效极大。卷叶虫以砒酸铅喷浸及人工捏拍，亦能确实增加棉产。中央农业机关应即会同川、陕、滇、桂、黔各省农业机关，将此等已著成效之方法，切实指导农民，扩大推广，以谋直接挽救棉产之损失，间接协助棉产之发展。实施区域：陕西省为泾惠、洛惠、省东、省西、汉中、陕北六个棉区，计16县，从事棉蚜、卷叶虫、造桥虫、红铃虫等之防治；四川省为射洪、三台、中江、蓬溪、泸县等县，从事棉蚜、卷叶虫等之防治；云南省为滇西之宾川、弥渡，从事棉蚜之防治，滇南之开远、蒙自、建水、曲溪，从事棉蚜、红铃虫、卷叶虫之防治；贵州省为赤水、施秉、镇远、青溪、玉屏、罗甸、贞丰、黔西、思南等县，从事棉蚜之防治；广西省为东兰、河池、宜山、思恩等县旧棉区防治棉蚜，在新棉区防治红铃虫。推广方法：（1）举行省县区各级治虫讲习会，训练各级指导人员；（2）就农民之田，设立治虫表证区，以显示治虫之功效，引动农民自动防治；（3）直接指导农民扑制方法，并协助药剂之供给；（4）举行田间展览会，以引动大多数农民治虫之兴趣，并实示治虫之效果。

二　奖励川桂二省农民扑治稻虫

粮食为长期抗战之基础，而川桂二省实为供给米麦杂粮之重要来源，但川省螟虫为害甚烈。据查，大邑、成都等60余县，损失在一成至四成，有35县。桂省则稻苞虫至为猖獗，甚者全田变为废墟，至防治方法，据已有之经验，采毁螟虫卵块，可立即挽回当年损失。收获时，低劈谷桩，又可将其中过冬螟虫砍死及烧死，必能减轻来年之螟患。至稻苞虫则用船梳方法，梳灭幼虫，亦可使水稻恢复健康，生长繁盛。防治区域：四川省为成都、华阳、温江、双流、崇庆、大邑、邛崃、彭山、眉山、仁寿等县，从事螟虫之防治；广西省大约在永淳等县从事稻苞虫防治。推广方法：（1）举办治螟教育与街市宣传，并至乡村小学授以螟虫生活及防治知识；（2）设立治螟表证区，实示农民治螟之功效；（3）由政府赠送或低价售与农民以有效之治螟工具，如船梳及改良劈刀；（4）设立奖励名额，以奖励治虫努力之农民；（5）实施指导农民以防治方法及器具之应用。

三　扑治川黔滇三省麦作黑穗病

川滇黔三省据近年调查，麦作发生黑穗病，甚为普遍，一般损失，约有一成，重者有达8成以上。仅据川黔二省调查，每年麦产损失约有315万担。此病以碳酸铜粉拌种防治，甚为有效。川省且已实行推广，中央宜会同各省制备大量药品，在此病严重区域作较大规模之防治工作，又据查西南各省小麦线虫发生亦甚多，其危害程度每至25％。据试验用清水选种，即可将此病淘汰。政府宜择天气较佳之区域，与黑穗病之防治同时进行。实施区域：四川省为中江、乐至、三台、绵阳、蓬溪、射洪等县；贵州省为贵阳、定番、普安、盘县、青溪等县；云南省待今春详查后再定。推广方法：（1）宣传防病之重要及效果；（2）登记并检验政府推广之麦种及民间自留之麦种；（3）供给药料，指导用法；（4）设立防治表证区显示防治之利益。

四　川省桑木虱之扑除以救桑荒

我国蚕丝主要产地，自江浙粤等地相继沦为战区后，今唯四川是赖。近查四川桑田遭桑木虱为害激烈，以致桑叶尽凋，无可育蚕，农民束手无策。国家为复兴蚕丝，换取外汇计，急应对此虫予以彻底防治，1938年川农所曾在西充指导农民防治，于冬季用网捕杀成虫，并于今春摘除卵叶，剪去虫枝，均可有效。实施区域：西充、南部、盐亭、三台、射洪、郎中六县。推广方法：（1）举行宣传及讲习会，训练蚕桑指导员指导农民扑除；（2）奖励努力扑除之农民；（3）供给捕虫器具，指导农民捕除技术。

五　经费预算

兹将1939、1940年两年中央机关本身之事业费及其补助各省之经费预算，概列如下：

（1）中央补助各省经费（各省担任之经费应与中央补助之数目相同）

省别	1939 年	1940 年
四川省	40 000元	50 000元
广西省	15 000元	20 000元
贵州省	10 000元	15 000元
湖南省	8 000元	10 000元
云南省	5 000元	15 000元
陕西省	5 000元	10 000元
共计	83 000元	120 000元

（2）中央机关本身事业费

药剂制造	40 000元	50 000元
喷雾器喷粉器制造	20 000元	30 000元
指导薪旅费	40 000元	60 000元
共计	100 000元	140 000元

以上（1）（2）项共计183 000元，260 000元。①

由上可知农作物病虫害防除之重要，故国民政府要求："在国家之农业组织中，应有病虫害部分之规定。在中央及省农业机关中，均须设立病虫害系，以与其他农业部门相联系。至于各县，则均应有农业推广所之设立，以接受中央及省方防治病虫害之有效方法，以推行于农民。"② 唯以县之范围甚为广大，故在县农业组织之下，"尚应以农业技术与合作为精神，组织多数之

---

① 全国生产会议秘书处编：《全国生产会议总报告》，沈云龙主编：《近代中国史料丛刊》，3 编 44 辑，文海出版社有限公司，1988 年版，第 196～200、204 页。

② 全国生产会议秘书处编：《全国生产会议总报告》，沈云龙主编：《近代中国史料丛刊》，3 编 44 辑，文海出版社有限公司，1988 年版，第 202 页。

乡村农会，其份子全属农民，是为全国农业推广最小之单位，一切农业改进之有效材料与方法，均当由此机构以达农民。如是则中央农业机关之病虫害系，以从事全国病虫之基础工作，及与数省有关之问题，并推动各省之病虫害防治工作为主旨。省农业机关之病虫害系，则以一省之病虫防治与实验为主旨，而已经实验有效之防治方法，则由县农业推广所及乡村农会普及于农民。于是中央与各省县以一线之牵引，即可推动至于各地之农民"①。抗战以来，国民政府为推动西部地区农业建设，增加农产，扑灭病虫害，对中央及各省之农业机关均已进行调整，中央农业实验所及中央农产促进委员会均设有病虫害防治机构，从事全国病虫害防治之实验与推广。各省农业机关亦大多设有病虫害防治部门，但"各县之农业推广所，则仅四川及广西有之"②。上述政府规定的各种重要病虫害防治方法，仅涉及农作物病虫害之一部分，然农作物种类繁多，而病虫种类更为复杂，"每一种作物，每有数种病虫同时为害，而其防治方法，又各相悬殊，故凡已有之方法，未必尽善，尚待改进，以图增加效能，减少费用，益为农民所乐用。未有防治方法者，或虽有而未易推行者，如麦类散黑穗病、赤徽病、锈病，稻热病、金针虫，棉之金刚钻虫、火风病、叶跳虫、炭疽病、立枯病，果木之天牛、黑点介壳虫，杂粮之地老虎、玉米螟虫，桑树之桑木虱、天牛等，每年流行滋扰，损失奇重，其防治方法亦亟待作切实之试验，俾能指导农民，实行防治，减少损失"③。为此，西部地区各省农业改进所成立后，

---

　　① 全国生产会议秘书处编：《全国生产会议总报告》，沈云龙主编：《近代中国史料丛刊》，3 编 44 辑，文海出版社有限公司，1988 年版，第 202 页。

　　② 全国生产会议秘书处编：《全国生产会议总报告》，沈云龙主编：《近代中国史料丛刊》，3 编 44 辑，文海出版社有限公司，1988 年版，第 202 页。

　　③ 李凤苏：《中国治虫之过去概况与战后实施》，《农业通讯》，1942 年，4 卷 8 期，第 19 页。

在中央农业试验所的帮助下，积极对本省病虫害防治进行了通盘筹划，并在机构中专门成立了由病虫害防治专家组成之研究试验小组，其余非专门研究人员则组成病虫害防治督导团，积极推进本省病虫害研究试验与防治推广工作，以期提高农作物产量。

二　病虫害防治研究

植物大量繁殖的结果导致病虫害迅速增加，而病虫种群急增，大量侵害寄主的结果，复使植物生长、繁殖受到限制，二者恒互为因果。研究植物病虫害，旨在使植物繁殖速度、数量加速，而使菌虫等滋生蔓延趋势减缓，期使自然之平衡趋诸人为之平衡，以增加、提高农林生产之产量与质量，服务于民。为能及时、准确、高效地防治病虫危害，须摸清、掌握其生命规律、生态条件、发生消长、流行蔓延等诸因素，方能主动进行严格控制，彻底清除，从而根绝其危害，保证农林植物的正常生长发育。1938年，为支持西部地区病虫害防治工作的迅速开展，中央农业实验所奉令派员至西部地区各省设立工作站，以提供技术支持。中央农产促进委员会与农林部粮食增产委员会亦积极投入经费和人力，各省农业改进所遂在这三大机构的协助下开展了病虫害防治研究工作。

（一）虫害的防除法

防止虫害的方法有很多，主要有以下几种：①选取对虫害抵抗力强的作物种植；②施行轮作制和冬耕；③耕除杂草；④清洁种子及仓库；⑤烧除害株；⑥播种期要斟酌害虫发生的情形，予以提早或稍迟；⑦选用健全的种苗或枯木；⑧休闲地可用灌溉浸渍法引水入内，以使害虫窒息而死。[①] 害虫发生后的驱除方法：①捕杀法，此乃最简单易行的法子。如蝗虫可用手或捕虫网捕

---

① 《三十年来中国害虫防治事业》（草稿），1942年，第5页。

杀，或于圃地设置陷阱，使虫陷落而打杀之。②诱杀法，普通用灯火或食物诱杀。前者为利用昆虫的趋光性，置汽油灯于一木架上，下设一盘，盛水撒以少许石油或置毒瓶于其中，害虫向灯火发光的地方飞来，乃遂入盘中溺死，或一一中毒而死。后者则放置害虫嗜好的物品，如糖蜜、食饵等，使害虫麇集其间，而杀之。③沟杀法，在农地的四周，掘出一尺多深的沟，驱逐害虫入沟中打杀。蝗蝻的驱杀最适应用此法。④药剂驱杀法，就是利用药剂的毒性来把害虫杀死的方法。药剂的种类很多，比较适用的有以下几种。一是石油乳剂：原料的配合量为石油 2 斤，肥皂 1.5 两，清水 1 斤。调制时，先将肥皂削成薄片，投入清水中煮沸，使之完全溶解，另取一容器盛入石油，加热达华氏 150 度左右，次将肥皂水倾注石油容器内，以唧筒或喷雾器强力搅拌 5 至 10 分钟，遂成牛乳状稍有黏性的浆液，即为石油乳剂的原液。此项液剂，冬季可保存一两个月，夏季也可以保存一个月光景。使用时，须先行稀释，初用温水二三倍调匀，再慢慢地加入清水，至预定所需的倍数为止。然后择定晴朗无风之日撒布，效验很大。但尤须注意者，植物之开花期及撒布波尔多液之后，不宜使用。[①] 二是除虫菊石油乳剂：配合量同前。唯加用除虫菊粉 1.5 两。其法先将除虫菊粉浸渍于石油，不时施以搅拌，约经两昼夜后，把石油滤过，再按照前法同样调制。其适用害虫及施用时稀释倍数为蚜虫类 50 至 70 倍，棉虫类 30 至 50 倍，椿象及食叶甲虫类 20 至 40 倍。[②] 三是除虫菊粉木灰合剂：以除虫菊一份、木灰 10 份的配合比例，将除虫菊粉混入业经细筛筛过的木灰内，充分搅拌，待后予以密闭两昼夜即得。使用时可择朝露未

---

　　① 陈金壁：《几种土产杀虫药剂之研究及其有效之作物蔬菜果树害虫防治》，《广西农事试验场研究专刊》（全一册），1935 年，第 19 页。
　　② 陈金壁：《几种土产杀虫药剂之研究及其有效之作物蔬菜果树害虫防治》，《广西农事试验场研究专刊》（全一册），1935 年，第 21 页。

干之前，用纱布把此粉末包好，一手撒布在菜叶上，对扑杀切根虫、食叶甲虫、夜盗虫、螟蛉等，颇为有效。[①] 四是除虫菊石灰卤水：用除虫菊石卤各 2 钱、水 1 斤，先将石卤投入水中，加热溶解后，再加入除虫菊粉，匀密搅拌，然后密闭一昼夜，即可使用。以之驱杀蚜虫及茶之害虫，非常有效。[②] 五是巴豆石卤液剂：这是国产药剂中的极重要者。用巴豆肉 4 两，肥皂或石卤 8 钱，清水 4 斤，先将巴豆压破，除去外壳，再以铁锤把巴豆肉击碎，浸入 2/3 的清水中数日，继取肥皂削成薄片投入剩余水中，加热溶解，然后将溶液滤过的巴豆液混合搅拌，待液斗调匀即可使用。此剂对蚜虫、桑蝗、茶蚜等害虫，均极有效。尤其使用于蚜虫时，则较浓厚之石油乳剂效果更佳。[③]

但上述诸种方法均是概而言之，针对性并不明显，故其效果也是参差不齐，尤其对螟虫、稻苞虫、叩头虫、红铃虫、猿叶虫、桑木虱等几种危害最烈的害虫，防治效果更是不佳。因此，西部地区各农业改进机关遂专门针对这几种害虫，进行了重点研究，并提出了具有针对性的防治办法。

1. 螟虫

螟虫对于稻作的为害最烈，有二化螟虫、三化螟虫、大螟虫之区别。这三种螟虫的形态、生活状况及为害情形等，略有不同。中央农业实验所工作人员邱式帮在广西沙塘对玉米螟虫、豆荚螟虫进行了试验研究，中央大学农学院教授邹钟琳在重庆开展了水稻螟虫研究，四川省农业改进所的陈家祥、陶家驹、张若芷

---

① 陈金璧：《几种土产杀虫药剂之研究及其有效之作物蔬菜果树害虫防治》，《广西农事试验场研究专刊》（全一册），1935 年，第 22 页。

② 陈金璧：《几种土产杀虫药剂之研究及其有效之作物蔬菜果树害虫防治》，《广西农事试验场研究专刊》（全一册），1935 年，第 22~23 页。

③ 陈金璧：《几种土产杀虫药剂之研究及其有效之作物蔬菜果树害虫防治》，《广西农事试验场研究专刊》（全一册），1935 年，第 23 页。

等亦对水稻螟虫进行了研究。他们提出防除法三要件：切实用，方便易行，合于农民之经济负担能力。① 其具体防治方法则有以下几种：

（1）改用新式秧田。把秧田划成多块宽约 4 尺之长条形，于每两块中间留一尺宽的走道，以便于采摘秧叶上第一代蛾所产的卵块，并捕杀成虫。

（2）拔除枯叶、枯心稻苗、叶稍变色茎及白穗。就中叶稍变为褐色之叶稍，变色茎为初龄幼虫多数集食之结果，尤宜及早拔除，免其分散。

（3）厉行冬耕，将稻根掘翻，并引入水田，予以长期浸渍，把螟虫淹死。如在稻田高燥不能施行冬耕或未冬耕即已栽植油菜或紫云英的地方，必须将稻根用锄掘起，收集在一起，点火焚毁，或将稻根与垢泥层磊成堆，四周再用泥严密封闭，待腐败后可用作肥料。

（4）每年在清明节前，最好把旧有稻秆用完，如有剩余，可堆藏密室之中，使羽化的螟蛾不能飞出产卵，直到发蛾完毕时止。也可在谷雨前后，用圆齿耙向稻草堆的周围，纵横梳耙，把潜伏在里面的蛹和幼虫一齐掘出，集拢烧去，或用以喂鸡均可。

（5）晚稻在秧田及稻田点诱蛾灯，每亩一盏或二盏，以诱杀螟蛾。②

2. 稻苞虫

就形态而言，其成虫全体黑褐色，前翅有白色斑纹七八个，排列成环状，后翅较小，略呈三角形，上有白色斑纹 4 个，雌的排列成一直线，雄的则稍做弯曲，所以过去都以为是两种不同的

---

① 中央农业实验所植物病虫害系：《两年来植物病虫害系工作概况》，《农报》，1945 年，10 卷 1—9 期，第 23 页。

② 中央农业实验所植物病虫害系：《两年来植物病虫害系工作概况》，《农报》，1945 年，10 卷 1—9 期，第 29 页。

害虫，叫雄的为曲纹稻苞虫，雌的为一字纹稻苞虫，实则此乃误会也。[①] 稻苞虫为完全变态的昆虫，卵作半球状，初产时红褐色，逐变为暗黑色，幼虫成纺锤形，两头小中间大，头部淡褐色，胸部绿色。全体生有褐色细点，腹足基部有腺，到老熟时能分泌白色蜡状的一种东西，蛹为圆筒形，尾尖，初呈淡黄色，后渐变成灰褐色。稻苞虫一年发生两次或三次，秋收后，成虫因已无稻叶可产卵，即产卵于芦苇、竹、茭白及其他禾本科植物的叶上，孵化为幼虫后，也仍像加害水稻般地结叶为害。通常第一次的成虫，多发生于 5、6 月间，第二次 7 月，第三次 9 月。这种成虫在禾叶上产卵孵成幼虫，就会蚕食禾叶，幼小时它只是把一二片禾叶卷成筒状，长大了便把三四片禾叶用自己吐的丝卷成一块。日间躲在卷叶里面，夜里出来食害禾叶，而且它把数卷叶结合成包，致稻穗不能生长，或屈曲折损，收获量大减。[②] 其防除法有如下几种：

（1）上午成虫多在有花的地方往来采蜜，可用捕虫网捕杀它。

（2）往田间视察时，若看见有几片禾叶卷在一块，便用手解开，把里面躲藏着的幼虫和蛹杀死。

（3）撒布除虫菊木灰合剂，或用长 6 寸阔 4 寸的长方木板两块，中央各钉糙手能握紧之物一件，使用时两手各执一板，遇见稻苞，即用板合拍，就可将虫压死。

（4）冬季时幼虫多在芦草、茭白及其他禾本科作物上过冬，可将稻田附近的禾本科植物杂草铲除烧掉，并可充作肥料。

（5）滴油田中，用竹梳轻抓卷叶，幼虫及蛹均至梳落水中触

---

① 中央农业实验所：《本所一年来工作纪要》，《农报》，1934 年，1 卷 29 期，第 13 页。

② 中央农业实验所：《本所一年来工作纪要》，《农报》，1934 年，1 卷 29 期，第 14 页。

油而死。如系蛹期，则无用滴油，因卷叶被梳落水后，已不会羽化。①

3. 叩头虫

该虫成虫体扁平，长椭圆形，黑褐色，触角及脚为黄褐色，俗叫跳百丈。幼虫皮肤硬化，背面有两条淡色纵线，体型细长，有如切断之金条，故又名金针虫。叩头虫为麦类、玉蜀黍、甘薯、茄子、大豆等之重要害虫。每年五六月间，成虫出现，作物根部被侵害后，乃凋萎或枯死。其幼虫则须经两三年方变为成虫。其防除法有如下两种：

（1）于麦圃各处，埋置废弃之甘薯、胡萝卜、生草、小麦肤、腐败谷粉等，诱致其聚集而驱杀之。

（2）播种前，撒布石灰，可减轻危害。②

4. 红铃虫

红铃虫又叫赤宝虫，俗称棉花虫，能吃食棉的花果及种子，害况甚烈。其成虫是一种灰白色的小蛾，体长两分，翅黑褐色，生有缘毛，前翅有不规则的黑色斑纹，后翅外端较前翅略大，呈银灰色，卵呈椭圆形，初生时作白色，将孵化时变红色，幼虫体呈圆筒形，初孵化时白色，稍长大，就是淡红色，头部赤褐色，背部有红色的细毛，蛹细小椭圆形，全体淡褐色，尾端尖细，有黑褐色的钩6对，外面被有白色而没有一定形状的薄网。其习性为每年发生二代，九十月间老熟的幼虫从棉籽堆里，爬到屋内墙壁天花板等缝隙里，或屋角等处做网过冬。也有在棉籽上分泌唾液，将两粒棉籽联合起来，伏在里面过冬，或野外枯棉果内过冬。直到第二年四五月间化蛹成虫，再过几天，雌蛾就在花苞和

---

① 中央农业实验所：《本所一年来工作纪要》，《农报》，1934年，1卷29期，第17页。

② 广西农事试验场：《科学与广西植物生产》，《农报》，1943年，8卷2期，第25页。

嫩果上产卵，每蛾可产100粒左右，其卵经五六日后，就孵化成幼虫，于棉花初开时，蛀入花苞，此花就不得开放，必至落地。若蛀入已结成的棉果中，就会食害种子，伤及棉絮。幼虫经20余天长成，爬入土壤、落叶或被害的棉果之中化蛹。八九月间发生第二代成虫，继续产卵繁殖与危害。[①] 其防除法有如下几种：

（1）棉田里遗落的花和果实，尚有幼虫或蛹在内，应时时捡拾烧却。

（2）棉株上附着的残果，每年收花以后，应拔起当柴烧用，免再留着加害。

（3）很多红铃虫于晒籽花时，因耐不住日光的闷热，常爬到荫处躲避，可放鹅类去啄食。

（4）室内储藏籽花的地方常有许多红铃虫，爬到壁缝或屋角落里结网过冬，籽花移去以后，应该用竹扫帚打扫干净，倾入火中烧杀它们。

（5）以二硫化碳素熏蒸棉籽。

（6）红铃虫夏初多在土壤或落叶中化蛹，若勤于耕种除草，也可杀灭很多。[②]

5. 猿叶虫

猿叶虫俗叫乌谷虫，为蔬菜害虫中的重要者。幼虫、成虫都嗜食萝卜、芜菁、芥菜、白菜等的叶部，这种作物被害后，往往生长不畅，进而枯死。其成虫是一种小型的甲虫，全体黑绿色而富有光泽。幼虫充分成长时，体长约一二公分，头黑，胸腹灰黑，两端较细，各节上有瘤状突起，簇生细毛，卵黄色，椭圆形，蛹淡黄色，成扁平椭圆形。其习性为一年发生两三次，随食

---

① 陆培文：《二十年来我国棉虫研究之趋势》，《农报》，1945年，10卷28—36期，第47～48页。

② 四川省档案馆：《四川省农业改进所档案》，全宗号民148，案件号4127，卷名《四川省农业改进所病虫害防治组关于棉病虫害试验研究报告》。

料的情形而略有不同，幼虫、成虫多食害蔬菜的心叶。成虫的活动期在每年三至十一月份之间，它的繁殖力，初秋时较夏季时为强，产卵可达 300 至 2 000 粒不等。故九十月间，蔬菜所受到的损失也更大。及至冬日，成虫乃潜伏杂草根部或石垣缝隙内越冬。[1] 其防除法有如下几种：

（1）用捕虫网或箕帚捕杀成虫。

（2）将硫酸铅三五磅，溶解于 200 斤清水内，经充分搅拌后，用喷雾器喷射。

（3）撒布除虫菊加用石油乳剂之 30 倍液剂及雷公藤粉剂或液剂。

（4）将草木灰、石灰及烟草末，均匀混合，在清晨露水未干时，撒布于被害作物之叶面上。

（5）收获时每块菜地可酌留白菜数株，诱其集食而捕杀之。

（6）在圃地内挖掘径约尺余之土洞数处，塞以杂草，可诱杀越冬之成虫。

（7）冬季清洁园圃，铲除附近杂草，以摧毁成虫的越冬场所。[2]

（二）病害的防除法

作物病害多半由于病菌侵入传染所致，故依其病菌种类不同，各种作物病的防治法亦各不同。经多年潜心研究，一些植物病理学家在真菌类、麦类病害、棉花病害等方面都取得了相当成绩，提出了平常易行并应该注意的防治方法，概而言之，约有以下诸端：

---

① 四川省档案馆：《四川省农业改进所档案》，全宗号民 148，案件号 4121，卷名《四川省农业改进所病虫害防治组关于蔬菜水果病虫害防治研究报告》。

② 四川省档案馆：《四川省农业改进所档案》，全宗号民 148，案件号 4121，卷名《四川省农业改进所病虫害防治组关于蔬菜水果病虫害防治研究报告》。

预防病害发生的几种有效办法：①病菌的侵害常在植物生长势力不甚旺盛的时候，故应在栽培上多多注意，使作物可以健全而充分地发育。②播种宜适合当地气候及地力状况，不可失之过密，因过密则作物所受日光不能充足，以致生长不健全，此为病害的主要诱因。③凡已发生病态的作物，无论是根、茎、花、果实、种子各部均应烧去或深埋地下，以免种子随风飘散。④选择抗病力强的品种栽培之，并应在生长健全、发育齐一且没有病害的田里选取种子。⑤温湿的地方，病菌最容易发生，故栽培作物时要注意良好的排水。⑥氮质肥料不要使用过多，磷质、钾质肥料不可有缺少之虞。⑦无论是自存或买来的种子，都要详加检查其有无病状或用盐水选种的方法，以消灭种子外面附着的病菌及剔除不良的种子，以供繁殖。⑧施行轮作制，把各种作物轮流换种，以减除散伏地中之病菌，而免蔓延。⑨不可用未熟的肥料，并注意其施用配合的方法。⑩田地周围的杂草最容易伏藏病菌，宜常铲除。⑪存储种子的房舍、器物及一切器具应时常保持清洁，以免病菌传染。⑫采取强健无病的秧苗栽培。⑬用冷水温汤浸种，其法可备桶3只，先将种子浸入冷水桶中4小时，取出浸入摄氏寒暑表50度之温汤桶中二三分钟，再浸入摄氏56度之温汤桶中5分钟，取出散布席上。阴干后，即可供播种之用。如此，既可杀灭寄生种子上的一切病害的孢子，而对种子的发芽率又不会有损害。①

驱除作物病害的几种有效药剂：①波尔多液（又称石灰波尔多或波尔多合剂），本剂为杀菌剂中之重要者，作物病虫害同时发生时，亦可应用此剂。而后用新式喷雾器或普通喷雾壶喷射。

---

① 浙江大学农学院病虫害学号：《病虫知识》，1941年，1卷1期，第3~9页。

②石灰硫黄合剂。③石灰木灰合剂。[①]

然上述各种方法对某些病害而言并非万能，且对其的致病机理尚乏深刻认识，仍需对其做进一步的深入调查、研究，以便采取更有效的防治措施。有鉴于此，中央农业实验所及川、滇、黔、桂等西部地区农业改进机关乃克服种种困难，积极开展多次试验，从而取得了一定成绩，有针对性地提出了几种主要作物病害的防除法。

1. 稻热病

稻热病由一种很强的寄生病菌侵害所致，这种病菌的孢子随风传布，附着在稻叶片上，遇有温度适当的天气便可发育，并分别传散到各秧苗的上面去。它的种类很多：有生在苗上的，叫作苗热病；因施用氮质肥料过多而发生的，叫作肥热病；因日光透射不良及受冷水涌入而发生的，叫作冷热病；在孕育前后所发生的，叫作茎热病；发生于陆稻的叫作陆热病。其发病的象征：茎叶变成黄褐色，呈腐败的形状，远望有如火烧的样子。在叶上常有褐色的斑点，能使稻子枯死。防除这种病，贵在预防，如施行轮作法、注意选种、勿用过多的氮肥、栽植不能过密、勿引用水温过低的水源灌溉、除草及排水宜勤等。若稻中发现病稻，要马上拔除烧去，以免传布。[②]

2. 稻萎缩病

此系水稻常见疾病，在秧苗长约三四寸的时候，最易传染。发病时，叶面上带有黄白色纵形条斑，或生有多数椭圆形不规则的斑纹。到了后来，这种斑纹慢慢扩大，相互联络起来，使稻叶逐渐萎缩，发育缓慢，遂致收成不丰。预防的方法：要注意少施

---

① 中央农业实验所：《祛除植物病害的几种有效方法》，《农报》，1940 年，5 卷 1 期，第 11 页。

② 吴光远：《谈谈几种常见的水稻病》，《中华农学会报》，176 期，第 19～21 页。

氮素肥料，改用磷酸石灰和草木灰，以促进植科的强健，且施用追肥不宜过迟，以免茎叶徒长之弊。[1]

3. 麦类锈病

锈病在我国已发现者有黑锈病、黄锈病、褐锈病三种，为麦类病害中的最烈者。黑锈病发生于春末夏初，在麦子茎叶上长红褐色的长圆形斑点，叫作夏孢子群。冬天时复变黑色，叫作冬孢子群。夏孢子群为多数夏孢子所形成，斑点由小而大，最后纵裂，粉末飞散，传染极速。冬孢子群虽亦突出于表皮之外，但各孢子由两个细胞所形成，若拿一切片在显微镜下面视之，不难分辨。黄锈病夏孢子群成熟破裂后，斑点在茎叶上排成线状，呈淡红黄色。冬孢子群不露出于表皮外面，至褐锈病夏孢子群之斑点，排列甚不规则，成铁褐色或暗褐色。冬孢子群多生于叶背，色黑，不露出于表皮外面。战时麦类锈病之防治，尚未有完善的办法。其预防之要点如下：

（1）选择锈病抵抗力强的品种栽培。

（2）氮质肥料的使用量宜适度，磷肥与钾肥的施用量可稍多，以增强作物的抵抗力。

（3）注意农地排水良好，以减少土地的湿度。

（4）播种要勿失其时，播种量尤不可过多。

（5）种子于播种前，可用盐水选法及冷水温汤或硫酸铜液浸种，以整齐种子品质及促进它的发芽能力。

（6）铲除小麦黑锈病菌之中间寄主伏牛花树。[2]

---

[1]　吴光远：《谈谈几种常见的水稻病》，《中华农学会报》，176 期，第 23 页。

[2]　凌立、李祖贵：《三年来麦病之调查及防治实施》，《农业推广通讯》，1941年，3 卷 7 期，第 52 页。

4. 麦类黑穗病

黑穗病在我国为害甚烈，种类颇多，其最重要者，可分以下几种：

（1）大麦裸黑穗病与小麦裸黑穗病，这两种病菌多寄生于花际。其孢子随风传播，受病的麦穗不数日后，即全穗变为黑粉，仅剩中轴。

（2）大麦坚黑穗病，此种病菌亦寄生于花际，病初发时，穗为青白色，不数日全穗成黑粉，外部包有淡白色薄膜一层，虽遭受风雨也不散，至麦类已可收获，孢子也完全成熟，白膜始行爆发，将膜内孢子随风飞散传播。

（3）燕麦裸黑穗病，其病菌寄生花穗，能毁灭子房，雄蕊稷苞，孢子球形或椭圆形，赤褐色，甚易发芽。

（4）小麦腥黑穗病，这种病菌当小麦收获时，病粒破裂，孢子即飞散各处，附着于好的麦子或藏在土壤里，次年小麦播种后，乃随着生长。

凡害病的麦秆，高度较为矮小，穗现青绿色，若检查它的籽粒，可在枝穗之间见有暗褐色小粒，形似麦粒。用指研碎，皮膜很薄，内有无数孢子，结成油滑的菌团，有很浓的臭味和腥气，颇易分辨。其防治方法：一是麦子播种前，行温汤浸种或冷温汤浸种，为最有效之防治法；二是硫酸铜浸种法，用1%浓度之硫酸铜液，盛于大桶内，将麦桶浸入数分钟，即取出摊开阴干，或先堆积麦种在一处，再用已经配好之硫酸铜溶液，倒在麦种的上面即可；三是拔除病穗，当麦子行将抽穗或未完全抽出，黑粉也没有飞散之先，时时到田间去巡视，把现有病征的麦穗全部割去，投入福尔马林液中，或堆积焚毁之。[1]

---

[1] 凌立、李祖贵：《三年来麦病之调查及防治实施》，《农业推广通讯》，1941年，3卷7期，第55页。

5. 麦类白粉病

小麦、大麦均易患此病，叶上初现白色粉末之长圆形斑点，数日后粉状斑点又变成淡褐色。天气阴雨，其病更烈，麦叶断至枯死，子宫也永不能充实了。其防治方法：一是冷水温汤浸种或温汤浸种；二是用硫黄粉末撒布叶间，但雨天或温度过高时不能使用；三是用石灰硫黄合剂或 4.15 浓度的过锰酸钾溶液，喷射麦叶之上，也很有功。[①]

6. 棉疽病

此病为伤及棉铃，病菌孢子乘隙侵入所致。初为小黑点，渐大而变为红褐色，中部呈收缩状，最后棉铃霉烂脱落。预防之法：一是选用良好的种子；二是棉疽病的病菌，热到摄氏 51 度，经过 16 分钟即死，播种之先，可把棉籽浸入冷水中 7 分钟，再放在摄氏 55 度的热水内，过 10 分钟，再拿出播种，疽病自然能够免除。[②]

（三）杀虫药剂的研制

上述各项研究证明：碳酸铜药剂可用于防治谷类作物黑粉病，并可用于处理蔬菜及棉花等工艺作物种子；硫酸铜可用于防治果树、蔬菜及棉花等病害，效用甚广；松脂合剂固体可用于防治柑橘红蜡介壳虫；硫黄华可用于熏蒸剂以消除仓库害虫，并可用作粉剂撒布，以防治多种病虫害；炭灰硫黄粉可用于杀菌杀虫药剂，且可作为防治猪牛瘟的特效药；硫酸尼古丁液则可防治各种蔬菜害虫。可见，施用药剂成为防治植物病虫害的重要手段之一。然全面抗战爆发后，从国外引进之药剂，不但价格高昂，不易被农民所接受，且随着海口被封，运输亦成问题。但随着科研

---

① 四川省档案馆：《四川省农业改进所档案》，全宗号民 148，案卷号 4113，卷名《四川省农业改进所病虫害防治组关于小麦病害研究报告》。

② 《中国棉作病害》，《中央棉产改进所丛刊》，1936 年，第 1 号，第 22 页。

开展和实际应用的扩大，各种药剂需求日增，原有产量不敷所需。四川省农业改进所遂成立了药剂制造厂，成为战时中国化学杀虫剂的研制主力，在1939至1945年间成功研制出砒酸钙、硫酸烟碱、滴滴涕、六六六及其他杂剂等，达17种之多。[①] 中央农业实验所也在同一时期研制出中农砒酸钙、砒酸二铅、碳酸钡等农药，并生产出中农砒酸钙18 400斤。[②] 但若从生产实际需要衡量，仍远未满足要求。其主要原因在于：经费紧张，很多必要的设备无法添置；有些生产技术尚未能满足工业生产的需要；少数品种仅起了轻微生产示范作用；供销关系协调不力，等等。[③] 尽管如此，由于波尔多液、石硫合剂、松脂合剂三者能就地取材，配制简单，使用方便，价格低廉，且效果显著，易为农民接受。因此，战时这些药剂已广泛应用于生产，并给农民带来一定经济收益。其具体制造情况可参见表3-3：

表3-3 四川省农业改进所历年植物病虫药剂制造情况表

（单位：斤）

药剂名	1939年	1940年	1941年	1942年	1943年	1944年	1945年
碳酸铜	13 190	11 000	23 600	10 000[④]		40	1 200
硫酸铜	5 000	15 000	19 920	12 000	7 850	8 000	5 381
除虫菊粉	90	245	143	30		115	23
硫酸烟碱制剂			24		92	150	160

---

① 四川省档案馆：《四川省农业改进所档案》，全宗号民148，案卷号4122，卷名《四川省农业改进所植物病虫药剂制造情况报告》

② 中央农业实验所：《本所4年来药剂生产概况表》，《农报》，1945年，10卷11期，第74页。

③ 郭文韬、曹隆恭：《中国近代农业科技史》，中国农业科技出版社，1989年版，第372页。

④ 此数据包括了1943年的数据。

药剂名	1939 年	1940 年	1941 年	1942 年	1943 年	1944 年	1945 年
硫黄华			530		450		
砒酸钙			21	35	60	35	23
石硫合剂			10	15	16		
砒酸铅			160	153	170		
波尔多粉			1 520	1 820	2 000		

　　四川省档案馆：《四川省农业改进所档案》，全宗号民148，案卷号4122，卷名《四川省农业改进所植物病虫药剂制造情况报告》。

三　病虫害防治成效

　　抗战时期，西部地区的病虫害防治技术获得了一定的发展和进步，防治措施也从传统方法向近代科学技术转化，各省农业改进所也在中央农业试验所的协助下取得了一定成绩，这是应该肯定的。遗憾的是，战时西部地区各省农业改进机关人员经费两俱缺乏，如仅靠其派员防治，实杯水车薪，无济于事。兼以战时"各地米价陡涨，外勤人员流动工作开支较大，困苦自不待言，迭经签请上峰酌加旅费，予以资助，均未奉准"[1]，而"防治经费，开支方面困难达于极点"[2]。为今之计，只能发动广大农民和师生积极参与防治，扩大防治人员范围，方能取事半功倍之效。如川农所就曾呈请省府核准，并发布通告："本所为增进病虫害防治工作效率起见，特利用各县官私立中学生在其本乡组织防治督导团，由主任指导员向所在县各官私立中学迅即接洽，利

---

　　① 四川省档案馆：《四川省农业改进所档案》，全宗号民148，案卷号4124，卷名《四川省农业改进所植物病虫害防治推广总报告》。
　　② 四川省档案馆：《四川省农业改进所档案》，全宗号民148，案卷号4124，卷名《四川省农业改进所植物病虫害防治推广总报告》。

用暑假家居中学生编为某地或某乡防治专团，向其家乡父老亲朋宣传与执行实地防治事项。"① 为严格督促病虫害防治，川农所复规定"防治指导员每人应负责督促农民和保甲长交卵块160万块，以此项成绩为防治指导员之考绩，并以一县应缴的总数为主任指导员考绩之标准""主任指导员应严厉考核指导员的工作，凡不努力及行为不端者除呈报本所外，并得随时予以革除，追缴已领一切费用"②。此外，为鼓励参与防治的民众，以刺激其积极性，川农所还制定了各种奖励措施。如农民参与治螟者，设奖金120元，头奖1名，奖金40元，二等奖2名，奖金共计20元，三等奖12名，奖金共计60元；学生参与者，奖金80元，头奖1名30元，二等奖2名，奖金共计20元，三等奖6名，奖金共计30元；教师和保甲长参加者，奖金各50元。均择其最优者颁奖，叙奖名额大约每县两三名，由各县农推所主任指导员酌情请示办理。③ 在这些措施的推动下，川农所病虫害防治工作取得了一定成效。

1937年四川水稻螟患相当严重，时年植物病虫害防治所成立，遂决定推广防治螟虫。然因机构初创，准备未及。川农所成立后，乃与中农所合作，在春季开始采用灌水淹桩或掘起焚烧等办法清除稻田谷桩，以期彻底铲除螟虫卵。同时在田内插烟茎以消灭螟虫，并设表证区95区，计253.8亩，让农民观摩，借以推广。④ 夏季复派员发动本田采卵捕蛾及拔除枯心苗工作。入

---

① 四川省档案馆：《四川省农业改进所档案》，全宗号民148，案卷号4123，卷名《四川省农业改进所植物病虫害防治督导团关于水稻螟虫防治概况报告》。

② 四川省档案馆：《四川省农业改进所档案》，全宗号民148，案卷号4123，卷名《四川省农业改进所植物病虫害防治督导团关于水稻螟虫概况防治报告》。

③ 四川省档案馆：《四川省农业改进所档案》，全宗号民148，案卷号4123，卷名《四川省农业改进所植物病虫害防治督导团关于水稻螟虫概况防治报告》。

④ 四川省档案馆：《四川省农业改进所档案》，全宗号民148，案卷号4124，卷名《四川省农业改进所植物病虫害防治推广总报告》。

秋，再发动大规模掘毁谷椿工作。具体推行办法，则是利用乡保组织，先分别开会说服，再由保甲长以身作则，领导实施，并由中央农业实验所颁发奖金，以资鼓励。1939 年特别注重清除稻椿并改善掘除技术，增加对农民治螟教育，翌年又改善了防治方法，将工作重点转向本田采捕第三代三化螟蛹卵。推动方式则以保为单位，并组织治螟队及学生采卵团，拟订行政及教育人员治螟奖励规则，以加强行政力量。是年因遭遇灾害，粮食歉收，供应紧张，粮价高涨，通货膨胀日趋严重，增加粮食生产、稳定西部地区金融市场成为川省急务，治螟工作的重要性亦随之越发凸显。故 1941 年川农所复加强了治螟队组织，以县长为总队长，建设科长或农业推广所主任为副队长，乡设大队，乡长为大队长，保设分队，保长为分队长，权责交由地方官吏，以利推动。经历年防治，取得显著效果，除 1940 年仅防治 78 市亩外，其他各年均在 20 万市亩以上，自 1941 年起则增至百万市亩以上。各年粮食增产数量亦随防治效果的增强而大增，多则达 50 多万市石，少则亦有 4 万市石左右，大大提高了农民收益。[①] 其具体防治效果可参见表 3-4：

---

① 四川省档案馆：《四川省农业改进所档案》，全宗号民 148，案卷号 4124，卷名《四川省农业改进所植物病虫害防治推广总报告》。

表3-4　四川省农业改进所历年治螟情况暨结果表

年别	主持人	主要工作人员	训练治螟人数	防治示范区	防治方法	防治总数（件）	防治面积（市亩）	估计增产数（市石）
1938年	陈家祥	黄稹、屈绍荣等52人		庆符、筠连、高县、宜宾等10县	秧田和本田采卵、捕蛾、幼虫及清除初椿	6 002 150	205 442	50 815
1939年	吴宏吉 陈家祥	黄稹、黄至溥等50人	67 600	仁寿、双流等8县	同上	36 651 049	632 555	114 374
1940年	吴宏吉	黄至溥、黄中强等48人	289 505	新津、双流等7县	同上	27 596 734	78	40 801
1941年	吴宏吉 张而耕	中农所、川农所人员、青年劳动服务营、金大、川大、中大学员生	483 278	仁寿、双流、新津等17县	本田采卵、捕蛾、拔除枯心苗	438 106 451	1 560 000	564 633
1942年	吴宏吉 张而耕	王修成、何兆熊等77人	231 626	仁寿、双流、新津等8县	采卵、捕蛾、本田拔除枯心苗	181 910 480	600 000	289 795
1943年	张而耕	王修成、黄中强等33人	180 301	双流、新津等20县	同上	98 376 993	504 000	165 700

续表3－4

年别	主持人	主要工作人员	训练治螟人数	防治示范区	防治方法	防治总数（件）	防治面积（市亩）	估计增产数（市石）
1944年	吴宏吉 王修成	黄中强、王鼎定等96人	148 532	双流、新津等20县	同上	104 104 103	430 000	97 184
1945年	吴宏吉 王鼎定	游庆 洪等26人	719 592	仁寿、金堂等42县	同上	149 660 935	2 415 638	315 721

四川省档案馆：《四川省农业改进所档案》，全宗号民148，案卷号4124，卷名《四川省农业改进所植物病虫害防治推广总报告》。

　　湖南省农业改进所亦自 1938 年起选择邵阳、武冈、醴陵、浏阳等螟灾严重的地区开展调查，倡导当地农民采取捕蛾摘卵的方法进行防治，并取得一定成绩。[①] 广西省也十分注重水稻螟虫的防治，改进所工作人员刘调化、黎国焘、陈金壁等积极发动当地农民利用烟草水治螟、用烟叶缴成绳切成段插于稻株旁治螟、用烟草粉混合草木灰撒于稻田治螟等，效果均佳。[②]

　　小麦是西部地区冬季主要粮食作物，种植面积既广，产量亦丰，唯病害严重，损失颇巨。1937 年中农所派员在安徽怀远、五河两县指导农民应用温汤浸种法防治黑穗病，效果良好。1938 年至 1941 年间中农所还与贵州省农业改进所合作，采用同样的方法进行防治，防治面积达到 44 000 余亩，成效亦佳。到 1941 年，滇、陕、甘、额、浙、桂等西部地区六省的防治面积则合计达到了 34 万余亩，增加小麦产量 75 000 余担。详见表 3-5：

表 3-5　六省麦类黑穗病防治结果表

省别	防治县数	防治面积（亩）	增加产量（担）
云南	4	37 572	17 544
陕西	22	256 093	52 187
甘肃	4	16 363	2 479
湖北	8	29 420	2 477
浙江	28	4 036	214
广西		4 266	426

　　《中国植物病理学发展史》，1942 年，第 25 页，作者和出版信息不详。

---

　　① 郭文韬、曹隆恭：《中国近代农业科技史》，中国农业科技出版社，1989 年版，第 274 页。

　　② 中国农业博物馆：《中国近代农业科技史稿》，中国农业科技出版社，1995 年版，第 84 页。

抗战期间，川农所针对小麦病害的防治工作亦在持续进行，从未间断。其防治地区几遍及全川主要小麦生产区县。防治方法则根据历年试验结果不断予以改进。如原用浸种的硫酸铜液浓度为 4%，时间为 3 小时，但对麦种发芽等有负面影响，遂将浓度改为 2%~2.5%，后又改为 1.5%，时间亦改为 1 小时。[①] 在防治开始前，均先征求农户或乡、保负责人意见，选择重点，议定日程，进行示范，并采取麦种集中处理和逐户处理相结合的办法，处理后的麦种由农户携回，并督促其做好保存和晾晒工作。由于防治人员进行了大量书面或口头宣传、教育，争取了绝大多数乃至全部农民彻底了解，兼以药剂均免费提供，分文不取，故除部分农民在头年抱怀疑态度外，嗣后各年均能很快接受指导，主动进行种子处理。经历年防治与宣传，整个麦病防治工作取得了巨大进展，共计处理麦种 6 682 857 市石，防治面积达 13 801 075 市亩，增产小麦达 2 251 092 市石，使小麦黑粉病危害逐年下降，终至不再成灾。具体防治结果详见表 3－6：

表 3－6 四川省农业改进所麦病历年防治情况暨结果表

年别	主持人	主要工作人员	防治地区	防治户数	处理麦种数量（市石）	防治面积（市亩）	增产（市石）
1938 年	周宗璜	农训班学员 67 人	三台、射洪、中江、梓潼 4 县	20 848	283 590	601 980	135 489
1939 年	周宗璜	同上	三台、射洪、中江、绵阳、德阳等 11 县	57 291	884 655	1 769 310	272 000

① 四川省档案馆：《四川省农业改进所档案》，全宗号民 148，案卷号 4113，卷名《四川省农业改进所病虫害防治组关于小麦病害研究报告》。

年别	主持人	主要工作人员	防治地区	防治户数	处理麦种数量（市石）	防治面积（市亩）	增产（市石）
1940年	凌 立	李祖贵、林开仁等	三台、安岳、遂宁、绵阳、广汉等18县	86 303	1 791 859	3 583 717	643 419
1941年	凌 立	李祖贵等	同上	99 506	2 410 045	4 820 090	645 890
1942年	吴宏吉	张而耕等33人	射洪、绵阳、遂宁、三台等9县	22 106	758 943	1 517 886	164 400
1943年	吴宏吉	黄中强、射守中等29人	三台、绵阳、射洪、仁寿、大邑5县	10 096	230 051	460 104	300 130
1944年	吴宏吉	王修成、黄中强等17人	德阳、蓬溪、射洪、仁寿、广汉等5县	7 570	188 719	777 438	55 014
1945年	吴宏吉	王鼎定、夏怀恩等26人	中江、蓬溪、射洪等9县	8 472	134 995	270 550	34 750

四川省档案馆：《四川省农业改进所档案》，全宗号民148，案卷号4124，卷名《四川省农业改进所植物病虫害防治推广总报告》。

　　四川棉花害虫也十分猖獗，主要有苗期时的棉蚜、红蜘蛛、地老虎等，蕾铃时期的卷叶虫、金刚钻、叶跳虫、小造桥虫、红铃虫、棉铃虫等。但由于棉花病虫害的防治费用高、耗时多，并且须集体合作始有效果，而战时各项物资紧缺，农药更是稀缺，药价高昂，普通农民根本无力购买，故药剂防治办法难于推行。为此，川农所经过试验研究，认为在棉作病虫为害之区，应尽量利用土法就地取材，以不费成本的办法，或必要时配以极通行的药剂，使棉农容易效法而得以实施。具体做法：4月上旬至5月上旬，采取堆草诱杀和人工捕捉地老虎；5月中旬至6月下旬，采用喷施烟草水、棉油乳剂防治棉蚜；6月上旬至7月上旬，则喷施浓米汤或面粉糊防治红蜘蛛；7月上旬至8月中旬，采用拍杀、捏杀法或喷施砒酸钙液防治卷叶虫；8月下旬至9月上旬，采用喷施砒酸钙、砒酸铅液或摘除被害蕾铃和拾毁落地蕾铃等法防治金刚钻；8月上旬至11月下旬，采用拾毁落地蕾铃、焉花，以清除越冬幼虫等防治红铃虫。[①] 防治时，除在重要据点设立示范区或表证区，借以让棉农观摩外，还派防治指导员随时巡回棉田间，指导农民具体操作，并利用农村习俗，在场期或集会时，做文字、图表和口头上宣讲。如1942年在射洪县办理植棉治虫会，以协助棉农进行害虫情报、技术询问、药械贷放、督促防治等工作，深受农民欢迎。而经过防治，棉花平均每亩可增收籽棉24至37市斤[②]，对棉农的经济助益十分可观。同时，川农所还大量生产相关农药，以成本价甚至免费赠送棉农使用，从而解除了棉农在防治棉病方面的巨大困扰，有力地提高了四川省棉花产量。其具体防治效果可参见表3-7：

表3-7　四川省农业改进所历年棉作害虫防治情况暨结果表

年别	主要负责人	防治对象	防治县份	防治面积（市面）	效果（籽棉增收市担）	增收价值
1938年	吴达璋、谷烈等6人	棉蚜、卷叶虫	射洪、三台、蓬溪、中江4县	58 639.1	6 919.0	207 578
1939年	付胜发、吴璋达等5人	棉蚜、卷叶虫、红蜘蛛	绵阳、三台、射洪等14县	40 693.1	10 226.8	1 137 472

---

① 四川省档案馆：《四川省农业改进所档案》，全宗号民148，案件号4127，卷名《四川省农业改进所病虫害防治组关于棉病虫害试验研究报告》。
② 四川省档案馆：《四川省农业改进所档案》，全宗号民148，案件号4127，卷名《四川省农业改进所病虫害防治组关于棉病虫害试验研究报告》。

续表3-7

年别	主要负责人	防治对象	防治县份	防治面积（市亩）	效果（籽棉增收市担）	增收价值
1940年	吴璋达、王修成等5人	同上	绵阳、三台、中江等22县	433 874.6	23 413.0	26 866 345
1941年	孙德明、吴璋达、付胜发等7人	六大棉作害虫	绵阳、三台、阆中等16县	197 294.0	12 747.0	4 015 684
1942年	王修成、付胜发等4人	同上	绵阳、三台、遂宁等14县	159 971.0	20 666	10 720.0
1943年	付胜发、尹炎章等5人	同上	射洪、蓬溪、遂宁等9县	55 697.0	4 088.0	47 983 027
1944年	付胜发、尹炎章等5人	同上	射洪、中江、蓬溪等8县	122 816.0	8 013.0	73 678 400
1945年	尹炎章、刘金安等6人	同上	射洪、盐亭、中江等8县	127 019.0	8 323.0	127 198 000

四川省档案馆：《四川省农业改进所档案》，全宗号民148，案卷号4128，卷名《四川省农业改进所病虫害防治督导团历年棉花病虫害防治报告》。

从上表可以看出，自1938年至1945年抗战胜利，川省主要棉区共防治棉虫达1 202 003市亩余，籽棉增收达84 449.8市担。防治成效，于此可窥见一斑。同时，为保障皮棉产量、质量，川农所亦及时派出技术人员分赴各产棉区，针对炭疽病、缩叶病、角斑病、炭疽病、红腐病、黑果病等棉病进行田间喷药处理，并取得了一定成绩。据统计，战时各年共防治棉田29 545市亩，皮棉产量亦相应增加了6 728市担。[①] 具体情况可参见表3-8：

---

① 四川省档案馆：《四川省农业改进所档案》，全宗号民148，案卷号4128，卷名《四川省农业改进所病虫害防治督导团历年棉花病虫害防治报告》。

表 3-8　四川省农业改进所历年棉病防治情况暨结果表

年别	主持人	主要工作人员	防治地区	防治面积（市亩）	效果（皮棉增收市担）
1938 年	周宗璜		三台、射洪、中江、蓬溪 4 县	90	15
1939 年	周宗璜	杨演等	同上	1 004	317
1940 年	凌　立	同上	同上	4 477	1 488
1941 年	凌　立	同上	同上	10 052	3 395
1942 年	吴宏吉	张而耕等	射洪、蓬溪、中江等	8 558	1 035
1943 年	吴宏吉		同上	1 499	145
1944 年	吴宏吉		同上	1 865	301
1945 年	吴宏吉		同上	2 000	32

四川省档案馆：《四川省农业改进所档案》，全宗号民 148，案卷号 4128，卷名《四川省农业改进所病虫害防治督导团历年棉花病虫害防治报告》。

柑橘为川省主要特产之一，种植极广，产量亦丰。唯栽培多墨守成规，管理粗放，以红蜡介壳虫为主的虫害普遍猖獗，受害之树随之发生烟煤病，树叶尽黑，树势锐减，产量陡降，枝枯叶落，以至全树枯死。农民虽痛心疾首，然无良法防治，只能痛而砍树，另植其他作物。川农所成立后，旋由植物病理学家陈方洁倡导，对受害果树喷施松脂合剂予以防治。其法简单易行，且药剂均系川产，取材容易，并能兼治蚜虫、苔藓与烟煤病，适宜橘农使用。然"因系川省首创，资料与经验不足，1938 年开始宣传时，无论何人，均存观望、怀疑态度，深浅莫测，纵信其然，尚惧成本过高，得不偿失，推广工作阻碍极大。虽多次向橘农声明，不取代价，若有损失，负责赔偿，亦有拒绝者。后见部分橘农喷药后，效果显著，地方人士乃渐释疑虑，前来请求指导、代购喷雾器暨药物者以及索取说明者甚众"①。虽后来药价、人工费用不断上涨，但多地橘农仍深信不疑，纷纷请求前往防治。如资阳、乐至等县农会均函请派员前往，而荣昌、简阳、金堂等县的部分橘园获得防治效益后，亦带动了附近橘园效法。此后，防治面积不断扩大，影响深远。如1941年，金堂县赵镇橘农联合登报鸣谢，荣昌县橘农亦赠送锦旗。其具体防治效果可参见表3-9：

表3-9　四川省农业改进所历年柑橘红蜡介壳虫防治情况暨结果表

年别	防治地区	防治户数	防治株数	平均杀虫率（％）	增收估计（市担）
1938年	华阳、金堂、广汉、简阳4县	61	8 374	94.67	3 890
1939年	金堂、蓬溪、华阳、资中、简阳等8县	232	11 137	90.30	5 870
1940年	乐至、隆昌、广汉、简阳、内江等9县	301	39 631	79.49	15 667
1941年	资阳、德阳、南充、华阳等11县	218	42 213	83.90	16 662
1942年	金堂、广汉、荣昌3县	105	21 450	81.70	10 689
1943年	金堂、荣昌、华阳等3县	69	14 355	86.30	7 766

---

① 四川省档案馆，四川省农业改进所档案，全宗号民148，案卷号4126，卷名《四川省农业改进所植物病虫害防治督导团关于柑橘病虫害防治报告，省所指令、训令、函、呈等》。

年别	防治地区	防治户数	防治株数	平均杀虫率（%）	增收估计（市担）
1944年	华阳、金堂、广汉、德阳等4县	60	14 395	94.40	6 757
1945年	金堂	32	13 530	86.60	4 459

　　四川省档案馆：《四川省农业改进所档案》，全宗号民148，案卷号4126，卷名《四川省农业改进所植物病虫害防治督导团关于柑橘病虫害防治报告，省所指令、训令、函、呈等》。

　　此外，柑蛆也是严重威胁川省柑橘产量的主要害虫之一，亦须予以防治。1940年开始防治时，川农所先派员赴被害各区乡镇进行宣传，在逢场或集会日期，宣讲柑蛆生活习性、被害之果的识别及防除方法，并散发防治浅说或传单。在调查了解被害果园受害情况后，技术人员即劝导果农就地建筑深坑，外加三合土，在蛆柑开始坠落时，在坑里注满水，督促果农采下树上被害果，拾尽地面落果，投入坑内，上覆竹篾及石块，将蛆柑压沉水底，以杀死蛆柑内幼虫。处理蛆柑，虽对当年柑果无法挽回，但可使来年蛆蝇量下降，间接减轻被害，自无疑问。因数年防治成效颇佳，乃逐渐引起农民重视，到抗战结束时，各项防治措施均已成为果园管理工作中极重要之一环，收效亦巨，从而改变了川省柑橘类生产长期停滞不前或毁园改种之面貌。其具体防治结果可参见表3—10：

表 3—10　四川省农业改进所历年柑蛆防治情况暨结果表

年别	防治地区	估计死亡虫数（只）	处理被害果（枚）	减少柑蛆数（株）	间接增加收益（元）
1940 年	广兴、西湖、李市等 7 乡	836 191	297 606	640 355	51 228.40
1941 年	贾嗣、五福、广兴3 乡	2 789 561	595 923	2 142 146	321 321.90
1942 年	西湖、李市、高牙、崇兴、永丰、广兴等 11 乡	1 137 604	239 645	871 177	435 588.50
1943 年	仁沱、双石、永丰、西湖等 12 乡	904 803	189 765	690 495	690 495.00

　　四川省档案馆：《四川省农业改进所档案》，全宗号民 148，案卷号 4126，卷名《四川省农业改进所植物病虫害防治督导团关于柑橘病虫害防治报告，省所指令、训令、函、呈等》。

　　四川气候温和，雨量充沛，成渝等地蔬菜生长繁茂，产量丰富，但各种病虫害亦滋生蔓延，猖獗成灾，对生产威胁甚大。为减少病虫害损失，增加菜农收益，缓解战时蔬菜供应紧缺状况，川农所乃命吴宏吉主持开展蔬菜病虫害防治工作。在菜虫发生时，迅即派出技术人员到防治地区，使用中农砒酸钙、川农砒酸钙药剂进行防治，并利用赶集、集会时机，向农民讲解菜虫防治的意义与方法。经历年宣传与防治，川省菜虫病害得到普遍遏制，农民蔬菜产量增加亦十分明显。就现存资料显示，5 年间，防治面积共计达 8 946.24 市亩，增产蔬菜达 19 921.65 市担。[①]　具体情况详见表 3—11：

---

　　①　四川省档案馆：《四川省农业改进所档案》，全宗号民 148，案卷号 4124，卷名《四川省农业改进所植物病虫害防治推广总报告》。

表 3—11 四川省农业改进所历年防治蔬菜害虫成效表

防治内容	1941 年	1942 年	1943 年	1944 年	1945 年
防治区域	华阳等 7 县	成都等 2 县	成都等 2 县	华阳等 9 县	涪陵等 28 县
防治面积（市亩）	2 720.02	168.10	200	2 690.02	3 168.10
增加产量（市担）	6 516.00	361	449.70	5 783.54	6 811.41

四川省档案馆：《四川省农业改进所档案》，全宗号民 148，案卷号 4124，卷名《四川省农业改进所植物病虫害防治推广总报告》。

桑木虱是川省尤其是川北地区桑树上严重猖獗、危害巨大的昆虫。为防治桑木虱，减轻稚虫蔓延危害，增加桑叶产量及蚕农收益，富裕农村经济，川农所在 1938 年至 1941 年间，在南充、西充、盐亭、射洪、南部、阆中 6 县重点开展防治工作。主要采取网捕成虫、摘除卵叶、剪伐稚虫枝条等方法，以期彻底消灭桑木虱。[①] 为迅速推动工作起见，川农所还专门组织了桑木虱防治总队，由川农所派高级技术员一人任总队长，负责推动与督促各县防治工作。在防治县复成立防治大队，由蚕业推广所主任任大队长，负责该县防治工作。大队下又设若干中队，由推广区主任任中队长，负责所辖地区内发动民众实施防治工作。其下再设分队，由指导员兼任分队长。如此层层负责，按序推进。1940 年，川农所视当时情况，认为必须借助行政力量才能提高工作效率，遂取消了中队，并改由乡镇长任分队长以负督促之责，且在防治

---

① 四川省档案馆：《四川省农业改进所档案》，全宗号民 148，案卷号 4129，卷名《四川省农业改进所植物病虫害防治督导团关于川北桑虫防治概况报告，省所指令、训令、呈、函等》。

各县分派督导员一至二人，以加强督促。[①] 同时大力开展防治宣传活动。在 1938 年至 1941 年间，川农所先后多次举行桑木虫扑灭大会、游艺会、画片展览会等，并印发防治浅说、图说、传单等 8 种，计26 350份，誊写及印刷图解、标语等两万份，借以使社会人士及乡村民众明了防治意义与方法。[②] 而在防治期中，对少数敷衍塞责的保甲人员和反对者，亦竭力借助行政力量予以惩治，并以奖金和改良蚕种鼓励勤恳工作的民众，收效极大。四年来川北六县推行防治工作，共动员农民达48 167人，使桑木虱密度压低到危害限度以下，未能成灾，挽救经济损失达11 953 787元，春桑叶产量亦逐年递增，农民获得纯利达15 860 131元。[③] 具体情况参见表 3-12：

表 3-12　四川省农业改进所历年桑木虫防治情况暨结果表

年别	防治方法	防治区域	防治数量	防治虫数（只）	挽救春桑叶量（公担）	挽救价值（元）	防治费用（元）	获纯利（元）
1938 年	捕虫	西充	11 574市两	23 149 600	3 661 688	292 935	3 858	289 076
1939 年	摘卵叶	西充等	101 323 242片	1 558 155 305	88 549	991 685	11 000	970 654
	捕虫	阆中	24 103市两	129 824 000	304 999	4 574 990	8 034	4 566 955
1940 年	摘卵叶	西充等	25 196 049片	1 529 802 450	4 527	68 587	10 078	58 508
	捕虫	南部	1 052市两	6 315 000	11 460	573 007	702	572 305

---

　　① 四川省档案馆：《四川省农业改进所档案》，全宗号民 148，案卷号 4129，卷名《四川省农业改进所植物病虫害防治督导团关于川北桑虫防治概况报告，省所指令、训令、呈、函等》。

　　② 四川省档案馆：《四川省农业改进所档案》，全宗号民 148，案卷号 4129，卷名《四川省农业改进所植物病虫害防治督导团关于川北桑虫防治概况报告，省所指令、训令、呈、函等》。

　　③ 四川省档案馆：《四川省农业改进所档案》，全宗号民 148，案卷号 4124，卷名《四川省农业改进所植物病虫害防治推广总报告》。

年别	防治方法	防治区域	防治数量	防治虫数（只）	挽救春桑叶量（公担）	挽救价值（元）	防治费用（元）	获纯利（元）
1941年	捕虫	西充	74 441市两	19 025 000	29 508	1 475 989	2 822	1 472 566
	摘卵叶	南充等	126 519 291片	16 737 909 350	473 706	7 976 594	46 526	7 930 067
	剪枝76 614 000株							

四川省档案馆：《四川省农业改进所档案》，全宗号民148，案卷号4129，卷名《四川省农业改进所植物病虫害防治督导团关于川北桑虫防治概况报告，省所指令、训令、呈、函等》。说明：表中所有数字均取整数，采用四舍五入计算。

　　总体上看，战时西部地区病虫害防治工作取得了一定成绩，建立了病虫害科研机构，开展了重点虫害的调查和考察，对主要害虫如螟虫、蝗虫、大猿叶虫、稻苞虫、棉虫、果虫、菜虫、桑木虱等的生活史和为害状况，均已基本查明，并研究出了适当防治方法。对农作物病害亦有所调查和防治研究。同时创办了防治药剂制造厂，并针对各种主要病虫害，开展了较大规模的防治工作，从而将农作物病虫害防治推向传统防治与科学防治相结合的新阶段，为战后科学防治奠定了初步基础。在推广方面，各农业改进机关始终抱定直接为生产服务之目的，虽经验不足，经费不敷，人力缺乏，但仰仗工作人员的等艰苦奋斗，共同努力，兼以"藉事业发扬学术"之精神鼓励，编写并出版了《治螟浅说》《麦病防治》及其他图册共30余种[1]，并派出技术人员长驻各地，指导防治，对西部地区各省的病虫害防治工作做出了显著贡献，深得农民信任。

---

　　[1]　中国农业博物馆：《中国近代农业科技史稿》，中国农业科技出版社，1995年版，84页。

第二节　肥料改良

一　肥料的重要性

土壤是农业经营的基本要素，要改良农业，谋农作物生产量的增加，必须以土壤的合理利用为前提。所谓合理利用土壤，即孙中山先生所说的地尽其利。农地的合理利用，要在"农政有官，农务有学，耕耘有器"。盖"农政有官，则百姓勤；农务有学，则禾畜精；耕耘有器，则人力省"①。足证农地之利用方法可促成农业的改良，两者是不可分的。要改良战时农业，唯一的方法是先把未利用的可耕地与已利用的农地分别施以相当的整理。其主要的工作：未利用土地之整理，就是实行垦荒造林，由政府或地方团体做大规模的管理经营；已利用农地之整理，就是农业的科学生产技术的应用，如施行深耕和冬耕，实施农业的集约经营与化学肥料的合理使用等。

（一）冬耕与深耕

通常农人一到冬季的时候，总是不大到田间去工作的。所以空着不栽培冬作物的田地，尤其是倾斜位置的，因为经过了冬天的风吹雨打，地面的肥力很容易被雨冲走，以致影响到地力的减低与明年农作收成的降落。要补救这种损失，唯有在秋作物收获以后，将田土深耕一次，则不仅是农田表面上的好土翻入田底，不致被大风刮去或雨雪冲掉，而且冬耕还有如下的利益：①表土底土混合在一起，土性可以增进；②田里留着作物的枯枝残叶，因为统被埋入田底，到明春后可以变成很好的肥料；③冬耕使农

---

① 《务农会略章》，《农学报》，1897 年，1 卷 1 期，第 1 页。

地的表层松软，能保存多量的水分，有利作物的生长；④经过了冬天雨雪冲积，病菌害虫被冻死。① 而深耕的益处也很多，因为耕得越深，作物的根就越能伸长开来，吸收更多的养料，收成也越好。同时土壤本身也因为风化作用的加强，可以逐渐将土质改良。

（二）酸性土壤与碱性土壤的改良

在雨水很多的卑湿地方，土壤中的盐类（矿质），如石灰、钾、镁等，流失颇多，或者是过度的施用酸性肥料（如硫酸亚），都可以使土壤中的酸性增加，不宜于作物的生长。要改良这种酸性土，比较适当而有效的方法，是把田间的排水弄好，使土壤逐渐松软干燥起来，施肥时要注意少用腐殖质的有机肥料，代以草木灰、石灰等，使之中和，同时要常常变换栽种，不要多年连种，使作物所需要的养分得以分别吸收，不致把某种养分吸取殆尽。碱性过多的土壤，在地面上呈现出一种色白如霜的东西。这种土壤能阻碍植物吸水作用和妨害种子的发芽，也不适于种子的生育。改良的法子，如在引水非常方便的地方，可以灌水入田（海水万不能用），把卤洗去。或在田中作成一道深约两尺的壕沟，将表层含卤质最多的土壤一起翻到沟道里面，并设法阻碍地水的蒸发，使卤质深入下层。但此法不够彻底，最好是在早春干旱的时候，把表面的含卤最多的土壤刮除，加施石膏每亩 25 至 40 斤，使土中所有的卤质（碳酸钠）完全洗去。②

（三）农业的集约经营

实施农业的集约经营，亦即所以使农地的利用，更趋精密，而促进农业生产的增加。如日本在发动"七·七事变"前

---

① 傅范初：《耕田今立法》，《农林新报》，1931 年，8 卷 1 期，第 37 页。

② 张乃凤：《十年来土壤肥料系工作概况》，《农报》，1943 年，8 卷 19—24 期，第 23 页。

的两三年当中，由于内地人口剧增，劳力过剩，加之化学肥料施用的普及，为求调剂过剩人口，增加农业生产计，曾奖励耕地最集约的利用法，使农人在一定面积举行作物栽培竞赛，争得最大量的收获。对于增收率之最高者，且与以多额之奖金。他们认为过剩的人工和肥料如果置之闲散，倒不如设法利用，反足以开发地利。即就施肥方法而论，与其施用的回数少，而致有效成分之流失较多，不如多用人工，适当地分做好几面施用，可使其有效成分完全为作物所吸收。它的生产结果，即或不能打破土地报酬递减法则的支配，但在同一面积上所得的收获量，总比以前要增加许多。同时像采用间作的方式，可以在同一单位面积的农地，加多其栽培作物的次数，也能使产量倍增。在蔬菜园的经营上，颇称适宜。反观我国农业经营的现状，多半为小农经营的方式，普通如 5 口之农家，耕种的田地平均尚不到 7 亩，劳力的分配似仍有余剩。所以要促进农业生产技术的改良，增加农作物的产量，对于实施农业的集约经营这一点亦是必要的。[①]

战时农地之耕种利用，日趋集约，土壤中的养分经连年消耗，生产力渐行减低。保持地力之道，唯有施用肥料，以为补救。肥料为作物生育上必须补给的养分，犹如动物需要的食料，动物不可一日无食品以供它的营养，植物也不可一日无肥料来维持它的生命。德国人有句话说："植物的收获量假定为 100，则其中 50％来自肥料。"[②] 故肥料为增进作物生产的要素。但肥料的施用，如果不得其宜，非但不能适合作物生长上的需要，甚至有危害其生命之可能。必须察照肥料的性质成分，以求适合该地土壤的性质及需要的程度，始能奏效宏伟，故施肥实为一种专门

---

① 邹秉文：《中国农业建设问题》，《大公报》，1944 年 5 月 21 日，第 8 版。
② 曹隆恭：《肥料史话》，农业出版社，1984 年版，第 57 页。

的科学。过去日本人曾费了三四十年的工夫，应用科学的方法，把全国各地的土壤都完全调查清楚，并创设国营化学肥料厂，依照各地土壤调查报告，制造或配合适宜各种土壤及所栽培作物的化学肥料，推行全国，普遍施用，以达到增进生产的目的。于此足证肥料问题绝不简单。

肥料里面都含有氮、磷、钾三种肥分，这称为肥料的三要素，比如人粪尿、油粕里面含氮质最多，就叫作氮气肥料。它的主要功能是发育作物的主要茎叶。骨粉骨灰里面含有很多的磷质肥份，专能发育种子，叫作磷肥。又草木灰里面，含钾质的肥份最多，能发育植物根秆，这叫作钾肥。此外如石灰里面钙质的含量最多，也是植物生长上不可或缺的肥分，故又有第四要素之称。那么，哪种作物要用哪种肥料，哪种土壤要用哪种肥料？关于第一个问题，在五谷类的作物如稻、麦、高粱、玉蜀黍等，需要氮质肥料特多，磷肥次之，钾肥的需要更次之。豆菽类的作物如大豆、小豆、豌豆、蚕豆、绿豆、豇豆等，因为根部寄生着的根瘤菌能吸收空气中的游离氮素，除供给它的寄主——豆类的需要外，并可加多土壤中的氮肥，所以磷质和钾质肥料要较多施用。根菜类的作物如甘薯、马铃薯、山药、萝卜等，因其吸收土中现成的肥料甚多，生长时间也较长，对氮肥、磷肥的需要较少，以施用草木灰及禽粪为佳。至白菜、花椰菜、莴苣、菠菜、水芹及其他叶用蔬菜，需要氮肥最多，磷肥、钾肥甚少，故用人畜粪尿较为合宜。

关于哪一种土壤应该施用何种肥料这个问题，在农业生产技术上值得多多留意。因为如不把土壤的性质仔细审别，随便施用肥料，则不但所施的肥料不能为作物利用，且常致肥份无形流失，无补于事。因此，施用肥料时应注意各种土壤的性质。如砂土为土粒组织最松的一种土壤，对于肥料有好处也有坏处。好处是作物易于吸收，肥效甚速。而施肥后如遇天雨连绵之季，肥料散失亦快，是其缺点。因此砂土不宜用易于散失的肥料，如人粪尿、硫酸亚等，而以厩肥、绿肥为最好。因这种肥料不但不易散失，并且含有极多的有机物，多用还可以改良土壤的性质。而壤土的土粒组织松软适中，无论用的什么肥料，都很合宜。但是黏土的组织却紧密细微，空气不易流通，如多用厩肥和堆肥等富于有机物的肥料，则可以矫正土壤的组织。但总体上言仍应以施用作物所需要的肥料为主，且不可专用某种肥料，而应注意肥料的配合使用。因各种肥料所含的养分多有不同，施用时必须按照作物和土壤的需要做适当的配合。但有的肥料因为性质相反，不能配合，尤其是化学肥料和天然肥料的配合，苟有不当，不但毫无获益，反而有害作物的生长。[①]

农民向来施用的肥料无非是粪类和各种腐败的植物质等天然肥料，如腐草、人畜粪、草灰等，在种稻蔗区，亦有施用豆饼、花生麸等。天然肥料不仅肥效欠佳，且数量有限，而价又很高，每亩需 1 元至 2 元，每亩生产稻谷约 10 元，即肥料占生产品的 2/10，这使农民无力购买肥料，致地力过分消耗，促使生产量减退。可见，要使农作物的生产增加，对化学肥料的采用，亦属必要。战前几年，广东、浙江等沿海口岸已施用矿物制造的人造肥料，如用智利硝来栽培甘蔗，长得比平常的甘蔗要好几倍。可惜这种化学肥料也多来自国外，所以解决农民的肥料问题，应该提倡用化学的方法自己来制造肥料及肥料的颜料，用电力来制造人工硝，用水力来做便宜的电。这样，既不费多大的成本，肥效方面又可比天然肥料增进不少。因而战前改良肥料的方法有二：一则利用废物作肥料，二则指导农民使用化学肥料方法。另外，还要控制化学肥料之输入，免天然肥料之淘汰。使用化学肥料如成分与作物配合得宜，它的收成要比天然肥料多一倍以上。不过使

---

① 希承潘：《土壤分类学》，中国农业出版社，1994 年版，第 97 页。

用方法随作物之需要而定，应予农民切实之指导，所谓改良肥料者，即天然肥料多多利用废物，而以化学肥料补天然肥料之不足。由于国内所用化学肥料仍全赖进口，据估计，平均每年消费进口硫酸铵达 10 万吨左右①，大量资金因之外流。在此种情况下，诸多学者及爱国民族工商业者呼吁采取有效措施，筹备由国人自己建立的硫酸铵厂，以生产化学肥料。1930 年 12 月孔祥熙任国民政府实业部长，遂命技术厅会同农、工、矿各司拟具实业计划，计划之一即是创办硫酸铵厂。翌年，实业部乃派员同上海英国卜内门公司和上海德国蔼奇公司商谈合作，在中国筹设硫酸铵厂一事。但因对方条件苛刻，遂致谈判破裂。1937 年 2 月，在近代农学先驱邹秉文等人的鼎力帮助下，永利公司总经理范旭东建立了中国第一家化学肥料厂——卸甲甸硫酸铔厂，开始生产中国自己的化学肥料。但数月后全面抗战爆发，永利被毁，化学肥料制造计划落空。

然战时增加农产刻不容缓，如果西部地区农业能够增施肥料，则每年可增产 100 万市担，这对提高西部地区农作物单位面积产量，缓解西部地区粮食、棉花等危机，无疑大有裨益。故1938 年 6 月经济部在《关于战时农业建设方针的工作报告》中，就明确指出："肥料为助长生产之要素，江南生产殷阜，半赖于民间旧法施肥，惜科学方法尚未充分利用。现在抗战时期，农业建设亟图速效，宜天然肥料与化学肥料同时并进。第一，天然肥料。进行方式：（1）利用农隙闲田，播种豆科作物及苜蓿。（2）江边河畔种植苔子，并在池塘沟渠内播植藓类植物，凡此亦可充作绿肥，且以提倡农村副业。（3）推广油饼类以及利用灰肥，制造堆肥等。第二，化学肥料。水利被毁，国产化学肥料一时难继，拟于可能范围内进行下列数事：（1）四川沿长江择地筹设骨

---

① 原颂周：《中国化学肥料问题》，《农报》，1937 年，4 卷 2 期，第 19 页。

粉磨厂，收集禽兽骨，加酸磨粉。（2）在湖南或四川筹设一大规模肥料厂，希于三年完成，均在设法推进中。"① 1940 年农林部成立，部长陈济棠亦提出："筹设骨粉制造厂，拟于三年内共增设制造厂 30 所，制造骨粉 9 万市担。"② 1942 年沈鸿烈继任农林部部长后又出台了具体的实施计划：①关于氮肥，在陕、桂等省办理豆科绿肥示范及改良各水田，以增加土中有机成分；②关于磷肥，与各省合作设厂制造骨粉，已办者有滇、粤、桂、闽 4 厂，筹划中者有陕、豫、浙、湘、粤、桂、黔、滇、甘、康等 10 省；③督促协助各省农业改进机关举行各种肥料试验。③ 同年，第九战区经济委员会在《关于 1942 年度粮食增产计划与农产促进会工作概况报告》中就下年度粮食增产计划拟具的各项增产措施之一，即是"委托川、桂、浙等十余省之农事改进场所，繁殖绿肥作物种子一万市亩；肥料推广补助各省六万元，增益值四百零六万元"④。嗣后，西部地区各农业改进机关遂在中央农业实验所的协助下，开展了各种肥料试验，以期改进肥料，增加农产。

二　肥料试验研究

施用肥料是补充土地生产力的重要方法，土地植物多次种植后，将土中对作物必要的养分多吸收尽了，作物就不能再生长。

---

① 中国第二历史档案馆：《经济部关于战时农业建设方针的工作报告》，《中华民国史档案资料汇编》，第 5 辑第 2 编，财政经济 8，江苏古籍出版社，1994 年版，第 97 页。

② 陈济棠：《农林建设》，中央训练团党政高级训练班编印，1940 年，第 12 页。

③ 沈鸿烈：《农林建设》，中央训练团党政高级训练班编印，1942 年，第 14 页。

④ 中国第二历史档案馆：《第九战区经济委员会关于 1942 年度粮食增产计划与农产促进会工作概况报告》，《中华民国史档案资料汇编》，第 5 辑第 2 编，财政经济 8，江苏古籍出版社，1994 年版，第 109 页。

粗放的农业经营就将缺乏养分的土地荒废几年，等待地力回复，再来耕种，所以常耕种几年就休闲几年。这种地力的荒废很不经济。施用肥料就是补救地力，年年可以继续耕种。种植稻、麦、棉花、杂粮、桑、茶等均需氮素肥料，而国内原有肥料，极感不足。据中央农业实验所在安徽宣城之试验，每亩施用硫酸亚20斤，可使稻谷增产70至80斤。在长沙每亩施用硫酸亚40斤，可使稻谷增产160斤。[①] 但抗战期间，硫酸亚不易得，势难推广应用。然豆饼、菜籽饼、棉籽饼、花生饼、人粪尿等亦为水稻之良好肥料，故肥料专家乃提出奖励农民多养家畜，增加厩肥产量，奖励农民栽培豆科绿肥作物以及提倡利用种种废弃物制造堆肥等办法，以增加有机肥产量。据调查，战前四川省因偏居西南一隅，化学肥料尚未引进，各地所用肥料全为天然有机肥，未有使用化学肥料者，每年所产各类天然肥料共计约26 172 000吨，主要包括畜粪、人粪尿、堆肥、油饼、兽骨、绿肥等，其来源则为油房（占43％）、城镇（占25％）、自储（占16％）及其他（占16％）。具体情况可参见表3-13：

表3-13 四川每年肥料生产数量及其种类表

肥料名称	化学成分			年产量（吨）	所含养分量		
	N（氮肥）	P_2O_5（磷肥）	K_2O（钾肥）		N（氮肥）	P_2O_5（磷肥）	K_2O（钾肥）
畜粪	0.86	0.23	0.62	13 872 000	72.134	31.91	86.00
人粪尿	0.50	0.05	0.21	11 041 000	55.205	5.52	23.19
堆肥	0.50	0.34	0.69	919 000	4.595	3.13	6.34
油饼	5.20	2.50	1.50	228 000	11.836	5.70	3.42

---

① 张乃凤：《三年来土壤肥料系工作述略》，《农报》，1941年，6卷10—12期，第19页。

肥料名称	化学成分			年产量（吨）	所含养分量		
	N（氮肥）	P₂O₅（磷肥）	K₂O（钾肥）		N（氮肥）	P₂O₅（磷肥）	K₂O（钾肥）
兽骨	4.00	23.00		86 000	3.440	19.78	
绿肥	52.4			26 000	840		

四川省档案馆：《四川省农业改进所档案》，全宗号民148，案卷号4131，卷名《四川省农业改进所关于本省土壤肥料调查报告》。

由上表可知，四川天然肥料有两大来源：一是畜粪，二是人粪尿，共占总量的90％以上。科学实验表明，如欲使农产品丰收，每年每亩所需肥料至少氮肥8斤、磷肥54斤、钾肥203斤，全川耕地面积如以84 056 306亩计，则需氮肥336 225吨、磷肥1 681 113吨、钾肥126 085吨。除钾肥可由草木灰供给外，氮磷两种肥料颇感不足。另据化学分析与实地调查，川、滇等西部地区各省土壤大多缺乏氮磷元素，同时本省重要作物所需肥料最多亦为氮，其次为磷，每年至少缺氮188 149吨，缺磷102 093吨，且各地所缺肥料中，仅氮就占了50％。可见，天然有机肥中氮磷钾的含量实为不足，人造肥料中的硫酸亚、硝酸亚，实为各省极需。而随着战时农产品价格的飞涨，农民种植农作物能够获得更多经济利益，因而亦愿意在肥料方面投资。据四川省农业改进所调查，战时由于粮食涨价较快较高，故农民对粮食作物如稻、麦、玉米、豆类、甘薯等均愿意多施肥料（参见表3—14），借以提高单位面积产量，以裕丰收。但川省农民自储肥料往往不能自给，绝大部分尚需购买，而农民有购买能力者仅占29％，无任何购买能力者却高达71％。因此，如何增加肥料，解决农民肥料缺乏问题，实为各农业改进所急务。

表 3-14　粮食涨价后农民愿多施肥料之作物

农业分区	县别	稻	高粱	玉米	豆类	甘薯	洋芋	麦
桐油水稻区	奉节			*		*	*	
	开江	*		*	*	*	*	*
	忠县	*	*	*	*			*
	丰都	*		*	*	*		
	秀山	*		*	*	*		*
	南川	*		*	*	*		*
	邻水	*		*	*	*		*
	江北	*	*		*	*		*
	綦江	*	*	*	*	*		*
	江津	*		*		*		*
	璧山	*		*				
	合川	*	*		*	*		*
	广安	*		*	*	*		*
水稻杂粮区	垫江	*	*		*	*		*
	渠县	*		*	*	*	*	*
	仪陇	*	*	*	*	*		*
	巴中	*	*		*	*		*
	城口	*	*		*	*		*
	广元	*						
	剑阁	*			*			*
	彰明	*	*					*
甜薯稻棉区	阆中	*		*	*	*		*
	蓬安	*		*	*	*		*
	盐亭	*	*	*	*	*		*
	三台	*	*	*	*	*		*

农业分区	县别	稻	高粱	玉米	豆类	甘薯	洋芋	麦
甜薯稻棉区	射洪	*		*	*	*		*
	蓬溪	*		*	*	*		*
	南充	*		*	*	*		*
	潼南	*		*	*	*		*
	遂宁	*		*	*	*		*
	乐至	*		*	*	*		*
	安岳	*	*	*	*			*
	大足	*	*	*	*	*		*
	铜梁	*		*				*
	荣昌		*		*			
	内江		*	*				*
	资中	*		*	*	*		*
	资阳	*	*	*	*	*		*
	仁寿	*	*	*	*	*		*
	井研	*	*	*	*			*
	荣县	*	*	*	*			*
	富顺	*	*	*	*		*	*
	泸县	*	*		*	*		*
	合江	*	*	*				*
	纳西	*						
	江安	*	*	*	*	*		*
	长宁	*	*	*	*	*		*
	南溪	*	*		*	*		*
	宜宾	*	*	*				
	犍为	*	*	*	*			*

续表3-14

农业分区	县别	稻	高粱	玉米	豆类	甘薯	洋芋	麦
水稻区	绵阳	＊		＊		＊		＊
	罗江	＊	＊	＊		＊	＊	＊
	德阳	＊		＊		＊		＊
	绵竹	＊		＊		＊		＊
	广汉	＊	＊	＊	＊	＊		＊
	成都	＊		＊				＊
	崇宁	＊		＊	＊	＊		＊
	郫县	＊		＊	＊	＊		＊
	温江	＊		＊	＊			＊
	双流	＊		＊				＊
	华阳	＊		＊	＊	＊		＊
	简阳	＊		＊	＊	＊		＊
	新津	＊						＊
	彭山	＊		＊				＊
	眉山	＊		＊		＊		
	乐山	＊		＊	＊			＊
稻麦玉米区	灌县	＊		＊	＊			＊
	崇庆	＊		＊	＊			＊
	大邑	＊				＊	＊	
	邛崃	＊		＊				＊
	丹棱	＊		＊	＊			
	洪雅	＊		＊				
	雅安	＊		＊				
	荣经	＊		＊			＊	＊
	汉源	＊		＊	＊	＊	＊	

续表3—14

农业分区	县别	稻	高粱	玉米	豆类	甘薯	洋芋	麦
稻麦玉米区	夹江	＊	＊	＊				
	峨嵋	＊	＊	＊				＊
	峨边	＊	＊	＊				＊
	马边			＊	＊	＊		
	高县	＊		＊				
	庆符	＊		＊	＊			
	琪县	＊		＊				＊
	古宋	＊		＊	＊	＊		
	叙永	＊		＊				
	古蔺	＊		＊	＊			
	越西	＊		＊				
	会理	＊		＊	＊			＊
玉米区	平武	＊		＊	＊			＊
	北川			＊				＊
	安县	＊		＊				＊
	理番			＊				＊
	宝兴			＊				＊
	庐山	＊						

　　四川省档案馆：《四川省农业改进所档案》，全宗号民148，案卷号4131，卷名《四川省农业改进所关于本省土壤肥料调查报告》。说明：有星号者为愿意施肥者，档案资料原文如此。

　　战前，经试验证明，全国土壤有4/5缺乏植物养分，亟待肥料补给。[①] 南方水稻区域土壤缺乏养分程度较北方小麦区域更为严重，华中华南之红壤、黄壤尤其需要肥料的补充。施用化学肥

---

　　① 戴弘：《我国肥料问题》，《农报》，1936年，3卷20期，第29页。

料以后，作物产量往往可以增加数倍。中央农业实验所顾问 H.
L. R. Ckandnon 经多年研究，认为现有耕地将来如能应用化学肥
料，至少可以增加现在作物产量的 1/4。换言之，由于农田施用
化学肥料，可多产 1 亿人口所需之粮食①，而尚未开垦的瘠土经
施用肥料后，当可增加大批耕地面积和作物产量。四川省农业改
进所所长赵连芳亦估计，应用化学肥料至少可以增加生产
15％。② 中央农业实验所研究员张乃凤、李介生也于 1935 至
1940 年间在全国 170 地区做了数百次土壤肥料试验，认为全国
普通土壤约 83％缺乏肥料，一般情况下氮肥最为缺乏，磷肥次
之，钾肥又次之，倘若于需要肥料的土壤增加施肥，作物产量可
能较现今增加 45％～50％。③ 就川、滇、黔、桂西部地区各省而
言，因位居南部，温度较高，有机物易于腐化，兼以冲刷与淋渗
作用，氮素极易流失，钾、磷等养分亦随之日渐减少，而农村资
金均甚不济，农民多无力购买肥料，故各省土壤缺乏养分，遂成
战时农业上一严重问题。如以棉花为例，可清楚地看到肥料缺乏
状况。棉作主要肥料为氮、磷、钾等。氮肥可帮助棉株生长，增
加产量，适量施用可促进棉花早熟丰产。倘若缺乏，则色叶发
黄，棉株矮小，结铃不丰。磷则为植物体蛋白质的主要成分，也
为构成细胞核不可或缺之物质。磷肥能助长棉花幼苗幼根发育及
棉铃棉株滋长，亦可促进早熟。而钾肥在沙质棉田尤需施用，因
其可构成植物体纤维素，助长棉铃，保持棉株健康，使枝干强
健，加强抗病能力，如施用得当亦能促成早熟，减少棉铃脱落，
使棉绒细长。若氮、磷、钾三要素能适量配合施用，则棉株受益

---

① 戴弘：《我国肥料问题》，《农报》，1936 年，3 卷 20 期，第 31 页。

② 四川省档案馆：《四川省农业改进所档案》，全宗号民 148，案卷号 4133，卷名《四川省农业改进所农业化学组关于肥料三要素试验研究报告》。

③ 张乃凤：《十年来土壤肥料系工作概况》，1943 年，《农报》，8 卷 19—24 期，第 25 页。

必大，产量增益必丰。然战前川省棉田缺乏肥料已为普遍现象，且无制造工厂可资补给，端赖土法榨油厂商及有限人畜排泄物，实难满此渴欲。即以油饼及人粪尿而论，距城市较近的棉农，尚可利用，离城市较远的大多数棉农，每因价格及运转关系，未便购用。而四川童山濯濯，燃料缺乏，收棉的茎叶大多充作燃料，未能全部还诸土中。如此，则取之田中者多，还于田者少，年复一年，棉田地力消耗殆尽。兼以农民坚持谬见，认为棉作收获毫无把握，不愿投资施肥于棉田，即用豆科作物轮作，维持棉田肥力，棉农皆不愿为，以致棉株生长瘦弱，产量日减。故肥料问题若不从速解决，棉花增产、品质改进、良种推广均将大受阻碍。而抗战时期，农业建设亟图速效，化肥故为增加农产的最佳途径，但设厂制造却困难重重，因此宜天然肥料与化学肥料同时并进，以有机肥为主，化肥为辅遂成为战时施肥方针。且西部地区各省担负着大部分军需民食，肥料事业的重要性越发凸显，国民政府遂饬令中央农业实验所与各省农业改进所对各种有机肥进行研究和试制，借以解决各省氮、磷肥紧缺问题。

（一）蒸制骨粉研究

国内农民很早就开始用兽骨肥田，但具体施用方法各地有所不同。以四川为例，成都平原及长江流域均施用骨灰，而新津、双流、彭山等地则习惯于施用骨粒。施用骨灰、骨粒固然有一定效果，但养分损失颇多且肥效迟缓，从经济或科学角度看，均有不合理之处。如每 250 斤生骨可烧制骨灰 100 斤，其中含磷 $25.4\%\sim30\%$，唯有机质及氮素在燃烧过程中损失殆尽，且燃烧之后，可溶性减低，是为骨灰缺陷。[1] 成都骨商乃将制骨灰之法

---

① 章洪元：《四川骨粉问题》，《四川经济季刊》，1943 年，1 卷 2 期，第 78 页。

加以改进，制成碎骨，其可含磷达 21％，含氮 3％，含脂肪 6％。[①] 但因其颗粒大，脂肪多，施于农田不易腐败，肥效亦见迟缓。同时因生产技术低下，产量不高，虽生产碎骨者共计达 32 家，但每年生产碎骨仅565 750斤，只能供应成都近郊农民需要而已[②]，实有改良之必要。四川省农业改进所成立后遂由肥料专家彭家元主持，开始研制蒸骨粉。其法主要是将牛、马、猪、羊等各种兽骨置于特制密闭蒸压器，经以 40 磅气压蒸馏两小时后，去其骨中所含有的脂肪胶质，使其骨质疏松，除去水分，再用磨粉机磨成细末即成蒸骨粉。其含磷量增为 24％，含氮量亦增为 4％，含脂肪量则减为 2％。[③] 与骨灰或骨粒相比，其优点在于：骨料经过蒸制后，不但易于粉碎，便于分解，且养分损失少。以肥料观点论之，骨粉施于土壤，主要为供给植物生长所需之磷，而无论牛、马、猪、羊骨制成之骨粉，所含磷酸概为磷酸三钙形态，必于土壤内起化学变化而成磷酸一钙，被植物吸收后，即成体内原形质中磷质蛋白必要成分。故欲使农作物充分生长发育，非有充足的磷肥供给不可。而磷素多富含于植物种子之中，欲求种子繁多，果实饱满及农产增收，磷肥的供给尤不可缺。据四川省农业改进所对川省土壤肥料氮、磷、钾三要素的含量分析，四川土壤主要缺乏氮肥，但黄壤中磷肥之缺乏亦高达 87.3％，尤不亚于氮肥。[④] 有鉴于此，四川省农业改进所乃向农

---

① 催树：《四川蒸制骨粉问题》，《川农所简报》，1941 年，3 卷 11 期，第 45 页。

② 催树：《四川蒸制骨粉问题》，《川农所简报》，1941 年，3 卷 11 期，第 45 页。

③ 四川省档案馆：《四川省农业改进所档案》，全宗号民 148，案卷号 4132，卷名《四川省农业改进所骨粉制造厂设立、经费来源、生产情形等概况报告》。

④ 李正英：《四川省蒸制骨粉之推广》，《农业推广通讯》，1941 年，3 卷 12 期，第 35 页。

民银行贷款 10 万元[①]，购置大量机器，在成都、重庆、泸县、合川、乐山、绵阳六处设厂制造蒸骨粉，从而开国内蒸骨粉制造之先河，在骨肥利用方面做出了新贡献。西部地区其他各省如陕西等亦相继仿效，提倡设厂试办，并向川农所求取经验。

（二）元平式速成堆肥研究

堆肥原为一般农民惯用之肥料，向多注重堆贮的改善，使易腐熟，而减少有效成分之损失。传统堆肥的优点在于变废为宝，趋利避害，将各种成分转化为适当分解物后，再作为肥料施到农田之中。其缺点：不能充分利用废弃物质；堆积方法不完善；堆积过程中养分损失较多；堆积时间太长，至少需要三四个月。[②]为改进堆肥方法，1937 年 8 月中山大学农学院教授彭家元及其助手陈禹平在微生物学研究中发现了一种纤维菌，并将该菌用于制造堆肥，能大大缩短堆肥腐熟时间。以发明人之名命之为"元平菌"。使用元平菌后，堆肥腐熟时间可从原来的三四个月缩短至 21 天。[③] 与旧式堆肥相较，其优越性亦十分凸显："（1）凡动植物、矿物质均可作为原料；（2）堆制方法较为便利，无须经常料理、翻转；（3）因发酵时温度较高，可消灭有害病原菌，肥料成分无任何损失；（4）有助于改良土壤；（5）大大缩短腐熟时间；（6）有机质及氮素含量比旧式堆肥高；（7）干燥后可长久贮存。"[④] 具体情况详见表 3-15：

---

① 四川省档案馆：《四川省农业改进所档案》，全宗号民 148，案卷号 4132，卷名《四川省农业改进所骨粉制造厂设立、经费来源、生产情形等概况报告》。

② 彭家元：《肥料学》，商务印书馆发行，1936 年，301 页。

③ 彭家元、陈禹平：《元平式速成堆肥制造法》，《农声》，1937 年，第 205 期，第 37、38 页。

④ 彭家元、陈禹平：《元平式速成堆肥制造法》，《农声》，1937 年，第 205 期，第 37、38 页。

表 3-15　元平式速成堆肥与旧式堆肥养分状况比较表

（%）

养分组成	原料成分	元平式堆肥	旧式堆肥	旧式堆肥养分损失
N	0.68	1.135	0.45	60.2
P_2O_5	0.89	1.234	0.98	20.4
K_2O	0.45	0.692	0.53	23.5

中国农业博物馆编：《中国近代农业科技史稿》，中国农业科技出版社，1996 年版，第 117 页。

此后，西部地区各农业改进所纷纷采用该技术，并结合本省实际情况，予以试验研究，以期达到最佳效果。

（三）绿肥栽培试验

由于农家肥来源有限，而化肥在西部地区尚无工厂生产，兼以抗战以来，海口被封，进口肥料十分困难，因此绿肥推广亦成为当时解决肥料不足的一项重要措施。但是西部地区多地农民向无种植绿肥习惯，或是担心种植绿肥占地而影响粮食产量，故大范围推广绿肥颇有难度。为消除农民顾虑，各省农业改进所乃发动工作人员到乡村集会场所开展广泛宣传。农学家亦纷纷发表演说、撰写文章，宣传介绍绿肥的种种好处，指出当农村处于穷困之时，农民无力购买肥料，如能栽培绿肥，既能减少农民支出，又可增加农作物产量，是为一举两得之事。正如中央农业实验所研究员陈华癸所言："假如不能有别的氮素肥料来源，以补充土壤肥力因栽培作物而受之损失，牺牲一部分耕作面积种植绿肥作物是值得的，只顾粮食作物栽培面积的加多，而不设法保育地力，结果是减少粮食的总产量。"陈氏进一步分析指出："对于施肥，一般人常误解为加施植物营养素于土中。此实为极不正确之观念。恰当的解释应为，加施任何改良作物生长之物质。栽培非豆类之绿肥作物，代表施肥之另一方面。"① 从 1938 年起，中央农业实验所先后在广西、陕西、四川等省与各该省农业改进所合作，开展各种绿肥的比较试验，试图通过试验，确定各区域应推广的绿肥种类，并探索适当的利用方法。1941 年，陈华癸对陕西省泾阳、三原、黄陵、礼泉、临潼、新平、武功等 9 个县的夏季绿肥作物进行了调查，其结论有二："一是，该年绿肥作物主要为黑豆与绿豆两种，因种子供给不足，栽培面积很小；二是，就绿肥作物而论，绿豆黑豆肥效并无显著优劣。"②

（四）人粪尿储存与根瘤菌研究

虽然人粪尿是农家肥料的最大来源，但在贮藏过程中，内含的氮素损失甚多。为减少其在贮藏过程中的损失，中央农业实验所开展了"人粪尿之贮藏对其含氮量之影响"的研究。试验证明：人粪尿在贮藏 11 周后，氮素损失量占原含氮量的 52％；在停止贮藏不予搅动期间，氮素损失最少。③ 故欲减少氮素损失，人粪尿不宜贮藏太久，且在贮藏过程中不宜频繁搅动。随着对豆科作物根瘤菌固氮作用认识的深化，中央农业实验所还与四川省农业改进所合作，于 1941 年开始进行根瘤菌纯化培养研究，先后共分离豆科植物根瘤菌 61 种。④ 经接种后，其共生植物产量比对照者增加一倍以上。通过利用根瘤菌生物固氮原理以提高农作物产量，开辟了作物增产的新途径。

---

① 陈华癸：《水稻田的绿肥问题》，《农报》，1944 年，8 卷 10 期，第 33 页。

② 陈华癸：《水稻田的绿肥问题》，《农报》，1944 年，8 卷 10 期，第 33 页。

③ 四川省档案馆：《四川省农业改进所档案》，全宗号民 148，案卷号 4133，卷名《四川省农业改进所农业化学组关于肥料三要素试验研究报告》。

④ 四川省档案馆：《四川省农业改进所档案》，全宗号民 148，案卷号 4133，卷名《四川省农业改进所农业化学组关于肥料三要素试验研究报告》。

三　肥料推广

抗战时期，增加农产是为切要之途。为增加生产，开展肥料推广，解决西部地区各省肥料紧缺问题，农业部在饬令各农业试验所研究土壤肥料之施用外，还注重肥料之生产与推广。"径自设骨粉厂及与陕西合办肥料制造厂，并协助民营肥料制造厂之生产与销售，同时与农民银行会同拟具肥料生产贷款计划，其产品并由各农业推广繁殖站及推广人员向农家推广。各年肥料推广面积计三十一年为2 555 858市亩，此后因战事影响，逐年减少，至三十四年仅1 193 380市亩，三十五年增产工作逐渐展开，推广面积乃增为2 228 752市亩。"[①]　各地方农业改进所亦积极致力于肥料推广。如四川省农业改进所在1939年便与四川省合作委员会及农本局合作，商定施行肥料实物贷放，并制定了《试办四川省各县合作社肥料实物贷款办法》，嗣经建设厅核准予以施行。其具体内容如下：

一是，试行实物贷放暂以江津、合川、遂宁、三台、射洪、蓬溪等6县为限，贷放肥料种类暂以油枯及骨粉为限。二是，农业改进所、合作委员会和农本局分别指定该6县农业推广所、合作指导室及合作金库依照本办法负责办理；三是，肥料实物贷放应由推广所、指导室及合作金库三方会商，就各该县需要最切及环境适宜区域择定信用较佳的合作社试办，宁缺毋滥，不求急切，以树稳妥基础。四是，经择定的合作社应定期召集社员开会，由三方将实物贷放的意义及办法暨施肥指导办法当场详为说明，凡领共同购储油枯或骨粉者，当即将田地亩数、作物种类及

---

①　中国第二历史档案馆：《国民政府主计部关于战时农业增产措施及其实施状况的调查统计》，《中华民国史档案资料汇编》，第5辑第2编，财政经济7，江苏古籍出版社，1994年版，第541页。

需要肥料种类和数量登记清楚。五是，推广所按照实际情形，将各社员实际需要肥料数目初步核定并将价格预先估定，送由合作金库，再依照各该社员信用程度为最后决定。六是，各社员应贷肥料的估计数目决定后，即由合作金库通知各社按照决定数目依照原来信贷手续申请贷款。七是，合作金库审核申请书无误后，在肥料市价低廉时期之前通知各该社，拨领贷款。八是，合作社领到贷款后，合作金库即通知推广所，由推广所内推广人员分赴各社协助合作社职员送购适宜肥料储存。九是，各合作社肥料储存齐备后，由推广所通知合作金库及合作指导室会同定期前往监督发放各社所贷肥料，按值作价，仍按原来监督发放的现款手续办理。十是，各社员贷得肥料后，推广所人员应随时分赴各社，或口头或文字或实际实施指导，并依照农业改进所拟具的报告表式，随时将指导工作情形报告农业改进所。十一，各社作物收获后推广所人员应将施肥指导所收实际效果确实详细调查，依照农业改进所所拟定的表式，报告农业改进所。十二，农业改进所汇齐前两项报告后，编具总报告，分送合作委员会与各该县合作指导室及农本局与各该县合作金库，以备参考推进。十三，6县每县贷放肥料总价以20 000元为限，如成绩良好，再议增加。十四，各社员还款期限的规定以作物收获后两个月为标准，除因特殊情形核准展期者外，如到期不还，则由三方合力催偿。十五，在不抵触本办法范围内，各该县农业推广所合作指导室合作金库得依实地情形会订贷放详细办法，以利实施并应分别报备查考。[1]

　　除上述推广办法外，四川省农业改进所还采取直接销售方

---

　　① 四川省档案馆：《四川省农业改进所档案》，全宗号民148，案卷号4136，卷名《四川省农业改进所农业化学组关于肥料推广办法、计划，省所指令、训令，呈、函等》。

式，即直接低价出售给附近农民，如蒸骨粉的销售有时甚至以低于一般骨料的价格出售，而农民使用后因效果显著，均乐于购买。蒸骨粉除用作肥料（占 80.2%）外，还可作饲料（占16%）、化工原料（占 2.5%）及食用（占 0.5%）[1]，因而购买人数颇多。四川省农业改进所为增加销量，方便他人购买，亦采取由合格商人、农人、农业机关代销等办法。1940 年，所有骨粉直接销售占 45%，代销占 15%，订约销售占 40%。[2] 全川共设有 6 大推销站，20 家代销处，分布于东南北各地六大区域。由于每亩稻田施用蒸骨粉 30 斤，即可增产水稻 60 斤[3]，故深受农民欢迎，陕西、贵州等省亦纷纷来函索购，各年销量随之大增，仅 1941 年 1 至 9 月各厂销量就达 21 万斤之多。[4] 在 1939 至1940 年间甚至出现供不应求的状况，经营亦略有盈余。其具体制造推广成绩可参见表 3-16：

表 3-16 1939—1942 年四川省农业改进所蒸骨粉制造推广成绩表

年别	制造厂数	制造斤数	推广斤数	肥田亩数	备注
1939 年	成都、合川、泸县3 个	362 339	168 272	6 209	以亩施30 斤计算
1940 年	成都、合川、泸县、五通桥、重庆、绵阳6 个	492 082	288 218	9 607	合川厂被炸停办

---

① 李正英：《四川省蒸制骨粉之推广》，《农业推广通讯》，1941 年，3 卷 12 期，第 37 页。

② 李正英：《四川省蒸制骨粉之推广》，《农业推广通讯》，1941 年，3 卷 12 期，第 37 页。

③ 李正英：《四川省蒸制骨粉之推广》，《农业推广通讯》，1941 年，3 卷 12 期，第 37 页。

④ 四川省档案馆：《四川省农业改进所档案》，全宗号民 148，案卷号 4139，卷名《四川省农业改进所农业化学组关于肥料蒸骨粉推广报告》。

年别	制造厂数	制造斤数	推广斤数	肥田亩数	备注
1941年	重庆、五通桥、绵阳、泸县、成都5个	268 252	228 252	6 669	
1942年	成都、泸县、五通桥、绵阳4个	206 362	135 823	4 527	7至12月制造推广数未计算在内

四川省档案馆：《四川省农业改进所档案》，全宗号民148，案卷号4139，卷名《四川省农业改进所农业化学组关于肥料蒸骨粉推广报告》。

绿肥苕子不仅可以提高土壤肥力，且能及时提供饲料。川西平原多年来均有所种植，唯川东南地区则无种植习惯。1938年秋，四川省农业改进所以泸县、合川两县为繁殖中心，在川西购苕种19 000斤运往分发农民种植。是年繁殖留种824市亩，苕子生长良好，收种甚佳。[①] 翌年再次收购种子，分给泸县等17县农民繁殖，到1941年已扩展至44个县，但1942年后因农业改进所缩减而停止推广。[②] 绿肥苕子的推广，打破了川东地区农民多年不种苕子的习惯，及时提供了有机肥料。1941年春，陕西省成立粮食增产委员会，由中央农业实验所派员任土壤肥料专业督导，在1941至1942年间共计推广绿肥8万余亩。[③] 而元平菌则是微生物，对农民而言，它既新鲜又神秘，亦是40年代国内农业中推广的新技术之一。为推广元平式速成堆肥，彭家元、陈禹平及四川省农业改进所采取了一系列有效措施，使广东、四川的元平式速成堆肥获得了较大范围的推广。如四川省农业改进所

① 四川省档案馆：《四川省农业改进所档案》，全宗号民148，案卷号4138，卷名《四川省农业改进所农业化学组绿肥推广报告，省所指令、训令、呈、函等》。

② 四川省档案馆：《四川省农业改进所档案》，全宗号民148，案卷号4138，卷名《四川省农业改进所农业化学组绿肥推广报告，省所指令、训令、呈、函等》。

③ 四川省档案馆：《四川省农业改进所档案》，全宗号民148，案卷号4138，卷名《四川省农业改进所农业化学组绿肥推广报告，省所指令、训令、呈、函等》。

特委派四川省第三期农训班学员到绵竹、中江、德阳、罗江、绵阳、青神、璧山、彭县、灌县、梓潼、资中、荣昌、乐至等县开展宣传，无偿供给推广县菌种，并把元平菌比作酒曲，通过形象的比喻使农民能够较好地接受元平式速成堆肥的积制方法。1938年开始在江津、泸县等 8 县示范，次年推广到隆昌、荣昌等 11县，1941 年复增加至 13 个县。[①] 但 1942 年后因经费缩减而停止推广。四川绿肥和堆肥历年推广成绩可参见表 3-17：

表 3-17　四川省 1939—1941 年绿肥堆肥推广统计表

年别	推广区域		推广数量		肥田亩数	
	苕子绿肥	速成堆肥	绿肥（亩）	堆肥（担）	绿肥	堆肥
1939 年	泸县等 17 县	隆昌等 10 县	2 092	83 180	13 946	16 636
1940 年	泸县等 22 县	资中等 15 县	2 649	53 679	17 676	10 735
1941 年	泸县等 44 县	资中等 20 余县	65 000	38 102	136 731	7 620

四川省档案馆：《四川省农业改进所档案》，全宗号民 148，案卷号4142，卷名《四川省农业改进所农业化学组关于绿肥、堆肥推广报告，省所指令、训令、呈、函等》。

总而言之，战时西部地区土壤肥料实验研究为缓和或延迟土地报酬渐减规律的重要工作，肥料对于生产的重要，较诸品种改良及耕作技术，尤有过之，故关于土壤的分析，肥料的研究推广，均为农业改良之急务，亦为西部地区各省有史以来利用科技改良土壤肥料之先例。西部地区地域既广，土质自然不一，故必须先有土壤调查，以明了土壤分布情形及利用状况，借作土壤肥力改进之基础。如四川省农业改进所就曾于成都、华阳、内江、

---

① 四川省档案馆：《四川省农业改进所档案》，全宗号民 148，案卷号 4142，卷名《四川省农业改进所农业化学组关于绿肥、堆肥推广报告，省所指令，训令，呈、函等》。

乐山、绵阳、罗江、德阳、广汉、彭县、什邡、新繁、新都、郫县等区域举行土壤调查。[①] 区域虽嫌过小，但其地势有山岳地，有赤色盆地之丘陵，亦有河流冲积平原，本省主要土类，几乎已罗致无遗。至于土壤的物理性与化学性分析，所搜集的土壤标本均已完成分析工作，并有专题讨论。[②] 而农业生产受自然的限制极大，地力的肥瘠更是决定农作物产量丰啬与否的要因。土地虽有可耕及营养之性能，然土中养分，则非取之不尽，用之不竭，如不加以人为的补充，或天然的休闲，则土地的生产力必逐年减退。但培养地力，补给肥料，又将视作物的需要而定，用之不当，则反害之，或茂而不实，或施肥过多而枯死，故地力的测定与施肥的研究工作至为重要。为此，中央农业实验所曾与西部地区各省农业改进所先后在 80 余处进行地力试验，得知紫色土的地力较强，水稻土次之，棕壤较劣。[③] 就作物而言，水稻需氮最切，油菜次之，小麦又次之；油菜需磷最切，水稻、小麦次之，至于钾素则均无需要的现象。[④] 此外，硫酸亚作追肥的实验、氮质肥料肥效比较试验、磷质肥料肥效比较试验、蒸骨粉用量比较试验等均已获得相当结果。对于改良土质的有机肥料试验，即以家苕、紫云英、紫苜蓿、白色紫苜蓿、长叶猪屎豆、白花三叶草、黄花三叶草等作为绿肥作物的试验，以及肥料在土中渗漏保存与农产品营养价值的关系试验，亦获得了良好结果。[⑤] 这些试

---

① 四川省档案馆：《四川省农业改进所档案》，全宗号民 148，案卷号 4134，卷名《四川省农业改进所农业化学组土壤分析报告》。

② 四川省档案馆：《四川省农业改进所档案》，全宗号民 148，案卷号 4134，卷名《四川省农业改进所农业化学组土壤分析报告》。

③ 张乃凤：《十年来土壤肥料系工作概况》，1943 年，《农报》，8 卷 19—24 期，第 52 页。

④ 张乃凤：《十年来土壤肥料系工作概况》，1943 年，《农报》，8 卷 19—24 期，第 53 页。

⑤ 四川省档案馆：《四川省农业改进所档案》，全宗号民 148，案卷号 4137，卷名《四川省农业改进所农业化学组关于有机肥试验研究报告》。

验研究为合理施肥提供了科学依据。

在推广方面，广泛开展了示范，使农民对各种肥料之效力均有所认识，并普遍信任，乐于施用。同时，通过试验也获知各地不同土壤到底缺少什么，所需氮、磷、钾应怎样配合，需要量多少，以及如何配合当地农作制度，以求各种肥料在某一地区的最经济用法。而示范则为推广该试验成果扫清了障碍，打开了局面，对于农民施用肥料如种类、数量、方法、时间等，均起了一定的指导作用。1942 年英国议会访华团团员泰弗亚勋爵（Lord Teyiot）在四川省农业改进所、四川大学农学院等所做的一系列演讲，则引发了一场关于化学肥料问题的论战。泰氏的主要观点：天然肥料（即有机肥）中有生命，施用后不但植物得以滋生，动物吃了施用有机肥的植物也有生气；人造肥料（即化肥）没有生命，施用后虽然增加产量，所产植物却无生气，动物吃此植物，营养既差，且有不能生育之危险。中国学生牙齿很好很白，都是施用天然肥料的结果；英国人的牙齿甚拙劣，系间接受大量施用化学肥料之影响。为此，他劝告中国勿用化学肥料。[1]泰氏演讲传开后，四川省农业改进所所长董时进、副所长胡竟良，农事试验总场场长彭家元，稻麦改良场场长李先闻及中农所高级技术人员吴福桢、侯广炯六人联合发表了《西洋科学与中国农业——我们对于英访华议员泰弗亚勋爵讲词之了解》一文，文章用大量第一手资料驳斥了泰弗亚似是而非之言论。[2]继之，国内其他农业机关学者亦纷纷在报刊上发表文章，展开辩论。通过论战，在一定范围内提高了国人对化肥的认识，普及了化肥使用常识，并促使农学家着手研究化肥与有机肥之关系，使二者的优

---

[1] 张乃凤：《化学肥料问题论战缩影》，《农报》，1944 年，9 卷 19 期，第 31 页。

[2] 张乃凤：《化学肥料问题论战缩影》，《农报》，1944 年，9 卷 19 期，第 31 页。

缺点更广为人知。如有机肥具有养分稀薄、容积巨大、运输困难之缺点，优点则是富含有机物，有改良土性之效，含有各种养分，用量稍多亦无大碍，效力迟缓但能持久。而化肥的特点则是养分浓厚，性质猛烈，力量甚大，倘若施用过多，即会发生危险，且化肥性极速效，易溶解于水，亦易随水流失，故化肥宜作追肥施用。二者均不可能完全相互替代。尤其在生产实践中由于化肥数量远不能满足需要，故"有机肥与化肥相结合，以有机肥为主，以化肥为辅"[①] 成为新的施肥原则，并被一直沿用至中华人民共和国成立之后。

第三节　西南西北林业开发

一　开发西部地区林业的重要性

中国古代遍地皆为森林，其时木材充裕，取之不竭，用之不尽，故亦无林业可言。但森林面积以及木材蓄积量究有几何，历朝历代均未做过全面的调查和统计，因而对全国森林资源情况不甚了解。民国元年后，北洋政府亦未做过此项工作，直至南京国民政府建立，林业机构始对一些林区进行了调查勘测或踏查估计，一些林业学者也深入部分林区做了勘查，获得了大量资料，但仍不完整。1934 年，实业部公布了各省森林资源情况，全国合计林地659 375.86万亩，森林136 631.84万亩，森林与国土比率为 8.0%，平均每人占有森林 3 亩，宜林地 522 744.01万亩（详见表 3—18）。1947 年，农林部又公布了按林区汇总的全国森林资源资料，全国森林面积为126 182.9万亩，林木蓄积量为

---

① 张乃凤：《化学肥料问题论战缩影》，《农报》，1944 年，9 卷 19 期，第 31 页。

1 581.44亿立方尺。①

表3-18　1934年全国人口、土地和森林资源概况表

省别	人口（人）	土地（亩）	林地（亩）	森林（亩）	森林与土地比率（%）	平均每人占有森林（亩）	宜林地（亩）
江苏	34 129 684	158 407 500	31 681 500	4 118 595	2.6	0.12	27 562 905
安徽	21 715 596	214 022 500	64 210 050	10 701 675	5.0	0.49	53 508 375
浙江	20 625 067	151 591 500	43 961 535	12 127 520	8.0	0.58	31 824 215
福建	10 076 138	181 575 000	88 971 750	31 685 500	18.0	3.15	56 288 250
广东	32 427 656	335 766 000	134 506 400	33 576 600	10.0	1.05	100 729 800
广西	10 926 647	329 814 000	151 925 600	16 490 700	5.0	1.51	115 434 900
云南	15 821 234	597 874 500	298 937 250	137 511 135	23.0	9.95	161 426 115
贵州	14 745 722	264 720 000	152 360 000	23 824 800	9.0	1.62	108 535 200
湖南	30 500 341	323 185 500	161 592 750	61 405 245	19.0	1.95	100 187 505
江西	20 322 837	252 354 000	98 418 060	30 282 480	12.0	1.49	68 135 580
湖北	26 696 253	273 165 000	109 266 000	35 511 450	13.0	1.33	73 754 550
四川	47 992 282	605 451 000	296 670 990	205 853 340	34.0	4.92	90 817 650
西康	3 000 000	709 056 000	354 528 000	14 181 120	2.0	4.73	340 346 880
青海	1 800 000	1 092 297 000	535 225 530	21 845 940	2.0	12.14	513 389 590
新疆	2 567 640	2 462 331 000	714 075 990	123 116 550	5.0	47.95	590 958 440
甘肃	6 281 286	571 254 500	165 675 405	34 277 670	6.0	5.46	131 397 735
宁夏	1 449 869	453 676 500	136 102 950	18 147 060	4.0	12.52	117 955 890
陕西	11 802 124	292 614 000	117 045 600	46 818 240	16.0	3.97	70 227 560
山西	12 087 951	242 763 000	97 105 200	14 565 780	6.0	1.20	82 539 420
河南	30 565 651	258 232 500	77 469 750	1 549 395	0.6	0.05	75 920 355
山东	28 672 419	230 566 500	69 169 950	1 613 966	0.7	0.06	67 555 984
河北	31 138 827	210 789 000	63 236 700	1 897 101	0.9	0.06	61 339 599
辽宁	14 999 330	376 219 500	180 585 360	18 810 975	5.0	1.25	161 774 385
吉林	7 783 219	423 458 000	207 514 020	114 344 460	27.0	14.69	93 169 560
黑龙江	3 660 278	866 946 000	433 473 000	242 744 880	28.0	66.32	190 728 120

①　国民政府农林部林业司：《中国之林业》，商务印书馆，1947年版，第21页。

省别	人口（人）	土地（亩）	林地（亩）	森林（亩）	森林与土地比率（%）	平均每人占有森林（亩）	宜林地（亩）
热河	2 367 051	280 940 000	127 860 600	2 609 400	1.0	1.10	125 251 200
察哈尔	1 997 234	388 222 500	112 584 525	2 529 335	0.6	1.17	110 255 190
绥远	2 123 914	456 087 000	136 826 100	3 648 696	0.8	1.72	133 177 404
西藏	3 722 011	1 357 498 500	529 424 415	27 149 970	2.0	7.29	502 274 445

申报年鉴社：《第三次申报年鉴》，1935年，第L—2—3页。

上述森林资源，国民政府农林部又将其划分为东北、西北、西南、东南、华中、华北六个林区。各林区森林资源情况如下。

（一）东北林区

东北林区范围包括东三省，即辽宁、吉林和黑龙江。森林主要分布在鸭绿江流域、图们江流域、松花江流域、牡丹江流域、拉林河流域、三姓地区、中东铁路东部地区、中东铁路西部地区、大兴安岭和小兴安岭。东北林区为全国森林最集中的地区，单位面积林木蓄积量大，所产木材材质好，水陆运输均便。据农林部1947年统计，东北林区森林面积97 500万亩，林木蓄积量1 007.06亿立方尺。详见表3—19：

表3—19　1947年东北林区森林面积与林木蓄积量表

林区	森林面积（千亩）	林木蓄积量（千立方尺）
鸭绿江林区	23 800	2 404 709
图们江林区	21 900	2 790 270
松花江林区	37 900	5 861 610
牡丹江林区	9 700	2 793 840
拉林河林区	16 800	1 994 410
三姓林区	139 800	17 357 930
中东铁路东部林区	64 300	3 579 450

林区	森林面积（千亩）	林木蓄积量（千立方尺）
中东铁路西部林区	26 800	3 526 540
大兴安岭林区	370 000	37 167 530
小兴安岭林区	264 000	23 229 850

农林部林业司：《中国之林业》，商务印书馆，1947年版，第6～8页。

（二）西北林区

西北林区范围包括新疆、青海、甘肃、陕西4省和四川省一部分。森林主要分布在阿尔泰山、天山、祁连山、贺兰山、黄河上游流域、洮河、白龙江流域、小陇山、秦岭、大巴山等处。据农林部1947年统计，西北林区森林面积为1 794万亩，林木蓄积量47.55亿立方尺。详见表3—20：

表3—20　1947年西北林区森林面积和林木蓄积量表

区域	森林面积（千亩）	林木蓄积量（千立方尺）
阿尔泰山林区		
天山林区	5 487	
祁连山林区	1 085	
弱水林区	750	7 560
克鲁伦河上游林区		
贺兰山林区	113	11 060
罗山林区	15	1 026
黄河上游林区	1 600	73 000
洮河、白龙江林区	3 000	2 317 680
小陇山林区	45	15 948
秦岭林区	3 231	2 198 395

区域	森林面积（千亩）	林木蓄积量（千立方尺）
大巴山林区		
黎坪林区	2 614	130 000

农林部林业司：《中国之林业》，商务印书馆，1947年版，第8～11页。

（三）西南林区

西南林区范围包括四川、云南、贵州、西藏和广西省一部分。森林主要分布在岷江上游流域、青衣江流域、大渡河流域、雅砻江流域、金沙江流域、澜沧江和怒江流域、滇南山区、大围山、渠江流域、峨眉山、大小凉山、赤水河流域、乌江流域、清水江流域、榕江流域、十万大山、大崇山、瑶山、大明山、雅鲁藏布江流域等处。西南林区的森林蕴藏量仅次于东北林区，居全国第二位。据农林部1947年统计，该林区森林面积9 446.4万亩，林木蓄积量426.34亿立方尺。详见表3-21：

表3-21 1947年西南林区森林面积和林木蓄积量表

区域	森林面积（千亩）	林木蓄积量（千立方尺）
岷江上游林区	13 369	17 230 190
青衣江林区	5 394	7 818 017
大渡河林区	1 390	384 055
雅砻江林区	29 900	5 980 000
金沙江林区	24 713	6 352 207
澜沧江和怒江林区	13 584	2 716 800
滇南林区		
大围山林区	4 125	1 000 000
渠江林区	53	39 200

区域	森林面积（千亩）	林木蓄积量（千立方尺）
峨眉山林区	3	
大小凉山林区	562	
赤水河林区	50	200 000
乌江林区	383	576 600
清水江林区	343	176 000
榕江林区	48	120 000
十万大山林区		
大崇山林区	45	15 773
瑶山林区		
大明山林区	84	25 174
三防林区	202	
桂东北林区	216	

农林部林业司：《中国之林业》，商务印书馆，1947年版，第11～16页。

（四）东南林区

东南林区范围包括浙江、福建、广东、台湾等省。森林分布于鄞江流域、钱塘江流域、瓯江流域、闽江流域、九龙江流域、浈江流域、莽山、滑水山、五指山、阿里山等处。据农林部1947年统计，本林区森林面积14 436.3万亩，林木蓄积量72.68亿立方尺。详见表3-22：

表3-22 1947年东南林区森林面积和林木蓄积量表

区域	森林面积（千亩）	林木蓄积量（千立方尺）
鄞江林区		
钱塘江林区		

区域	森林面积（千亩）	林木蓄积量（千立方尺）
瓯江林区		
闽江林区	112 000	1 575 000
九龙江林区	900	13 320
汀江林区	3 000	42 300
滇江林区		
莽山林区	150	18 000
滑水山林区	6	3 024
海南岛林区	1 564	23 450
台湾林区	26 743	5 592 541

农林部林业司：《中国之林业》，商务印书馆，1947年版，第17～19页。

（五）华中林区

华中林区范围包括湖北、湖南、江西、安徽等省。森林分布于神农架、沅江流域、资江流域、湘江流域、赣江流域、青弋江流域等处。据农林部1947年统计，华中林区森林面积2 407.5万亩，林木蓄积量27.76亿立方尺。详见表3-23：

表3-23　1947年华中林区森林面积和林木蓄积量表

区域	森林面积（千亩）	林木蓄积量（千立方尺）
神农架林区	1 875	1 187 244
沅江林区	8 500	170 000
资江林区	100	25 000
湘江上游林区	13 600	1 394 146

农林部林业司：《中国之林业》，商务印书馆，1947年版，第19～20页。

（六）华北林区

华北林区范围包括山西、山东、河南等省。森林主要分布在吕梁山、蒙山、崂山、嵩山和洛河流域等处。据农林部 1947 年统计，华北林区森林面积为 598.7 万亩，林木蓄积量为 521.9 万立方尺。详见表 3－24：

表 3－24　1947 年华北林区森林面积和林木蓄积量表

区域	森林面积（千亩）	林木蓄积量（千立方尺）
吕梁山林区	592	
蒙山林区	4 125	
崂山林区		
嵩山林区	1 270	5 219
洛河上游林区		
合计	5 987	5 219

农林部林业司：《中国之林业》，商务印书馆，1947 年版，第 20～21 页。

全面抗战爆发前，国内虽有上述森林资源，但总体观之，森林资源少，覆盖率低。据美国学者章（R. Zon）等报告，20 世纪 20 年代，全世界森林面积为 74.87 亿英亩（折合 30.30 亿公顷），森林覆盖率为 22.5％，平均每人占有森林 4.35 英亩（折合 1.76 公顷）。[1] 而中国森林按 1934 年统计，仅占世界森林的 3％，森林覆盖率仅相当于世界水平的 35.36％，平均每人占有森林仅相当于世界水平的 11.36％。[2] 同世界其他国家相比，中

---

[1] 陈嵘：《历代森林史略及民国林政史料》，商务印书馆，1934 年版，第 116 页。

[2] 陈嵘：《历代森林史略及民国林政史料》，商务印书馆，1934 年版，第 116 页。

国差距也很大。如亚洲近邻日本森林覆盖率高达 66.3％，为中国的 8.3 倍。欧洲的德国、法国，美洲的加拿大和美国等国家，森林覆盖率均大大高于中国。唯有英国因土地少，单位面积人口密度大，森林覆盖率和平均每人占有森林低于中国。中国国土面积达1 100多万平方公里，人口达 4.5 亿，而森林面积不足 1 亿公顷，的确过少。详见表 3-25：

表 3-25　中国与部分国家森林资源比较表

国家	森林面积（千公顷）	森林覆盖率（％）	平均每人占有森林（公顷）
中国	91 087.9	8.0	0.20
日本	44 676.9	66.3	0.49
印度	105 270.2	22.7	
苏联	178 055.0	38.7	16.07/1.78
德国	12 505.8	23.8	0.20
法国	9 881.7	28.9	2.10
英国	1 341.8	4.3	0.04
瑞典	22 479.8	54.8	3.89
瑞士	939.2	22.7	0.24
芬兰	19 994.4	60.0	5.96
罗马尼亚	8 804.7	27.8	
波兰	8 854.3	22.8	
加拿大	241 484.7	25.0	
美国	222 568.3	28.9	2.10
巴西	404 669.6	47.5	

熊大桐等编著：《中国近代林业史》，中国林业出版社，1989 年版，第 19 页。说明：苏联平均每人占有森林数，分子为亚洲部分数，分母为欧洲部分数。

　　其次，森林资源分布不均。中国森林分布于东北、西南最多，其次为东南，华中、西北和华北最少。就省别而言，黑龙江省和四川省最多，森林面积都在两亿亩以上。就森林覆盖率言，四川省高达 34％，居全国之首，黑龙江省达 28％，居第二位，吉林省为 27％，居三位。而河南省仅 0.6％，为全国倒数第一位，仅相当于四川省的 1.78％，两者相差极为悬殊。山东、河北、察哈尔、绥远 4 省森林覆盖率也都在 1％以下，森林面积每省不过一二百万亩。新疆森林面积虽在 1 亿亩以上，但土地面积大，森林覆盖率亦仅 5％。湖南、湖北、江西和福建等省的森林都比较多。[1]

　　再次，经济林木树种繁多，宜林地面积大。据农林部统计，全国经济林木 110 多科，2 500 多种[2]，其中水杉、杉木、福建柏、台湾杉、珙桐等为中国特有的珍贵树种。而东北所产的红松，材质优良，可与美国的花旗松媲美，南方所产樟脑、桐油资源则占世界首位。全国宜林地面积多达 52 亿多亩[3]，虽新疆、青海、西藏、西康等地人口稀少，自然条件恶劣，发展林业困难较多，但大部分省份如湖南、广东、广西、辽宁、黑龙江等宜林地面积均在 1 亿亩以上[4]，具有良好的发展林业条件。如 1929 至 1935 年间，国民政府鼓励全国造林，各省共造林13 766 874公亩[5]，566 822 841株。[6]

　　最后，森林采伐严重。清季至民国元年时期，林政不修，滥伐、滥垦、火灾等危害森林的情况比比皆是，兼以国内军阀混战

①　陈嵘：《中国森林史料》，商务印书馆，1952 年版，第 178 页。
②　农林部林业司：《中国之林业》，商务印书馆，1947 年版，第 57 页。
③　农林部林业司：《中国之林业》，商务印书馆，1947 年版，第 77 页。
④　安事农：《林业政策》，华通书局，1933 年版，第 5 页。
⑤　1 公亩等于 100 平方米
⑥　黄维炎：《中国林业概况》，《实业部月刊》，1937 年版，第 2 卷，第 19 页。

和帝国主义的掠夺，使森林资源急剧减少。例如，在东三省，1929 年森林面积为 3 646 万公顷，林木蓄积量为 42.04 亿立方米，到 1942 年，森林面积减少到 3 047 方公顷，林木蓄积量减少到 37.36 亿立方米。[①] 就全国而论，鸦片战争前后，国土总面积约为 1 260 万平方公里，森林面积约为 15 900 万公顷，森林覆盖率约为 12.61%。道光二十九年（1849 年），全国人口为 41 299 万人，平均每人占有森林 0.38 公顷。到 1934 年，森林面积降至 9 109 万公顷，森林覆盖率降至 8.0%，平均每人占有森林降至 0.20 公顷。到 1947 年，森林面积降至 8 412 万公顷，其时国土总面积为 1 135.7 万平方公里，人口为 46 100.6 万人，森林覆盖率降为 7.41%，平均每人占有森林降到 0.18 公顷。[②] 若将 1947 年森林面积与道光二十年（1840 年）前后森林面积相比，则森林面积减少近一半，森林覆盖率下降 5.2%，平均每人占有森林减少 0.2 公顷，殊为惊人。

而森林资源的急剧减少，导致水土流失日益严重，自然灾害十分频繁，黄河、淮河、永定河等河流经常发生水灾。如 1917 年直隶、山东等省大雨多日，河流泛滥，两省水灾区域达 100 多县，灾民达 500 多万，水面浮尸无数，惨不忍睹。[③] 1920 年直隶、山东、山西、河南、甘肃 5 省发生严重旱灾，灾情为 40 年所罕见，灾民达 4 000 万人，哀鸿遍野，赤地千里。[④] 1921 年、1926 年、1931 年、1935 年长江流域亦发生水灾。1927 年、1929 年、1930 年、1935 年黄河流域又发生水灾。1928 至 1929 年西北各省普遍发生旱灾，1933 至 1934 年全国各省均有水旱灾害。上述每次灾害，损失辄达数亿元至数十亿元不等。其中 1921 年

---

① 辽宁省林学会等：《东北的林业》，中国林业出版社，1982 年版，第 123 页。
② 陈嵘：《中国森林史料》，商务印书馆，1952 年版，第 203 页。
③ 凌道扬：《森林与旱灾之关系》，《森林》，1921 年，1 卷 1 号，第 5 页。
④ 高秉坊：《山东省森林问题之商榷》，《森林》，1921 年，1 卷 2 号，第 13 页。

江苏省 60 县中就有 54 县遭受水灾，沿长江和运河各县平地水深数尺，房舍大半倾颓，人畜淹死无数。1935 年湖北、湖南、江西、安徽 4 省遭水灾面积则达 10 万平方公里之巨，淹死 10 多万人，损失在 5 亿元以上。①

全面抗战爆发后，森林遭到更为严重的破坏，直接损毁地区达 21 省，连间接受害者计，竟遍及 26 省，总计损失达全国森林蓄积量的 10% 以上，折合战前币值达 40 亿元以上。② 就林区而论，东北林区早在九·一八事变后即已全部沦于敌手，华北、华东、华中林区亦相继沦陷。国民政府西迁重庆后，抗战建国之重心亦移至西南，就森林资源而言，其所能利用者，唯西南西北两大林区而已。然战时在军事、交通、建筑以及各项工业原料上所需之木材，为量既大，且为时急迫，是故西南西北森林之重要，随时并进，其有待开发之殷，实刻不容缓。其理由如下：

西南林区：就地理上之重要性而言，近为抗战远为建国起见，国内明达之士曾纷纷建议，拟在西南适当地点，树立工业区域多处，以谋取得多项事业之联系，冀获互益之功效。就森林之立场言，所可告慰者，西南天然林地均可借其优良河流（如岷江、大渡河、青衣江、雅砻江、金沙江及长江等），分达于此类理想区域，苟能经营得法，确能长期供给需求，无虞稍缺，盖其所据地地位优越，木材之供应实不成问题。然历来西陲抚治乏术，识者均以边地辽阔，道路险阻，政府力薄，难以周顾，是为主因。补救办法，多拟因地制宜，广设工矿农林机构，既可开发富源，复便为治边之助，尤以森林所在之区，常为夷人集中之所，是故开发森林所及之地，亦即政府实力达到之处。如沙坪中

---

① 王相骥：《造林和水旱》，《林学》，1936 年，第 5 号，第 18 页。

② 中国社会科学院等编：《1949—1952 中华人民共和国经济档案资料选编》（农业卷），社会科学出版社，1991 年版，第 27~28 页。

国木业公司力能协助峨边县府维持其地之治安，即其明证。盖开发森林与抚治夷民，因其地理上之关系，已成为一整个问题，当早为政府所顾及矣。[①] 就时间上之重要性言，自抗战军兴以来，国外木材及纸浆之来源早经断绝，而内地之需求与时俱增，欲谋对策，自非开发西南天然林，舍此别无其他良法。但开发边地森林，并非可以一蹴而就，马到成功，势必予以相当准备时间，按步进行，方克稀有、成本低廉之木材源源供给，不然临渴掘井，不仅事倍功半，且亦缓不济急，故就木材供应方面而言，不得不争取宽裕时间，提先赶办一切开发林区手续，而期全功。

我国幅员辽阔，森林情况地各不同，鲁豫诸省，常有待森林尽废，再图从事于荒山造林者，其艰难万状，匪可言喻。西南森林蕴藏虽富，但凡交通较便之区，摧残进行之速度，亦至为可惊。岷江流域昔称森林最富之区，今则童山濯濯，相望于途，即其明证。与其待森林全废后，再从艰难困苦之中，图谋复兴，何若秉其将废待理之际，加以合理之处置，而收事半功倍之效，此为国家保存永久富源计，不得不未雨绸缪，急谋西南森林之振兴。此外，林学人才向极缺乏，抗战以前散布各省，常感不敷分配，自国民政府西迁，人才大都会荟萃于西南，大可乘机广为罗致，以为开发西南森林之用，此种千载难逢之机，不可轻易放过。而西南森林面积已如上述，唯其中具有较大经济价值可供即时开采者究有若干，实应讨论。兹就统计所得之最低数字32 518方公里而言[②]，其中尚有交通十分阻滞部分，自非机械缺乏之现状下所能开采，唯交通便利之地带，确有开采希望者，据各项调查报告，当以地势不过险峻，及距水运不出一日之步行路程为合

---

① 杨靖夫：《开发西南林业之我见》，《西南实业通讯》，重庆中国西南实业协会，1940年，1卷1期，第6页。

② 魏元枕：《西南天然林之开发及其途径》，《西南实业通讯》，1940年，1卷3期，第5页。

宜。本此原则平均推算，可以开采之区域，占其全林面积的40％左右，即以此最低森林面积而计算之，可开采之区亦可达13 007方公里。依此例推，可得成材树木93 131 552株，材积总数2 793 946 560立方市尺[1]，如以80年为轮伐期，每年可产木材35 924 332立方市尺，价值89 810 830元以上，若每年有如此大量木材以供给西南现时之需求，当无虞不足矣。[2] 总观上述，对于开发西南森林之地理、时间及人事上各种重要条件，俱称完备，舍此不图，噬脐无及。

西北林区：就战时实际情形而论，自东北之广大森林陷入敌手以后，西北实为我国有数之天然林区，林木蕴藏极称丰饶。值此长期抗战时期，因海口被敌人封锁，舶来木材不能进口，凡关于交通之枕木、桥梁用材，木炭汽车之燃料用材，制纸原料之木浆用材，以及其他关于军用之木材，与普通土木建筑之用材等，皆不能不谋自给之道。而在广大之西北天然林内，林木种类虽然繁杂，但其主要之树种，亦不外毛枝云杉、梅氏云杉、紫枝云杉、什楞克云杉、威尔逊云杉、箟子冷杉、褐果冷杉、川冷杉、口果冷杉、波氏落叶松、油松、白皮松、华山松、桧、白桦、枫桦、青杨、小叶杨、若山杨、椴木、掌叶槭、多角槭、三角椒、大卫椒、槲栎、槠栎、辽东栎、叶齿栎、栓皮栎、山毛榉、胡桃、口树、构树、槐树、漆树、臭椿等30余种。[3] 以上树种除栎树、桦木、槭树及胡桃等阔叶树在秦岭林区有分布外，其余各林区与秦岭林区之海拔2 000米以上者，皆以云杉、冷杉、松、桧等针叶树最为重要，不但此种树种分布最广，而且为数亦属最

---

① 1市尺约等于0.333米

② 俞夫：《西南森林与工业建设》，《西南实业通讯》，1941年，5卷1期，第1页。

③ 刘兴朝：《抗建时期之西北林业》，《西北论衡》，1941年，9卷8期，第37页。

多。总括言之，所有西北之天然林，几完全为云杉或冷杉之纯林，或间有少数松或少数桦木与之混生，故西北天然林实可称之曰针叶林区。

而关于上述各树种之用途，据唐耀及朱会芳二人对于木材性质之试验结果，大概栎树以烧炭为最宜，作普通运输车辆、枕木等用材亦甚佳，在秦岭内以此种木材养木耳者亦甚多。桦木及胡桃之木材硬度大，纹理细致，抗力亦强，故为最好之军械用材。落叶松为中国最大之乔木，可供一般建筑及船舰等用材。松树作铁路枕木、矿柱及普通土木建筑用材外，亦可作造纸之原料。至各林区分布最广、数量最多之云杉冷杉，材积既巨，且洁白坚韧，除供普通建筑梁柱板材及家具用材外，又可供制造飞机与木浆之用，然其最经济、最可靠之用途，厥为木浆之制造。此种木材制成本浆，非特搬运容易，且其价格可较木材提高三四十倍，尤其在木浆造纸工业不发达之我国，其经济价值格外增大。若此种木浆制纸工业一旦建立，能够大量生产以供各种文化等事业机关之需用，不但可以抵制舶来品之输入，而且更可以挽回每年纸张费之外汇。所以西北广大针叶森林之发展前途，除锯木工业外，将来更须着重于纤维工业木浆之制造，以充造纸、人造丝或烈性炸药等工业制造之原料。其次臭椿、白杨两种，除可作造纸原料外，其与山毛榉、榆树、椴树及桧等，皆可充普通建筑、家具与车辆之用材。[①]

可见，西南西北林业与抗战建国具有十分密切的关系。

第一，交通建设之完善，不唯在平时便于货物之转运，而且对于非常时期军队之调遣与食粮之运送，更为重要。然交通建设所需之铁路枕木及铁路公路桥梁，皆须大量木材，故西南西北之

---

① 刘兴朝：《抗建时期之西北林业》，《西北论衡》，1941 年，9 卷 8 期，第 39 页。

交通建设与林业有密切之关系。一是枕木。据中山先生铁路计划，仅西北拟筑之铁路，全长共14 230余里，所用枕木以14 000里计算，应需枕木约3 847万块，每块以平时最低价值3元合计，亦需枕木费11 541万元。[①] 而国内已成之铁路，所用枕木概为进口货，每年漏卮之数，据国民政府主计处之统计月报所载，每年木材进口之价值，1936年为28 910 762元，1937年为23 238 569元，1938年为22 344 073元，1939年为34 443 380元。[②] 时值艰苦抗战之秋，洋货不能进口，如果不设法开发西南西北诸省之天然林，以谋自给之道，则此后之损失，当更难以想象。至木材之用于枕木者，多以材质坚硬，堪耐镇压，并有大量生产及具有天然之耐久性者为佳。普通栎树为最著，此外如落叶松、槐树、榆树及云杉、冷杉等之林木，亦常用之。二是桥梁。交通上铁路、公路之建设，在平原，铁路固需要大量之枕木，当路线经过河川、水渠、深沟、长谷时，必须修筑桥梁，以联络之，则需要木材尤多。单就公路一项而论，据建委会之计划，仅西北主要公路急待建筑者，共长24 000余里，修筑桥梁所需木材，平均每里以2 000元计算，当需费用4 000万元以上。[③] 然过去充此项建筑之用材，多系外来之洋松，而西北天然林区，储蓄成材最多之云杉冷杉，据中外林学家之研究，二者皆为构筑桥梁之良好材料。三是电杆。西北各省县镇之有线电报、电话之建设，所用电杆之数量，虽无详确之统计，然若仅就以上所述14 230余里之铁路及24 000余里之公路而论，沿路平均每里以20根计算，共需760 400余根，每根之价值以3元估计，亦需电杆费2 293 000余

---

① 刘兴朝：《抗建时期之西北林业》，《西北论衡》，1941年，9卷8期，第42页。

② 姚传法：《森林与建国》，《林学》，1943年，第10号，第10页。

③ 姚传法：《森林与建国》，《林学》，1943年，第10号，第12页。

元。^① 此种通信建设，将来急需发展，其需要量当更不止此数。至木材之用于电杆者，普通亦多以针叶树之云杉、冷杉充用之。四是车辆及船舶。西南西北之交通，除上述枕木、桥梁、电杆需要大量木材外，空中之飞机、水中之船舰，以及地上之各种车辆，亦无不大部由木材造成。值此非常时期，所有一切物质及军粮、军火之运输，全赖于车辆及船艇，所以现时各地对于车辆及船舶之制造，所需木材更千百倍于平时。普通用于车辆及船舶之木材，多以材质坚硬、堪负重荷者为佳。如洋槐、枣树、槐树及榆树等，皆为车辆及船舶之良好用材。

第二，国防建设。国防建设之战壕、机场等建筑，以及枪炮、飞机、船舰及炸药等制造，皆与林业有密切之关系。略述其功用于后：一是掩护炮垒。森林为炮垒之屏障，历史上之事实，已屡见不鲜，如法国之凡尔登要塞及德国在我青岛所筑之炮垒，皆在繁茂广大之森林以内，借以掩护，使敌人进攻之目标无从集中，设若炮垒在空旷之地，极易为敌人发现，致遭极大之破坏。二是掩蔽军队。森林对于军队之掩蔽，在第一次世界大战时，德军屡犯法境而终未得逞，即因有广大之森林以资掩蔽其守军。抗战以来，森林对游击战之关系亦甚密切，若利用森林掩蔽，以游击军进袭敌军，颇可奏效。三是飞机用材。飞机为近代立体战争之重要利器，其构造虽大部取给于金属，然其躯廓及翼板等处，则多取用木材，普通飞机之用材，以材质轻韧而无疵节之白蜡树、胡桃、桦木、云杉及冷杉为最佳。四是船舰用材。船舰之构造，除外壳用钢铁外，其内部之一切悉取用木材。普通用为船舰材料者，以材质坚硬，堪耐水湿之栎树、榉树、松、榆之类为佳。船舰对于战时运输及海上作战，厥功至伟。第一次世界大战时，英国内阁总理曾云："战胜之实力何在，战胜之保证何在，

---

① 姚传法：《森林与建国》，《林学》，1943 年，第 10 号，第 13 页。

一言以蔽之，木船也。"由此数言，更可知木材之重要。五是枪托用材。关于枪托用材，据中外林学家之研究，则以纹理精致、材质粘韧而无反张开裂性之胡桃为最佳，其次桦木亦可充之。国民政府军政部深恐战事发生后此种木材难于自给，故早于各地聘请专家，设立国防林场，建造大规模之胡桃林以备需用。且1940年前后教育部又聘请国立西北农学院森林学系教授齐敬鑫博士，前往兰山一带调查天然胡桃林之性状，以做进一步之研究。[1] 由此足见胡桃林木与军器之关系，亦颇重要。

第三，木炭生产。木炭为林业加工生产品之一，故其质量如何，不但影响社会需要之适否，且亦关系林业经营之得失至巨。盖就树种言，虽云任何树种均可供烧炭之原木，但以树种不同，其木材构造之性质各异，而所烧成之炭质遂亦有良否之别。至其性质究以何者为最佳，常因其使用之目的不同而异，若就其用途分类，可包括以下几种：一是燃料。木炭之用为燃料，早经应用，因此，抗战期中，因西北煤源缺乏，木炭之应用遂因之更形普遍。凡用为燃料者，不特欲其发热量大，并须其不生烟焰，不爆跳，而火热能长久保续者为佳。据一般经验，则合此条件者实以白炭或硬炭（又名钢炭）为最宜。此种用炭含有以下特性：①破碎面有金属光泽者；②破碎面呈贝壳状者；③敲之发金属声音者；④硬度高者。二是代用液体燃料。以木炭代用液体燃料，在艰苦抗战时期，汽油缺乏来源之际，其价值极大。据日本各林学家之研究，以栎炭用作液体燃料之代用品，功效最佳。又据一般之经验，木炭1公斤在发生炉中所生之木炭加斯之发热量为6 630卡，而汽油1公升之发热量为7 428卡，二者相差甚微。由是可知1公斤木炭所运动之能力，相当于1公升汽油所运动之能

① 姚传法：《民生主义的森林政策》，《林学》，1941年，第7号，第16页。

力，然而二者之经济价值，却有天壤之别。① 因此对于木炭之质量方面，亟应就战时现行之制炭技术，予以合理改良，以期提高品质，增加产量，以为抗战时期军需工业资源之辅助。三是吸收毒气用炭，此炭因有气体吸着性，故可利用之以为防毒面具之活性炭，普通常用之活性炭原木，系坚硬之胡桃果壳，盖因其吸收量大且迅速，并且吸收毒气后始终不变其性质，不阻碍空气之通过。四是黑火药用炭，黑火药系由硝石 75%、硫黄 10%，及木炭 15% 所制成。其中，木炭尤为左右黑火药品质之重要原料。普通供黑火药用炭之原木，多以富纤维素而木质素含量较少之杨树、柳树等为最佳，盖因此等原木所制炭质纯而易着火。

第四，工业建设。近代科学之发达与工业之进步，使森林副产物利用之途亦随之而扩大，其最著者莫如木浆、桐油、松节油、单宁等之利用。一是木浆。木浆亦为林业加工制造之一种，林木所含之主要成分为纤维质，占其全重量之半数以上。据各林学家试验之结果，以云杉冷杉等木材内所含之木纤维数为最多，且最宜于制造木浆之用，此种木浆为造纸之最好原料。据统计，世界所产之纸，80%～90% 系纤维质之木浆所造。产纸最多的美德日及加拿大等国，每年所产之总量为 1 300 万吨，共需用木材 23 亿立方英尺。② 世界文明，日新月异，故用纸之量，亦必日益增加，因此木材之需要量自亦随之而加大。20 世纪三四十年代以来，工业发达国家又将木浆用于人造丝之制造，此项工业兴起之后，则蚕丝原产地之中国与日本，因人造丝织品输入过多，而致蚕丝业顿形衰落。盖人造丝之品质与蚕丝无异，而其价值甚低，故蚕丝实不能与之相抗。二是桐油。桐油为中国之特产，可

---

① 中央林业实验所：《七年来之中央林业实验所》，《林业通讯》，1948 年，第 10 期，第 32 页。

② 中央林业实验所：《七年来之中央林业实验所》，《林业通讯》，1948 年，第 10 期，第 37 页。

充制造油漆、油纸、油布及涂饰房屋、舟车、器具之用，且亦为我国对外贸易之主要输出品，每年以桐油所换取之外汇，以国币计之，据国民政府主计处统计月报载，1936 年为 73 378 654 元，1937 年为 89 845 563 元，1938 年为 39 237 038 元，1939 年为 33 614 794 元，其价值之巨，殊可惊人。[1] 西南林区的川、黔、桂 3 省为桐油的主要产地，急宜积极指导生产。唯西北桐油产地仅陕南之紫阳、平利、岚皋、安康、白河、西乡、石泉等十数县，其中以紫阳及平利之产量为最多，每年可达 130 万斤，各县合计每年可产 498 万斤。[2] 三是松节油。松节油系由木质中提制而出，尤以松树之木质中含量最多，故名松节油。世界产量最富之国为美国，其产量约占全球总数 3/4。[3] 普通以黄松最适于松节油之制造。而西北所产之华山松、油松等之含量如何，尚无精确之试验。四是樟脑。樟脑亦系由樟树木材内蒸馏所得，昔日各国所用之樟脑多取之于中国，平均每年产量可达两万石，占全世界产量 20％以上。[4] 唯因樟树多系热带植物，主要产地为华南林区及西南林区的滇桂二省，故在西北仅有少数之樟树，分布于秦岭南坡汉中一带。五是单宁。单宁实为制革工业之重要原料，此种单宁大多系由树皮提炼而得，唯各种树皮之含量亦各不同。如栎树皮、桧皮、杨树皮、桦木皮等，虽皆含有单宁，然实以栎树皮内所含者为最多。

就间接关系方面言，西南西北林业亦与抗战建国具有非常重

① 沈雷春、陈禾章：《中国战时经济志》，文海出版社，1942 年版，第 50 页。

② 刘兴朝：《抗建时期之西北林业》，《西北论衡》，1941 年，9 卷 8 期，第 39 页。

③ 广东省农林厅：《广东省广宁县林业调查报告》，《中国林业》，1950 年，1 卷 5 期，第 11 页。

④ 陈火泉：《本省樟脑事业之展望》，《台樟通讯》，1948 年，1 卷 1 期，第 17 页。

要的关系：

其一，水旱灾害与林业之关系。孙中山总理曾言："有了森林，遇到下雨的时候，林木之枝叶可以吸收空中之水，林木之根株可以吸收地中之水。许多大水都由森林含蓄起来，然后慢慢流到河中，并不是马上一直流到河中，所以不致成为水灾。"又云："有了森林，不但可以防止水灾，并且还可以调节空气中之水量，因之旱灾亦可减少。"① 故知森林不但可以防旱灾，且可以防水灾。其理由如下：一是水灾。森林之所以能防治水灾者，盖因森林能控制地表水分之流失，使水分渐次渗入地中，不致有洪水之患。至于森林控制地表水分之理由，可有三端：①林木之枝叶繁茂，浓荫蔽天，可以阻收雨水，减少落地之分量，据 Zon 氏之实验结果，设当地全年雨量为 31.5 吋，榉林所阻收之量为 6.7 吋，松林所阻收之量为 9.4 吋，杉林所阻收之量为 12.1 吋，如此雨水既不能直接落于地面，则土壤自可以慢慢吸收，以减少其由地表之流失。② ②林下藓苔等地被植物，及林木之枯枝落叶，皆能含蓄大量水分，使地表水分流失减少。据 Zon 氏之研究：藓苔之含水量较其干体重大 200 至 900 倍，阔叶树枝叶之含水量较其干体重大 150 至 220 倍，针叶树枝叶之含水量较其干体重大 120 至 135 倍。③ 由此可知林木之枝叶及其地被植物颇有涵养水分之能力，彼等于无形中便能减少地表水分流失，俾使无洪水冲刷之患。③林内土壤因有林木根株之穿插及蚯蚓等动物之穿行，较非林地土壤为疏松，故吸收水分之能力亦较大。据 Butger 氏在同样斜坡与同样土质实验所得结果，林地土壤吸收水分所需之时间，较非林地土壤约快 4/5 倍，即林地土壤吸收 50 公升水需

① 刘兴朝：《抗建时期之西北林业》，《西北论衡》，1941 年，9 卷 8 期，第 40 页。

② 郑止善译：《中国林业实录》，《林业通讯》，1947 年，3 卷 1 期，第 21 页。

③ 郑止善译：《中国林业实录》，《林业通讯》，1947 年，3 卷 1 期，第 23 页。

5 分钟，则非林地土壤吸收同量之水分便需 25 分钟，此亦森林能减免水灾之理由。[①] 二是旱灾。旱灾之成因，全系雨水缺乏所致。普通雨水之来源计有两种：一由就地土壤中之水分，蒸发而上升为云，遇冷则凝结而下降为雨，名曰雷雨。一由海风将海平面上之水蒸气，沿河而上逐渐吹入内地，遇冷及阻则降而为雨，名曰霆雨。西北为大陆性气候，故雷雨为多，霆雨甚少。因森林能含蓄水分，故雨水落于地面之后，其流为泉水及地下水，尚可继续蒸发，而为云成雨，如此循环周转于天地之间，自然无旱灾之发生。据 Zon 氏在美国东部与南部之调查研究结果，知内地雨量 2/9 是由海水蒸发而来，7/9 是由内地蒸发所致，而内地所蒸发之水分又大部系由森林植物蒸发而来。[②] 又据 Mober 氏在法国南色地方分区实验历经七年所得结果，有林区域全年雨量较无林区域多 24%。[③] 由此可知，森林能增加雨量为确切无疑之事，森林既能增加雨量，则雨水不感缺乏，旱灾自可减少。

其二，土壤气候与林业之关系。森林在未经采伐之前，能保土防坍，免除水患，并能调和气候，防治风沙，借以保障国土之安宁，增进人类之健康。就土壤固定方面言，洪水泛滥之灾害，尽人知之，论者多谓其治本之法，须造林与工程双管齐下，盖森林对于河流最大之功用，除上述防治水旱灾外，又能保土防坍使土壤固定。据 Meginnis 氏在美密西西比上游研究森林及林地覆被物对于地表土壤冲刷之影响所得结果：有森林与覆被物之地带，土壤流失，每英亩为 91 磅，而无森林及覆被物之地带，土壤流失，每英亩竟达319 393磅之多，由是可知森林与覆被物对于土壤保护之力何其之大。[④] 陕西延安以北一带，因为森林荒

---

① 吴中伦等：《国外树种引种概论》，科学出版社，1983 年版，第 49 页。
② 郑止善译：《中国林业实录》，《林业通讯》，1947 年，3 卷 1 期，第 24 页。
③ 吴中伦等：《国外树种引种概论》，科学出版社，1983 年版，第 50 页。
④ 吴中伦等：《国外树种引种概论》，科学出版社，1983 年版，第 51 页。

废，气候干燥，终至良好农田变为沙漠，夏季酷热，冬季奇寒，朔风一扬，顷刻成丘，且沙漠又是逐渐南移，如不及时设法造林以阻止，则关中之气候与土壤恐将更有变坏之危险。就气候调节方面论，西北之气候，以温度论，最高最低相差，普通皆在摄氏四十度以上，故夏季炎热，冬季苦寒，日夜之温度相差亦甚远，苟能将不适农作之滩地及荒秃之山地，造成茂密之森林，则因林地见蔽于林木，日光见蔽于枝叶，林地温度不增，且阳光直射叶面，水分蒸发又须大量潜性，故不唯向阳之枝叶不增高其温度，即附近之空气，亦必因此而冷却，及至夜间以枝叶之障蔽，地热又不易放散，空气亦不易冷却，是以森林附近一日之温度便无骤高骤低之变，同理亦能使距离森林较远之地方受其影响而成一种温和之气候。

其三，民生改进与林业之关系。民生之要素有四，即衣、食、住、行，其与林业之关系亦十分密切：一是衣。衣之原料，以丝、麻、棉、毛、皮五种为最普通，其中麻与棉二种，系取之于农作物，假如森林荒废，土壤失其保护，则麻棉便不适于生长。毛及皮则系取于牛羊等动物，此种动物在可能范围内最好繁殖于森林内，则更为适宜。丝则系由蚕虫啮食桑树等植物之叶而吐制成功，而人造丝纯系由木材之纤维所制成，故不论蚕丝或人造丝，均不能离开森林。二是食。人类所食之动物，除猪、羊之类于可能范围内，可使之繁殖于林内以作副业外，其他多种兽类，更多由林内猎取之。至于植物方面，除果类全取于森林植物外，他如五谷蔬菜等，亦莫不受森林之间接保护而生长。三是住。住室之建造及家具之制备，无一不取材于林木，事实昭然，毋庸多赘。四是行。交通工具制造之原料，除空中之飞机用少许木材外，诸凡地上之火车、汽车、马车、拉车、板车与水中之船只等，大都系由木材制成。可见，木材与行之关系亦颇大也。

总之，西南西北居长江大河之上游，如森林荒废，则足以造成下游各省之水旱灾害。且西南西北区宜林地之荒山荒地，又所在皆是，故荒山造林亦为抗战建国期中切要之事。战时振兴西南西北林业，即应一面开发天然林，以谋抗战中军需资源之供给，一面尤应策动大规模之荒山造林，以备建国过程中之急需，故西南西北林业开发问题，确为战时所应急起研究、解决者。

二 西南西北林业开发举措

所谓林业开发，实指包括利用与培植双方而言，若徒事采伐，不谋更新，是为滥伐，对于抗战所需，虽暂能解决，而于建国远久大计，反遗无穷之患。如秉斯旨从事一面采伐一面培植，则一切开发措施，既可双方兼顾，始有收获全功之望。故 1938年 6 月经济部在《关于战时农业建设方针的工作报告》中就明确指出，"林业发展有三途：第一，固有林木之利用。林木利用，川黔桂滇四省均可进行，四川西康境内大渡河岷江青衣江硷江诸流域，均有广大森林足资开发。前已派员做初步查勘，现拟进而规划开采。前曾组织成雅木业公司，现正设法进行。并宜利用木林设厂造纸，正在设法促进。湖南贵州云南广西等森林，亦宜设法利用，且培育树苗，从以补植，现正派员调查，希能开发。第二，经济林木之栽培。栽培林木，须具备下列条件：（1）生长迅速。（2）产品可资出口或为工业原料。欲期适应上述条件，桐树最为合适，它如乌桕、胡桃、樟脑、金鸡纳霜等，均适于西南各省，务期大量栽培。第三，大规模造林之规划。造林既足调节气候，有助水利，更可预储木材，兼利国防。今自应积极促进，拟于西北及西南各省选定地区开始进行"[①]，1940 年农林部成立，

---

① 中国第二历史档案馆：《经济部关于战时农业建设方针的工作报告》，《中华民国史档案资料汇编》，第 5 辑第 2 编，财政经济 8，江苏古籍出版社，1994 年版，第 374 页。

其下专设林业司，以执掌下列事项："（1）关于荒山荒地之测勘及造林事项；（2）关于林地之编定整理及林区之划分事项；（3）关于保安林之编定及风景林森林公园之设置事项；（4）关于公有林私有林之管理监督保护事项；（5）关于农产物之利用奖进事项；（6）关于林业团体之指导监督事项；（7）关于森林警察事项；（8）关于狩猎之管理事项；（9）关于林业之调查及设计事项；（10）关于其他林业事项。"① 部长陈济棠则对西部地区的林业建设做了统一规划："一，增进林业生产：（1）促进省县及学校团体育苗造林，拟定各省，省有苗圃至1944年度，每省至少有120亩，造林800万株；模范县，每县县有苗圃至1944年度至少有30亩，造林6万株。又学校造林第一年拟定15校，第二年100校，第三年150校。又村有林，第一年推行5省，每省10县，每县3村，逐年增加。（2）厉行森林保护，拟训练森林警官180名分发本部直辖林场林区，及各省训练并统带林警保护森林。（3）设立国营经济林场，三年内增设经济林场8处，增劈苗圃13 900市亩，造林2 140万株，又造薪炭林102 000市亩，推广160万株。（4）设立中央林业实验所改进林木品种及育苗地1 800市亩，造林方法实验林地16 000市亩，保安林实验地3万市亩，推广良种造林地12 000市亩，研究幼苗病虫害之防治，研究木材物理性及木材工艺性质，又调查全国油桐产地、产量、品种，并推广良种及方法于民众。二，整理保护暨开发利用天然林，整理保育国有林150万市亩，开发利用天然林100万立方市尺。三，经营水源保安林，拟于三年内造林145 000市亩，整理

① 中国第二历史档案馆：《农林部关于战时林业建设概况报告》，《中华民国史档案资料汇编》，第5辑第2编，财政经济8，江苏古籍出版社，1994年版，第474页。

保护原有森林500 000市亩。"[1]

1942年沈鸿烈继任农林部部长，又提出了林业建设五大方针："（1）振兴中国农业，力求林产自给自足，保障民生安宁；（2）实行土地之合理利用，使宜林原野恢复森林；（3）遵照孙中山遗教及参照世界各国森林国有之趋势，由中央建造及经营大规模之森林，奠立森林公营之基础；（4）在不妨碍发展森林国有之原则下，尽量提倡民林，发动全民力量，普遍造林，俾荒废林野，得迅速复兴；（5）整理保护暨开发利用天然森林，增进林业生产，供应战时需要。"[2] 而在实际建设上，沈部长又将建设项目一分为三：

1. 中央林业：（1）遵照孙中山遗教，凡大规模之林业，中央政府经营之；（2）规定森林与全国面积之百分百，扩充造林，达到标准；（3）规定森林用地标准，讲求土地之合理利用，凡陡坡、滩峡及林产利用等较农产利益为高，或有森林间接利益之地，均划为林地，由中央造林或鼓励人民造林；（4）广大面积之森林，可供国防建设及公共建设取材者，设国有林区管理之，其中林木已达采伐年龄者，由政府开发之；（5）有关国土之安全者，如水源林、防风林、保土林、海岸林等，得分别设置林区管理经营之；（6）林产物品可换取外汇，或抵制外货，或可供军工交通用材者，如桐油、核桃、杉木、樟树、金鸡纳树、橡胶树等，由政府设场经营，大量培植，广事倡导，必要时得由政府统筹管理之；（7）国内重要名胜如峨眉、五台、黄山、庐山、雁荡、鼎湖、罗浮、青城等处，划为国家风景林区，由政府整理保

---

① 陈济棠：《农林建设》，中央训练团党政高级训练班编印，1940年，第35页。

② 沈鸿烈：《全面造林》，中央训练团党政高级训练班编印，1942年，第49页。

护培植，以供游览；（8）关于全国林业之研究改进事项，设立中央林业实验所专司其事；（9）国营林业，视经费、人才暨时势需要分别缓急推进之；（10）会商交通机关营造及开发利用关于枕木、电杆等用材林及建造木炭燃料林；（11）会商军事委员会及水利委员会等机关合作营造保安林；（12）与教育部合作训练各级林业技术人才，并合作推广学校林。

2. 地方林业：（1）各省小面积之次森林，由省设立林业机关管理之，如有木材可资利用者，按照中央森林章则采伐之；（2）小河流之水源林及局部之防水防沙风林等，当归各省经营；（3）除国营风景林区外，其他在各省之寺院林，及优美之风景林，由省林业机关管理指导之；（4）各省之特种经济林及薪炭林之供汽车用者，由省设场经营之；（5）各省市县之道旁林、行道树、堤岸林，由省级交通机关负责经营之；（6）地方林业经营成绩，由中央依法奖惩之。

3. 团体及私有林业：（1）学校机关及人民团体，应营造公有林；（2）各县、区、联保、保及甲应营造公有林，营造时应与造产运动配合举行全民动员，普遍举行；（3）私有荒山荒地，应营造私有林；（4）各市城镇，应营造郊外公园林；（5）团体及民营林业，由政府以强制方式推进之，私有荒山荒地限期造林，逾期不造林者，由政府代为造林或办理合作造林；（6）团体及私有森林经营有成绩者，由政府依法奖励之；（6）团体及私人所有森林，应行登记，政府予以切实保护，并由林业机关予以经营技术上之指导。[①]

嗣后，西部地区林业开发工作遂按照上述规划逐步展开。

---

① 沈鸿烈：《全面造林》，中央训练团党政高级训练班编印，1942 年，第 50 页。

（一）大力推进造林活动

西部地区各省幅员辽阔，荒山废地所在多有，但因战前林政不修，遂使木材缺乏，供不应求，建筑木材仰赖国外，而薪炭问题亦因林木缺乏，无法解决。至于各江河干支细流两岸多属缺少森林，其附近地带尚多童山，未有森林被覆，不独气候无从调节，木材无由出处，且每届雨季，土地因无林木保固，又无地被物以缓冲水势，遂致山洪暴涨，水患频仍，影响社会安宁及国民经济甚巨，关系国计民生诚非鲜浅。而随着战争的演进，各项建设所需木材趋多，四川等西部地区林木砍伐日益严重，造林事业亟待推进，以免将来林荒过度。故战时国民政府对造林工作予以了一定程度的关注。农林部成立后即督饬各省农林机关积极推广育苗造林。1943 年 2 月，行政院公布了《植树节举行造林运动办法》，规定西部地区各省、市、县、乡、镇除每年 3 月 12 日选择适当地点举行植树节仪式外，还要举行造林运动植树竞赛，所植树木由各地林业机关负责经营，抚育成林。其造林成绩则由农林部派员实地视察，视情况给予奖惩。3 月，农林部复公布了《强制造林办法》，要求全国各地普遍造林、保林。5 月，教育部和农林部又会同公布了《学校造林办法》，倡导全国学校厉行造林。翌年，交通部、内政部、农林部又联合公布了《全国公路植树规则》，规定全国公路植树应由公路管理机关负责，且须于 3 年内完成。而战时西部地区应亟栽植以维抗战之林木，按照政府规定可分为特种经济林、薪炭林、水源林及堤岸林、民林及学校林、公路林、国防林等项。最重要者，为军工用林，医药、工业等原料林，是以关于胡桃、油桐、樟树、金鸡纳、杉木、树胶等特种经济林木之营造，必须力事推广。虽此种林木在抗战期间缓不济急，殊不知持久抗战，究竟何时停止，实难预料。"如战事延至 8 年或 10 年以上，森林获利虽远，其速者亦不过三五年，因此项物资缺乏，自应加速培植，或将有助于抗战，即使不及于抗战之应用，而建国之基本事业又宜其能早着手，故即使在抗战期间，这些经济林亦应速事提倡。"[1] 有鉴于此，政府乃饬令各省农业改进所负责培植各种苗木，选择最适宜栽植者厉行推进，以利抗战。据统计，1941 年前西部地区各省共育苗 476 928 826 株，造林 545 277 107 株，以广西推广成绩为最佳，育苗 144 266 995株，造林138 812 265 株，约占全国造林总数之 40%，湘、赣等次之，山西较少。1942 年后，自由区缩小，但育苗造林则逐年仍有增加。具体情况详见表 3—26、表 3—27：

表 3—26　各省育苗数量表

（单位：株）

省市别	1941 年前	1942 年	1943 年	1944 年	1945 年
浙江	19 256 746	2 938 573	7 943 073	5 863 307	4 233 510
安徽	6 128 877	3 524 762	6 433 390	5 437 610	3 694 401
江西	112 250 000	8 379 000	19 398 913	19 900 914	15 434 238
湖南	70 810 310	17 387 509	24 000 000	31 091 700	11 206 821
湖北	2 237 870	1 409 950	1 881 920	1 799 210	24 314 836
四川	12 840 019	9 208 890	12 163 077	13 388 264	3 022 703
西康	458 000			215 103	2 768 312
山西	145 000	76 400	54 500	58 400	498 000
河南	14 285 544	11 777 824	659 898	234 200	126 000
陕西	24 621 587	4 061 550	7 993 529	10 608 405	3 969 800
甘肃	1 336 211	2 419 021	3 901 369	19 259 579	41 617 289
青海	3 843 350	2 820 000	3 086 168	7 447 296	8 436 359
福建	34 410 247	13 149 356	10 507 655	3 995 393	2 646 493

---

[1]　张国远：《森林与建国的关系》，《民主与科学》，1945 年，1 卷 10 期，第 18 页。

续表3-26

省市别	1941 年前	1942 年	1943 年	1944 年	1945 年
广东	4 159 552	1 118 498		619 887	143 627
广西	144 266 995		55 903 687	67 437 122	8 829 331
云南	4 515 030	6 679 822	4 735 200	5 098 710	1 045 230
贵州	7 906 491	24 364 113	17 594 693	44 227 808	130 088 953
宁夏	13 456 497	9 197 173	368 445	2 190 000	1 338 814
新疆			180 705		

中国第二历史档案馆：《农林部关于战时林业建设概况报告》，《中华民国史档案资料汇编》，第 5 辑第 2 编，财政经济 8，江苏古籍出版社，1994 年版，第 478 页。

表 3-27　各省造林数量

（单位：株）

省市别	1941 年前	1942 年	1943 年	1944 年	1945 年
浙江	951 954	358 317	15 677 940	9 250 714	4 610 834
安徽	5 411 739	3 423 302	14 452 845	12 520 256	14 513 348
江西	16 277 000	6 030 000	27 651 899	38 808 650	31 799 779
湖南	82 888 143	28 095 044	80 611 771	85 843 378	78 533 359
湖北	7 669 990	6 800 000	8 400 000	5 142 830	9 099 744
四川	5 562 568	4 402 587	5 472 945	7 996 341	15 663 104
西康				42 305	970 345
山西	153 000	116 255	287 498	164 000	154 200
河南	42 782 007	6 983 010	9 483 778	12 128 984	14 800
陕西	34 395 880	16 441 527	13 987 473	17 805 489	8 580 288
甘肃	3 922 700	1 464 326	7 181 623	19 123 776	30 606 619
青海	3 843 350	2 820 000	3 086 168	7 447 296	8 436 359

续表3-27

省市别	1941 年前	1942 年	1943 年	1944 年	1945 年
福建	79 786 898	77 070 892	35 413 673	32 894 240	14 086 120
广东	17 060 847	498 840		2 435 278	660 164
广西	138 812 265		33 003 583	6 211 778	2 868 998
云南	91 628 460	108 504 435	69 336 480	82 040 464	3 685 601
贵州	3 125 817	17 998 172	44 470 365	47 703 598	202 861 391
绥远			166 812		
宁夏	11 004 489	16 623 292	375 268	1 335 090	814 550
新疆			11 494 564	12 495 750	12 983 800

中国第二历史档案馆：《农林部关于战时林业建设概况报告》，《中华民国史档案资料汇编》，第 5 辑第 2 编，财政经济 8，江苏古籍出版社，1994年版，第 478~479 页。

（二）勘察森林，注重合理采伐

西南西北天然林区辽阔，加之木材运销，情形复杂，培护林地，经纬万端，若欲求供应之调整得宜，林地处理之合度，非专设一统筹机构，实难收货畅其流、地尽其利之效。为掌握西部地区各省林木及宜林地情况，以便制定适宜的林业政策，农林部乃于1941年专门设立了中央林业试验所，对西部地区各省林业开展调查。该所遂对宁夏、青海、重庆、湖北等省进行了广泛调查。结果显示：宁夏贺兰山有天然林约112 500亩，林木蓄积量409 600立方米；罗山15 000亩，蓄积量38 000立方米；弱水3 000 000亩，蓄积量11 111 100立方米；古鲁750 000亩，蓄积量150 000立方米。青海全省人工植树到1944年约为9 000 000株。重庆缙云山寺庙有针叶林6 431.2亩，蓄积量684 285立方米，阔叶林2 296.8亩，蓄积量45 455.1立方米，竹类 459.3 亩、97 091株。[①] 湖北的调查对象则主要是神农架和武当山。同时，调查人员还在川、黔、湘 3 省及其边界开展了调查，并对林产品的国际国内供销情形进行了调查研究。庐山森林植物园丽江工作站则在横断山脉、大理苍山等地采集森林植物标本 2.8 万多份，森林植物学家秦仁昌还对蕨类植物进行了深入研究，并以崭新的自然分类系统代替了英国学者虎克提出的传统蕨类分类法，这一新的分类系统很快被世界各国植物学家采用。[②] 此外，为供给战时需要之木材，并备战后各地建设需要木材起见，宜将各省伐木事业加以合理经营，以谋保续森林而增木材生产。各处之野生苗木亦应妥加保护，以助其滋长，而达保育造林之效。各省政府对本省天然林保护与开发均极重视，尤其对战时国防军工用材极为关注。同时，由于战时木材需求量大，木材腾贵，获利良多，故西部地区各省县伐木商人日益增多，各伐木公司率以营利为主要目的，乱砍滥伐林木现象均十分严重。各县为杜绝滥伐，保护本县天然森林起见，纷纷呈请省府对公有林的采伐实行管理和征费，并公布伐木商号和征费规则。[③] 各省政府旋于 1941 年前后通过训令，对本省木商进行核查，对具有采伐资质之木商予以核准其作业地点和期限，并向外界公布。未予核准者则一律取缔其伐木资格。如四川核准的 9 家商号，除政府所办中国木业公司可独自开采峨边县一县之木材，伐期长达 30 年之久外，其他 8 家则在理番、茂县、汶川 3 县作业，且伐期均为 3 年。[④] 按照 1931 年实业部公布的《管理国有林公有林暂行规则》规定，公有林之采伐每亩须

①　中国农业博物馆：《中国近代农业科技史稿》，中国农业科技出版社，1996年版，第 213 页。

②　农林部林业司：《中国之林业》，商务印书馆，1947 年版，第 34 页。

③　熊大桐：《中国近代林业史》，中国林业出版社，1989 年版，第 247 页。

④　熊大桐：《中国近代林业史》，中国林业出版社，1989 年版，第 248 页。

于适当距离内保留直径 1 尺以上（或胸高，即距地面 3.5 尺高处）母树 10 株，以备天然更新。故在伐木商号公布后，各省政府复令本省农业改进所派员前往作业区域视察，并填具视察报告呈交省府，以便真正做到合理开采。

（三）举办林业试验研究

随着战事的发展，林业的工业用途越发凸显，为进一步开发西部地区林业，国民政府对林业实验研究也予以了一定程度的重视。1941 年农林部遂饬令中央林业实验所负责全国的林业实验研究，其实验工作主要包括水土保持、木材及林产利用等方面。水土保持实验将国内土地分为 8 类，对每类土地的利用、土壤冲刷、保土植物繁殖等均进行了实验，并对其利用和保护提出了具体措施。木材实验方面则对木材的力学性质和物理性质、木材构造与防腐以及木材化学干燥等进行了实验。而林产利用方面则主要针对木材干馏、桐油炼制加工、硬化茶油、松脂采集、松节油松香炼制、木炭窑改良等方面进行了实验研究，且都取得了一定成果。战时由于大批机关、学校、工厂及难民纷纷迁往西南，但当时该地区流行疟疾，给广大移民带来了巨大困扰，为改变这一情况，中央林业实验所还在四川金佛山设立治疗疟疾特效药试验场，开展中药繁殖实验，并取得一定成效。[①] 此外，农林部为了研究西北地区的农林及水土保持情况，还于 1942 年在甘肃天水设立了水土保持实验区，而经济部中央工业实验所也设置了木材试验室，负责进行全国工业用材的试验研究。同时，其他有关试验研究机构和林业高等学校也进行了一些林业试验研究，从而一改晚清以降国内林业试验研究不被重视的局面，并获得了一定程度的发展。

---

① 中国农业博物馆：《中国近代农业科技史稿》，中国农业科技出版社，1996年版，第 217 页。

（四）开展林业宣传，举办林业教育

战时林业开发并非一帆风顺，而是困难重重。由于林政荒废已久，民众对于林业观念薄弱，肆意摧残，使森林保护甚为困难，以致缺乏林业复兴之基础。而战时一切建设均以速效为宜，然林业建设则收效缓慢，殊不合战时民众急功近利之心理。且荒山地权亦不易确定，常起无谓纠纷，使造林者视为畏途。诸如此类，均给战时林业改良造成莫大障碍。其所以致此者，原非一朝一夕之故。晚清以降，林政废弛，对于森林设施，既无一定方针，又乏一贯政策。国内山泽，时而封禁，时而开放，封禁造成民无木材建筑，无薪炭可用，实足以构民怨，开放则一任民众蹂躏，砍伐无度。长此以往，遂使民众缺乏重林思想，遑论保林造林。兼以战时各省政府人力财力不敷，致森林保护与开发困难迭生，林业改良颇费周折。如四川峨眉山林区管理处除办理育苗、造林、研究、推广等工作外，并兼管保护风景区内森林。但"近年来峨眉山一带居民不知护惜，滥施砍伐，以致大好林区变成濯濯童山。本场为尽量保护起见，特向农业部申请颁发护林布告，分发张贴"[1]。后经农林部部长沈鸿烈批示，特颁发了布告两份，予以张贴。1940 年 2 月林业试验场复报告称："峨山森林，近因人民穷困，木价高涨，于是私自砍伐及盗伐之事，层出不穷。若无林警之设置，既不足以言管理，更不足以谈保护，长此以往，行见天下秀之峨眉，一变而为童山，至 10 年树木更成泡影。且本场僻居山谷之中，距城迢迢，历年冬腊，盗匪风行，必于未雨

---

[1]　四川省档案馆：《四川省农业改进所档案》，全宗号民 148，案卷号 6971，卷名《四川省农业改进所峨山林管区为增加林警、保护林业致总所的呈、函，总所训令、指令》。

绸缪，方可有备无患。"① 然其时因财政困难，各省均无法雇佣更多林警，而苗圃"地区辽阔，额设员警，不敷分配，林木之被盗伐，在所难免，若遇散兵携械盗伐，更属无可如何，除饬与当地如特务团、航委会交涉，慎重保护外"②。只能转呈省府严饬当地保甲人员，协同保护，用维林业。同时，各省政府亦责令林管区拟订了各项森林管理规则，如《四川省岷江流域公私有林管理规则第一管理潜江上游森林暂行办法》《云南省各县市乡村团体造林苗木补助规则》《岷江上游各县烧炭取缔暂行规则》《贵州省公有天然林勘察规则》《四川天然林整理暂行条例》等，多达10 余种，③ 由省府公布施行，作为推行森林保护及管理工作的措施，广为张贴，借以宣传。战时，由于部分高校内迁以及一些新农业院校的成立，使西部地区林业教育也获得了一定的发展。如西北农学院、云南大学农学院、贵州农学院、中正大学农学院、福建农学院等高等院校均设有森林系，为西部地区培养了一批林业人才，仅西北农学院在 1938 至 1945 年间就培养了 89 名林业专业的学生。④ 中等林业教育虽在抗战开始后渐不景气，在全部9 所战时幸存的学校中，却有 5 所位于西部地区。⑤ 这些农业院校无疑为西部地区林业教育事业奠定了基础，许多毕业生后来成为林业教育家和林学家，对中国近代林业教育事业的发展做出了重要贡献，对推动西部地区林业事业的进步亦起了积极作用。

（五）划分乡镇保林区，提高农人护林思想

为保护森林，提高人们保林、造林思想，国民政府乃要求西

① 四川省档案馆：《四川省农业改进所档案》，全宗号民 148，案卷号 6971，卷名《四川省农业改进所峨山林管区为增加林警、保护林业致总所的呈、函，总所训令、指令》。
② 江鑫：《抗日战争时期国统区的林业概况》，油印本，1950 年，第 32 页。
③ 江鑫：《抗日战争时期国统区的林业概况》，油印本，1950 年，第 34 页。
④ 熊大桐：《中国近代林业史》，中国林业出版社，1989 年版，第 527 页。
⑤ 熊大桐：《中国近代林业史》，中国林业出版社，1989 年版，第 539 页。

北各省按照各乡镇保实地情形，把山地区分为护育区、造林区、樵采区三种，逐渐改革乡间任人樵采或放牧的习惯。其区分法如下：

（1）护育区（禁樵区）。凡山地上原有许多天然下种发生的幼苗或根株萌叶的地方，应该按照各乡镇木材需要情形及地方风景关系，把这种山地的一部分划为护育区，由当地乡镇保甲长及热心公益人士组织而成的林业造产会查明登记，严定禁约，切实阻禁樵采，把山间天然生着的林木幼苗和根芽护育成林。

（2）造林区。凡山地全是杂草或者连杂草也很稀少的地方，可以开辟成一个造林区，将树苗移植或用种子直接播种到山地去，使之渐渐长大成林。

（3）樵采区。这是虑及农村里许多有田无山的人，便利他们薪柴的取得，并纠正过去任意樵采的习惯，按照当地各户需要薪柴的程度，划出全部山地的若干部分，暂行准许樵采。[①]

盖山地调查区分完毕后，乃确定整个营林计划，规定造林树种及年限，务使切合地方实际情形，于短期内完成全部造林计划，一面须由乡镇保长、乡镇公所及保办公处经济股主任及干事，联合山地业主并推举廉洁热心且富有营林兴趣的公正士绅，组设乡镇保林业造产会，主持本乡镇保实施林业造产时土地的收用、资金的筹措、劳力的征派、苗圃的管理、森林的护育，及违法森林规约的取缔、林产收益的分配等事项。一面要求农人严格执行政府之规定，即高坡度之山地，应为造林之用，禁止开垦，种植农作物，并厉行禁止烧山，以保护野生有用之林木。

---

① 钱天鹤：《农林建设》，中央训练团党政高级训练班编印，1943年，第34页。

三 林业改良困境

战时西南西北林业开发，虽近关抗战之迫切需要，远为建国之百年大计，然事业进展并非一帆风顺，而是困难重重。而这些困难若不加排除，欲开发西南西北森林，且希其成功，则不啻缘木求鱼。

首先，天然林砍伐严重。战时西部地区人口众多，除少数大城市的部分居民外，其他城乡居民普遍以木柴、木炭作燃料，每年因樵采而损毁大量森林。据朱惠方 1941 年在四川省成都市的调查，全市有民居 97 735 户、394 371 人。全市居民、机关、学校、医院、旅店、饭馆等所用燃料，木柴和木炭占 78.8%，煤仅占 21.2%，全市全年消费木炭 477.94 万斤、木柴 22 080.52 万斤。[①] 木柴中以松、青冈、柏木、桤木等树种占大多数，这些木柴来自成都附近的彭山、青神、邛崃、蒲江等县。当地樵夫砍柴时，选择运输便利的森林，任意砍伐，因而森林遭到严重破坏。许多炭窑附近数里至数十里都成了光秃秃的荒山。复据 1940 年的统计，云南省昆明市居民烧用木柴达 2 100 多万斤，使该市附近已很少有成片的森林。[②] 而农村烧用木柴量则大大超过城市。再如四川省自流井（今自贡市）、荣县、阆中、盐亭、蓬溪等地产盐，熬盐以木柴为燃料，致使沱江、涪江、嘉陵江上游森林被大量砍伐。抗战期间，锡的需要量大增，每年炼锡需用木炭 1 500 多万斤，致使云南个旧锡矿附近的蒙自、建水、石屏等县森林均被砍伐殆尽。[③] 此外，烧砖烧瓦每年也烧去大量木柴。如

---

① 朱惠方：《成都市木材燃料之需给》，《林学》，1944 年，3 卷 1 期，第 26 页。

② 《云南森林》编写委员会：《云南森林》，云南科技出版社，1986 年版，第 42 页。

③ 杨惠：《提倡云南林业之步骤》，《云南实业通讯》，1941 年，2 卷 6 期，第 13 页。

昆明市 1940 年有砖窑 230 个，每天产砖瓦共约 1 100 万块，烧一块砖约需木柴 1 斤，每天烧去木柴在 1 000 万斤以上。[①]

其次，战争毁林。中国历遭多次战争，每次战争规模大小不同，但必有森林遭到破坏。抗日战争期间，日本军队采取飞机轰炸和放火烧山的办法攻击中国军队，引起许多森林火灾。为了构筑工事，又砍伐大量木材。据国民政府农林部调查，在抗日战争期间，因战争而使森林直接被毁的地区达 21 省，间接受害的地区达 26 省。各省森林被破坏约 18.8 亿立方尺，价值 96.7 亿圆。[②] 抗战时期，西部地区各省基本上都驻扎有大量军队，而各省农业改进机关林场由于本身掌管着森林保护和使用权，其与地方驻军因林木砍伐而产生的矛盾更是比比皆是。如 1941 年 8 月 20 日，岷江林管区成都分区主任张泽容报告称："林区附近驻扎之滥兵更复毫无忌惮，任意窃伐，损失之树木当在千株左右。"[③] 9 月 29 日，岷江林管区天回镇林场亦报告称，驻军第 25 补充兵训练处第一团一营三连连长卿仲树番部张排长率领无胸配章士兵数十名大肆砍伐林场树木，"劝止无效，并殴伤保长、壮丁、佃户，夺去枪支子弹"[④]。凡此种种，不胜枚举。当地驻军飞扬跋扈，肆意践踏苗圃，毁坏苗木，强占林场房屋、林地，滥伐森林，滋生积怨，各改进所林场因职责所在，虽勉力维护，但因对方人多势众，持有武器，无所顾忌，万般无奈之下，只得求助省府，而省府除一纸批文，批评叱责外，似无良策可循。1943 年

①　郝景盛：《云南林业》，《云南实业通讯》，1940 年，1 卷 8 期，第 14 页。

②　农林部林业司：《中国之林业》，商务印书馆，1947 年版，第 38 页。

③　四川省档案馆：《四川省农业改进所档案》，全宗号民 148，案卷号 6976，卷名《四川省农业改进所岷江林管区为士兵滥伐林木请严加禁止的呈、函，总所指令、训令》。

④　四川省档案馆：《四川省农业改进所档案》，全宗号民 148，案卷号 6976，卷名《四川省农业改进所岷江林管区为士兵滥伐林木请严加禁止的呈、函，总所指令、训令》。

10 月，叠经各省政府反复诉求，军政部乃发布命令指出："军队强伐森林，妨碍林业推行，至为重大，以后如有此类情事发生，应由当地军警严拿究办，以资保护。"①至此，各省林场与当地驻军之间的冲突可谓告一段落。

再次，财政困难也影响了林业发展。随着战事的进行，通货膨胀加剧，西部地区各省府财政日艰，无力维持，各省农业改进机构均有所裁缩，各林业试验场亦悉经合并，改称林业改良场，工作人员也遭到大量裁减，这给某些原来比较独立且颇有名气的林场带来非常不利之影响。如峨眉山林业试验场场长就曾抱怨："本分场既改隶林改场，已无名义存在，且无单独对外之权，诸事掣肘。"希望建设厅将峨眉山森林交由峨眉县政府保护管理，"以有行政力量，自易推行收效。本分场专力于技术工作以求业务扩展"②。而大量工作人员裁减，亦造成人员配备不足问题。经营林业为国家百年大计，非有久远规划与固定职工两相配合，按步推行，不足为功。因此，对于职工之待遇，宜予以相当优厚，并务使安定，不应肆意撤换。营业利润应拨出一部分作为职工红利，并宜酌定奖金、恤金、津贴等项办法，以资鼓励，而职员自应以有森林学识者任之。然所有林场职员，如四川，在川农所处于盛期时仅有 108 人，已不敷分配，而衰期各年人数恒在 40 人左右，匮乏程度自不待言。③如以峨眉山森林试验场场长在 1943 年的报告为例，即可知川农所在裁减后林场人员匮乏状况。峨眉山森林试验场因位居扼要，深得各方重视，特加以扶持，规

---

① 四川省档案馆：《四川省农业改进所档案》，全宗号民 148，案卷号 6986，卷名《四川省农业改进所林业改良场为林木被滥伐请求严加禁止的呈、函，总所指令，训令，及总所转饬省政府训令，指令等》。

② 四川省档案馆：《四川省农业改进所档案》，全宗号民 148，案卷号 6975，卷名《四川省农业改进所峨眉山林业试验场工作报告》。

③ 四川省档案馆：《四川省农业改进所档案》，全宗号民 148，案卷号 6975，卷名《四川省农业改进所峨眉山林业试验场工作报告》。

模也较宏大，有苗圃 200 余亩，并有森林试验研究各部门。但裁减后，"峨眉山森林保护、管理等工作始核定工役 26 名（含职员和雇工，引者），不但工作无法推进，且圃地荒芜，无力全部利用，间接影响西部地区生产，值此抗建时期，自应深体时艰，力行紧缩。但分场过去已有较大规模，部门繁多，实属减无可减，若过于勉强压小，事实难以办到"①。战前林学人才向来极为缺乏，常不敷分配，自国民政府西迁，人才大都汇聚于西南，大可趁机广为罗致，以为各省林业建设之用。此种千载时机不可轻易放过。然因经费不敷，机构裁减，造成大量人才离职，殊为可惜。

总之，战时林业开发是国民政府对西部地区林业建设的一次努力，其成就主要是育苗造林取得了一定成绩，森林采伐也逐渐科学化，即由战前的私商肆意开采转向政府有计划、有管理地采伐；林业科学试验研究则吸收了韩安、梁希、邓叔群等 30 余位林学家主持工作，不仅吸取了外国研究发展林业的先进经验，并且结合中国的实际，兢兢业业地开展试验研究工作，从而无论在广度上还是深度上均促进了中国近代林业科学试验研究的发展；同时，由于欧美和日本的林业科学技术传入中国后与中国的传统林业科学技术相交融，逐步形成了多分支的中国近代林业科学技术体系，兼以战时科研的发展，以及中华林学会在重庆的复建，从而促进了战时树木学、森林生态学、森林经理学、森林保护学、木材学、林产制造化学等学科的快速发展。诚然，战时林业振兴，近则为抗战之迫切需要，远为建国之百年大计，但政府林业教育或因时局关系，林业学校分布不尽合理，中初级林业学校设置较少，教学工作也不同程度脱离实际，而对于普及民众森林

---

①　四川省档案馆：《四川省农业改进所档案》，全宗号民 148，案卷号 6975，卷名《四川省农业改进所峨眉山林业试验场工作报告》。

知识，培养其重林思想，改变其薄视林业之心理，并引导西部地区林业之改进，以求建设现代化科学化之森林，则更显不足。尽管如此，战时国民政府对西部林业的开发仍然有一定的积极意义，无论是对抗战还是对战后西部地区林业事业的发展均起了促进作用。

第四节　园艺开发

一　西部地区园艺开发的兴起

全面抗战爆发后，沿江沿海富庶之地相继沦陷，华北华东等农业教育科研的中心地带相继沦陷，大批学校科研机构被迫西迁，刚刚发展起来的园艺科研事业遭到了空前劫难。厂矿职工、难民等也蜂拥到西部地区，使西部地区果蔬供应十分紧张。西部地区各省园艺事业向来滞后，农业科研机构设立甚少，农民基本上仍然采用传统的栽种方法侍弄园艺，因而产量颇低，无法提供如此多的园艺产品供军民所需。为解决军民果蔬供应问题，增加西部地区果蔬产量，国民政府决定开发西部地区园艺，要求西部地区各省农业改进所和农业科研机关大力开展蔬菜和果树良种及其栽培技术的研究和推广，以应战时急需。西部地区园艺开发由此拉开序幕。

园艺通常涵盖果树、蔬菜、花卉、造园等内容，是一门农业生产技术。战时由于特殊的时空关系，园艺事业主要是指果树和蔬菜，花卉和造园似是奢侈，未能发展。由于水果和蔬菜富含各种维生素、矿物质和纤维素，是其他食品难以取代的，因而在民众的饮食中占有重要地位。民以食为天，虽然米麦为主食，但并非营养十足之食物，必赖果蔬为副食，足资增进健康。战时园艺事业不但在国民营养方面占有极重要的地位，且对农村经济乃至整个国家财政均有莫大影响。战前，由国外输入之园艺产品，年达千万元之巨。考其原因，主要是国人卫生常识增高，尤其大城市果蔬需要日增，而国内园艺事业虽有经营，但仍赶不上需要。同时他国园艺事业均精益求精，产品质量较高，外商咸复谋侵入中国市场，而国产品质往往不如舶来品，且量的方面亦未必足供需要。故提倡园艺科学，改进园艺事业，增加果蔬出口，以图堵塞园艺漏卮，挽回利权，成为战时园艺科研之要图。

19 世纪西方近代园艺科技获得了迅猛发展，尤其是植物遗传学、植物生理学等基本原理的阐明和运用，使近代园艺科技日新月异，成果迭出，迅速改变了传统园艺旧貌。千百年来依靠外部观察和经验积累的传统技术，正在接受近代实验科学的检验、改进和提高。中国旧有的称雄世界的园艺技术已相形见绌，显得滞缓和落后，且随着近代科技的进步，这种差距日益增大。晚清以降，西方近代园艺科技相继传入中国，国内园艺事业亦有了缓慢发展。除了通过译介外国园艺书籍引进近代园艺科技外，中国还派出留学生，直接到国外接受近代园艺教育和训练，并延聘不少外国园艺学家来华工作，充任技术顾问及园艺教习。许多大学如北京农业大学、东南大学、金陵大学等农科均自编园艺教材，招收园艺专业本科生。至 1937 年，农业院校增加到 21 所，其中 12 所设有园艺系，全国每年约有 60 名园艺本科毕业生[1]，为园艺事业的发展培育了不少人才。各种园艺试验场亦相继建立，并在果蔬园艺之栽培技术、育种技术、繁殖技术、加工技术等领域的理论与实践方面取得了一定成绩。各类园艺学会次第出现，各种园艺专刊亦相继创办发行。园艺科技的进步和社会需求的增加，使园艺事业有了相当改进，生产有了较大发展，产量大幅度

---

① 胡昌炽：《中国最近园艺界之进步》，《农林新报》，1937 年，14 卷 1 期，第 27 页。

增加，除了满足国内市场需要外，尚有部分出口。如 1929 年，园艺产品出超约 29 万海关两，1930 年出超 183 万海关两，1931 年增至 600 万两，输入逐年减少，输出逐年增多，增长趋势甚为明显。[①]

全面抗战爆发后，园艺科研事业遭到空前劫难，华东华北等园艺科研中心地带相继沦陷，大批科研机构被迫西迁。武汉失守后，迁往西部地区的人数渐多，消费增加，唯蔬菜、水果等原来产额较小，而由下江迁入者又多习惯于生活较高之辈，需要此等物品较多，故在 1939 至 1940 年间，果蔬首先涨价，生产自不免受其刺激，尤以在大都市附近为甚。然西部地区各省园艺向被认为农村副业，未受重视，一任农民自己种植，兼以农政废弛，政府对园艺事业向多薄视，园艺科研事业起步较晚，直到 1937 年 7 月部分省份始建园艺试验场，与华东华北等园艺发达之地相比，落后近三四十年。战时，西部地区作为抗战根据地，为国民政府政治、经济、军事、文化中心，无论是上流社会还是普通军民，对果蔬的需求均在增加。兼以战时粮食匮乏，水果和蔬菜则兼具食品和营养品两项功能，且发展果蔬亦是振兴西部地区农村经济不可或缺的副业之一，因此，增加果蔬产量、解决军民的果蔬供应问题，成为抗战建国事业之一环。虽然战时园艺不能像对其他农作物改进一般注重，但至少应给予其相当之重视，使其能与其他农作物相配合，增加农业生产，提高农民收益，其有裨益于整个社会者，亦复不浅。

战时西部地区各省气候环境对于发展园艺事业尤为适宜，蔬菜、果树均极发达，所产包括热、温、寒三带之果蔬。以果品言，从真正半热带性的荔枝、龙眼，一直到温带性的梨、苹果，

---

① 李德彰：《我国园艺事业之近况及将来》，《园艺》，1935 年，创刊号，第 9 页。

几无一不有，其中尤以柑橘类栽培最多，分布最广，亦最为有名。据调查，仅四川柑橘园就有 6 万余市亩，年产柑橘约两亿枚，价值 100 万元。[①] "至于蔬菜也极丰富，在比较大的城市，无论任何季节，在蔬菜摊上总有一二十种不同的产品。"[②] 部分县份还有其著名特产，如四川新都的莴笋、嘉定的萝卜、涪陵的菱角菜等。总体上看，西部地区各省确实是园艺之国，得天独厚，天时环境俱佳。抗战以来，交通运输困难，国外园艺产品不能大量输入国内，兼以华东华北沦陷后，大量园艺人才涌入西部地区，这无疑为西部地区各省园艺事业的发展提供了契机。但遗憾的是，西部地区各省旧有之园艺事业，据调查，具有多方缺点，"一是品种不良，二是经营技术不善，三是储藏加工无办法，四是经营资金不够"[③]。未能达到经营园艺事业之理想。故为抗战建国计，建立园艺试验场，以开发西部地区各省园艺事业，是为正途。然战时迫于局势，欲图速效，不求精密，只从其简要方面进行工作，亦非一朝一夕可达目的之事。尤其是果木改良，十年树木，见效更迟。而欲谋整个品种改良及技术改进，必然需要政府设立事业改进机关，并延请专门技术人才，以从事试验研究，期得良法美种，以资推广，使其广布民间，广为民用，是为改进成功。国民政府有鉴于此，乃于 1938 年 6 月由经济部颁布了《战时农业建设方针》，明确提出："农业建设，以食粮衣料力求自给，出口农产尽量增加为主旨。"并要求"改良农业技术，

---

① 《发展四川柑橘问题》，《西南实业通讯》，1948 年，17 卷 2 期，第 53 页。
② 龙远：《我们为什么要改进四川的园艺事业》，《川农所简报》，1940 年，1 卷 22 期，第 2 页。
③ 龙远：《我们为什么要改进四川的园艺事业》，《川农所简报》，1940 年，1 卷 22 期，第 3 页。

以中央农业实验所为倡导机关，同时督促各省农事机关"共同努力。[①] 嗣后，各省农业改进所即设立园艺试验场，负责全省园艺开发，以裨益国计民生，增加国家财富而利抗战。

二　西部地区园艺开发举措

西部地区各省份，气候土质各地均不相同，园艺作物至为复杂，良莠不齐，包罗万象，其中有价值者非常多，且各有其比较适宜之栽培生长区域，故其开发应遵循以下原则："一是依分布情形，分区设立若干试验场及工作站，办理改进工作；二是增加改良之果品，首先以较耐储存运输者为主，其他为副；三是培育优良果苗，除用于扩植新园林外，其自花结实无问题者，应用于倡导各农户利用住所前后隙地栽植；四是蔬菜改进工作，暂以各省比较普遍之少数蔬菜为主，而以可供制造罐头或可耐远运者为副。"[②] 但由于时逢国难，战时果树园艺科研主要是对西南各省的果树种类及品种进行实地调查，为改进我国西南果树做了开创性研究。战前园艺科研主要集中在沿海地区，而战时大批果树专家汇集西南，把近代果树科技成果带进了这一地区，客观上促进了当地园艺事业的开发。此时的园艺开发工作主要注重农村副业中较有经济价值且能充实民生、对抗战建国较有密切关系之果树、蔬菜品种改良及栽培技术改进两方面。

由于果树研究基地建设见效缓慢，通常需要十余年方显成效，这在战时而言，似乎缓不济急，且果树不像粮棉作物，带上一批种子即可易地繁殖。故为切合战争需要暨节约时间、金钱

①　中国第二历史档案馆：《经济部关于战时农业建设方针的工作报告》，《中华民国史档案资料汇编》，第5辑第2编，财政经济5，江苏古籍出版社，1994年版，第4页。
②　龙远：《我们为什么要改进四川的园艺事业》，《川农所简报》，1940年，1卷22期，第3页。

计，各省果树品种改良主要采取了检定地方优良品种和引进国外良种进行培育的方法。即对于各省农家已有优良品种，则加以详细检定，使优良品种大量繁殖，淘汰劣种。此种办法实为改良品种的最佳捷径之一，且不似引进品种，要受气候环境的限制，又没有育种工作费力、费时、费钱，收效既快，时间又短，实值得集中力量大力推行。如四川省农业改进所从1938年起即举行柑橘类品种检定工作，经历年多次检定，已获得优良甜橙9系、红橘5系、柚13系，并已进行推广繁殖。[1] 中央农业实验所研究员胡昌炽也于1938年开始在四川主产甜橙的江津、金堂等县开展广泛调查研究，选取调查农户40多家，果树2 000多株，每株采果5枚，逐一进行分析检测，并据此选出良种品系10个，作为接穗之母株，供繁殖推广之用。[2] 而其写成的科研论文《四川金堂、江津甜橙品系选择之研究》则是战时西南果树调查研究开展较早且卓有成果的课题，为四川甜橙栽培史的考察、栽培现况的分布、适宜区域的风土、农家甜橙的品系、品系选择的方法、农家品系的比较等诸多方面提供了具体有效的参考，是战时不可多得的颇有价值的科研论文。[3] 而冯言安则对云南昆明附近的著名水果产区呈贡县的梨树生产情况进行了调查，并著《云南呈贡县梨之品种初步考察》一文。他调查了20多个品种，并选出宝珠梨、白鹊梨、木瓜梨等优良品种育苗推广。[4] 此外，曾勉的《四川柑橘总考察》，胡昌炽的《四川柑橘选种研究》《柑橘开花

①　四川省档案馆：《四川省农业改进所园艺试验场档案》，全宗号民148，案卷号6225。

②　郭文涛、曹隆恭：《中国近代农业科技史》，中国农业科技出版社，1989年版，第427页。

③　郭文涛、曹隆恭：《中国近代农业科技史》，中国农业科技出版社，1989年版，第428页。

④　中国农业博物馆：《中国近代农业科技史稿》，中国农业科技出版社，1996年版，第167页。

习性之研究》，曾省的《果树天牛之研究》，章文才的《四川柑橘根群生长及其周期性》等科研论文都是战时西部地区果树研究卓有成效者。①

战前，国内外园艺方面已选育成功之优良品种，实为不少，如能引进先行试种成功，亦是最经济、最捷径的改良方法之一。其成效，尤较检定品种所获得效果为高，对于战时急需而言，裨益犹大。西部地区各省有鉴于此，乃从美国引进麻皮苹果、红皮苹果、华盛顿橘橙、鲁滨逊橘橙、夏橙及由力克柠檬，由广西引进沙田柚，由浙江引进水蜜桃，由北平引进北平柠檬等良种，经试种成功，遂在本省进行大量推广。② 同时采用当时最新育种技术，开展纯系育种和杂交育种，以选育新种，期以获得质佳产丰、适应环境强之品种，惜因时处抗战，受经济、环境、时间、人才等诸多因素掣肘，此项工作举行不多，鲜见成效。

此外，西部地区各省还开展了果木栽培试验和育苗试验。果木栽培试验的目的在于通过培植各种果木及品种，以资比较观察，借以发现最佳栽培方式，以供推广。如四川在 1938 年将各品种果树设置品种区，进行分区栽培，共建有品种区 9 个，计 1 599 个品种。1943 年又增加了龙眼荔枝区，有龙眼 36 株，荔枝 18 株。同时向重庆大新农场购得各种苗木 12 品种、220 株，设为第 11 品种区。③ 而果苗培育试验的目的则在于繁殖检定调查所得及适合本省风土的国内外优良果树品种，以备推广之用。如 1941 年春四川播种砧苗种子酸橙达 10 万粒，桃核 1 万粒；移植上年度实生酸橙小苗约 1 万株以上，栽植李树、苹果树 100 多

---

① 四川省档案馆：《四川省农业改进所园艺试验场档案》，全宗号民 148，案卷号 6225。

② 毛宗良：《园艺建设》，《中华农学会报》，1948 年，第 188 期，第 34 页。

③ 四川省档案馆：《四川省农业改进所园艺试验场档案》，全宗号民 148，案卷号 6226。

株；育成各种嫁接苗木如梨、苹果、桃、梅、甜橙、柠檬、柚等，合计4 950株；采集收购砧苗种子甜橙 8.8 市斗，柚 5 市升，毛桃核1 000粒，柠檬两市升。[①] 但因技术人员缺乏，向民间租用的母株枝条数度被人盗窃，砧苗年龄又太老，加以经费拮据，未能充分施用肥料，使繁殖数量有限，成活尤少。

战时，军民蔬菜供应亦为迫在眉睫之大事。国民政府对西部地区园艺事业也极重视，并确定战时西部地区蔬菜生产中心任务为尽快引进及繁育蔬菜良种，急速增加产量。[②] 为推进西部地区蔬菜生产，中央农业推广委员会还专门聘请园艺学家章文才等统筹组织战时蔬菜生产事业。西部地区人口众多，蔬菜供应十分紧张。为增加蔬菜产量，西部地区各省对蔬菜品种也积极加以改良。在悠久的种菜历史中，各省菜农向来均具精耕细作之优良传统，如"栽培技术，圃人能把握季节，及时播种。在栽培时，又能充分利用轮作间作，增加生产。早春播种，如气温不足，善用温水催促发芽，发芽后尚不能直接露地播种时，更有筐内播种、板上播种等法，藉可移动，晚置室内，日中搬出室外。此等技术，堪可称许"[③]。但引种和育种则非普通菜农力所能及，各园艺科研工作者乃以此为急需之工作，以引进育成高产、优质、抗病虫品种，且兼具早、中、晚熟品种搭配，以利均衡收获，保证军民四季蔬菜供应。

近代科技与传统园艺相结合的形式之一，即是用园艺植物分类学和形态学的原理来研究传统名优园艺品种，使之得到进一步推广和科学改良。西南为"园艺之国也，有丰富之果品蔬菜，园

---

① 四川省档案馆：《四川省农业改进所园艺试验场档案》，全宗号民 148，案卷号 6226。

② 毛宗良：《园艺建设》，《中华农学会报》，1943 年，第 145 期，第 34 页。

③ 胡昌炽：《中国最近园艺界之进步》，《农林新报》，1937 年，14 卷 1 期，第29 页。

艺学者处此优厚之环境，为学术之研究，有丰富之材料，为事业之开发则有广大之希望。园艺学者之努力倘能尽其全力，开发富源，增进文化，则其贡献不独有益于国家而可影响于世界者也"①。搜集、引进、栽种各地名优蔬菜品种以进行育种改良和提纯复壮而增加蔬菜产量遂为蔬菜改良要务。为此，西部地区各省科研机关还拟定了具体改良计划："征集本省优良品种，精密试验，择优繁殖，以事推广；征集国内优良品种，择其风土之适宜者，而推广之；罗致海外种苗，择其优良丰产之种类，验其是否适合本省风土，然后繁殖推广。"② 继之，四川省农业改进所在全省广泛征集优良蔬菜品种，共计征得200余种，经过历年栽培试验，最终选出最适合川省栽培的春秋季蔬菜品种20余种，并进行育种繁殖，借以在全川推广③，其中尤以西红柿和甘蓝等品种最优。西红柿是近代才进入中国人菜谱的新式果蔬，20世纪30年代开始在大城市菜区生产，但尚不如甘蓝普遍。战时四川引进优良品种，利用温床进行大量繁殖和推广，在四川获得普遍种植，从而改变了川省蔬菜生产的品种结构。而甘蓝则原产欧洲，品种繁多，近代园艺学家曾大量引进，经各地试验机关科学选育，至30年代，在东南沿海城郊逐渐推广栽培，有早、中、晚熟品种近10个，其变种花椰菜也已有6个品种。④ 战时经过引进良种，甘蓝在四川亦得到大量繁殖。又如在四川栽培颇盛之芥菜，"变异百出，演成甚多之品种，然一般农民仅听其自然，

---

① 胡昌炽：《中国最近园艺界之进步》，《农林新报》，1937年，14卷1期，第29页。

② 李德彰：《我国园艺事业之近况及将来》，《园艺》，1935年，创刊号，第9页。

③ 四川省档案馆：《四川省农业改进所园艺试验场档案》，全宗号民148，案卷号6226。

④ 章文才：《我国园艺事业之进展》，《中华农学会报》，1948年，第181期，第19页。

不加选择，遂使紊乱混杂，无确实之系统可寻"[①]。中央农业实验所研究员毛宗良乃对重庆附近之芥菜品种做实地调查，征集得数十个农家较优良品种，在农场栽培，经两年淘汰选别，获得优良品种 24 种[②]，以供推广。这些优良品种的引进、改良和推广，不仅改变了川省蔬菜品种结构，而且在经济上产生了较大效益，直到今天，许多蔬菜品种仍是民众餐桌上的常见菜肴。金陵大学园艺系在 1939 年得到中央农业推广委员会资助 4 000 元后，也在四川温江、人寿、新都 3 县设立蔬菜采种圃及果园，繁育适合当地栽培的萝卜、白菜、榨菜、花椰菜、瓜类、马铃薯等蔬菜良种。[③] 西北农学院则于 1943 年将自身繁殖成功的高产优质马铃薯"西北沃"在成都、贵阳、西安、武功、耀县等地广泛推广，并获得成功。[④] 中央农业实验所也于同年引进美国番茄品种"美谷"和"肉特多"、马铃薯"塞北果"和"红沃"良种，在四川成都、重庆、湄潭等地繁殖推广，1945 年又引进大牛心甘蓝、开利花椰菜、老魁胡萝卜、无筋绿荚四季豆、大秋白花椰菜等良种在四川重庆地区推广，极大地提高了该地区蔬菜产量。[⑤]

此外，各科研机构对传统名优蔬菜及特种蔬菜之选育提纯工作也颇有成绩，如竹笋、茭白、莲藕、荸荠、慈姑、苋菜、金针菜等，均有搜罗记载，并择其优者推广，使传统园艺得到继承和发展。[⑥] 尤其是对原产于国内的各类白菜品种经过科学技术提纯

① 吴耕民：《蔬菜园艺学》，出版社不详，1936 年版，第 21 页。

② 毛宗良、冒兴汉：《重庆附近之芥菜》，《中华农学会报》，1941 年，第 173 期，第 33 页。

③ 章文才：《园艺建设》，《中华农学会报》，1948 年，第 188 期，第 9 页。

④ 管家骥：《我国蔬菜事业之前途》，《农报》，1945 年，12 卷 4 期，第 39 页。

⑤ 中国农业博物馆：《中国近代农业科技史稿》，中国农业科技出版社，1996 年版，第 167 页。

⑥ 郭文涛、曹隆恭：《中国近代农业科技史》，中国农业科技出版社，1989 年版，第 432 页。

复壮后向菜农推荐，极大地提高了西部地区各省白菜产量。除了引进、改良蔬菜品种外，园艺学家对栽培技术亦做了改进。西部地区各省农民种植蔬菜向多重视复种，但却不知轮作。而"同一田圃，连栽某种作物，不特营养不良，且难杜病虫害"[①]。若"欲求蔬菜生育之发达，结果之鲜美，形容品质之良好，非轮作其地不可"[②]。战时，各省在专家的指导下大力推广蔬菜轮作原理，以提高蔬菜质量。同时，为了解决淡季蔬菜供需矛盾，缓解蔬菜匮乏，各省在蔬菜栽培方面还引进了温室栽培法，利用保护地和温室在寒冷季节继续种植和生产蔬菜，以保证蔬菜均衡供应。这些技术的采用和推广，均使西部地区近代蔬菜科技获得了新进展。

三　园艺开发成效

传统科技来自生产实践经验，随生产的发展而累积，故与生产实际结合紧密，并无相互脱离之嫌。而近代实验科技则为科研人员在专门科研机构中研究所得，与传统科技相较，具有明显的超前性和超脱性，和农民生产实际的联系亦非水乳交融。尽管科研目的在于提高社会生产力，促进社会发展，但先进科技之推广应用却是一项至为复杂的社会工程，需要经过试验研究、推广、农民采纳等诸多环节，方能转化为实际生产力，而非科研人员所能操纵，尤其在抗战时期，在毫无园艺推广基础的西部地区，科技推广更是难度极高。但各科研人员仍毅然努力寻求近代园艺科技与生产实践相结合之途径，以求增产果蔬，支援抗战。

西部地区各省幅员辽阔，需要种苗众多，如仅由园艺试验场进行繁殖与推广，实为不敷，且收效有限。为迅速扩大推广，增

---

① 吴蛛：《蔬菜栽培新法》，上海新学会社，1913年版，第46页。

② 陆费执：《中国园艺学》，中华书局，1926年版，第38页。

加产量计，各省乃采取总场集中全力繁殖优良种穗及纯良种子，将其供给特约或合作园户或农场，由其再行繁殖推广普通农户所用种苗的办法，利用诸多园户和私人园艺场，免费供给其改良种苗，并兼技术指导和补助部分经费，以鼓励其大量繁殖而供推广，从而达到事半功倍之效。同时，在地方增设工作站，负责进行繁殖推广工作，使各地均有繁殖推广基地，以达到就地取材推广而收经济之效。在具体推广过程中，则是将前述之特约农场、私人园艺场及合作农场或合作园艺场繁殖之种苗进行限价（低于市价）配置出售给农民，并先供应规定推广之中心区，且由政府给以合法保障，对出售不合格种苗者坚决予以取缔。经多方努力，各园艺场历年精选的品质优良且适合本省风土的国内外优良果苗及蔬菜种子，均获得了农户信任，推广工作颇有成效。据统计，仅1940年，四川省农业改进所推广各类果苗就达到4 587株，果树种子达8升，蔬菜种子达457两，面积8 606亩。[1]

　　战时由于前线的特殊需要，西部地区果蔬储藏加工业开始兴办，也有利于园艺推广。为开发西部地区川、滇、陕、甘诸省丰富的园艺特产，中国农民银行还出资创办了江津、简阳、金堂3个园艺推广示范农场，推广良种果蔬，指导园艺产品的产、制、储、运、销事业，并投资创办了果蔬罐头厂，且已初具规模。1945年又从国外购入罐头加工设备36套，在果蔬集中产区筹建36个罐头厂。[2] 这些罐头厂的兴办必然需要大量果蔬产品，从而在一定程度上刺激了西部地区各省农民种植果蔬的积极性，也促进了果蔬推广。尤其在四川江津果蔬主要产区和成都等大城市附近，推广均无甚困难，仅1941至1943年，四川省农业改进所在

---

　　[1]　四川省档案馆：《四川省农业改进所园艺试验场档案》，全宗号民148，案卷号6227。

　　[2]　郭文涛、曹隆恭：《中国近代农业科技史》，中国农业科技出版社，1989年版，第429页。

成都及江津两地培育、推广果树就分别达28 932株和13 688株，推广蔬菜达2 265亩。[①]

战时园艺教育也获得一定发展。由于大部分高校迁往西部地区，在极其艰难的环境下，国民政府在西部地区又先后增设了9所高等农业院校和7所农业专科学校，到中华人民共和国成立前夕，国内已有国立、省立和私立高等农业院校43所，其中设有园艺系者达23所，每年园艺专业毕业生达到200余人，比战前增加了两倍多。金陵大学园艺系则自1942开始招收研究生，至中华人民共和国成立前夕，已培养了毕业研究生10名。[②]这些农业院校为新中国培养了一批园艺教学科研人才。

总之，抗战时期，西部地区园艺开发取得了一定成绩，果蔬科技的进步与成功推广，以及社会对果蔬需求的增加，均使西部地区果蔬生产有了较大发展。尤其在品种的引进推广方面颇有成效，当时育成的不少品种，至今仍是果蔬市场上的常见品种。而在推广这些优良果蔬苗木时，均附有各品种的有关资料及栽培须知，以供果农选择，从而初步形成了果蔬育种→推广→生产的成套体系。从推广的内容看，以实物性成果（如良种）推广较易，也较有成效，而技术性成果（如剪枝、嫁接、施肥等良法）的推广则较难，因农民多不识字，难于理解和接受新技术。战前农业科技的推广比较滞后，政府农业推广机构工作范围只局限于粮棉科技成果的推广，对园艺科技几未顾及，而西部地区各省对于园艺推广更是闻所未闻。战时各省园艺试验场科研产品推广的出现，则标志着西部地区园艺事业从经验农学开始转向实验农学，从而开创了园艺科研的新风气，迈出了近代园艺科技改良的第一

---

① 四川省档案馆：《四川省农业改进所园艺试验场档案》，全宗号民148，案卷号6227。

② 郭文涛、曹隆恭：《中国近代农业科技史》，中国农业科技出版社，1989年版，第431页。

步。以此观之，园艺开发实为一举两得，不仅为西部地区园艺事业的发展做了一次颇有成效的努力，且在一定程度上缓解了军民果蔬供应紧张情形，对支持抗战，实非浅鲜。

第四章　西部地区的农业推广

农业推广是改良农业、增加生产的重要途径。只有通过农业推广，始能将农业研究所得之优良方法与材料传达于一般实地耕种之农民。唯举办农业推广，自中央至省县，须有健全之推广机构，一贯之系统，则农业之良法美种，自能达于农村。同时宜训练农业推广人才，讲求推广方法，宽筹推广经费，严密推广事业之监督，并与有关机关密切联络合作，农业改进方能迅收事半功倍之效。

第一节　农业推广机构的建立

一　农业推广的意义及目的

农业问题，就普通而言，据美国洛夫博士之意见，可分研究、农业教育与推广三部。"研究"为改良农业之基础，能有研究，方能有发明；能发明，方有良好结果，以指导学者，或介绍给农民。"农业教育"之工作，在大学校农学院与中等程度之农业学校，应担负此种责任，一方面接受专门学者研究之结果，一方面从事继续发扬之工作，使改良之方法，普及于农民。"推广"便是将研究之结果，采用各方面适当之方法，使实际经营之农民能得到实在的利益。就我国当时农村现状而言，二三年以前之农业与现今之农业，固无甚变化，而在欧美各国则不然，其总是日新月异向前猛进，故我国农业推广亦应迎头赶上，其地位之重要，可想而知。例如种子、肥料、病虫害防治法、家畜养育法，以及其他种种问题，均有研究推广之必要。研究与推广绝对不能分离，研究为推广之后盾，推广为研究之先锋，担任推广人员须取集农村种种实际问题，以求专门学者之解决，而研究机关则当咨询推广人员，以决定研究之步骤，如此协力进行，以事实做出发点，推广庶不致徒托空言，无补实效。农业推广，依字面而言，即将农业扩大推行出来的意思，如何谓之农业扩大推行出？可分两层说明：一是将农业机关研究所得之良种美法介绍于农民，使之仿效种植或使用，以增进农业之生产，此为农业推广狭义的解释。二是至于推行农村自治，提倡合作组织，实施农民教育，促进卫生运动，改革不良习惯，使整个农村成进化的农村，此为农业推广广义的解释。推广工作，物质方面如改良种子、防治病虫害等，苟不借手于教育方面，政治方面，则易生阻碍，原来推广之美满效果难于一蹴而就。质言之，农业推广是将研究之结果，采用各方面适当之方法，使实地经营之农民得到实益，对于农民借管、教、卫三项手段，而达于养之目的之事业，谓之农业推广。[1]

　　农业推广，应使农村有整个的改良，分析言之，约有下列数点：①使农民了解普及农业科学知识之重要；②指导各种合作事业，养成农民有组织之力量，以免外界剥削；③使农村人民对于农村生活发生淳厚之兴趣；④促进各种生产事业，如改良运销方法、提倡农家副业，以增加农民之收入；⑤调和农村经济，使农民有生产之基本金，而免重利盘剥；⑥培养推广领袖人才，促进地方自治；⑦实地指导农业上技术改良之方法；⑧提高农民智识程度，以利各种事业之进行。上列各条，归纳言之，即为普及农

---

①　章之汶、李醒愚：《农业推广》，商务印书馆，1935年版，第3页。

业科学知识，提升农民技能，改进农业生产方法，改善农村组织、农民生活，促进农民合作。此即国民政府规定农业推广之目的，与美国农业推广之目的大致相同。[①]

二　农业推广发展史

古时帝皇之劝农崇农诏令，历代颁行，其他如祀先农先蚕，躬耕借天之事，常有提倡，但此仅为帝皇奖励农业之意义，绝不能即谓为农业推广。国内农业推广之历史，迄全面抗战爆发不过30年，其发展过程大致可以分为三个阶段：第一阶段，自清末开始倡导至1929年中央农业推广委员会成立。此一时期内，农业推广虽有进行，但是是局部的、枝节的，并无专门负责机关。第二阶段，自中央农业推广委员会成立以迄抗战以前。这一时期政府开始有专门组织办理农业推广事务，但因力量太小，基础未具，仍未收到多大效果。第三阶段，抗战开始以后至解放战争。该阶段，中央以致各省政府深感农业推广的重要性，积极推进，普遍发展，规模初奠。[②]

晚清以降，农业经营仍以自给自足为目标，一切在保守状态中，农民自然不觉农业推广的需要。继和外国通商，各国科学发达，生产跃进，中国旧式农业破绽尽露，相形见绌，不足同外国竞争，因此清末社会对农业科学便逐渐重视。在教育及研究方面，设立许多农业学校，创立农林讲习会，举办农事试验场。民国元年后，北洋政府也积极倡导农业推广，以唤起农民注意，农民亦渐感需要而引起浓厚兴趣，农业推广渐有开展，但范围狭小，尚未形成社会风气。南京国民政府成立后，农业推广颇受农

---

① 行政院农村复兴委员会编：《中国农业之改进》，商务印书馆，1935年版，第12页。

② 郭霞：《40年来之中国农业推广》，《农业通讯》，南京中央农业推广委员会，1948年，10卷8期，第5页。

界重视，不少有识之士将其视作与农业科研和农业教育具有同等重要意义之事业。政府对农业推广亦十分重视，并动用行政力量，号召开展农业推广工作。1928年5月，南京召集全国教育会议，广州国立中山大学曾提出"确立教育方针，实行三民主义之教育建设，以立救国大计"一案，内第三节，即说明农业推广教育。该案经全国教育会议通过，此乃以后农业推广行政组织之滥觞。[①] 1929年3月，中国国民党第三次全国代表大会通过中华民国教育宗旨及其实施方针案，此中第八项，即就农业推广而言："农业推广，须由农业教育机关积极设施，凡农业生产方法之改进，农民生活技能之增高，农村组织与农民生活之改善，农业科学知识之普及，以及农民生产消费合作之促进，须以全力推行。"[②] 1929年5月，农矿、教育、内政三部，根据中华民国教育宗旨，参照全国教育会议通过之农业推广案，拟定农业推广规程，并由国民政府通令各省政府遵照办理。同年12月，国民政府组设中央农业推广委员会，作为全国农业推广工作的最高协调机关，负责指导和督促全国农业推广的开展。1933年4月6日，实业部、教育部、内政部复会同公布了《修正农业推广规程》，第一次以法令的形式肯定了农业推广的重要性，并对各级推广组织建设及其应办事业做了具体规定，成为当时全国各地兴办农业推广事业的法律依据。其内容如下：

　　甲　各省应酌量该省情形采用左列三种组织之一，于必要时，得由实业部会同教育部内政部指定之：（一）国立或省立专科以上农业学校与省农政主管机关会同有关系之机关团体，组织

---

　　① 唐启宇：《近百年来中国农业之进步》，国民党中央党部印刷所印行，1933年，第107页。

　　② 郭霞：《40年来之中国农业推广》，《农业通讯》，南京中央农业推广委员会办，1948年，10卷8期，第3页。

一农业推广委员会，管理关于该省内农业推广事物，其委员会组织章程另订之。（二）国立或省立专科以上农业学校内设一农业推广处，管理该省内之农业推广事务，为扶助其进行，并得设农业推广顾问委员会，其组织章程另订之。（三）省农政主管机关内设一农业推广处或推广委员会，管理该省内之农业推广事务，其组织章程另订之。

乙　各省以若干县为一区域，每区设农业指导员一人，督察该区农业推广事务，并协助该区县农业指导员，农业副指导员，及农村合作指导员，此项区指导员由农业推广委员会或推广处派出。各省得量度情形，设农业指导员若干人，不设区指导员。

丙　省农业推广委员会或推广处，应设置各系专门委员，由专科以上农业学校教授，省立农业试验研究机关高级技术人员，及富有学识经验之农林专家兼任，或特聘农林专家若干人专任。前项专门委员应随时供给最新农业知识及优良材料，并襄助拟定推广进行计划等，于必要时赴乡村工作。

丁　省农业推广事业，如由农政主管机关主办时，其直辖之省立农事试验研究机关高级技术人员，应兼任省农业推广委员会或推广处专门委员。

戊　各县设农业指导员一人或数人，农业副指导员及农村合作指导员若干人，并指派一人兼任主任职务。

己　各县农业指导员办事处设于适当地点，其名称为农业推广所或农业指导员办事处。

庚　农业部直辖各农林试验研究机关，及其他农林蚕桑机关之与农业推广有关者，得与中央或省农业推广委员会或推广处合作，进行推广事业。省立中等蚕桑学校，应与农业推广委员会或推广处合作，进行推广事业。省立农林试验研究机关，省立农民银行，及省立其他农林蚕桑机关，应与省农业推广委员会或推广处合作，进行推广事业。私立各级农业学校，得与省县农业推广机关合作，进行推广事业。

　　辛　农业推广之业务分为左列各款，视各县实际需要情形酌定之：（一）推行农林试验研究机关及农业学校之成绩：1，供给优良种子、树苗及畜种；2，普及优良的农林经营方法；3，普及优良的农家副业之原料及方法；4，普及优良的农具及肥料；5，普及虫害病害之防治方法；6，推行其他成绩。（二）提倡并扶助合作社之组织及改良：1，宣讲关于合作社一切规章法令之解释应用；2，指导其组织及改良；3，其他关于合作社事项。（三）直接或间接举办下列各事项：1，各种农业展览会；2，农产品比赛会；3，农产品陈列所；4，农具陈列所；5，巡回展览；6，各种农业示范（与农家合作示范等）；7，各种儿童农业团；8，农业讨论周；9，农民参观日；10，农民联欢会；11，农民谈话会；12，森林保护运动；13，提倡并扶助正当农林团体之组织；14，农林实地指导；15，育蚕指导；16，农村示范人才之培养；17，其他关于农业指导及提倡事项。（四）为增进知识及技能得举办下列各事项：1，乡村农林讲习所；2，乡村妇女家政讲习会；3，农林讲习班；4，农林夜校；5，农林函授科与农林函询及办事处；6，巡回演讲、特殊演讲、幻灯讲演及农业影片之放映；7，提倡扶助乡村公共书报阅览处及巡回文库之设立；8，其他增进知识及技能事项。（五）提倡并扶助乡村社会之改良与农村经济之发展：1，提倡扶助模范新村之设立及新村制度之施行；2，提倡扶助农民组织各种农事或农村改进会或改进委员会；3，促进乡村道路之改良及发展；4，促进乡村卫生之改良；5，指导农家家政之改良；6，指导乡村之正当娱乐；7，扶助失业农民；8，提倡并指导乡村房屋之改良；9，扶助农村正当自卫事项；10，提倡扶助农村仓库之设立及食粮之储蓄与调剂；11，其他乡村社会之改良与农村经济之发展事业。（六）提倡并扶助垦荒造林耕地整理及水旱防治。（七）实施关于农业调查及统计，并编辑农业浅说报告、农林教育书及他种定期不定期出版品。（八）直接或间接举办种子种畜或树苗繁殖场圃。[①]

从上述规定看，《农业推广规程》所涉甚广，不仅包括农业学校与农业推广之间的关系，力使教育与推广、理论与实践、科技与农业相结合，也涉及各级推广机关的设立、命名、专业技术人员配置、农政主管机关的隶属、农业推广机关与其他有关机关的联系等，并对农业推广的具体内容做了相关规定。该规程为全面抗战爆发后西部地区农业改进机关开展推广活动提供了依据和政策指向，而战时国民政府亦未再颁布新的推广规程，仅对农业机构予以部分调整充实而已。

国内农业推广历史虽短，然各地农业机关致力于农业推广事业者，确亦不少，主要有以下一些。

（一）中央推广机关

中央农业推广委员会直辖之农业推广实验区，计有中央模范农业推广区及乌江农业推广区二处。

1. 中央模范农业推广区

该区于 1930 年成立，总办事处设于江宁殷项镇。1931 年因水灾，又在汤山镇设分办事处，主要工作约分四类：

（1）农业方面，如推广改良稻、麦、棉种及蚕种，办理青年植麦团、青年植棉团，举办特约棉场，指导病虫害之防除，指导选种及设立农产品展览会等。

（2）合作指导方面，如提倡农村各种合作社，举办农业合作讲习会，调查农村经济状况等。

（3）农村社会方面，如成立新村举行巡回演讲、放映农事电影、举办农产改良讨论会及农事访问。

---

① 秦孝仪主编：《十年来之中国经济建设 1927—1937》，南京扶轮日报社，1937 年版，第 21 页。

（4）农村救济方面，如救济水灾、出售麦种、指导监督修堤及储押割稻等项。[1]

2. 乌江农业推广区

该区于1931年10月成立，地点设在安徽和县乌江区，由中央农业推广委员会拨给开办费4 000元。经常费最低限度每月200元。技术设施及采办改良种子、推广材料等，由金陵大学农学院承担。其工作概况约分四项：

（1）农业推广方面，在1931年推广爱字美棉52石、金大26号小麦65石3升6寸、马尾松苗木12万株。

（2）农村经济方面，于1932年成立信用合作社12所，放款14 600元，并设立堆栈，以抵押粮食。

（3）农村教育方面，设乌江小学一所，办理农民训练班及农民夜校。

（4）社会服务方面，成立乌江乡农会及诊疗所。[2]

（二）各团体推广机关

各团体推广机关，为时人所注目者，主要有华洋义赈会、中华平教促进会、金陵大学、中山大学等机关。

1. 华洋义赈会

该会于1921年开始农业推广工作，推动原因在于行施赈后存有余款。其所办事业分为三种：一是水利，二是选种，三是合作。水利又分开渠、掘井二项。其在河北、河南、山东、湖北等处，开渠凡数百英里，中有一渠长达200余里，用费70万元，此中有该会协助者，达14万元。1921至1923年，该会还在河

---

[1]　漆中权：《中央模范农业推广区七年来之推广报告》，《农业推广》，1937年，第13期，第21页。

[2]　周明懿：《谈谈乌江农业推广事业》，《农林新报》，1935年，12卷30、31合期，第21页。

北、山西掘井8 000余口；1928至1929年，又在河北南部、山东西部掘井1 900余口，共花费40余万元，并定掘井贷款办法，以便贫农亦能得款自行掘井。另外，选种系试植耐旱种子以适合华北及西北的气候土壤，此项工作乃与华北公理会及山西汾州公会合办。在1925年先办40合作农场，成绩良好，至1929年扩充为100农场，并将所得种子送至蒙古、河北、山东各地试验，成绩均好。合作，则是在河北省办理信用合作社，且为数最多，成绩为全国之冠。[①]

2. 中华平教促进会

该会于1928年设普及农业科学部以主持农业推广事宜。其推广方法，注重表证，每区设立表证农场，并在各村设有表证农家，从实际环境中指示农民改良方法。[②]

3. 国立中央大学农学院

该校于1921年成立棉作推广委员会，从事棉作改良，办有棉业试验场及少年植棉团等项事业。1926年秋成立推广部，分调查、编辑、通俗演讲、售品四股，办理江苏省内巡回农事讲演、农业合作、农业展览、农业电影以及各种农业刊物等，并举办沙洲圩乡村小学一所，为国内试行农业推广最先机关。[③]

4. 金陵大学农学院

该校于1922年开始推广事业，最初只有棉种一项作为推广材料，推广员分赴各省宣传所用材料为图表、幻灯、标本等物。1924年后材料逐渐增加，如麦种、蚕种、玉米种均有推广。

---

① 中国第二历史档案馆：《华洋义赈会史略》，转引自曹幸穗、王利华：《民国时期的农业》，《江苏文史资料》第51辑，江苏文史资料部，1993年版，第297页。

② 唐启宇：《近百年来中国农业之进步》，国民党中央党部印刷所印行，1933年，第22页。

③ 邹树文：《国立中央大学农学院一年来的推广工作》，《农业推广》，1934年，第7期，第15页。

1926 年已能利用碳酸铜粉末驱除黑穗病。然因地域过大，效率减少，复将区域缩小，妥为分配，工作人员分配在一定区域，做专一工作，于是成效益著。该校还与中央农业推广委员会合作办理乌江农业推广实验区，介绍棉作，提倡合作社，并举办乡村小学一所。[①]

5. 中山大学农科

该校于 1924 年成立推广部，内分编辑、演讲、调查、通讯、种苗、化验、病虫害、文书八股，最初工作偏重于编辑农事浅说以及调查各项农业状况。[②]

6. 浙江大学农学院

该校农学院成立后，即特设推农部，专事推广事业，经费年约 4 000 元。1927 年设立农民子弟学校 3 所、农民夜校 8 所，并举行农业讲习会、副业讲习会。此外还致力于开展农村调查、编印农业刊物、创办农产品品评会等工作。[③]

三 战时农业推广机构的建立

政策的推动要有健全的组织。战前的农事组织在纵的方面只有上层的农政机关，组织没有系统，职权也不分明，有时叠林架屋，重复凌乱，中央与省常有各种性质类似属隶互异的农政机关，而县的方面，农政机关却非常缺乏，故形成上重下轻的组织，即使上层定有很好的农业计划，到了下层也无法推行。再看横的方面，农民本来没有什么组织，即有组织如农会与合作社等，也都是被动的。以之推行政府的农业政策，收效极微，农民

---

① 周明超：《本校农林科推广系之历史》，《农林新报》，1928 年，总 122 期，第 26 页。

② 《全国农业推广实施状况调查》，《农业推广》，1934 年，第 7 期，第 29 页。

③ 宋希痒：《江浙重要农村改进机关考察记》，《农业周报》，南京农业周报社，1934 年，2 卷 34 期，第 34 页。

组织，照理是为农民自己的利益，但农民教育程度低下，农村中的土劣就利用这一缺点，欺骗他们，剥削他们，将自动的组织反而变为被动的团体。[①] 战时的农民组织，除了经济上意义之外，还有社会的、军事的诸般功能，在全国动员的时候，应该强化农民组织，将全部农事上纵横两方面的组织，成为合理的联系，运用得当，农业政策才能顺利进行。因为促进全国农业生产，增厚战时经济力量，为实施物力总动员，巩固抗战基础之首要条件。国民政府有鉴于此，旋于 1938 年在西迁途中毅然成立农产促进委员会，以统筹全国农业推广事宜，除与中央农林有关机关切实联系，共同策进，以收分工合作之效外，并竭力协助各省树立农业推广制度，造就农业推广人才，而于农业生产促进事业，尤为偏重，务使农业生产部门在抗战建国过程中，得以充分发挥其效率。

农业推广应借完善之机构，始能产生伟大力量。战前推广事业，组织分散，系统紊乱。农产促进委员会成立后，即制订了《全国农业推广实施计划纲要草案》，并针对此点，力求调整。在纵的方面，树立由中央以致省县吻合之一贯系统；在横的方面，获取有关机关工作之密切联系。就中央机构而言，由农产促进委员会负责统筹全国农业推广事宜，纵方将偏重与各省农业改进集中机关发生联系，横方因农业推广系农业建设中之一环，所有工作必须取得农业行政、农业金融、农业技术等机关之合作，始可奏效。[②] 例如，农业研究与推广为不可分离之事实，盖农业研究优良结果，必须运用合理之推广组织，始能传播于农民，而农民实际问题，亦可赖推广所得，提供研究资料。故农产促进委员会

---

① 吴毕宝：《农业推广机构之回顾与前瞻》，《农业推广通讯》，1945 年，7 卷 5 期，第 24 页。

② 穆藕初：《农产促进委员会之任务及希望》，农产促进委员会印行，1939 年，第 1 页。

所有事业，均与经济部农林司、农本局及中央农业实验所等机关密切联系，分工合作，以谋整个农业之改进。就省方机构论，若各省农业机关不能集中，农业研究及推广事业必难有显著成效。故凡未曾设立农业改进集中机关之省份，均应从速成立，以统一事权，集中精力，而执行全省农业之建设。即便农产促进委员会对各省农业推广经费之补助，亦当以此项集中机关为对象。而过去各省办理农业推广之机关，多各自为政，力量分散，以致成效循减。故战时已经设立农业改进集中机关之省份，宜即设立农业推广处，统筹省境各项推广工作。农业推广处，因特殊情形，不能及时成立，得暂设其他组织，如农业推广委员会等，专司其事。省方推广事业，在此集中组织下，当可迅速发展，以利农民。[1] 例如，四川省农业改进所农业推广委员会及广西省农业管理处推广室均为战时设立，并由农产促进委员会补助经费。全省推广事业，不仅应有一集中机关，以专责成，即与农业推广有关之机关，如省党部、农科大学、合作委员会、农业金融机关等，亦应彼此协调，分工合作，而共同组织省农业推广协进会，成为农业改进所之咨询机关。同时，各农业改进机关经此联系调整后，可代表全省农业之总和，以谋整个农业之发展。[2] 就县方而言，实施县单位之农业推广，为推广组织系统中最重要阶段，盖所有农业研究结果，经示范及繁殖后，即在此机构下，实地传播各农村。考战前县农业推广，何以终鲜成效，实以此项机构之质量贫乏为主。因此战时各省已设立农业改进集中机关者，宜训练推广人才，酌量各县重要、次要情形，迅即会同县政府或直接于各县设立农业推广所。此外，农产促进委员会为实验县单位之农

---

① 穆藕初：《农产促进委员会之任务及希望》，农产促进委员会印行，1939年，第1页。

② 穆藕初：《农产促进委员会之任务及希望》，农产促进委员会印行，1939年，第2页。

业推广，特会同金陵大学农学院，在四川之温江、仁寿、新都，陕西之泾阳、南郑，会同广西省农业管理处，在桂林、柳城、武鸣、田东及龙州，会同陕西省农业改进所，在米脂、兴平及城固等地，合办农业推广实验县，以期获得良好结果，借作他处实施之张本。此项实验县办法，尚拟在其他各省酌予设立。[①] 而因过去各县农业推广工作，亦多冲突或散漫，应即由县农业推广所，会同县政府、县党部、合作金库、合作指导人员、地方法团、金融机关、农业学校与农民团体等，组织县农业推广协进会，俾调整与联系各方面之工作，借谋全县农业推广之进展。至于农业推广之实施，并非以各个农家为对象，必须组织农民，集成团体，始见宏效。此系战前农业推广之错误而不得不谋纠正者。[②] 战时农产促进委员会在推动各省农业推广时，拟辅导农民，自动成立乡农会，俾充分利用本地人力、物力及财力，以巩固推广事业之下层基础。该项办法在安徽和县及四川温江实验获有相当效果。而对各级组织的具体要求，在其拟定的《全国农业推广实施计划纲要》中则有十分明白的说明：

全国农业推广实施计划纲要

农业推广将农业研究试验所得之优良结果，传达于乡村农民，在技术及经济方面，予以指导协助，以增进农业生产，发展农村经济并改善农民生活。此项事业在平时已极重要，在战时尤应积极举办。现时为谋促进我国农业推广事业，首需建立合理之推广制度及一贯之系统，以增高其效能。推广实施计划纲要如下：

---

① 穆藕初：《全国农业推广实施办法大纲》，农产促进委员会印行，1939年，第1页。

② 穆藕初：《全国农业推广实施计划纲要》，农产促进委员会印行，1939年，第1页。

一　组织

（一）中央推广组织　全国农业推广事务由农产促进委员会督导之，委员会下设总务、技术二股。总务组设主任1人，办事员若干人。技术组设主任1人，推广专员及督导员若干人，负责督导各省推广工作。训练推广督导人员，供给宣传材料，计划推广事业，调查推广效果及研究改进推广方法等项。为增加农业推广效能起见，农产促进委员会应与中央有关机关及其他有关团体密切联络合作，并得商请中央农业实验所派遣各系负责推广之技术人员，兼任该会推广专员及督导员。

组织系统如下表：

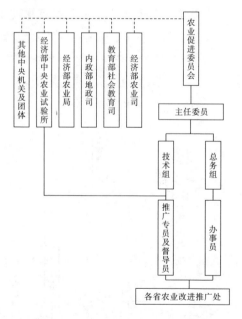

（二）各省推广组织　省农业改进所或农业改进集中组织内分设下列两处：一是农业实验处，其下分设若干系组；二是农业推广处，办理全省农业推广事宜，设主任1人，推广专员督导专员各若干人，并得酌设区指导员。推广专员、督导员及区指导员

分赴各县指导扶助各县农业推广机关之工作，并担任各县农业推广人员训练事宜。省农业改进所或农业改进集中组织如有特殊情形一时不能设立农业推广处时，得暂设其他推广组织，专办省农业推广事宜。各省农业推广计划，由省农业改进所或农业集中组织拟送农产促进委员会备查，如有农产促进委员会补助经费者，须连同概算经会核准后施行。各省农业改进所或农业改进集中组织应将每月及每年推广工作报告，编送农产促进委员会备查。战区各省得由农产促进委员会直接设立农业推广办事处，办理农业推广事宜。建设厅得会同有关农业推广事业之机关，设立农业推广协进会，为农业推广主管机关之咨询机关，商讨全省农业推广事宜，以增加工作效能，其参加之机关包括：建设厅、省党部、大学农学院、省农村合作委员会、农业金融机关（如农本局、合作金库及银行等）、省农业改进所或农业改进集中组织、省农民团体、其他。

省农业推广处组织系统如下表：

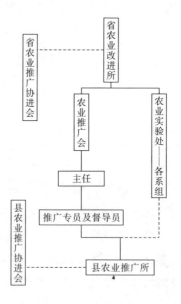

（三）各县推广组织 县农业推广之最重要阶段，在于各县应集中人力，财力建立统一推广组织，以免工作之冲突或散漫。唯各县区域大小及经济情形等不尽相同，故县农业推广之组织，尤须审慎酌定；为便于因地制宜，酌量采用，拟就数种不同方式于下：

甲 由省农业推广主管机关推动设立者：（1）省农业推广主管机关斟酌各县重要次要情形，分别会同县政府或直接于各县设立农业推广所或农业指导员办事处，办理农业推广事宜。（2）推广所内设农业指导员及助理指导员若干人，并指定一人兼任主任职务。（3）农业指导员办事处设农业指导员一人，助理指导员若干人。（4）各县为促进农业推广业务起见，由县农业推广所或指导员办事处辅导农民组织乡农会，建立农业推广之下层机构。在农会未正式成立以前，暂以其他健全之农民组织为下层推广机构。（5）各县县政府得会同县农业推广或指导员办事处，县党部，合作金库，合作指导人员，地方发团，金融机关，农业学校及农民团体等，组织县农业推广协进会，为推广所或指导员办事处之咨询机关，以便集中力量，协助农业推广业务。（6）各县农业推广计划，由各县农业推广所或指导员办事处参酌县农业推广协进会之意见拟定，经省农业推广主管机关核准后施行。（7）各县农业推广所或指导员办事处，应将工作月报及年报分呈县政府及省农业推广主管机关，其年报并应呈转建设厅及农产促进委员会备查。（8）各县如设有县立农场或其他农事机关，应改组为农业推广所或指导员办事处，其原有农场充示范及繁殖之用，不举行试验工作。（9）各县农业指导员办事处得按需要扩充为农业推广所。

乙 由县政府推动设立者：（1）县政府设立县农业推广所或县农业指导员办事处，办理推广事宜，由省农业推广主管机关予以技术上之指导协助，其他各项办法与甲项相同。（2）农业推广所或农业指导员办事处未成立以前，得由县政府联络各机关组织农业推广委员会，并商请省农业推广主管机关派员协助办理。委员会设主任委员一人，以县长兼任为原则，总干事一人，以省农业推广主管机关所派指导人员兼任为原则，助理指导员及练习生各若干人，得分组办事，其他各项，参照甲项各条办理。

丙　由农民团体等推动设立者：（1）在未设农业推广机关之县份，得由下列团体或农民推动，设立县农业推广委员会或农业指导员办事处，办理县内农业推广事宜。一，农民团体；二，农民团体或其他有关系团体；三，农民若干人联合推动。（2）前项推广机关之设立，应经县政府核准，并由省农业推广主管机关指导协助之。

丁　由中央主管机关直接推动设立者：在未设县农业推广机关之县份，于必要时，得由农产促进委员会直接会同县政府或直接设立县农业推广机关，办理推广事宜。

县农业推广所组织系统如下表：

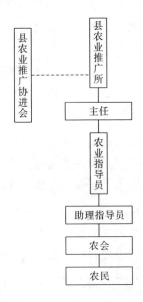

县农业指导员办事处组织系统如下表：

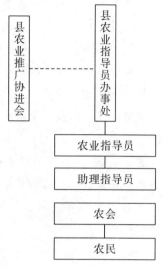

县农业推广委员会组织系统如下表：

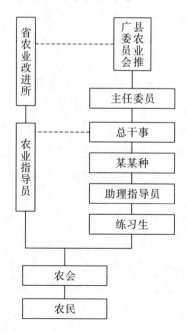

二　推广业务

农业推广业务，宜择定实际急需之少数事业，集中力量先行办理。逐渐扩充范围，其材料以在同一农业区域实验确有成效者为限。业务种类得包含下列各项：（一）农业生产方面：（1）增加食粮及战时所需工艺作物等之面积。（2）提倡农产改良会，推广优良种畜、苗木、棉、稻、麦等种子。（3）推行植物病虫害及水旱灾害之防治与家畜防疫。（4）推广优良农具、肥料。（5）特约农家举办示范。（6）推广已有成效之农作改良方法。（7）委托农家繁殖种子。（8）其他。（二）农业经济方面：（1）辅导各种合作事业；（2）协助农业仓库；（3）倡导耕牛保险；（4）指导农具副业与农产加工，如棉纺织等手工业；（5）倡导小本借贷；（6）协助农产运销；（7）其他。

三　推广实验区

农产促进委员会为实验农业推广方法并倡导推广事业起见，得于适当省份，择一县或数县，办理农业推广实验区，由会直接管理之。

四　人员与工作之支配

（一）各项推广材料及方法，由中央及各省推广专员分别支配，交由县推广机关推行；（二）各县推广人员得按实际需要，在不妨害其所主持之工作范围内，调往他区协助工作；（三）各县推广人员于较闲时，须随时调省或至中央参加工作；（四）各级农业推广机关对于所属之推广事业，应实施较严密之视察及督导工作。

五　推广经费

全国农业推广经费，应由省县政府视事业之性质及需要分别筹拨，惟下列各项由农产促进委员会担任或补助：（一）事业费：本会直接管理推广事业之经费；（二）督导费：本会督导各省之推广人员之旅费与薪金；（三）训练费：高级推广人员训练费；

（四）补助费：一是补助各省县农业推广事业之经费，二是补助各省推广人员训练费。

战前，南京国民政府已感觉到农业的需要迫切，像农矿部、实业部以至于最近的经济部，都下着最大的努力和决心，十年以来，凡是农业方面的政策、法规，都视实际的需要建立起来。更可欣喜的，全国许多的农业专家也积极埋头从事于实际的研究工作，如稻、麦、棉以至兽疫、病虫害种种有关于农业的，皆获得良好的成绩。不过，事实上真正的利益，直接达到农民身上的，似乎异常渺小，并不能如政府所期望。最大的原因，就是这些工作的推动，仅到省为止，县政方面则还没有认识和体验到政府的农业政策。中国抗战最后胜利的条件，也是中国民族争生存的条件，在于持久战，怎样进行持久战呢？那无疑必须努力于增加生产事业，稳定抗战经济力量。战争的时期越长，生产量的需要越大，所以抗战开始以来，全国总动员起来从事于生产事业。[①] 事实上，农业行政、农业技术、农业金融与农业推广已俨然四位一体，为更好地贯彻执行政府农业政策，节省人力和物力，把促进中国农业生产的积极推动工作负担起来，使西部地区农业推广工作顺利开展，1939 年 5 月，农产促进委员会还拟定了《全国农业推广实施办法大纲》，并报行政院核准颁行。其内容如下：

全国农业推广实施办法大纲

一　农业推广以增加农业生产发展农村经济为宗旨，其业务以切合非常时期之需要为原则；

二　全国农业推广事业由农产促进委员会督导之；

三　各省农业推广事业由各省农业改进所或其他农业改进之集中组织设立农业推广处或其他农业推广组织主持办理之；

---

① 穆藕初：《农产促进委员会之任务及希望》，农产促进委员会印行，1939 年，第 2 页。

四　各县农业推广事业由下列三种机关之一办理之：（1）县农业推广所；（2）县农业推广指导员办事处；（3）县农业推广委员会。这些县农业推广机关得由下列机关团体推动设立之：（1）省农业推广主管机关会同县政府或直接设立；（2）县政府设立；（3）农民团体或会同其他有关系团体等组设；（4）农产促进委员会会同县政府或直接设立。

五　县农业推广机关应辅导农民组织健全的乡县农会，以建立农业推广下层机构。

六　为增加农业推广效能起见，农产促进委员会应与中央有关系机关及其他有关团体密切联络合作。

七　为联络及商讨省县农业推广事业，建设厅及县政府得会同省县有关机关团体分别设立省或县农业推广协进会。

八　农业推广之业务如左：（1）增加食粮作物及战时所需工艺作物等面积；（2）提倡农产改良会，推广优良种子、种畜及树苗；（3）推进植物病虫害及水旱灾害防治；（4）推进兽疫防治；（5）推广优良农具肥料；（6）推广已有成效之农业改良方法；（7）特约农家举办示范农田；（8）委托农家繁殖优良种子；（9）辅导合作事业；（10）倡导农业仓库；（11）提倡耕牛保险；（12）倡导农家副业与手工业如棉纺织等；（13）倡导小本借贷；（14）协助农产运销及调剂；（15）其他推广事项。上列业务应择定当地急需之少数事业集中力量先行办理，逐渐扩充示范，其推广材料以在同一农业区域试验有成效者为限。

九　农产促进委员会为实验农业推广方法起见，得于适当省份选择一县或数县，直接派员或委托农业机关办理农业推广试验区。

十　农业推广人员之训练，由农产促进委员会及省县农业推广机关按受训人员之程度分别办理之。训练班人数，每班不得超过40人。训练课程须切合各省实际需要，课室与实习训练并重。

训练班训练时期不得少于 6 个月，但训练原有推广人员或有其他特殊情形时，不在此限。

十一 各省县推广工作人员之训练以尽量招选本省本县人员为原则。

十二 各县农业推广指导人员得按实际需要调往他县协助工作。

十三 省县推广人员得调派至中央或省参加工作。

十四 各级农业推广主管机关对于所属之推广机关及事业，应实施严密之视察及督导。

十五 省农业推广机关应拟具事业进行计划及工作月报年报，分别呈送上级主管机关查核。

十六 各省县依照本办法大纲办理农业推广事业，于必要时，得请求农产促进委员会酌予经费补助，并派员协助。

十七 本办法大纲呈行政院核准后施行。

嗣后，西部地区各省当局乃迅速将各级农业推广机构统一起来，"把人才集中，就许多专家的专长，分别来从事解决改良本省的农业和推进农产工作。各县的农业机构，也应迅速由省令统一起来，先选择简要迫切的工作，着手进行"①。而各地农业机构只要组织健全，计划符合上述推广《大纲》宗旨，"不管是一县，一区，一乡，大或小的区域内，只需以农民大众利益为出发点，不论是改良农业技术，或者是疏通积滞农产品，或者办理农产手工业和小工业，或者是组织合作社事业等等"②，均可获得农产促进委员会的人才、经费等方面的实力援助。

---

① 穆藕初：《农产促进委员会之任务及希望》，农产促进委员会印行，1939 年，第 3 页。

② 穆藕初：《农产促进委员会之任务及希望》，农产促进委员会印行，1939 年，第 3 页。

第二节　农业推广人才与方法

一　推广人才养成

战前中国农民约为6 000万户，分布于 34 省（不含台湾），近2 000县之辽阔地区内，一省之内农民至 700 万户，每县平均约有 3 万户。[①] 全部农民中约 1/4 以上为贫苦之佃农。在此众多之农民中，大部分既属文盲，又无收音机等设备可资收听广播，彼等均常居住于乡村之内，见闻不出于邻里。其所耕种之农地面积平均仅约 2.5 英亩[②]，每一农家平均衡不能分配耕畜一头，操作概需人力，耕种仍属原始方式，所能拥有之资金亦感贫乏，所能获得之利润亦极微小。农民之生活虽极简单，但其天性和善而勤勉，且善于合作，对于新颖而有效之实施方法，极乐于接受。对于某人一经信托，则言无不从。在团体组织中，农民亦有良好表现，其坚强之家族观念及文化与社会之传统，对于他们日常生活方式有重要而实际之影响。凡此诸端，对于良好之推广工作人员而言，必须有深切之明了与认识，必须接近民众。而欲协助战时农民发展并实施农业推广计划，县推广工作人员之生活必须与农民打成一片，亲密有如家人。推广人员应不畏沾污其衣履与手足，基层之推广工作，非在办公室内所能执行，故推广工作人员应体会农民及农场生活之优善，而乐于从事。对于发展一乡农业之可能及改善乡农生活之方法，应有相当了解。因此，县推广工

[①]　刘连筹：《中国农业改进与农民品质提高问题》，《中国农民》，重庆中国农民经济研究会，1942 年，2 卷 1、2 期合刊，第 53 页。

[②]　刘连筹：《中国农业改进与农民品质提高问题》，《中国农民》，重庆中国农民经济研究会办，1942 年，2 卷 1、2 期合刊，第 53 页。

作人员在乡区中宜为长久安居而非一时之过客。推广人员不分男女，皆应与农民之日常生活相互交织，则推广事业方有望成功。

推广工作人员必须代表政府向农民尽其服务之天职。其兴趣与天职必须针对所在社区之主要农业利益。倘此社区中有其特殊之需要，则地方工作人员应有关于此种需要事项之特殊训练。同时应参加短期讲习班、讨论会，并与此有关人士及专家保持接触，期能胜任愉快。推广业务之范围，包括每个农民之工作及其团体活动，较任何一道单纯问题为广阔，故地方推广工作人员之兴趣与知识至少必须与其居住之社区及其所服务之农民相配合。因专业化之推广仅在一辅导区域或一省之范围内始通用，而地方计划乃一经常进行之计划，须考虑作物、农畜、经济等各项问题，且此种问题又不时随季节之转换而变换，故推广人员必须经过适当之选择、训练与任用，能够筹谋整个社区之改进与福利于一广泛而永久计划之中，能清楚认识到何者为最适于环境并最能收获效果之特殊技术与方法，并拟具计划邀请农民参加。而无论所考虑者为局部之业务或全年之广泛计划，均非推广工作人员一人所能决定。彼等必须集合当地民众参与讨论，征询意见，何者应即着手从事，何种工作程序应予遵守，皆宜共同决定，盖拟定及实施推广计划乃双方之任务。如此则推广工作人员既不致与农民隔绝，而农民之受益则尤非浅少。

良好推广工作人员应具有之资格与良好教师所应有者大致相同。推广人员必须具有进取精神与创造能力，在其传授专门学识时，需要技巧，以及广阔之经验和实际之眼光。县农业推广工作者大都须有自订之计划，在其所接近之民众中加以推行。其职责：领导无经验之群众，分析其所在地之情况与有关外界之环境与需要，更须教导民众如何做有目的之思考，及领导各种建设性之讨论。推广人员"须为困于贫穷疲于繁重工作之农民扩展其胸襟，开辟一富于希望之新天地，使其油然而生一种自力更生之信心"①。并应就农场上现存之条件，输入新技术，加以实际应用。必须发扬其领袖风格及合作精神，获得民众之信赖、善意及关注。工作人员亦必须能证明其志愿在服务民众而其能力足以应付之，否则民众故无必要听其指导。农业推广人员还必须代表省及中央政府向民众以事实表达政府扶持农业之愿望。推广工作人员"所应用之方法必须直接，所叙述之故事必须简单，对于农场生活及农民应有个人间亲切之体认。故须视推广工作为一种终生职业与事功，而不应视之为等待良机之垫脚石或藉资糊口之生涯"②。推广工作人员对于从事指导之事务也必须受过技术之训练，并有实际之基础，能以农民自己之语言与其等相款谈，"盖农业推广工作，在教导民众认识何者为其所需，并如何可以获得之，如何改造环境而不为环境所左右，及如何善明当前之机会以发扬与充实，藉以改良农业，提高生活，而成为健全之公民"③。

在中国养成一批良好而坚强之农业推广干部，固属可能，但实际上，因受若干条件与因素制约，造成难以任用具有能力之推广工作人员。其一，中国农学院毕业生，其曾特别准备从事推广工作者，人数甚微。"盖在以往之推广工作内，有发展希望而能吸引学生之事工甚少。且在多数农学院内尚无关于推广方法之正式课程。因此，对于一般学生缺少鼓励，同时亦无机会使其从事此项工作之准备。"④ 这势必造成毕业生真正有农事经验者极少。

---

① 中美农业技术合作团：《改进中国农业之途径》，商务印书馆，1946 年版，第 8 页。

② 中美农业技术合作团：《改进中国农业之途径》，商务印书馆，1946 年版，第 9 页。

③ 胡竟良：《农业推广方法刚要》，《农业推广通讯》，1941 年，3 卷 3 期，第 5 页。

④ 李积薪：《今后办理农业推广应有之注意》，《农业推广通讯》，1941 年，3 卷 1 期，第 3 页。

"农家之儿童虽有农事经验，但大抵无力升入大学，较为富有之地主及其他各界人士之子弟，虽幸能受大学农学院教育，但大多又缺乏农场经验，纵有亦属微乎其微。"[①] 因此物色农学院毕业生具有任何关于农场生活及其工作之实际知识者，诚属很难。此外，"农学院毕业生亦不愿携带其眷属同至较为边远之乡区，以布置一永久之家庭。在乡区中，诸凡教育、医药、社交及其他种种进修之机会，均受限制。许多有为之青年，既有种种顾虑，自身或其家属遂难免裹足不前，不愿接受此种待遇而投身于推广工作"[②]。其二，中国农场甚小，收益甚低，而工作非常辛苦。因此，仅极少数得天独厚之人能感觉从事耕种乃一极好之生活方式，或考虑从事农业上获得改良或增进收益之机会。是以乐于献身于其所认为无前途、无发展希望之工作者，其人数自必甚少。其三，县推广工作人员完全由县政府任用，并由县长委派，结果所趋，往往资格不符之人亦被任用。此种人员自非以服务为目的，徒使推广工作对于良好人才失其吸引力，且即便有良好之人才可供任用，亦无安插余地。同时，推广人员薪额过低，不足与其他农业部门之收入相比，职业既非上乘，而任用之条件亦不足以引人注意。因此，"有甚多曾受农业训练之人，改行经商或从事其他职业"[③]。农推工作人员也缺乏稳定性，"县长或省主席可以任意裁撤任何一县或整个全省之推广机构。推广工作在许多县内时兴时废，在若干省内，一纸行政命令，省内每县须即设立一

① 张济时：《农业推广员的基本精神》，《农业推广通讯》，中央农产促进委员会，1942年，4卷3期，第94页。

② 张济时：《农业推广员的基本精神》，《农业推广通讯》，中央农产促进委员会，1942年，4卷3期，第94页。

③ 杨传金：《农业推广之理论阐发及实际问题研讨》，《农业推广通讯》，四川省农业改进所，1942年，3卷5期，第4页。

农业推广所，无何，又一命令，所有县农业推广所须立即裁撤"①。在此种情形之下，真正良好之推广人才，倘能从他处获得工作，多不愿接受任命。故推广工作应有稳定性，俾能从而养成健全之干部，建立长久计划，以适应农业之需要。而战时，县推广工作即能获得良好人才，亦难使之安于其位。"经费之支拙，材料之缺乏，设备之不周，及一般人士对农推工作之漠视，再加之寂寞之感觉，常使若干富有能力之工作人员，工作数月，兴趣全失，终至弃职他去。"② 其四，在一般人之概念中，以为农业推广工作仅为分配民众所需之改良种子与其他供应品。推广人员难以罗致，此种错误观念似应为原因之一。"在此观念之下，似若一旦无物资可资分配，推广人员即将无事业可做。如此，则推广工作乃成为无甚意义之事业，自无以激发一个良好工作人员之抱负与理想。因其本身有此弱点，推广计划遂不得不趋于失败。"③

战前，"中国推广事业，既乏成例可循，以往的设计推广者，遂不得不模仿欧美。然欧美各国农民的知识程度、交通情形、经济状况等一切民俗人情，以及每户耕作面积等均与我国不同。例如美国每县仅有一农业推广人员，即能胜任愉快，若在中国，则绝不可能"④。根据以往办理农业推广的经验，在每一推广区域，开创之初，农推人员"能指导的农业区域范围，多视农户集散与交通情形如何而划定其面积的大小，大约以其一日的行程所能达

① 杨传金：《农业推广之理论阐发及实际问题研讨》，《农业推广通讯》，四川省农业改进所，1942年，3卷5期，第4页。
② 乔启明：《如何培养农业推广人才》，《农业推广通讯》，1941年，3卷3期，第3页。
③ 王治范：《农推人员的修养与训练》，《农业推广通讯》，南京农林部农业推广委员会，1942年，4卷12期，第74页。
④ 张中宇：《战时农业推广人才养成问题》，《川农所简报》，1941年，3卷4期，第27页。

到的距离，为其范围的直径"①。如华北平原，推广人员可借自行车以代步，其所管辖的范围较广。但战时西南等西部地区各省，"除成都平原外，多为丘陵地带，推广人员往返指导，全赖步行，往往占其工作时间的大半，故每一推广人员，管辖范围实较华北平原为小"②。仅就川省而言，战时各县所的组织，县区最大者，推广人员最多也不过7人，最少竟只有4人，而川省农村分散，乡村交通不便，欲以此少数指导人员办理全县推广工作，势所难为。"即以每一指导人员驻在每一乡镇而言，本省各县，每县的乡镇数，有达30~40所以上者，普通县份境内乡镇，也占10所以上，故每县所缺之推广人员即以最低数计，尚在6~23人之间。况且每一乡镇，其区域范围也广狭不一，较大的乡镇，除派驻推广员1人外，并须由经济干事作为辅助，庶可完成其任务。"③而战时农业推广人员，中央方面，农林部农产促进委员会计在技术方面有6个组织，3个行政部门。内部任用各级职员在100人以上，此外该会有职员30至50人派赴全国各省推广机构、各辅导区、示范区，以及各县，协助其事。④该会除在西部地区14个省派有代表外，于9个推广繁殖站中有3个主任为该会人员所兼任，在示范区内有督导员12人及其他职员31人。西部地区各省与县所任用之工作人员，其数较多。计在西部地区14省内约有行政人员、专家及其他技术人员350人。⑤在

---

① 古龙：《农业推广效果与推广人才储培》，《农业推广》，1947年，新1卷7期，第23页。

② 古龙：《农业推广效果与推广人才储培》，《农业推广》，1947年，新1卷7期，第23页。

③ 刘养正：《川省各县农推所之今昔观》，《农业通讯》，1939年，1卷3期，第16页。

④ 王达三：《我国农业推广应有的趋向》，《农业通讯》，1947年，1卷2期，第11页。

⑤ 王达三：《我国农业推广应有的趋向》，《农业通讯》，1947年，1卷2期，第13页。

已成立之485县农业推广所中，约有推广工作人员1 500人。[①] 综计自中央至省县，约有2 059人工作于各级机构。此工作人员力量所及之范围约有14省485县，而在此14省485县中，其能直接与农民接触而从事推广工作之人员，质与量皆嫌不足，其影响尤不足以达到各该县内一半之农民。[②]

虽然农产促进委员会及西部地区各省农业推广机构之职员，均在农业方面受过良好之训练，但能在民众中间从事实际推广工作而富有外勤经验者，其数甚少。大部分乡县推广人员受过技术训练者，亦寥若晨星。故西部地区农业推广事业发展伊始，欲获得能胜任愉快之推广工作干部，诚为一相当困难之问题。农产促进委员会成立后，主任穆藕初有鉴于此，乃即于1939年5月拟定了《全国农业推广实施计划纲要》，并指出战时"农业推广人员，质与量均感缺乏。治本办法，应由各农业学校努力造就"[③]，但为战时急需计，应由中央及省分别举行推广人员之训练。其具体要求如下：

（一）农业推广督导人员之训练：由农产促进委员会直接或委托相当机关举办农业推广人员之训练，招收农学院或农业专门以上学校之毕业生，并分期召集原有各省推广人员，加以短期训练，然后分派工作，并得于工作较闲时调回本委员会或服务原机关工作。

（二）农业指导人员之训练：由各省农业推广主管机关举办农业指导人员之训练，招选高级农业职业以上学校之毕业生，并

---

① 受益：《县农推所今后工作尚须进一步努力》，《农业推广通讯》，1942年，3卷6期，第14页。

② 受益：《县农推所今后工作尚须进一步努力》，《农业推广通讯》，1942年，3卷6期，第15页。

③ 穆藕初：《全国农业推广实施计划纲要》，农产促进委员会印行，1939年，第3页。

分期召集原有各县农业推广人员，加以短期训练后，分派各县工作，并得于工作较闲时调回本机关或原服务机关工作。

（三）下级干部训练：由县农业推广机关招收本县籍高小以上之农家子弟为练习生，在实际工作中，予以不断之训练，而为将来分任指导员之准备。

（四）战时农业推广服务团：农产促进委员会得招选战时失学青年、农业技术人员，予以短期训练后，分派各县实习，由农产促进委员会供给生活费，在工作较闲时，分期继续训练，以一年为度，然后由各省县农业推广机关酌予任用之。

（五）每一训练班之人数，以合需要为度，每班不得超过40人。

（六）训练班每次时期不得少于6个月，但原有农业推广人员之训练，或有其他特殊情形时，不在此限。

（七）训练课程须切合各省实际需要，课室与实习并重，并应注意各种农业推广问题，至于其他有关系之课程，不得超过1/3。

（八）凡省县工作人员训练，以招收本省本县籍贯者为原则。

（九）招考时除笔试口试外，须审查其经历，注意其志愿品格及其生活习惯，训练时兼施精神教育。

（十）受训人员得于受训期间酌予津贴。[①]

其后，西部地区各省即开展了推广人员及农民领袖训练。

（一）推广人员训练

农业推广之成败，每系于推广人员之得失。战时西部地区推广事业尚属新兴，平时已感此项人选质量之贫乏，战争期间既亟待增加农业生产，以应抗战急需，自宜造就大批优秀人才，迅速

---

① 穆藕初：《全国农业推广实施计划纲要》，农产促进委员会印行，1939年，第7～9页。

实地推动。农产促进委员会目击此项事业之重要，及以往推广人员训练办法之参差不齐，特厘定了《各级农业推广人员训练纲要》，以资划一，并要求各级农业机关按照该《纲要》切实进行。

1. 中央推广人员训练

中央推广督导员负责督导区内各项推广设计实施工作，俾将中央农业推广政策贯彻于各省，以收沟通衔接之功。故此项人选，必须由中央亲自设班，切实训练。该班已由农产促进委员会开始办理，将来拟视需要情形，继续筹办，以加强各省高级农业推广督导人才。

2. 省方推广人员训练

省推广视导员，在中央推广计划及督导下，推动全省推广事业。但因一省幅员辽阔，农情各殊，故再宜根据各种情形，划分全省为若干辅导区，每区统辖数县，设置省推广辅导员，推进该区各县推广工作。战时该项视导员及辅导员人选，各省均感缺乏，农产促进委员会拟统筹办理，由中央设班集中训练，并函请各省按事实需要，派员参加，俾结业后回省服务，以促进本省之推广事业。

3. 县方推广人员训练

县农业推广指导员，接受省视导员及辅导员之指导，实地将优良材料推广至各个农家。是以此项下级干部，影响推广事业之成败甚巨，宜由各省因地制宜，自行训练。农产促进委员会除于1939年度协助黔、陕、桂3省各成立农业推广人员训练班，以应急需外，并拟在其他各省积极推动，力促其成。而县农业推广助理指导员为乡区工作人员，宜由各县自行训练，各省推广当局应予促进，不容忽视。

此外，农产促进委员会还要求利用农闲举行农业推广人员讨论会，俾现任各省农业推广工作人员，能获得一进修机会，以利事业之进行。如1939年冬季，农产促进委员会就曾召集西南各省之高级农业督导员集中讨论。至县农业推广指导员，则由各省分期集中，分组讨论。农产促进委员会亦在可能范围内尽量协助，以达农业推广工作效率之提高。[①]

（二）农民领袖训练

农业推广之对象，固为全体农民，唯逢人说项，耳提面嘱，事实上既感困难，结果亦不易收效。如能利用农民团体，直接训练农民领袖，因而广为传播，必有极大成功。故在整个推广训练事业中，除去推广人员本身训练外，农产促进委员会对农民领袖训练问题亦极为重视，并要求西部地区各省积极推进，且随时予以协助。其训练事项如下：

1. 农民周

每年于农暇时期，农产促进委员会拟与各省合作办理农民周，由农科大学或农业改进所主持召集。其目的在于增加农民新农业学识与技术，联络农友间感情，暨参观各农林机关，以广见闻，俾参加农民，能接受种种优良农业方法。

2. 农业讲习会

在县农业推广所分期举行，为期 3 至 7 日，受训练份子，专于农业改良富有兴趣之农民为对象。

3. 农会会员训练

由乡农会分期主办，县农业指导员应协助训练，为期一周左右，希望农会借此可养成健全之会员，以利农业推广之进行。

4. 其他各种训练

如利用乡村学校，加授农业课程及农事实习，以引起青年对农业之兴趣。在合作社社员训练期间，农业指导员应出席讲授，使农民深感推广事业之迫切需要，并教以新农业技术之应用等。

---

① 穆藕初：《全国农业推广实施计划纲要》，农产促进委员会印行，1939 年，第 26～27 页。

而在整个农业推广训练中，除去设立短期训练班从事教学及实习外，应长期供给推广刊物，俾推广人员及农民能随时获得新知识及新技术，以改进其农业。故农产促进委员会拟编印农业推广浅说 50 种，农业推广人员手册及农业推广通讯等，借供农业推广界及农民参考应用。[1]

上述训练只是获得推广人员之手段，而要维持适当推广工作干部，使其"安居乐业"，不使人才流失，还应采行以下步骤："（1）必须规定一种薪额，足与其他机关相当，使具有能担任良好推广工作之人员，无论就个人或职业而言，均可使其安于其位，且同时工作人员在穷乡僻壤工作，对于自身及其家庭生活所蒙之不利，必须能在此种薪金内得到补偿。（2）对于上述工作人员及其家属支给之薪额应由省库及区库负担，使工作人员及其家属之生活能维持一种较高之标准，并使人员之进退，摆脱地方政治之影响。（3）推广职务应有永久之安定与保障，使工作人员可作适当之准备，不但有合理之报酬，可继续供职，不存惶恐之心理。战时一省之内，所有推广所均可随意增设或裁撤之现象，必须革除。（4）按推广工作人员所具之资格及其所担任工作之首要性，应有职业上一定之地位。此点在战时中国情形下甚属需要。（5）在待遇调整之后，对于曾经受农业训练而被迫从事其他职业之人才应加以调查。此种人才大都具有能力并曾经有良好之基本训练。若再加以特殊训练，彼等可能成为良好之推广工作人员。（6）当推广事业逐渐扩展，业务领域日渐伸张之日，对于可能延揽之留学生及有经验之人员允宜物色任用，从而分发各地实际工作，以尽其才。使彼等担任行政或督导工作，扩大其影响，其有助于工作效能之提高，何止倍已。（7）在事业扩张之时期，需要

---

[1] 穆藕初：《全国农业推广实施计划纲要》，农产促进委员会印行，1939 年，第 28～29 页。

雇用大批临时工作人员，在相当训练之县指导员之下，担任乡区推广工作，此固无可置疑者。对于此种人员，尽可降低所要求之技术训练之水准；但对于农事须有经验，并须足够成熟，可与注重实际之农民相交往。在大部之社区中均有成功之农民，具有相当之制造及领袖才能，因此亦可加以训练，俾从事特殊之推广工作。对于此种工作人员应给予有关推广方法之一般指导，并应给予密切之督导。其中必有多人因曾受各种工作之训练而表现非常才能者，尤应及时鼓励，俾能继续展示其长才。(8) 在其后数年中，全局性之组织及计划当逐渐发展与扩张，大批新进人员正在训练，新方法及新程序，不断产生。倘能于此时延请外国具有多年经验之人士，来华充任行政或督导顾问，并使其协助拟定职业训练内容，准备训练计划，因而所获之效果，当必可观。"①

　　而在所有农业推广工作中，强而有效之督导制度极为重要。推广工作人员散布之地区至为辽阔，若无督导人员勤加访问，则彼等经年累月在外工作，无法与任何可给与协助及指导之人士保持接触。但督导制度在中国尤有特别重要之理由。过去若干世代以来，交通运输之迂缓与艰难，造成地方分隔、边远及孤独之局面，此可于语言、风俗及仪态之不同上见之。交通工具之缺乏，公文程式之拘泥，文字作品之有限，及专门书籍之稀少，均使地方工作人员处于更形孤独之情状。中国各部分行政机构各自独立，不相联系，全面抗战发生后，虽稍有改善，但分隔之状态迄今仍未完全改观。多数之行政人员，更多之地方推广人员，对于彼等现正从事之工作，甚少有适当之准备，或竟全无准备。更有甚者，县推广人员均由县政府遴选、任命及支薪，且仅对县政府负责。此种情形，足以表示地方推广人员急需良好督导制度，予

---

① 戴方澜：《对于改进农业推广的几点意见》，《农业推广通讯》，1942 年，4 卷 8 期，第 11 页。

以辅助。欲期灌输推广事业较新之概念，亦复需要更周密更强有力之道导制度。中国各地对于零碎的业务或片段的设计，仍甚流行。在草创之际，一切务求其简而易行，当推广员及农民之经验与日俱增，此种计划自亦随之而日趋复杂与专门。从教育立场言，此则势将需一种高超之作风及周密督导以应付之。当推广工作由片段的改良，进而成为整个事业之考虑，以至分析农民生活与工作所寄托之社会的及经济的全部情况时，以推广为职业之工作与责任将更趋于繁重，需要更大之魄力与才能。就战时整个情况言，则需尽量运用良好之督导制度。当此战时环境转换，人事与制度均将更始，阔而基本之计划行将制订之际，推广工作之扩展完善与西部地区各督导区及各省辅导区可能获得及可能造就之推广人员速将相配合之时，即当督导制度发展至最高度时，每一督导区及每十个辅导区应有督导员、妇女指导员及少年工作指导员各一人，俾能时时访问地方工作人员，按时通信，视其实际需要就地召集讨论会，并依照各工作人员个别之需要，予以职业上之辅导。督导工作需要非常之才能。督导员应有县推广员成功之经验，应有推广指导及推广方法之特殊训练，具有农村社会、农业经济、农产贸易、农业金融及天然资源保持（包括水土与森林）等方面之知识。尤属重要者，区督导员或省辅导员应能获得各工作人员之合作，并能获知各人所能成就之最好效果。督导员意在推广工作人员间创造并维持一较高之士气。尤应注意推广人员须有满意之工作环境，适当之报酬，及职业上改善及晋升之机会。农业推广之品质如何，大部将决定于督导干部之才能，与其良好之决断能力及人际关系之威望。县推广员为一切良好推广工作之基础，而督导员之重要性仅次于县推广员而已。[1]

---

　　① 蒋杰：《一年来之省县农业推广机构》，《农业推广通讯》，1944 年，6 卷 1 期，第 39 页。

二　农业推广方法

农业推广业务，实为当时整个推广事业中最主要部门。际此抗战时期，所有该项业务，宜权衡轻重，分别缓急，择其实用者，优先进行，以应亟顺。唯各省农业情形过殊，所有推广业务之确定，宜因地制宜，详为厘定。农产促进委员会虽职司全国农业推广，势难普遍自行办理，对各省各项切实可行之推广设计，均拟视力之所及，分别补助经费及技术人员，以观厥成。而对战时农业推广应有之业务，则在原则上罗列如下，以供各地参考：

（一）增加产额　1. 扩大冬季作物栽培　我国各地冬季休闲土地面积甚多，平均不下全面积60％，宜鼓动农民设法栽种小麦、油菜、豌豆、蚕豆及其他冬季作物，以增生产，并宜在黔、滇、川、陕等省禁种鸦片之耕地上，大量栽培。2. 提倡植棉种麻　棉麻均为衣着之主要原料，西部地区各省需要甚殷，亟宜扩充栽培面积，以增加其生产量。3. 提倡再生稻之栽培　我国稻作区域，颇宜于再生稻之栽培，现四川省试验已有成效，应扩大宣传，从事推广。4. 改良冬水田　在水源不缺之区，应将冬水田种植小麦、油菜等冬季作物，以增加产量。5. 栽培经济树木　指导农家利用隙地，栽培桐油、漆、茶、茶油、桑及乌柏等经济树木，以增加农民收入，并扩展国际贸易产品。6. 发展畜牧事业　如青、甘及华西之宜牧区域，应努力增加畜牧产额，以供军马、耕牛及驿运之需求。7. 倡办农田水利　指导农民挖塘、开渠或凿井，使旱地改为水田，以免旱灾而增生产。8. 垦殖荒地　指导农民，将各地零星荒地开垦，由金融机关供给资金，栽种各类作物，以增加生产。

（二）改进品质　1. 检定当地优良品种　检定当地优良品种，并指导农民自己选种，以增加每单位面积之产量，并改进其品质。2. 繁殖优良品种　凡试验已有成绩之优良品种，如粮食、棉作、果木等，应大量繁殖，以便推广。3. 繁殖优良畜种　如马、牛、羊、猪、鸡等优良畜种，宜制定适当办法，普遍推广，以提高生产品质。

（三）改良生产技术　1. 使用新式农具　各地宜因地制宜，制造改良小型农具，如犁、中耕器、脱粒器、轧花机、水车、风车等等，在经济与耐用原则下，推广于农民，以增加工作效率。2. 改良家畜饲养方法　农家家畜饲养方法，宜指导改良，使其质量之并进。3. 改良轮作制　应用合理方法，指导农民改良作物轮作，以维持地方，减少病虫害，而增加产量。4. 施用多量肥料　一方面由农业机关因地制宜，指导农民充分利用天然肥料，他方面由中央及省方农业机关制造肥料，如骨粉及利用元平菌等，普遍推行于各农村，以增加作物生产。5. 改良耕作技术

利用新农业技术，指导农民，改良耕作方法，如整地、中耕、施肥、灌溉、收获及加工制造等，以增加其生产。

（四）防御损失　1. 防治病虫害　过去著有成效之各种作物防治方法，应迅速推广。所有防治药剂及器具等，各省宜大量制造，普遍施行，以减少病虫害之损失。2 防治兽疫　各省应设立兽疫血清及菌苗制造厂所，在中央协助指导下，加紧大量制造，供给各地应用，并推行防疫工作。3. 防止土壤冲刷及烧山　指导农民设计梯田及挖沟蓄水等办法，以保持水分并减少山坡冲刷。桂、湘、黔、滇等省烧山恶习，尤宜绝对禁止，以减少山地植物及森林等之损失。

（五）提倡农家副业及手工业　1. 提倡手纺　在此抗战时期，洋纱洋布不易输入，土布之需要益增，急宜利用此种机会，复兴我国手工业。本会改良之七七手纺机，及其他改良纺织机，均可大量推广，以增加农民收入，而解决衣着自给问题。2. 饲养家畜　此项副业，不受地域性之限制，各地均可提倡，如猪、牛、鸡、鸭等，以增加畜产及农民收入。3. 推广蚕业　引用优

良蚕种，普遍推行于蚕业区域，并倡导饲养秋蚕。此外对于柞蚕事业，亦应尽量推广。4. 其他　如皮毛及猪鬃之加工制造，造纸业之改良，草席篾类之编织等，均可利用农闲时期，大事提倡，裨益农民，实非浅鲜。

（六）促进农业金融与合作　为完成前列种种业务起见，必须有充分经济实力，始克加速成效。同时各地增加之农业生产，尤应配合完善之买卖制度，免除中间商人剥削，方有彻底之收益。故今后在农业金融方面，应广设农资机关，减低贷款利率，及举办中期长期贷款，俾农民在农业资金获取真正之协助。在合作方面，应利用此项组织与各种农业生产配合，如生产合作、运销合作、农业仓库等，以加强产销力量。①

然"农业推广是一种特殊的教育，这种教育出之于书本和讲义的并不多，乃是用观察和做，让农民自己身体力行，以获得其教育"②。其目的"在以最新之农业科学方法，及最经济之生产技术与种种有益于农事之知识，于最短时期，推广于农民，使受莫大之利益"③。但要让广大农民真正从中吸取最新的知识和最好的技术，将日常惯用的方法予以若干的变通和改进，推广人员仅知晓推广业务，自然不够，还必须讲求推广的方式方法。战前，"自农业试验场设立起，已垂垂半纪，举办农业推广亦复有年，无论公私试验场，数额不为不多，所费不为不巨，而乡村农民沐其惠赐，裨益于农产受益者，实属寥寥。此为尽人皆知之事实。揆厥原因，固有多端，或由于推广人员学识经验之不足，指

---

①　穆藕初：《全国农业推广实施办法大纲》，农产促进委员会印行，1939年，第12～13页。

②　（美）史密斯：《什么是农业推广》，冯杞靖译，《农业推广通讯》，1945年，7卷1期，第3页。

③　胡竟良：《农业推广方法纲要》，《农业推广通讯》，1941年，3卷3期，第5页。

导之无方，或由于不能接近农民，或因推广材料不尽适宜当地之风土，或为当地农家所不需，甚或以赝乱真，或缘于农家顽固多疑，不愿接受，或偶因风虫水旱天灾，遭遇意外损失，而归罪于新种或新法之不良，或竟由于农家所用方法之错误，结果适得其反，因之不再接受，或因所出农产品价格惨跌，从此改弦易辙，改种他物。凡此诸端，归结到一中心点，乃是推广方法不良所致也"①。抗战期间，虽"由失败所得之经验竭力改良，如推广人员学识不足，及不能接近农民者，训练之，推广材料不尽适宜风土者，驯化之，新种新法为当地所必需，而确有推广之必要者，利导之，以赝乱真者，处罚之，农家怀疑者，表证试验之，遭遇意外灾害者，为之防治病虫害，或设置车水工具以救济之，方法错误者，指导之，农产价格惨跌者，由政府限制之，及银行投资仓库抵押以调整之，是皆就人力财力之所及，予以改进，颇具有不可忽视之进步，此凡旅行乡村亲见农业推广工作者，类能道之。然各地农业推广工作，尤不能免于间或有之失败，及不应有之缓慢进步，究属何故？症结所在，仍是推广缺乏良法也"②。而"农业推广方法虽多，然为实际上易于实施计，须就农民教育程度，农村社会组织，农家经济情形，农业实在状况，而定一扼要之实施方法，以收迅速之效果，否则徒劳无功，白费精力"③。故战时西部地区农业推广主要采取了以下几种方法。

（一）举办劝农大会

1938 年 12 月，农产促进委员会要求西部地区各省农业改进

---

① 李积薪：《今后办理农业推广应有之注意》，《农业推广通讯》，1941 年，3 卷 1 期，第 1～2 页。

② 李积薪：《今后办理农业推广应有之注意》，《农业推广通讯》，1941 年，3 卷 1 期，第 1～2 页。

③ 胡竟良：《农业推广方法纲要》，《农业推广通讯》，1941 年，3 卷 3 期，第 6 页。

机关将每年立春之日定为农民节，并在此日举办劝农大会，开展大型农产品展览，借资推广。所谓展览会，一般分为二种：一为一般社会人士而开之展览会，一为农民而开之展览会。两者对象不同，故展览的目的及材料，遂亦因之而异。前者的目的为唤起大家对农民之注意，后者则为教育农民。然每一展览会之意义，务须简单，不可含义太多，一个中心意义的展览会，其功效最大。[①] 战时由于人力、财力、物力有限，展览会的举办并未详细划分参观对象，故举办时，无论农民还是社会一般人士，均包括在参观展览的观众之中。主要展览品有食粮作物、蚕丝、蔗、糖、棉、畜牧兽医、森林、病虫防治、土壤、肥料、农林产品加工、园艺、农业经济、农具等，以标本图片和实物为主，俾四乡农民及社会人士，均得参观，以资观摩示范，并由推广工作人员讲解、宣传农业改进事项。会中还设有无线电广播，宣传农业改良。另请有影人剧社演剧以助余兴。"来宾摩肩接踵，或仁观或问讯，无不皆大欢喜，尤以农民为最满意。"[②] 仅四川省农业改进所举办的劝农大会，"综计三日来会参观者不下六七万人"[③]，各报社记者亦蜂拥而入，争相进行报道。各界人士的参观和新闻报道，吸引了社会公众的注意力，扩大了影响，使各界对农业推广有了一定的了解和认知，从而在更广的层面开展了推广工作。

（二）利用文字宣传

利用"文字作为推广手段，往往为一般人所轻视，其所持理由，认为中国农民受教育不多，而能了解文字者尤少，文字在农民工作上根本不能发生作用，此种看法，不无道理，但亦未尽

---

① 孙希复：《农业推广法》，商务印书馆，1940年版，第2页。

② 《劝农大会参观记》，《新新新闻》，成都新新新闻报社，1939年2月12日，星期日，第5版。

③ 《劝农大会特刊》，《川农所简报》，四川省农业改进所编印，1941年，3卷2期，第2页。

然。考农业推广活动中人的范围，至为广大，非独农民而已。如农业推广工作人员、农会领袖、小学教师、保甲人员、社会士绅、农村领袖等均可为推广执行者或协助人员，利用文字作工作指针，争取同情协助，诚不可或缺也"①。战时西部地区各省文字推广主要包括以下几种：一是浅说，"系根据农业专家研究试验之结果，以浅显文字写成小册，供给实地指导工作者参考，与分散给农民阅读"②。抗战期间，西部地区出版的各类浅说、定期刊物、丛刊等，共计 60 余种。二是图画，"将真实事物，如改良品种，及改良耕作方法所收之效果，绘成色彩图画，使农民易于了解明了，在战时经济状况下，颇为实用"③。各省农业改进机关每次举办展览会均要求县所和所本部挂出大量图画，既生动形象，又富有说服力，即便不识字之农民，看起来也一目了然，且印象深刻，实为不可多得之推广良法。三是表格，"依据统计数字，制成表格，附以浅显说明，使农民易于领会，亦是推广利器之一"④。四是标语，"标语在我国最盛行，其长处在措辞简短，会意警惕，能使农民注意"⑤。为促进推广工作的开展，各省农业改进机关精心设计了各种推广标语，内容涵盖政府农业改良政策及各种推广良种，如"农业推广是抗战建国的要图""组训农民是农业推广的基本工作""增进农业生产是农业推广的目

---

① 林庆森：《农业推广文字工作问题》，《农林新报》，1942 年，19 卷 26 期，第 23 页。

② 胡竟良：《农业推广方法纲要》，《农业推广通讯》，1941 年，3 卷 5 期，第 6 页。

③ 胡竟良：《农业推广方法纲要》，《农业推广通讯》，1941 年，3 卷 5 期，第 7 页。

④ 胡竟良：《农业推广方法纲要》，《农业推广通讯》，1941 年，3 卷 5 期，第 8 页。

⑤ 《推广标语》，《川农所简报》，四川省农业改进所，1942 年，3 卷 7 期附录，第 73 页。

的"，共计 40 多种。于乡村集会场所广为张贴，借资宣传。① 五是诗歌与快板，为便于农民易记和朗朗上口，各农业改进机关还把各种推广内容编辑成通俗诗歌和快板书等农民喜闻乐见的形式。如耕作诗歌："犁转就下种，庄稼不茂枉费人工，犁耙都太浅，长得差一点，深耕又细耙，才出好庄稼。"② 又如快板书说施肥："一亩田，五石谷，要种庄稼需好土，土不肥，可奈何？听我唱唱施肥歌，多种苕子施堆肥，油枯骨粉都很对，元平菌种领多罐，制造堆肥增生产，老人有谚说得好，庄稼全赖好粪草，牛羊猪马要多养，粪水肥田赚大洋，农友们，听我唱，多施肥料真合算，不用卖田多收谷，一亩强似一亩半，这些话，非乱说，须年试验有结果，看完大会记在心，不妨回家做一道，保你乐得笑连天。"③

（三）开展演讲会

但在交通不便，教育并未普及的地方，"用文字如传单、浅说、副刊以及形形色色的标语等，宣传效率很微。一张传单离了手，幸运点的，也许恰遇曾教私塾的老夫子，他会很细心的以读圣旨的姿势把它高高举在眉前，一个字一个字的认下去，大概可以认到一多半，但是当你听到他的声调，会使你感到你的文章实在变得不通了。不但听的人莫名其妙，就是那高声朗诵的老夫子又何曾得到要领？文字的威力既感不行，我们只有专门利用自己的随身法宝——说话的嘴了"④。因此，演讲会就成为另一种非

---

① 《推广标语》，《川农所简报》，四川省农业改进所，1942 年，3 卷 7 期附录，第 73 页

② 《农业推广通俗诗歌》，《川农所简报》，四川省农业改进所，1942 年，3 卷 7 期附录，第 69 页。

③ 《农业推广通俗诗歌》，《川农所简报》，四川省农业改进所，1942 年，3 卷 7 期附录，第 69 页。

④ 马鸣琴：《我用的农业推广宣传方法》，《农业推广通讯》，1942 年，4 卷 3 期，第 24 页。

常有用的推广方法。演讲会又分为集会演讲、街头演讲、农田演讲和试验演讲等。集会演讲，就是"召集各乡村保甲长与农民，于宽阔之公共地方开会，将推广之农产物或其他实物，先给农民观看，然后分别演讲，使保甲长听演讲之后，再由保长告知未到之保甲长，甲长告知所有农民，如此宣传，既普遍，收效亦宏"[1]。街头演讲，则是"每逢乡村赶集之日，将推广应用之标本，于街头演讲，可使来往之人，均可听清，宣传力大，亦易于普遍"[2]。此种演讲，主要是利用人的好奇心理来达到召集听众的目的。好奇心是人类的普遍心理，即当一个人无意的在注意一偶然目的物，继而受其动作影响者不乏其人，不久大家可以围成一圈。这个心理农民更是普遍。当推广人员在街头开始演讲时，一开始可能没有人或只有一个人在听，继而因为推广人员这个陌生人的举动，渐渐吸引到广大的群众，不用什么通知，就会有20人以上的会众来听演讲。农田演讲，即是"演讲者须到农田去实地指导农业技术改进问题，如病虫害防治，土壤肥料之适宜何种作物，以及回答农民之一切农业问题"[3]。"不需强拉农民困于斗室，注入许多理论，使之生倦。"[4] 试验演讲，则"与农田演讲不同。农田演讲乃专就农事而为农田中之演讲，试验演讲，则为一方面实行试验，一方面复指示演讲，如果树之整枝，在演讲者，即择一乡村中果园最多之处，选一二株，行学术上之整枝法，使农民观之，并讲解其理由与利益，农民目睹之后，知其成

---

① 胡竟良：《农业推广方法纲要》，《农业推广通讯》，1941 年，3 卷 5 期，第 8 页。

② 陆费执、管义达：《农业推广》，中华书局，1939 年版，第 23 页。

③ 马鸣琴：《我用的农业推广宣传方法》，《农业推广通讯》，1942 年，4 卷 3 期，第 24 页

④ 唐志才：《农业推广》，正中书局，1944 年版，第 24 页。

绩嘉良，即仿而行之也"①。为促进战时农业推广工作的开展，各省农业改进机关均要求农推人员务必自行就环境、地点等诸因素，相机而动，选择上述适宜之口头推广方法，予以施行，以增宏效。

（四）采用表证与示范方法

"农人因知识低和生活困难之关系，最重稳健，'百闻不如一见'的心理，使无论推广何种良种善法，如果他们没有亲眼看见别人实行的成功，便不会彻底实行，即或用其他的力量，勉强叫他实行，亦不过是随便应付，不会得到好的结果。譬如叫他种一种优良作物种子，他便会随便错过播种时期，或种在一块贫瘠的土地上，且管理不周，肥料不施，不特未能获得应有的优待反遭无辜虐待，其结果当然是良种不良，善法未善，还成反宣传的口实，影响推广工作之大，不言可知。农民这样做，不是他们不想好，实在因为他们不知，不知便无信仰，便无实行的原动力，所以对于推广的材料和方法，均存着怀疑的态度，不愿实行。如战时重庆北碚，因地近陪都，发展蔬菜栽培，最为有利，四川省农业改进所拟在此推广花椰菜、番茄等经济价值较高的蔬菜，当购得种子，分送各农家种植时，个个不愿，但当该所佃地一亩，实行栽培，结果良好之后，附近农民，无不自动争相种植。"② 因此，欲达推广目的，徒凭演讲与文字宣传，每不易为农民所了解，有时反滋生误会，故宜用实物表证，使其目睹，由知道而信仰，由信仰而力行，为推广上极有效之方法，应极力利用。如病虫害防治，"普通利用各种药剂，防治各种害虫，农民多不相信，

---

① 马鸣琴：《我用的农业推广宣传方法》，《农业推广通讯》，1942年，4卷3期，第26页。

② 吴敬亭：《关于农业推广的几点意见》，《农业推广通讯》，中央农产促进委员会，1942年，4卷4期，第91页。

故宜设置表证区，以事实证诸农民，则农民极易仿行，如用药剂防治棉蚜、棉卷叶虫、柑橘红蜡介壳虫等"[①]。又如肥料示范，"农民对化学肥料之效力，多抱怀疑态度，故提倡用肥料时，亦须先设表证区，以其实际之效力，示范于农民，则农民亦易接受也"[②]。再如作物示范，"各种作物之适应气候，土壤与环境不同，而生长极有差异，故在栽种该种作物稀少之地，提倡栽培时，应特约知识较高之农民，先行栽种，以资示范，而做其他农家之仿效"[③]。

示范之意义，是把认为优良适宜的品种或合理的农作方法表现于土地上面，以供农民比较观摩与仿行。"无论良种或良法示范，无论水田或旱地，对象总是农民。所有材料，至少要一项作物良种或已经过实验的良法，同时并须注意示范工作要能适应季节性和逐步进行以期达成任务。"[④] 示范农户的选择亦十分重要，"最理想的示范农家，是曾受科学训练，对于推广的材料，均能知其来源非易，优良性绝对可靠，信而无疑，当能自动彻底实行的农校毕业生"[⑤]。如四川省农业改进所为进行表证推广，特规定示范农户的选择须具备以下条件：①当地有声望的自耕农，且须资本充足，人工不缺者；②田地肥沃，地势平坦，且离场 3 里

---

① 行政院农村复兴委员会编：《中国农业之改进》，商务印书馆发行，1935 年版，第 108 页。

② 林平：《农业推广》，新建农业出版社，1945 年版，第 34 页。

③ 西康省地方行政干部训练团：《农业推广》，西康省地方行政干部训练团，1941 年，第 32 页。

④ 林芳炽：《如何举办示范农田》，《农业推广通讯》，1943 年，5 卷 11 期，第 70 页。

⑤ 蒋叶：《推广效果检讨》，《农业推广通讯》，中央农产促进委员会，1939 年，1 卷 3 期，第 8 页。

以内者；③能寻觅妥实担保人者。① 各县推广所乃按照此标准，在各地选择各种示范农家，借以示范推广良法美种。因条件悬殊，各县所选择的各类示范农家数目并不完全相同，多者有达五十家者，少者亦只有十多家。示范农户也分各个种类，如水稻、棉花、蚕桑等，不一而足，但均确实能在一定程度上"起到促进推广，附近农家起而效法之作用"②。

第三节　农业推广问题

一　农业推广组织问题

一种事业，要有一定机关负责计划和推动，才能发生力量，获取成功，因此组织是发展事业的前提。战时西部地区农业推广事业，在积极推行、蓬勃迈进之时，应怎样建立一个合理而永久的组织，实是极为重要的问题。战争期间的农业推广事业，负有动员农村各种潜力、促进生产、巩固经济，以支持抗战的迫切任务，环境艰危，使命繁重，绝不是一个普通无力的机关能担此大任。同时，农民向来笃于个人主义，而轻社会观念，宛如一盘散沙，缺乏黏性，毫无组织，上无以承受推广机关指导，下无以运用农民团体力量。农业推广倘以各个农民为对象，势必逢人说项，耳提面嘱，或一切由推广人员代办，推广人员精力有限，何

---

① 四川省档案馆：《四川省农业改进所档案》，全宗号民148，案卷号5023，卷名《四川省农业改进所关于各县所举办示范农家标准、户数统计、示范作用估计报告的函、呈》。

② 四川省档案馆：《四川省农业改进所档案》，全宗号民148，案卷号5023，卷名《四川省农业改进所关于各县所举办示范农家标准、户数统计、示范作用估计报告的函、呈》。

可期其普及推行?[①] 以致当时虽费很多力量，获得结果反少，以后则时过境迁，所有事业，每为昙花一现，难以为继，绝不能达到农业推广的真谛。因此欲求战时农业推广的发展，首先要从事健全而坚强的组织之建立。[②] 如在政府方面，中央以至省县应当如何建立适当的机关，以及如何使各级机关步调一致，息息沟通，并与其他各种有关组织怎样互相合作，密切联系？怎样树立农业推广下层机构，以组织散漫的农民而充分发挥推广宏效？这些问题都是需要特别注意和研究的。

国内农业推广事业演进的历史虽甚短暂，然考查过去所以未能有大的成就，在组织方面，存有不少缺点，实是重要的原因。

（一）缺乏一贯系统

农业推广应有一贯系统，始能呼应灵便，增进效率。回顾以往农业推广组织骈枝，系统紊乱。在中央方面，则中央农业推广委员会本身机构未臻健全；各省农业推广工作也多没有确定机关，有之，亦多事权不一，或长相更迭，日常除例行公事外，又无严密的督导组织，不能促进县推广事业长足进步；再视县推广组织，各地成立之单位既少，所有人力、财力又鲜集中运用。至于中央省县间之联系亦很微弱，以致各行其是，难有整个计划。

（二）缺乏密切联系

推广事业的成功，有赖于各方面力量的配合，需要有关机关分工合作，密切联系。过去中央农业推广委员会与有关各机关未能取得适当联络。以各省言，所有与农业推广有关机关，亦多格格不入，结果各自为政，力量分散，成效因以逊减。县推广组织与当地县政府、县党部、合作指导人员及金融机关、农业学校、地方法团与农民团体等更未曾协调，取得一致步趋，故所举事

① 乔启明：《农业推广论文集》，商务印书馆，1940 年版，第 21 页。
② 乔启明：《农业推广论文集》，商务印书馆，1940 年版，第 21 页。

业，常有事倍功半、枝节重复之弊。

（三）缺乏下层机构

有了下层机构，农业推广事业才有基础，影响才能深入，进行才能普遍。此点过去殊多忽视，散漫农民既未能予以严密组织，结果费了许多金钱人力，仍是推而不广，时有覆亡中断之虞，致不能获得应有的成效。[①] 根据以往经验，战时对于农业推广组织急应注意下列各项原则：①纵的方面，要建立中央以至省县一贯的组织。确立系统，集中力量，俾使机构灵活，操纵如意，并尽量充实人才，固定经费，加强事业，以资迈进。②横的方面，有关组织要有极密切的联系。中央以至省县农业推广组织皆须与各有关机关调整关系，相互沟通，各尽职责，避免重复冲突，共同协力从事事业推进。③不仅要有健全充实的上层机关，尤须注意下层组织之建立。使一切建设思想及计划，农民皆能有所承受，一方面推广机关由上而下，加以辅导，一方面农民由下而上，自动进行，逐渐使农业推广从代办合办而达于自办阶段，庶不致蹈过去覆亡中断之辙。[②]

战时农业推广组织系统，在中央推广组织方面，应由农产促进委员会负责之，由其综览全国农业计划，督导推广事务。该会分设总务、技术两组，总务组设主任1人及办事人员若干，技术组设主任1人、推广专员及督导员若干人，负责督导各省推广工作，训练推广人才，供给宣传材料，计划推广事业，调查推广效果及研究改进推广方法等项。纵的方面直接与各省农业改进所推

---

① 金超：《战时农业推广问题及其改进意见》，《四川经济季刊》，四川省银行经济研究处，1945年，2卷3期，第112页。

② 施中一：《增进农业推广工作效率的几点建议》，《农业推广通讯》，1940年，2卷10期，第7页。

广组织成一系统，横的方面与中央农事机关取得联系。① 各省推广组织方面，战时各省多先后成立农业改进所，惜仍以实验为主，对于推广还欠适当重视。因此在省农业改进所中除设立农业实验处，分设若干系组，进行各种因地制宜的研究及实验事项外，应即成立农业推广处或委员会，办理全省农业推广事宜，俾使实验优良结果，借推广力量传播农民，其有特殊情形一时不能设立者，得暂设其他推广组织。② 至于战区各省得由中央直接设立农业推广办事处从事工作，省推广处设主任 1 人、推广专员及视导员各若干人，酌设辅导员以便分赴各县农业推广机关指导扶助其工作，并担任各县推广人员训练事宜。同时须与农产促进委员会联系，所有农业推广计划应送该会备查，如由该会补助经费者，须连同概算一并呈送，经该会核准后施行，并将每月及每年推广工作报告编送该会备查。③ 各县推广组织方面，县推广机关是直接负责指导农民的，在示范及繁殖过程中要将大量推广材料实地传播于农村。各县应该利用与集中地方人力、财力建立统一推广组织，以免工作冲突或散漫。至于设立方式，可以斟酌各县区域大小及经济情形等因地制宜，酌量采用各种不同方式。④ 但必须注意中央、省、县各级推广组织与各有关机关联系问题。中央方面为避免过去各自为政、相互摩擦，以及事业重复等现象起见，应效法 1914 年美国史密斯李伟耳（Smith Lever Extension Act）推广法及 1917 年史密斯赫奇斯（Smith Hughes Work）对职业教育行政问题处置的精神，即分工合作，力免抵触，各就本

---

① 中美农业技术合作团：《改进中国农业之途径》，商务印书馆，1946 年版，第 11 页。

② 《中国农业推广现况》，《农业推广通讯》，1946 年，8 卷 3 期，第 29 页。

③ 中美农业技术合作团：《改进中国农业之途径》，商务印书馆，1946 年版，第 12 页。

④ 董鹤龄：《县单位农业推广实施管见》，《农业推广通讯》，1944 年，6 卷 5 期，第 42 页。

位努力，求获成效。[1] 中央战时与农业有关的机关有经济部农林司、中央农业实验所、农本局、教育部社会教育司等，农产促进委员会皆应与其密切联系。如每年度开始计划前，除须与各省推广组织商洽彼此参考意见外，另须与上项各机关召开联席会议，由该会主任委员担任主席，在分工合作原则下制订该年度详细计划，如临时发生重要或特殊问题，也可以召集临时会议，或将有关方面合组委员会来解决。[2] 其次，为谋各机关对于推广事业思想的统一，避免相互摩擦起见，各省应成立省农业推广协进会为省农业推广主管机关的咨询机关，商讨全省事业以增加工作效能。同时该会成立后，即可代表全省农业的总和，如建设厅、省党部、大学农学院、省农村合作委员会、农业金融机关、省农业改进所、省农民团体，他如水利局、粮食管理机关等，都可参加该会。[3] 关于各县推广组织联系问题，应参照省推广组织成立县农业推广协进会。由各县农业推广所、县党部、合作行政金融及指导机关、地方法团、农业学校、农民团体等共同组织，以便集中力量，协助农业推广业务。[4] 战时西部地区农业推广是一新兴而艰巨的事业，欲期发挥成效，必须避免过去紊乱散漫、冲突摩擦以及枝节重复等弊病，上述组织及联系办法，若能经实际的试行逐渐成为共同的思想和目标，则将在西部地区得以普及。

　　农业推广实施的对象是农民，所以农民要有组织，以组织作为推广对象，接受推广，才能普遍迅速而有效。因此农业推广下层机构实是建立基础、发展事业的要件。农民素来散漫，如果没

---

① 林平：《农业推广》，新建农业出版社，1945 年版，第 47 页。

② 戴方澜：《对于改进农业推广的几点意见》，《农业推广通讯》，1942 年，4 卷 8 期，第 15 页。

③ 戴方澜：《对于改进农业推广的几点意见》，《农业推广通讯》，1942 年，4 卷 8 期，第 15 页。

④ 受益：《县农推所今后工作尚须进一步努力》，《农业推广通讯》，1942 年，3 卷 6 期，第 5 页。

有健全合理的组织，则推广效率既难充分发挥，而事业基础更无法建立。① 所以不但要建立各级农业推广机关的系统，同时要尽力辅导农民有坚强组织。但是农民组织种类繁多，各家多所主张，意见分歧，大抵都各有偏废。最大缺点，则为不能包括全体农民，只能代表少数农民利益，而经济与人才不能自立，依赖外力推动，未能诱发当地农民本身力量，以致外力一旦割绝，或环境忽然变迁，往往不免中断其工作。② 因此农业推广下层机构的选择，应适合下列各项条件：第一，要定适当工作单位。即是组织的范围或业务区域，应以农村社会自然界限为标准。要就农民的共同生活活动范围，使组织的事业同设施得以惠及全体。这样，参加的农民因生活习惯及各种利害关系一致，对于组织必感需要而热心拥护。至于这种组织单位的区划方法，简单言之，即先调查当地各种事业的活动中心同影响地域，以农民经济活动范围为主要；其次再斟酌宗教信仰、文化教育活动范围、自然环境、土地人口与生产情形等划定。第二，以改善整个农民生活为目标。过去的推广单限于改良种子种畜种苗等，其性质是狭义的，今后事业进展，情势推移，推广业务得逐渐从狭义推广走到广义方面，须兼筹并顾农业生产、经济、教育、社会各方面，以改善整个农民生活为鹄的。故所借为推广对象的农民组织，亦须合于此种趋势，而且组织要单纯，不能名目繁多、机构复杂。第三，尽量大众化。农业推广须得全体或大多数农民的合作和动员，然后其影响范围才能普遍，故组织范围与利害关系不能仅限于一部分农民。第四，经费自给。农业推广经费须以自给为原则，不能永久地专赖外力辅导或接济，以便逐渐由外力辅导而自

---

① 宋希岸：《农业推广与国民经济建设》，《农业推广通讯》，1942 年，4 卷 2 期，第 8 页。

② 古龙：《我对于农业推广的希望》，《农业推广通讯》，1943 年，5 卷 3 期，第 19 页。

动自立，以达到自身举办的阶段。在战时各种组织中能够适合上述各种条件的，实以农会为最适当。①

总之，战时农业推广是否可以推行尽利，免蹈过去覆辙，同时真正对于抗战建国尽其最大贡献，根据以往经验，关键即在指导农业推广的机关本身是否充实健全，推广对象的农民是否有组织。农业推广系统必须一致，运用灵活。在纵的方面，由中央而省而县有一贯之组织，以厘定全国推广事业整个计划，齐一步伐，切实进行，各级组织一如身之使臂，臂之使指；在横的方面，要联合各种有关机关打成一片，各省县组织农业推广协进会，共谋策进。消极地避免重复摩擦，积极地协力推进，并推行农会以充农业推广下层机构，以期事业充分发展。

二　农业推广人员的责任及修养问题

教学、研究和推广是具有连锁性的。农业教学为训练人才，农业研究为试验材料，农业推广则是把农业研究的经验和材料传授给农民。优秀的人才、成功的材料，都要经过农业推广才能发生力量，普遍传播到农村，直接有利于农民，否则便会流于空谈，因此农业推广实是改良农业最后一个阶段。② 抗战时期，农业推广更有其迫切的重要性。第一，抗战的最高国策是持久战，是全面战，以求最后的胜利。但要持久，一定要促进战争资源的充分供给，使军需民食不成问题，然后以丰富的物力、财力，坚持抗战的胜利。要全面，一定要全国总动员。农民占全国人口的绝大多数，故推动全体农民踊跃参加抗战，实是决胜的要素。第二，第一期抗战期中，暂时放弃了许多地方，长江黄河下游各省以及沿海一带的膏沃土地、肥美农田，或沦陷，或成战区，无数

---

① 章楷：《农业推广与农会》，《农业推广通讯》，1943 年，5 卷 4 期，28 页。
② 唐志才：《农业推广》，正中书局，1944 年版，第 56 页。

难民络绎流亡西部地区各省。一方面空间日缩，失去大部分土地的生产，供给从而锐减，一方面西部地区人口骤加，需要因之剧增，再加上前线军粮的接济，而海道被阻，交通阻滞，外间来源断绝，一切须赖自力更生，西部地区农业生产的责任特别加重，农业推广乃成战时刻不容缓的要务。[①] 农业推广之于抗战关系的重要，第一次世界大战时的德国就是一个极鲜明的例子。德国战前是欧洲武力最强盛的国家，战争数年，始终保持军事上的优势，但结果因农民当兵，生产减少，粮食恐慌，最终失败。而法国维持战时需要，对于粮食生产的增加也多得力于农业推广的卓有成效。[②]

农业推广是抗战建国的重要工作之一，其成败得失的关键，则操于今日所有从事农业推广人员的手里。因此，推广人员所负的责任异常重大，每个人都要具有坚强的信念和决心，恪尽职守，并须做到以下几点：第一，竭尽本分，为抗战建国贡献最大的能力。战时农业推广要做的事实在很多，而人少事繁，一个人要担负很多工作，要有一个人做两个人的事、一天成两天功的精神。但是，农业推广工作环境则又困难。农民保守，社会复杂，随时会遇着许多障碍挫折。在抗战期间，工作原则是以最少的钱办最多的事，生活艰苦，待遇菲薄，工作者往往不免灰心消极。只有把眼光放在国家民族光明的前途上，多出一分力，多流一滴汗，便是对国家多一分贡献，要认清责任，下定决心，鼓足勇气，为建设农村、抗战建国而奋斗。[③] 第二，奠定事业稳固基

---

① 宋希岸：《农业推广与国民经济建设》，《农业推广通讯》，1942 年，4 卷 2 期，第 9 页。

② 宋希岸：《农业推广与国民经济建设》，《农业推广通讯》，1942 年，4 卷 2 期，第 10 页。

③ 王治范：《农推人员的修养与训练》，《农业推广通讯》，1942 年，4 卷 12 期，第 75 页。

础，建立农民信仰。过去农业推广事业虽经过各方面努力，引起农民的兴趣和信任心，逐渐可以走上发展途径。不幸因基础未立，及前述所列组织系统方面的种种关系，功亏一篑，未能循序渐进、尽达其任务。战时因客观情势的演进，推广事业较前尤为重要，不能再蹈前此覆辙，而应善于利用时机，加紧推动各种事业，切实建立农民信仰，奠定稳固基础。如此，事业进行才能顺利无阻，积极发扬，不会因环境困难，阻碍事业发展。这是战时推广成败的关键，也是农业推广人员所应负起的责任。[①] 第三，发扬重视农业推广的风气。战时西部地区农村以及一般社会上还没有能够普遍重视农业推广事业，推广人员要想工作顺利进行，减少阻碍，积极地利用和推动各方面的力量来共求发展，就应该深入民间，发扬农业推广风气，蔚为一种社会运动。工作人员应以自身的热忱来感动社会，同时自己的工作态度、工作精神、工作方法也要随时检讨、反省、改进，以自己努力所获实在的成绩、具体的事例，来使社会信仰。[②] 第四，切实发挥工作效率。推广人员的工作，一切既以战时急需、迅速收效为原则，便绝对不能再做敷衍表面的事情，必须要脚踏实地、刻苦努力，不能浪费一点时间、金钱和精力。所以，工作人员要讲究并力求增加工作效率，使进行的业务都能成功，这样对农民才有利益，对国家才有贡献。[③]

然而，怎样才能善尽推广人员的责任和使命？这须视工作人员的修养如何为转移，须有艰深修养，才有伟大成就，所以推广人员除应具有一般的修养外，还要注意下列几点：第一，要有献

---

① 周怡春：《论我国农业推广》，《中华农学会通讯》，中华农学会，1943年，第28号，第13页。

② 乔启明：《农业推广人员的修养问题》，《农业推广通讯》，1945年，7卷4期，第38~39页。

③ 《农业推广工作讨论会纪要》，《农业推广通讯》，1946年，8卷3期，第14页。

身事业精神。推广人员既具推广方面充分知能，进而有浓厚兴趣。正确认识，对于事业发生热烈信仰，便要效法宗教家传教精神，牺牲一切，以达伟大目标。艰难失败不足以灰其心，困苦挫折不足以丧其志，这样才能艰苦卓绝，百折不挠，向前奋斗，不因个人名利得失而见异思迁，半途而废，每个人存献身精神，事业前途才有无限希望。[①] 第二，养成刻苦耐劳习惯。在抗战最艰苦阶段，要养成刻苦耐劳精神。应该和在前线一样，前线作战将士不论风雨晨昏寒暑，在任何艰苦的条件下，都要执行其作战的任务，农业推广人员站在事业的岗位上，也要效法这样的作风，做一个艰苦战士。[②] 第三，要有自我批判精神和与人合作态度。农业推广接触的范围很多，在事业推行上随时要同社会各方面发生关系，须使人事协调、感情融洽，才能和衷共济、通力迈进，尤其在这国家患难风雨同舟之际，更不可因人事摩擦浪费丝毫精力，所以推广人员首先要诚恳待人，养成自我批判精神，一切以事业为前提，气度宽宏，祛除偏狭成见，所有无谓纠纷冲突皆可避免，以全部心力专注在事业上求发展。[③] 第四，要锻炼坚强壮健体魄。工作人员不独要尽力从事战时农业推广，战后农业复兴的大任也要担当。同时，农业推广是繁重而劳苦的工作，从事的人与农民共同生活，食无定时，宿无定所，终日奔走乡村，向农民说得口干舌燥，很少休息机会。凡此种种，需要坚强健康身体才能胜任。抗战推演，环境越苦，责任越重，尤须努力锻炼才行。[④]

---

① 刘荣升：《农业推广人员的责任与修养》，《农业推广通讯》，1944 年，6 卷 4 期，第 37 页。

② 王治范：《再论农业推广人员的使命与责任》，《农业推广通讯》，1945 年，7 卷 8 期，第 31 页。

③ 章楷：《四川农业推广之症结》，《农业推广通讯》，1942 年，4 卷 4 期，第 93 页。

④ 《1943 年度推广事业检讨》，《农业推广通讯》，1943 年，6 卷 3 期，第 12 页。

三　战时农民组织与农会问题

自对日抗战以来，历时数载，赖忠勇将士之奋斗，得予敌以重创，然现代战争之胜负非仅决于兵甲之犀利，财力之雄厚，士气之强盛，民力之充实，尤为决战之要键。故今日之言战争者必需总动员全国民众，积极参加前方西部地区工作，乃可操胜算。我国向以农立国，农民占国民绝大多数，故抗战之依赖于农民者尤巨，举其大者，约有数端。

（一）增加农业生产

农业生产为长期战争之命脉，尤以食粮为然。欧战时曾有俗谚谓："食粮足者战必胜。"盖粮食一旦告匮，则前方军心动摇，西部地区民众恐慌，蛊蛊者流，甚至因饥饿所驱，难免铤而走险，影响西部地区治安与抗战局面。他如棉花等特种作物，亦为民生之不可缺，而出口特产品如桐油、茶叶、牛羊皮、羊毛等换取外汇，亦可以增加抗战力量。农民直接从事于农业生产，其责任之重大可以想见。[1]

（二）抗战军队之协助

前方将士凭血肉之躯忠勇杀敌，其所经之地，民众自应尽力协助，招待食宿，或遇前线调回后方之军队与受伤将士，亦应加以救护与给养。实际上每逢军队开抵战区，民众能了解抗战意识与国民责任自动协助者固不少，而一般区乡长与保甲长早先逃跑，人民逃避，一切散漫无组织，即或有一二晓明大意，有志协助抗战者亦感孤掌难鸣，以致军队食宿为艰，受伤士兵常有耽延数日无人抬架至后方医治修养者。[2]

---

[1]　王兆新：《战时农业政策》，独立出版社，1942年版，第53页。
[2]　王寿绩：《长期抗战中之农村组织与国计民生》，湘西战时合作事业促进会，1939年，第21页。

（三）壮丁之抽调

推行役政为抗战中主要工作之一，过去抽丁，完全用行政机关办理，若遇区乡保甲人员不明事理，苛迫乡民，往往酿成事变。如利用农民自动之组织，向农村宣传开导，则行政与民众组织之机构，可以联系，推行役政，必较顺利。[①]

（四）战区妇孺之救济

战区民众，时遭敌机轰炸，或不幸而沦陷，更不免于屠杀蹂躏，尤以妇孺为然。事先不预为计划如何逃避，以致临时仓皇失措，无所适从，流浪他乡，衣食无靠者，比比皆是，此亦由于农民缺乏有效组织所使然。[②]

（五）游击队之活动

敌人屡以中央突破计划迂回战略，深入我内地，若能利用民众力量武装农民，普遍组织游击队，扰乱其后方，切断其联络，截夺其辎重，则必使敌艰于应付，疲于奔命，日久将趋崩溃。[③]除上述种种外，他如抗日军人家属之优待，农村金融之流通，农村教育之推进，农产运销制度之改良，交通运输之调整，莫不与抗战发生密切之关系，然而如何策动农民，以实施上述事项，则有赖于战时农民组织之推进。

农民组织除于战时能协助抗战有巨大之贡献外，于平时亦能肩负复兴农村之责任。过去我国农民之散漫，世所共知。战前有识之士，鉴于农村破产之垂危，国本之动摇，莫不振袂共谋复兴之策，然因缺乏健全农民组织，致过去一切农业设施，仅有上级政府之指导组织，而不能直接达于农民，结果每感妄费财力，无

---

① 陈洪进：《各省农村劳力征调概况》，农产促进委员会，1943 年，第 12 页。

② 王寿绩：《长期抗战中之农村组织与国计民生》，湘西战时合作事业促进会，1939 年，第 22 页。

③ 胡仁奎：《游击区经济问题研究》，黄河出版社，1939 年版，第 7 页。

所成就。在农村，一方面间有少数地方领袖，有志于改进，但因无组织，亦无从接受政府之指导，其结果：政府与农民不能联系，一切利农政策均难收实际之效果。就事实而论，过去每举一新政，由上而下，自中央而省，成立庞大之各级机关，广用人才，宽筹经费；自省县而下，则付阙如。故所谓一切设施者，农民皆未尝参与。此种现象，不啻一倒置之三角形，头重脚轻，势难稳立，故所费大而所得微，实非乡村建设之正轨。[①] 故战时应急速奠立下层基础，使一般农民觉悟自身之危机，团结力量，健全自身组织，接受政府指导，自动复兴农村。如此，政府或指导机关只需以少数农业学识、经验丰富之专门人才，认清农村中各种解决之问题，指导农民组织团体。一方面由上而下，加以协助，一方面由下而上，农民自动进行，则所费微而收效宏，政府乃能以有限之财力与人力，挈领全国之乡村建设。更有进者，农民于抗战期中，其负担奇重，在平时所纳田赋及其附加等税已占地方岁入之大宗，战时更有国难捐等捐款，既属国民固不容逃避其责任，唯应注意者，农民之负担既重，而其农事生产反多因战事遭受损失，故改良品种之缺乏（运输不便），农产品运销之困难（尤以非生活必需之农产品为然），牲畜之枪杀，农具（如大车、铁铲、铁锹、镬头等）之被征用，树木之被砍伐，壮丁之被征调，在在足以影响农事之经营。[②] 值此抗战时期，如何维持前后方之军民衣食以及如何增加出口农产品，以博取大量外汇，莫不有赖于农民。农民之农业既受损害，而其所负责任又如此艰巨，在政府则宜审度如何体恤其痛苦，力图救济，并使农民有申诉其痛苦之机会，故举凡代表民意之组织与集会，如国民代表大

①　四川省训练团：《农村建设概要》，四川省训练团编印，1940年，第4页。
②　《最近之农林建设》，独立出版社，1942年版，第7页。

会、参政会等，皆应有能代表农民意见者参加其间。[①] 农民苟无组织，则代表无由产生，或组织而不健全，虽有代表亦非由民意产生，不能代表真正之民意，故为奠定民治之永久基础，亦应急速推动农民之健全组织。[②] 战前农民组织种类繁多，其性质歧异，兴趣分化，若求一能代表农民之共同利益，融合政治、社会、教育、经济建设为一体的组织则莫若农会。农会之宗旨广泛，农民普遍参加，系国家之合法团体，亦为农民之唯一代言机关。举凡农村中需要举办之一切事业，农会莫不兼筹并顾，故以农会为推进乡村建设及战时工作之主动力量，最为适宜。

农会在我国已有相当历史，如历次国民代表大会对于农民组织莫不宣言提倡，惜乎发展过速，农民未尽了解组织用意，不明运用之法，致反为外人所操纵，用作政治上或他种争斗之工具，非特不能为农民谋幸福，反使社会阶级分化，破坏社会秩序。于是一般人士对于农民组织发生疑虑，咸怀惧心，以为不但无补于农业复兴，反以促成更大之破坏。但过去农民组织之失败，不能归咎于组织之本身，而在其策略之错误。[③] 自 1930 年 12 月颁布《农会法》，1932 年 1 月颁布《农会法施行细则》以来，衰落已久之农会组织又告突兴。政府为推行训政，乃促成下级党务人员限期指导成立农会，数年以来，其数竟大有可观，而其实际加惠于农民者甚渺。究其原因，约有下列诸端：①组织系统仍采用由上而下方式，缺乏农民自觉意识与自主精神，故战时农会组织应由下而上，组织各级农会，不宜越级滥造，拔苗助长，无补实

---

① 沈宗瀚：《农林垦牧》，中央训练团党政训练班讲演录，1939 年，第 14 页。

② 中国农村经济研究会编：《抗战中的中国农村动态》，新知识书店，1939 年版，第 12 页。

③ 张济时：《农会与农业推广问题》，《农业推广通讯》，1945 年，8 卷 7 期，第 34 页。

际。① ②各地农会常有类似强迫方式征求会员，其会务多操于地方土劣之手，往往借故鱼肉乡民，以饱其私囊，甚有假团体名义，为献身门径，对于上级官署，奉承无所不至，今日通电颂扬德政，他日又宣言拥护，而农民则如在云雾中莫知其故。② ③农会既为土劣所劫持，本欲造福于农民者，今反成为剥削农民之工具，农民只有缴会费、纳捐款等义务，未能享受农会之利益。③ ④农会之指导主持者既为政治人员及当地士绅，多不谙农事，故不知如何实际改良农业之办法，结果仅有农会之名而无农会之实。④ ⑤各地农会缺乏经济自立计划，只赖政府等机关每月津贴数十元，职员薪水及办事费用外，已无所余，遑言其他建设工作。⑤ ⑥根据上述情形，农会难有实际工作之表现，除承转党部与政府公文外，别无他项事业，其能切实推进合作组织，改善农事生产与农民生活者极为罕见。农会之任务如此重要，而其内容又如此腐败，战时之农民组织，势必谋革除过去之种种积弊，方能负起救国救民之重任。⑥

综上所述，战时西部地区所成立的农会组织，其组织原则必须涵盖以下诸端：①农会组织应激起农民自觉之需要。农会组织不应以政治上之力量推动，如由保甲长或区乡长等一手包办，而

---

①　乔启明：《农会与农业推广》，《农业推广通讯》，1939 年，1 卷 4 期，23～25 页。

②　张东白：《办理县农业推广所之我见》，《农业推广通讯》，1945 年，7 卷 2 期，第 13 页。

③　史奇生：《四年来温江永兴镇农会》，《农业推广通讯》，1942 年，4 卷 10 期，第 23 页。

④　史奇生：《四年来温江永兴镇农会》，《农业推广通讯》，1942 年，4 卷 10 期，第 25 页。

⑤　乔启明：《农会与农业推广》，《农业推广通讯》，1939 年，1 卷 4 期，第 23～25 页。

⑥　张济时：《农会与农业推广问题》，《农业推广通讯》，1945 年，8 卷 7 期，第 35～36 页。

需用适当之农业人才，事先调查地方情形，向农民广为宣传，使了解农会之意义，方不致盲从附和，任人愚弄。[①] ②政府对于农会应加指导监督。农会虽以谋农民之福利为主，但与国家亦有戚戚相关之厉害，故政府应就农会本质纳之于正轨，而非完全操纵，使其丧失主权。例如战时粮食管理与生产增加、壮丁训练、交通运输之协助等，政府若授意农会办理，收效必大为便捷。[②] ③战时农会组织应力求人力与财力自给。农会若想持久存在，则不可完全仰仗外力，必须逐渐充实农民本身力量，以谋自立。值此抗战时期，国家税收锐减，军事费用浩繁，筹拨巨款推动农会，更属困难，故必于可能范围内求其自给，根据战前金陵大学农学院在乌江等地实验之结果，证明农会若能切实办理农村各项经济建设事业，从其事业中得收入，经济自立，并非困难。[③] ④农会应切实办理各项农村建设事业。农会于创立之初，若能稍得外间财力之协助，切实从事有利农民之事业，则一方面可得农民之拥护，一方面亦可有补于国家之抗战。[④] 可见，为针对以往各种缺点，战时农会应与农业推广机关形成密切联系，成为健全的农业推广下层机构，庶可使农会有事业的表现，事业得适当的指导人才，同时在农业推广机关亦可使事业普遍推行，迅速深入于农村，使二者打成一片，农业日臻发达，推广基础亦能奠立。更进言之，农业推广机关辅导农会，尚有其最有利的条件，即推广组织的管辖权操之于政府，农会不致有越轨的危险。推广指导员

---

① 张东白：《办理县农业推广所之我见》，《农业推广通讯》，1945年，7卷2期，第13页。

② 史奇生：《四年来温江永兴镇农会》，《农业推广通讯》，1942年，4卷10期，第27页。

③ 韩啸林：《日渐成长中的全国农会组织》，《农业推广通讯》，1939年，1卷4期，第28页。

④ 冯孝廉：《从乡农会自立谈到县单位推广制度之完成》，《农业推广通讯》，1939年，1卷4期。

都是中等以上农业学校毕业，有专门农业知识，能任事耐劳，指导农会办理实际事业，当可胜任；推广经费由政府筹划，不致增加农民负担，全国推广组织有一贯系统，其计划能统筹兼顾，又不致有分歧重复的弊端。因此，战时西部地区农业推广正处在扩大推动时期，对此切要的下层推广机构，实宜普遍倡导，以求事业的稳固发展。[1]

---

[1]　乔启明：《农会与农业推广》，《农业推广通讯》，1939年，1卷4期，第23~25页。

第五章　西部地区农业改良的历史评析

全面抗战爆发后，蒋介石提出以管、教、养、卫为主要内容的新县制建设。由于各方共同努力，农林行政与农林建设颇见成效，新县制下的农业改良亦取得一定成绩。但由于土地所有权等问题的存在，使一般佃农遭到恶劣地主之层层剥削，辗转呻吟，无法谋生。新县制的基本任务之一——"养"的目的无法达到。

第一节　新县制下的西部地区农业改良

一　新县制的基本任务

全面抗战爆发后，蒋介石于 1939 年 4 月在中央训练团党政训练班做了"确定县以下地方组织问题"的讲话。嗣后根据该讲话精神订颁的《县各级组织纲要》所产生的县政制度，即为新县制。新县制是战时地方自治法规的最高准则。它的根本精神在于唤起民众，发动民力，加强地方组织，促进地方自治事业，不仅为一政治组织，亦为一经济组织，是实现管、教、养、卫合一的办法。对新县制的基本任务，蒋介石也曾有指示，他说："凡在我们管区以内，如有尺土之荒芜而不使生产，一事之腐败而不能改良，一物之废弃而不能利用，尤其是有一游堕颓荡的人而不能教导成才，有一老弱残废的人而不能安置得所，有一贤能忠信之士而不能拔识以尽所能，便都是我们治国教民者莫大的耻辱。必须竭忠尽智，做到人尽其才，地尽其利，物尽其用，事尽其功，完成管、教、养、卫四大建国的基本要务，然后才算尽到现代政治人员的本职，才可以真正建立一个现代的国家。"[①] 新县制既根据这一贯的理论演进产生，则其任务自以实施管、教、养、卫合一的政治为本。所谓"管"，是要法度完密，部勒整齐，管理一切，统治一切，来管理如何教、如何养、如何卫，无论对人、对事、对物、对时、对地，莫不需要严密管理，以达到人无浮荡、事无废弛、地无荒废、物无遗弃、时无虚掷的理想的大同之治。而"养"就是以教育的方式，去刷新人民头脑，增进其智能，发挥中华民族固有的精神，尊师重道，端养士风，以转移社会风气，振作人心。换言之，也就是要教导人民能够做到自管自养自卫的地步。此外，如养的方面、卫的方面，也都是这样。苟人民不能自养、自卫，则一切管、教的工作势必都成了空洞。所以新县制的管、教、养、卫四种根本任务，在纵的方面具有一贯性，在横的方面有连环性，有时分工，其实合作，有时相反，其实相成。而最重要的前提，则为先行自管，然后管人，先行自教，然后教人，先行自养，然后养人，先行自卫，然后卫人。这种克己复礼的忠恕之道，就是古圣先贤的修养工夫，也就是孙中山、蒋介石的革命精神之寄托。[②]

管、教、养、卫四件事，有不可分的连贯性，前已言之。但此中最重要的一端，就是养的问题。养为推进一切工作和事业之母，苟人民尚不能自养，则管、教、卫等工作，势必无由开展。我国自有政治史以来，对于养都是非常注意的。如《大禹谟》载："德惟善政，政在养民。"管子云："仓廪实则知礼义，衣食足然后知荣辱。"这些传统的政治思想都主张政治组织应以经济

---

① 刘炳藜：《蒋介石先生思想研究集》，华中图书公司，1945年版，第24页。

② 周开庆：《蒋介石先生思想体系》，正中书局，1945年版，第49页。

组织为基础，先做到人民能够自养，而后教之理之，也就是保民理民、教养兼施的意思。所以养是一切政治建设的大前提，任何措施，都只以一个养字为着眼点。此所谓养，就是经济建设，目的在建设国民经济，充实人民生活，厉行自给政策，以达成民生主义的实现。农业是国民经济重要的一环，实施经济建设，自应以农业建设为中心。战时各地方政府亟应循此途径，根据当地之特殊环境及战时经济建设的特征，以行政的力量，一面防止私人独占操纵的弊害，同时发动民众努力增加生产，以改进其本身生活，并供应战时需要，走上自给的道路。

二 新县制下的农业改良

政治建设以经济建设为基础，而经济建设又以农业建设为起点。《县各级组织纲要》规定县设农林场，隶属于县政府，办理县农业改良及推广事宜。而《确定县以下地方组织问题》昭示国人："可利用此项田地（按：系各地原有之神会寺庙祠社等公有赋地），作为公共农场，由学校指导，为改良农产及训练农民农业技术之用。如此办法，不仅收入可以增加，且因保民共同耕种改良的结果，可以立刻推行，其无此项田产者，亦可划劈若干山场或河流池沼，照此办理，此外仓储积谷，均可以保或乡镇为单位，由人民自行管理。各合作社办理农产运销，并当附设农仓，办理抵押放款，即以其盈利之一部分，作为地方事业经费，如此不仅经费不生问题，地方自治事业，亦得随之而发展，实为应目前之需要。"① 对农业改良应配合地方组织并运用合作社的经营方式积极推进业务，以及农业改良与地方自治事业的关系等，均一一明确指示。是则农业改良为规定新县制实施时所应举办之急切要务，已毫无疑义。西部地区各省政府如四川，为适应战时环

---

① 洪志良：《蒋委员长思想言行集》，上海广益书局，1945年版，第67页。

境的需要，曾依据纲要规定，于 1940 年 3 月 6 日制定公布《各县市农林场组织通则》一种，将前颁四川省县市农场规定、县市立苗圃规程暨四川省各县农业推广暂行办法明令废止，而于各县市改设农林场，负责以下事务：①作物品种及栽培方法之试验及推广；②县有林之经营及管理；③育苗造林之指导及实施；④畜牧之改进及推广；⑤农业病虫害之防除；⑥农家副业之提倡及指导改进；⑦垦殖之推进及指导事项。县农林场设场长 1 人，技士 1 至 3 人，技佐 1 至 6 人，视事务之繁简，并得酌用雇员或练习生，办理前项农业技术指导及各项农业行政事务并推广乡村农林事业。① 又各县农林场为加强农林推广工作，以促进农业之改良，应分区或于重要乡镇设置繁殖场，保设公共农场，分办各种农事试验及负优良品种繁殖推广之责。如是深入农村，既足为农家示范，以取得农人大众的信仰，复行推广，自尤觉便利得多了。

战时农业改良的主要目标，是在民生的充裕，亦为实施新县制的重要工作之一，包括①增进农业产量；②流畅农产运销，调剂农产供求；③提高农产品质，划分农产等级，以农艺、园艺、森林、畜牧、蚕桑、农村经济、农村组织、农产制造各部门为建设改良的范围。② 依照行政院县政计划委员会制定的地方自治纲领草案农业建设部分的规定，各县应酌设农业推广所，并斟酌当地情形，分区设置农业推广分所，其建设经费不甚充裕之县份，则应于县政府内设置农业指导员，办理农业推广指导事宜。县农业推广所或县政府农业指导员应随时与中央或省立农业试验研究机关、农业学校等切实以分工合作的方式，取得密切联络，其所

---

① 董时进：《抗战以来四川之农业》，《四川经济季刊》，1943 年，1 卷 1 期，第 17 页。

② 陈济棠：《农林建设》，中央训练团党政高级训练班编印，1940 年，第 32 页。

需农业之材料及技术方面，由中央及省立农事试验研究机关及农业学校供给协助之。唯关于此点，觉得尚有应行修正者，既依照纲要规定各县都设有农林场，农业推广事务，已可划归农林场掌理，似毋庸另设农业推广所，以节糜费，兼收权责统一之效。至县政府农业指导员一职，可由县农林场场长、技士分别兼任（未设农林场县份，可在县政府内专设农业指导员一人或二人，负责办理）。这样集农业行政、推广、技术改进事务于一身，既可统一事权，专责以成，复便利县政府的指挥监督，厥功甚伟。而依据《修正农业推广规程》与《地方自治纲领草案》农业之部的规定，农业改良的内容约可归纳为下列数端：

1. 推行农事机关及学校的改进成绩，如（1）推广优良种子、种畜及树苗；（2）指导制造并推广优良农具及肥料；（3）指导及协助病虫害及兽疫之防治工作；（4）倡导并普及优良农村副业之作业与经营方法；（5）普及优良的农业经营方法，或适合当地情形之耕作制度，如轮作、间作的实例等。

2. 提倡并扶助合作事业之发展，如（1）指导及协助农村合作社之进行；（2）倡导以合作方式，兴修农田水利工程，便利排水灌溉；（3）宣讲关于合作社一切规定法令的解释应用。

3. 注意农村社会情形及农村经济的改进，如（1）指导农人家庭及促进乡村卫生的改良；（2）促进乡村道路的改良及发展；（3）倡导农村正当娱乐；（4）扶助失业农民；（5）提倡扶助垦荒造林，耕地整理及水旱防治；（6）实施农家各种调查统计事项；（7）扶助农村正当自卫事项。

4. 增进农民知识技能，举办（1）农村青年职业补习班或农民夜校；（2）农村妇女家政讲习会；（3）举行各种合作示范农田或特约农田，农业展览会与有关农林学术讲演及农林影片的放映；（4）提倡扶助乡村公共书报阅览室及巡回文库的设立。

5. 直接或间接举办下列各种事项：（1）农产品展览会；（2）农

产品及农具陈列所；（3）各种农业示范，如合作示范农田，示范苗圃等；（4）农业宣传周；（5）农民参观团；（6）农民联欢会；（7）农民谈话会或农事讨论会；（8）森林保护运动；（9）农林实施指导；（10）农田水利及育蚕指导事项；（11）实施病虫害及兽疫防治之指导表演。前列各项事务，在可能范围内，应使农民作具体组织，以为进行的基础，并应配合着农会、合作社、区乡镇公所、社会教育机关、乡镇保各级学校及农业金融机关，密切联络办理。

6. 解决农产运销问题：农产运销，应倡导组织农产运销合作社以经营之。政府方面，当尽量设法便利农产运销，改良农产交易组织及程序，设立各种农业仓库，并改善其设备，以畅通运销，调剂供求。

7. 流通农业生产资金：（1）农业生产资金的供给，以信用合作社为骨干，各县应酌设合作银行或农民银行、合作金库、农民借贷所等金融流通机关，以供给低利资金，俾活用于农林生产事业，并提倡农业保险制度，以维护农事的发展；（2）指导及奖励人民依法设立农民仓库，以流通农村金融，调剂农产需给状况。

8. 改良农产品质：为提高农产品质，划分农产品等级，除由农政主管机关研究规定农产等级标准，并实施检验取缔外，县农业改进机关应指导协助农民实施（1）检定农作物改良品种，并指导农民采用；（2）指导农民依照政府规定的农产等级标准，实施农产分级及加工；（3）提倡改进农产加工之设备，以改进产品的品质等事项。

9. 增加耕地面积：各地应依照土地法及其他有关的法令，实施垦殖，于规定年限内，开垦完竣。如有必要，并得依土地法的规定，实施耕地重训，以扩充耕地面积，增加农业产量。

10. 促进农民组织：为树立农业改进的永久基础，农民应依法组织农会及合作社等团体，并得依事实上的需要，为各种改进农产的组织。同时各地方政府，除予以指导监督外，得酌量补助其经费，以促成农民组织，加强农民的真正团结。[①]

三 影响新县制下农业改良的要因

战时农业问题甚多，就其最足以影响抗战前途之题言之，则莫如抗战以来农业生产力减低之问题。战时平均地权未实现，土地所有与土地使用未能一致，其结果使土地日渐集中，使用日趋分散。一般地主既不能自己生产，佃农强半贫穷并受高率地租及高利贷之束缚，又无力改进生产，是以农业生产力即已无法提高，而战时物价高涨，物资缺乏，农具及肥料无力购置，农业生产力更逐渐降低，农业改良越显急迫。且而国内平时食粮本已不足全国之用，战时生产力降低，势必使粮食益感恐慌。故政府应竭力设法改良农业，提高农业生产力，增加农业生产量，以利抗战之进行。粮价高涨，一般地主坐享优惠，过其优裕之生活，但自耕农、半自耕农则因物价之高涨其生活渐次感受困难，因自己所有之粮食除食用外剩余无多，出卖极其有限，而日用必需品等须自外购入之物品则非常之多，故有得不偿失、入不敷出之苦。自田赋征实后自耕农、半自耕农之担负增多，地主对佃农之剥削加紧。此外，尚有乡镇保甲种种苛派愈使农业生产者增加困难，感受压迫，如再加以天灾人祸，官贪吏污横行，则农村问题必更趋严重，农业改良更感掣肘，因此政府万不可忽视战时农村问题，而应以合理的农租统制政策，谋农村问题之合理解决，使农业改良得以顺利实施，从而达到新县制之"养"的目的。而战时影响新县制下农业改良的因素，主要有以下诸端：

---

① 沈鸿烈：《农林建设》，中央训练团党政高级训练班编印，1942 年，第 45 页。

第一，战时扩充西南西北垦地、耕地，改良种子及农作技术，增加农业生产量。据粮食部公布，1941年西部地区15省冬季作物面积较上年度增加1 000万市亩，增加食粮生产总额8 970余万市担，垦民据闻在100万人以上。此外各省主办之垦殖区亦甚多，据闻四川垦殖面积即达130万亩。① 遗憾的是，1941年以后因财政困难，增加垦地、耕地等工作无法进展，而农民知识落后，不肯改良种籽及农作生产技术，此于生产力之提高影响最大，兼以"政府所属之农业改进机关只专注于纸面及表报工作，一味粉饰门面，不肯深入民间尽力诱导。因此战时农业改进工作成绩毫无，政府应严加考核，策励进行"②。

第二，非生活必需品种植问题。战时农业生产力应集中于粮食及其他生活必需品之生产，此为全国一致之主张，然西部地区之农业尚有许多非生活必需品之生产，其中种植鸦片为最不合理之事，且种烟区域大都土地肥沃，万不能任其浪费，人民万不能任其毒害，政府应当机立断彻底铲除。此外，政府应对西部地区农业生产力之分配制订详密方案，以便合理有效地统制与利用。至于战时不能出口而又非国内所需要之一切外销物资，应限制或停止其生产。③

第三，农田水利问题。农田水利关系农业生产非常重大，至1941年西部地区各省在全国水利委员会指导之下，已完成之农田水利工程约可灌田998 000亩。1942年正在施工者尚有1 038 000亩。但西部地区农村区域非常广大，农田水利事业应再

① 施珍：《成长中之中国垦殖》，《中农月刊》，1943年，6卷9期，第23页。

② 中国第二历史档案馆：《国民参政会参政员刘明扬等关于改进农业统制办法的提案（1943年12月）》，《中华民国史档案资料汇编》，第5辑第2编，财政经济9，江苏古籍出版社，1994年版，第27页。

③ 章维天：《战时非必须品的种植问题》，《农业推广通讯》，1943年，5卷6期，第39页。

切实推广，否则一遇严重之天灾则莫如之何矣。[①]

第四，地主提高地租及其他剥削佃农之行为问题。因受列强经济侵略之影响，战前农村已日趋没落，自耕农大半沦为半自耕农，半自耕农沦为佃农、雇农。同时土地逐渐集中，都市工业不发达，农村剩余人口大部分不能转入都市，结果不得不忍受地主之高额地租以苟延其生存。因此，佃农平时对地主之负担实已达到最大限度，而战时物价狂涨，生活愈趋困难，佃农息不得稍苏，只因生活攸关难于迁徙，均忍气吞声，任其地主鱼肉，佃农血汗早为地主剥削尽净。地主获利滋厚，佃农吃亏已深。而乡间习惯，地主声威本属神圣，一切杂款推之，佃农则是于纳租之外，复受杂捐之累，终岁勤苦，竟无一余粒谋生，苟押金少，无资另佃，合家饿毙者指不胜曲。然佃农生计关系国本，当此生活高昂之际，佃农等喘息余生，亟待战时最高政府之切实救济，事机迫切，故政府诚应通令全国，凡田土佃价去岁六七元一亩者今岁只能对加为每亩十四元，切实禁止高价；凡粮税杂捐均由地主负担，不得累及佃农。[②] 如此，在地主方面已得一倍之利而佃农方面负担稍轻，生机不致断绝。总之，政府应切实扶助农民生产，以利民生而固国本，万不容地主再有提高地租及其他剥削之行为。

第五，征兵征工征课及派款公平问题。"抗战以来最黑暗者莫如农村，最受压迫者莫如农民，因基层政治未能健全，县长及乡镇保甲长之不肖者，实繁有徒，常藉兵役工役征税派款勒索农民。每每因此激起兵变扰乱治安，帮会教匪势力蔓延滋长，亦与

---

① 刘德润：《战时农田水利问题》，《水利特刊》，1942年，3卷20期，第12页。

② 中国第二历史档案馆：《四川简阳县佃农请求限制地价的呈文（1941年4月）》，《中华民国史档案资料汇编》，第5辑第2编，财政经济9，江苏古籍出版社，1994年版，第49页。

此大有关系。"① 政府诚应尽力整饬吏治，铲除土劣，提高农村文化，促进农民团结，征兵征工务照法定手续，即不能不有所变通，亦须准予天理人情，征税不涉苛扰，派款切须公开。总之，一切以公平为原则，则战时农村问题自可迎刃而解。

第六，国营公营农场及农业合作发展不足问题。农业之弱点有二：一是生产技术幼稚，二是经营规模过小。战时农业生产机械化、经营集体化当然不能办到，但为改良农作技术提倡大规模农业经营，以应战时之需要，根植战后之基础计，战时不能不在可能范围内发展国营及公营农业，以资倡导。农业合作关系尤为重大，无论战时与战后如欲增加农业生产力，俱非推进不可。抗战以来，政府对于农业合作事业之工作，曾有相当之进展。据社会部合作事业管理局 1941 年 6 月之统计，全国 18 省市共有合作社160 794单位，社员总数达 96 万余人，其数目相当可观。② 但农民占全国人口之 80％以上，人口众多，区域广大，农业合作实有扩大范围、继续推进之必要。

第七，农业金融枯竭问题。农业金融在平时已相当枯竭，全面抗战开始后，整个国民经济陷于战事阶段，农业金融恐慌之程度，当较平时尤为严重，此乃无可疑义。战时农业金融恐慌之原因主要有以下诸端：一是战区损失。此为直接使农业金融恐慌的一个原因。举凡农村房屋之被炮火摧毁，农作物之不克收割，以及过境军士之招待与供应等，每使农家经济受到很大损失，形成农业金融之恐慌。二是劳力减少。生产要素一般谓为土地、劳力、资本三者，可是有了土地资本，如无劳力，亦无法生产。此种现象在农业上更为显明，但抗战以来，大量伤亡兵员之补充，

① 中国第二历史档案馆：《国民参政会参政员刘明扬等关于改进农业统制办法的提案（1943 年 12 月）》，《中华民国史档案资料汇编》，第 5 辑第 2 编，财政经济 9，江苏古籍出版社，1994 年版，第 28 页。

② 郭经天：《合作事业的前途》，《合作事业》，1944 年版，6 卷 9 期，第 25 页。

几全有赖于从事农业之壮丁，农业劳动者既因被抽补充兵员而缺乏，直接使生产力降低，间接则减少农家收入，致使农业金融愈益恐慌。三是运销困难。战时运输工具多被军事当局征用，以供军运，致使许多农产品无法运至市场出售而换得现金。可是此等产品有的是工业上的原料，倘不能售出，农家亦不克自用，势不得不另筹款项以购置其生活必需品，因此运销困难，确是农业金融恐慌的一个因子。四是农用品贵。战时物价高涨，实为促成农业金融恐慌之又一原因。自鸦片战争以后，外人势力侵入，农村自给自足之经济形态已被打破，农民一方面需要市场以出卖产品，另一方面也是由市场购进其所需要之物。在平时农民可以其产品卖得之现金购买其需要之物品，自然无任何问题，但是到了战时，农产品既因运输不便，无法出售以换现金，反需以高价自市场购入物品，收入减少，负担反较加重，农业金融自感恐慌。五是赋税加重。赋税加重，则农民的负担重，如是农村的现金向外流出亦加多，农业金融遂愈益枯竭。六是公债增发。公债增发，一方面吸收了农村资金，直接使农业资金减少，另一方面吸收了都市的资金，致使可以投入农业的资金被其夺去，这便间接减少了农业资金。七是银行收缩。农业生产需要的时间较长，凡接近战区的地方，将来能否安全，或是否可以支持到收获时期，皆不得而知，因此，无论农业金融机关或私人均不愿冒险投资，盖银行放款，必须视其有回收之把握而后始肯贷放，故银行收缩亦为战时农业金融恐慌之一原因。[1]

战时农业金融恐慌之原因，既如上述，然其救济之策亦有如下几种：其一，西部地区移垦。移垦可以增加生产，借以增加农

---

① 中国第二历史档案馆：《程理逊关于战时农业金融恐慌及解救办法的报告（1939 年）》，《中华民国史档案资料汇编》，第 5 辑第 2 编，财政经济 9，江苏古籍出版社，1994 年版，第 43～44 页。

家之收入，活跃农村经济。其二，调剂劳力。农村因抽调壮丁，致使劳力减少，此可用合作经营的方法，由未抽调的农民帮助耕种以补救之。此种办法，虽不能完全弥补因抽壮丁所受之损失，但必能补偿其一部分。其三，改良生产。改良生产便是使单位面积的生产率增加，如此可增加农民的收入，达到活泼农业金融的目的。其四，改良运输。改善农产品运销办法，如组织大规模之农产市场，此种市场应由政府饬国家银行投资组织，作为国营事业之一种，并将农产营运之其他附属事业，特许私人经营而加以统制，俾农产得为有计划、有秩序之流通。农产流通，则金融业务即随之而来，资金亦随之而流转。流通越增加，则农业金融越活泼。其五，统制物价。统制物价，即由政府将各种物品的价格加以限制，使奸商难以借故居奇，以减轻农民负担，此外并可利用消费合作之方法，以谋补救此种方法，虽不克完全抑制物价之变动，但可免除居间商人之剥削而减少一部分农民负担。其六，活泼金融。活泼农业金融之办法，在过去不外组织农村合作社与办理农业仓库二者，前者放款以农民之集体信用为基础，后者放款则以农民所有之农产为依据。战时活泼农业金融之道，仍应以上述两种组织为骨干，唯须适应战事环境，因地制宜，努力推进，至资金之来源，除了政府筹措一部分外，尚可利用目前社会上的游资。[①] 抗战军兴以来，许多金融机关与大企业已由大都市迁移到西部地区，其自然保有许多资金正感无处可用。此时政府可用种种方法奖励各金融机关及各大企业家直接或间接地将大量资金投入农村。如此，不唯战时农业金融有了出路，而农业金融之新体系亦得奠定其基础。

---

　　① 中国第二历史档案馆：《程理逊关于战时农业金融恐慌及解救办法的报告（1939 年）》，《中华民国史档案资料汇编》，第 5 辑第 2 编，财政经济 9，江苏古籍出版社，1994 年版，第 44～45 页。

总之，自抗战军兴以来，西部地区虽为后防重地，却价格腾涌，百物高昂，一般奸宄叵测，莫不视为奇货甚或囤积营私，高抬市价至十百倍以上。加以我国原系以农立国，值此农村经济已濒破产之际，一般佃农复遭恶劣地主之层层剥削，辗转呻吟，无法谋生。若不亟谋救济，严加抑制，不但新县制管、教、养、卫的基本任务之———"养"的目的无法达到，农业改良无法实现，而且"诚恐洪水横流，将来愈不可收拾"①。

第二节　战时西部地区农业改良评析

一　事业方面取得的成绩

抗战军事兴起，农业机关被迫迁移的为数不少。经济部成立以后，设立集中的省农业改进组织，积极从事改进推广工作，一面督饬中央农业实验所就以往实验所得，在西部地区各省设立工作站，协助地方进行。1940年中央鉴于农林生产的重要，特专设农林部，掌理全国农林行政事宜。从此，全国农林事业乃在一个专设机构之下统筹进行。

农林部成立后，积极从事于农林政策的规划，其主要内容有四条：一是求农林产品的自给和输出的增加；二是求耕者有其田的实现；三是求农业经营的合理；四是求农村经济的发展。以上四点，工作繁重，非全国上下尽数年乃至数十年的力量，不能全部实现。农林部乃体察国内现有人才、经济和社会环境，确定因时制宜、因地制宜、因事制宜三个原则，衡量缓急先后，适应战时战后的需要，依照中央给予的权责，尽最大的努力分别进行。然农林政策之推行，除中央主管机关统筹全局，订定中心事业

---

① 沈宗瀚：《农林垦牧》，中央训练团党政训练班讲演录，1939年，第39页。

外，并应由各地方主管机关体察国家整个政策，斟酌地方实际情形，分别拟定实施方案，送经中央主管机关统筹决定后，督导所属事业机关和人民切实依照办理。各地方事业机关并须和中央事业机关取得密切联络。这样，国家农林事业才可以脉络贯通，收指臂联系之效。此外，农林事业机关还应和农林教育机关随时协商合作，以免工作重复、专才缺乏、学非所用、用非所学等弊病。

同年，农林部为使西部地区各级农业机关进一步明确自身所负责任，又拟定了战时农林行政方针九条："（一）应用科学方法，增加农林渔牧生产，尤其注重衣食原料、外销物产和工业原料的增产，并改进其品质；（二）开发已有农林渔牧资源，并积极从事整理；（三）防除农林渔牧灾害，减少损失；（四）提倡农林渔牧产品加工制造，适应国内国外的需要；（五）辅导农民组织，改良农场经营，以增进农民地位，希望逐渐达到耕者有其田的目的；（六）改进农业金融，举办保险，并提倡副业，以发展农林经济；（七）调节农林渔牧产销分配，免除过剩或不足的毛病；（八）注意农林渔牧技术和经济方面的研究实验工作，以为推广事业的参考；（九）发展林务，增进土地生产面积，战时救济难民，战后安置退伍士兵。"[1] 并要求以上九个方面同时实施，齐头并进，切实推行。从实施的效果来看，虽成败参差、不一而足，但均取得了一定成绩。

就改进生产技术方面看，农产有区域性，在适于生长之区域内增加生产，则事半功倍；在不适宜之区域内增加生产，则事倍功半。例如棉花在河北、山东、河南、山西、陕西、湖北等省，

---

[1]　中国第二历史档案馆：《农林部关于战时农林行政方针的工作报告》，《中华民国史档案资料汇编》，第5辑第2编，财政经济9，江苏古籍出版社，1994年版，第79~80页。

生长适宜，经改良棉种多施肥料、防治害虫及改善运销后，面积与产量均大增加。反之，四川、广西虽经数年之努力，因受气候之限制，增加产量仍甚困难。抗战期间，华北华中棉花极难运入西南，在西南各省自不得不大增棉花种植面积。幸棉价甚高，每亩产量虽少，农民种植仍可获利。但在平时，西南棉花每亩产量颇低，成本甚高，外不能与华北华中之棉花相竞争，内不如稻、麦、杂粮、蚕丝、甘蔗等之利厚稳安。又如甘肃推广棉花以补衣被之不足，远不如改良与增加羊毛之生产易收实效。各省当局战时有谋一省自给之趋势，此种趋势就农产品而论，在平时殊觉难能，因一省之面积太小，农产品不能样样具备以适合人之需要。合理之发展，为改良交通与储仓，以便各省交换输入其特产及有余之农产品，而相互利用，如此则各省之间，可因经济的关系而密切联系。对于国家统一，亦裨益匪浅。故应在一区域内改进适应之农产品。对能推广者，应利用已有之成绩而加速推广；对能改进者，应从简易而效宏者入手。

战时西部地区的农业改进，主要包括试验研究与推广两大部分。就试验研究部分言，提倡科学研究及试验以增加农业生产的工作，至战时已有多年历史，论其成绩，则以战前 10 年较为显著，对于抗战建国的事业有相当的贡献。例如关于农作物品种的改良，中央及各省农林技术机关育成的棉、稻、麦、黄豆、卷烟、甘蔗及玉蜀黍等优良品种已有 200 种之多，即稻种一项，经各机关育成的，战时已有 121 种。[①] 在技术方面，最初技术人员所注意的是产量的丰收，战时更进一步，除产量增高以外，更努力于病虫害的抵抗，以及品质的改进。同时，农作物是有地域性的，在甲地是良种，移到乙地，或须变成劣种，亦未可知，所以

---

① 中国农业博物馆：《中国近代农业科技史稿》，中国农业科技出版社，1995年版，第 53 页。

品种适应区域试验又在各地纷纷举行，以期各地均能得到优良的农作物品种，以供当地的需要。家蚕品种，战时已有改良的。油桐、柑橘及乌桕亦已育成有优良品种，家禽家畜的改良亦有相当的成绩。外国品种的引进及改良亦有卓著的表现。此外关于植物病虫害的防治，已能用本国的原料制成各种药剂及器械来杀虫及治病。对于家禽家畜的疾病，中央及各省农林技术机关已能自制各种血清及菌苗来加以防治。对于土壤肥料的研究，已用科学实验方法，知道中国什么地方的土壤缺少氮素，什么地方缺少磷素，什么地方缺少钾素，缺少这类要素的土壤，对于各种作物之生长有如何的影响及如何补救，人造肥料应该如何与天然肥料配合使用，方能不生流弊。抗战以来，技术人员又在西部地区各省努力督导各种绿肥作物的栽培试验及推广工作，以期增加土壤的肥力而补天然及人造肥料不足的缺陷。同时骨灰含有磷素的骨粉肥料及硫黄石制成的磷酸肥料，亦在努力制造及扩充中。

　　以上所说，虽仅举大端，以作例说，但已可见，农业研究工作在抗战期间确有相当的成效。就推广部分论，战前农林推广事业系由中央及各省农林研究机关所兼办，研究与推广人员并不分开，或虽分别设置，但推广工作终为研究工作之附庸，因之不能充分发展，此亦当然有其理由。盖推广伊始，材料不多，而研究人员亦须明了农村之情形及农民之需要，以为其工作之根据及参考，故研究与推广不能完全分开，实为一时趋势之所必然。自抗战军兴，行政院为促进全国农业生产加强推广工作起见，特于1938 年设立农产促进委员会（1942 年改棣农林部），除协助各农业机关之技术工作外，实负实施农业推广，督导各省推广事业暨协助各省设立省县农业推广机构之责。（在实业部时代虽曾设有中央农业推广委员会，但系完全设计性质，并非真正之农林推广事业机关）从此，研究与推广渐趋分工，将来各省推广机构陆续建置以后，各研究人员可安心一意于研究工作，不必分心于推广事业。而推广事业因有专门之机关及人员来负责办理，可以增进工作效率，扩大推广区域及事物范围，使农民得到更多的利益，此是一种进步的现象。兹举其要端，分述如下。

（一）粮食生产方面

粮食是战时的生命线，要想长期抗战，不但要使粮食能自给自足，而且要谋粮食的大量储备，粮食增产实在是抗战期间最重要的中心工作。农业机关的改进工作，如推广改良品种、防治病虫害、增施肥料等项，对于粮食生产的增进，颇有相当功效。如1940年湖南推广该省农业改进所育成之改良稻种黄金籼、万利籼、抗战籼、胜利籼等，共计651 264亩，每亩平均增产60斤，约共增产390 000市担；四川推广四川省农业改进所育成之竹桠谷等良种，共17 850余亩，每亩增收67斤，共增收11 000余担；广西推广黑督四号、东莞白等良种237 209亩，每亩增收43斤至127斤，共增收85 000余担；广东推广金山粘等良种10 000亩，每亩增收49斤至92斤，共增收7 000余担；江西推广鄱阳早等良种28 373亩，每亩增收23斤至57斤，共增收11 000余担；浙江推广该省农业改进所育成之浙场一号等良种10 633亩，每亩增收18斤至196斤，共增收10 000余担；福建推广南特号等良种3 055亩，每亩增收35斤至50斤，共增收1 000余担；陕西推广良种500亩，共增收300余担。仅1940年，湘桂等8省共推广优良稻种面积为823 370余亩，而增加产量之总和，当在500 000担以上。[①] 在1941至1944年间，改良稻种在川、滇、黔、桂、粤、湘、浙、闽、皖、陕、赣、鄂等西部地区各省的大量推广，使稻产增产总数达700万市担左右，总价值达22亿余元。据钱

---

① 中国第二历史档案馆：《国民政府主计部关于战时农业增产措施及其实施状况的调查统计》，《中华民国史档案资料汇编》，第5辑第2编，财政经济9，江苏古籍出版社，1994年版，第129页。

天鹤在《三年来之粮食增产》一文中报道：1941年推广水稻良种232万多亩，以每亩增产30公斤计算，约可增产稻谷0.7亿公斤；1942年推广水稻良种370多万亩，约增产稻谷1.1亿公斤；1943年推广水稻良种550万亩，约增产稻谷1.65亿公斤。即1941至1943年，3年中累计推广水稻良种达1 152万多亩，共增产稻谷近3.5亿公斤。[①] 小麦增产方面，首要的也是依赖推广改良品种。战前小麦育种工作已有12年之久，成绩颇著。金陵大学于1925年开其端，中央农业实验所继其后，抗战开始后更是逐渐扩大范围、改进技术，与河北、山西、山东、河南、陕西、安徽、江苏、浙江、四川、湖南、湖北、贵州、广西、云南、福建等省公私农业机关合作改良及试验。北平燕京大学、定县平民教育会、山西太谷铭贤学校、济南齐鲁大学、开封金陵大学农场、徐州江苏省立麦作试验场、安徽宿县福音堂、南京中央大学、南京金陵大学、杭州省立农事试验场、陕西武功西北农林学校、泾阳西北农场等均已有改良小麦纯种，做大规模之推广，产量均较当地农家品种增高15％以上，品质较优，成熟较早，对于病害亦有相当的抵抗能力。如金大2905号小麦在四川极适宜，1938年秋已推广至4万亩，在贵阳，其产量与品质亦均超越普通农家种。据统计，1937年各省推广的卓有成效的小麦良种只有9种，至1941年已增至85种。各种推广品种与农家土种相较，平均每亩增产达53.22市斤。优良小麦品种的推广也大幅度地增加了战时粮食产量。据统计，在1941至1943年间西部地区各省累计推广小麦良种372万多亩，以每亩增产小麦25公斤计算，共约增产小麦0.9亿公斤。[②] 这些优良品种的推广极大地

---

① 钱天鹤：《三年来之粮食增产》，《农业推广通讯》，1944年，6卷11期，第39页。

② 钱天鹤：《三年来之粮食增产》，《农业推广通讯》，1944年，6卷11期，第39页。

增加了粮食产量，缓解了西部地区粮食供应紧张情形，有力地支援了抗日战争。

（二）棉花增产方面

抗战以来，产棉省份大部沦陷，于是西部地区衣被颇感不足，亟应在西部地区各省推广种植，增加生产。美棉纤维长而细，能纺 32 支以上细纱，极宜于黄河流域栽培，产量较中棉为多。例如河北、山东、河南、山西、陕西以推广美棉中之斯字棉、脱字棉为最好，此等美棉产量、品质均优于中棉，宜大规模种植。长江流域雨水较多，美棉与中棉产量之比较，以区域而异。例如江苏盐垦区域以脱字棉为宜；南通、上海、江阴、余姚一带，宜于中棉；南京附近宜于德字棉；湖北襄樊、沙市宜于美棉、中大福字棉及德字棉；四川宜于德字棉、福字棉及脱字棉，一部分地方则宜于中棉。此外，尚有多年生之长绒木棉，在云南开远、蒙自、元江、广南等县及西康西昌、盐源、会理一带，在山脚荒地生长极良，纤维细，长至 33 毫米左右，每亩能收子花至 420 斤，而附近一年生之普通棉花在平地只能产子棉 60 斤。[①]中央农业实验所与云南省建设厅在开远合办木棉试验场，详加研究，以期加强改良，并协助在四川、广西、贵州之南部进行推广。在农林部农业推广委员会及各省农业改进所的共同努力下，1940 年四川、陕西、湖南、贵州、云南等省推广良种中美棉和长绒木棉1 376 000多亩，农民自动种植良种增产的还不计在内。1942 年良种增产面积增至 2 309 268 市亩，1943 年激增为9 353 409市亩，1944 年因江西、河南、贵州等省业务停顿，增产面积减为7 782 921市亩，此后继续递减，1945 年、1946 年两

---

① 中国第二历史档案馆：《国民政府主计部关于战时农业增产措施及其实施状况的调查统计》，《中华民国史档案资料汇编》，第 5 辑第 2 编，财政经济 9，江苏古籍出版社，1994 年版，第 130 页。

年平均仅2 000 000市亩。[①]

（三）肥料制造与推广方面

西部地区稻田，氮素肥料多感不足。据中央农业实验所在安徽宣城之试验，每亩施用硫酸亚20斤，可使稻谷增产七八十斤；在长沙每亩施用硫酸亚40斤，可使稻谷增产160斤。抗战期间，硫酸亚不易得，势难推广。但豆饼、菜籽饼、棉籽饼、花生饼、人粪尿等亦为水稻之良好肥料。然各地之此等肥料，数量均感不足，除在城市附近之田，能尽量施用外，偏僻之区则因肥料不足，生长欠佳，产量亦即不丰，故各地宜设法大量栽培绿肥作物，俾可就地取给肥料。另外，还可以改进肥料。据中央农业实验所在各处试验结果，硫酸亚增加产量之效极为普遍。例如在安徽盐淮关每亩施用硫酸亚40斤，可以增产麦子130斤。[②] 在战前硫酸亚每斤值洋8分，即小麦每百斤价值在3元以上，施用此肥，即有利可图。[③] 在广西、云南，硫酸肥料亦可增加小麦产量。故改进肥料为增加小麦产量之重要事业。农林部除奖助私人设厂，大量制造硫酸亚与过磷酸钙外，还自设骨粉厂及与陕西合办肥料制造厂，并与农民银行会同拟具肥料生产贷款计划，其产品由各农业推广繁殖站及推广人员向农家推广。此外，各省农业改进所亦致力于推广绿肥、元平菌速成堆肥和蒸骨粉等肥料。1942年肥料推广面积计2 555 858市亩，此后因战事影响，逐年

---

① 中国第二历史档案馆：《国民政府主计部关于战时农业增产措施及其实施状况的调查统计》，《中华民国史档案资料汇编》，第5辑第2编，财政经济9，江苏古籍出版社，1994年版，第130页。

② 中国第二历史档案馆：《国民政府主计部关于战时农业增产措施及其实施状况的调查统计》，《中华民国史档案资料汇编》，第5辑第2编，财政经济9，江苏古籍出版社，1994年版，第131页。

③ 中国第二历史档案馆：《国民政府主计部关于战时农业增产措施及其实施状况的调查统计》，《中华民国史档案资料汇编》，第5辑第2编，财政经济9，江苏古籍出版社，1994年版，第131页。

减少，至 1945 年仅 1 193 380 市亩，1946 年推广面积又增为 2 228 752 市亩。[①]

（四）林业建设方面

战时林业建设在全国林业改进、造林研究及林产利用等方面均取得了一定成绩。

（1）研究推广特种经济林。其工作主要有三：①有关外汇的经济林木，如桐油、乌桕、油茶等品种改进工作由专门设立的中央林业实验所统筹研究，并督促各省订定办法，推广种植。②金鸡纳树所产治疟疾的特效药。一向由外国输入，为求自给而塞漏卮起见，农林部特派员到云南河口调查研究，并大量培植推广。③核桃类树木是制造枪托的重要材料，战时以陕西产量为最丰而材质也很好。农林部特别督促该省大量推广种植。

（2）保护整理森林。我国人民爱护森林之观念非常淡薄。为供战时木材的迫切需要，且预备战后复兴建设的大量利用，对于森林之保护抚育，应确实注意。农林部除督促各地方政府负责保护外，并派员调查四川省岷江流域、西康省青衣江流域、川东大渡河流域、甘肃省洮河流域和陕西省秦岭的天然林区。并在上述各地设立林区管理处 5 处，从事管理保护。其措施主要如下：①禁止烧山。烧山在湘西、广西、贵州尤为普遍，政府应严厉禁止。②保护森林并禁止高坡度之山地改种农作物，山坡、丘陵如有森林或野草之掩护，可免土壤之冲刷。黄河、长江与其他大江河之水黄沙多，足以证河流两旁土壤冲刷之现象。此种土沙均甚肥沃，冲洗入河，一方面减少土壤肥沃，另一方面使水道淤塞，水流泛滥，为害甚大，故政府应严厉禁止烧山，并保护野生有用

---

① 中国第二历史档案馆：《国民政府主计部关于战时农业增产措施及其实施状况的调查统计》，《中华民国史档案资料汇编》，第 5 辑第 2 编，财政经济 9，江苏古籍出版社，1994 年版，第 132 页。

之林木。又，高坡度之山地，应为造林之用，禁止农民开垦，种植农作物。

（3）筹设国营经济林场。油桐有关外汇，杉木是造飞机、造房屋和造纸的重要原料，又是做电杆的良材，核桃、板栗是军事上的重要材料，香樟、肉桂是重要药材。这些经济林木都有广事种植的必要，农林部特在贵州、广东、四川3省各设经济林场，做示范和推广的工作。

（4）森林利用，抗战时期需用木材甚为迫切，西南各省不乏大面积之天然林，其已调查而确有价值的林木，不下数亿株，凡有关学术研究及国土保安的森林，均由政府依法编为国有林区，设局管理，轮流采伐，不但可以供给木材，且可安排人工。

（5）造林。选择荒山荒地而适于栽培特殊经济林者，由中央统筹督促地方各省农业改进所，实施造林以期于最短期间收普及造林之效果。据统计，1941年前西部地区各省共育苗476 928 826株，造林545 277 107株。其中以广西推广成绩最佳，育苗144 266 995株，造林138 812 265株，约占全国造林总数之40％，湘、赣等次之，山西较少。[1]

（五）畜牧方面

抗战以后，农林部对于畜牧事业之改进、技术之研究和兽疫之防治等问题均极重视，并设置中央畜牧实验所统筹各省农业改进所开展研究、推广工作。其成绩主要如下：

（1）改进羊毛生产。国内羊毛的需要大体上可以分为粗毛和细毛两类。细毛可以行销国内，战前大部分仰赖外国供给，据海关统计，1937年输入细毛和毛绒品价值共3 500多万元。[2] 粗毛

---

① 中国第二历史档案馆：《农林部关于战时林业建设概况报告》，《中华民国史档案资料汇编》，第5辑第2编，财政经济8，江苏古籍出版社，1994年版，第478页。

② 陆仰渊、方庆秋：《民国社会经济史》，中国经济出版社，1991年版，第38页。

则可以行销国外，是抗战时期换取外汇的重要产品，据海关统计，1937 年输出羊毛价值共 2 350 多万元。[①] 应赶紧增进品质和产量，好争取外汇。农林部成立后，特同财政部贸易委员会合作，在甘肃设立西北羊毛改进处，负责推进甘肃、宁夏、青海 3 省的羊毛改进事宜。

（2）筹设国营耕牛繁殖场。耕牛是农田耕作极重要的动力。抗战以来，沦陷区域因为敌人的任意屠杀，牛只逐日减少，而西部地区各地，为辅助交通运输，也需要很多牛只和骡马，大有供不应求之势。有鉴于此，农林部特在广西、河南、四川、贵州、湖南、江西等省筹设国营耕牛繁殖场各 1 处，做繁殖推广工作。

（3）防治兽疫。国内各省时常发生兽疫，为积极防治起见，自应加紧制造兽疫血清菌苗。农林部除督促四川、贵州、湖南、广西、浙江、江西等省大量制造外，并由所属的中央农业实验所设厂制造。1940 年，该所共制造抗牛瘟血清 1 105 073 立方公分，牛瘟菌苗 159 630 立方公分。[②] 除去免费供给贵州、湖北、四川等省施行注射外，并设置兽疫防治大队 1 处，在贵州各县做防治工作。1941 年，中央农业实验所又制造抗牛瘟血清 100 万立方公分，菌苗 20 万立方公分。[③] 此外，农林部自 1941 年 2 月接办卫生防疫处和西北防疫处的兽疫部分以后，改称西北兽疫防治处，并在西北筹设兽疫血清制造厂，确实推行防疫工作，以增生产。各省亦组织设立兽疫防治督导团，于平时出发各地调查兽疫，接到兽疫报告时驰赴疫区防治；训练并设置县兽疫防治员，负责一县内防疫宣传及执行防疫条例事宜；组设兽疫情报网，兽疫发生

---

① 陆仰渊、方庆秋：《民国社会经济史》，中国经济出版社，1991 年版，57 页
② 中国畜牧兽医学会：《中国近代畜牧兽医史料集》，农业出版社，1992 年版，第 264 页。
③ 中国畜牧兽医学会：《中国近代畜牧兽医史料集》，农业出版社，1992 年版，第 266 页。

传染时非常迅速，故一旦发生，宜立即报告迅行防治。

此外，战时蚕丝、茶叶、烟叶等方面的改进也取得了一定成绩。如蚕丝方面，四川、西康、广东、云南、贵州、新疆等省均扩充了桑苗数量，并增加了改良蚕种产额。蚕种的抗病能力有所增强，茧层率也提高至 20%。[①] 除家蚕外，中央农业实验所还协助四川、贵州两省农业改进所改良柞蚕，每一蛾区收茧最多者可达 120 余个。[②] 茶叶方面，浙江、福建、江西、湖南、湖北、安徽和西南诸省的茶叶改良机关均在改善茶叶生产方法、提高茶叶品质方面取得了一定进展。1941 年中央农业实验所还与中国茶叶公司合作，在黔省设置实验茶场，对栽培和制茶进行研究，以便销行国外。而烟叶，西南各省所产尤多，卷烟之消耗，与年俱进。中央农业实验所协助广西、贵州农业改进所在此两省试种美国卷烟品种，其产量品质均甚好，可推广栽培。为更好地利用原料，贵阳还筹设了卷烟制造厂。

总之，西部地区幅员辽阔，宜农、宜林、宜牧的土地，所在皆有，且位居温热一带，气候适宜，动植物的种类繁多，衣食住行所需要的东西都可以自给，并在国际贸易上占有重要地位。只要能够因势利导，使人尽其才，物尽其用，农林建设的发展当不可限量。

二　农林行政与农林建设之成效

战时农林行政与农林建设可分为机构与事业两方面。机构方面，属于行政者，中央有农林部，为全国农林行政最高机关；在各省有建设厅或农林处，为受省政府之指挥监督，执行中央农林

[①] 尹良莹：《四川蚕业改进史》，商务印书馆，1947 年版，第 263 页。

[②] 蒋根尧：《推广声中贵州柞蚕业之鸟瞰》，《农业推广通讯》，1940 年，2 卷 9 期，第 32 页。

政策之机关；在县有县政府，为奉行省方之命令，管理全县农林事业之机关。属于技术者，在中央农林部直辖之下者有实验研究机关 5 所、垦殖机关 9 所、推广繁殖机关 10 所、指挥管制机关 14 所，以及示范推广机关 15 所。[①] 各省技术机关设立农业改进所者，有四川、贵州、湖北、陕西、湖南、河南、甘肃、西康、浙江、宁夏等省；设立农林局者，有广东省；设立农林处者有福建省；设立农业管理处者有广西省；设立农业处者有江西省；云南省则在省内分散设所。故各省之建制，颇不划一，有加以调整之必要。至于各县，虽有设立苗圃或农林场者，但因中央已颁布有县农业推广所组织大纲及县农场组织章程，各该机关均归并于县农业推广所而为县农林场。关于推广者，在中央有农林部之农产促进委员会负责实施农业推广，以及督导各省推广事业，暨协助各省设立省农业推广机构之责；在各省则有省主管农业机关所设立之省农业推广委员会或农业推广处，受农林部农产促进委员会之指挥，主持全省农业推广事宜；在各县则设立县农业推广所或中心农业推广所。

不过，行政、研究与推广三项工作必须相互联系，配合进行，方能实施农林政策，达到农林建设的目的。故研究与推广的分工固属必要，但同时亦不可忘记相互合作与联系，亦不可不借重行政的力量，以完成推广的使命。因此之故，自 1940 年 7 月农林部成立以后，中央为推动全国粮食增产工作，以适应军需民食的需要起见，特在部内设立粮食增产委员会，负设计全国粮食增产计划及推行督导之责。在各省设立省粮食增产总督导团，负执行中央政策及计划，督导全省粮食增产工作之责，使建设厅所派的行政人员、中央及省农林技术机关所派的技术人员暨省方农林推广机关所派的推广人员联合在一起，分赴各县督导各县粮食

---

① 沈宗瀚：《沈宗瀚自述》，传记文学出版社，1984 年版，129 页。

增产实施工作。凡需要用政令的时候，即由建设厅或省政府负责，凡需要推行改良方法或推广优良材料的时候，即由省技术机关负责，由中央技术机关协助之。又，在各县设立县粮食增产总督导团，以县政人员及乡镇保长甲长人员负推行粮食增产各项政令之责，以县农业推广所或县农林场技术或推广人员负指导乡镇保甲长推行各项粮食增产政令及指导农民进行粮食增产工作之责。从此，行政、技术及推广打成一片，不致脱节，较之以往研究机关单独兼办推广工作或研究与推广分离独立之情形，又更见进步。

在农林部粮食增产委员会成立以前，大部分的推广工作是由中央及各省研究机关所兼办的。大抵每种研究工作完成之后，即将研究所得的优良方法或材料，先用示范的方式，由技术人员在农田附近或即在农民田地上试验给农民看，如农民满意，认为确比土法或本地原有材料优良，然后派技术或推广人员与农民接洽，劝其采用或供给以优良材料。此种办法虽然较慢，但久而久之，颇收宏效。不过研究人员究以研究工作为重，不能花很多的时间在推广方面，因之推广工作不能充分发展。例如 1942 年后的各省的棉花推广工作，经推广手续而增产的，不过 57 万市担，西部地区各省改良稻种的种植面积，亦不过 200 余万市担，均是此故。① 而自农林部粮食增产委员会成立之后，其增产方法系以推广为主，三方合作，协力并进，故其成效亦较以前为大，计 1941 年度在西部地区 19 省增产成效，达 9 360 余万市担，1942

---

① 中国第二历史档案馆：《国民政府主计部关于战时农业增产措施及其实施状况的调查统计》，《中华民国史档案资料汇编》，第 5 辑第 2 编，财政经济 9，江苏古籍出版社，1994 年版，第 130 页。

年度达5 000余万市担。① 可见机构之调整与配合，对于推广工作之成绩，是极有影响的。

战时农林建设之趋势，是行政、技术与推广三者渐趋联系，渐能分工合作，唯仅是规模初具，实际效益，尚嫌微弱。机构虽渐次林立，而尚有待于扩充加强或归并调整者亦甚多。技术工作较之10年以前确有显著进步。例如战前只知注意于农作物品种之改良，战时则已包括家禽、家畜、蚕种及各种经济植物品种之改进。此外，对于动植物病虫害之防治及土壤肥料之研究等，亦莫不孜孜从事，日著成绩。就以农作物品种改良方法来说，战前所用的大都是去劣留良，将良者繁育，成为新品种，这是一种比较简单的方法。战时则兼用杂交育种方法，使两种品种的优良点并在一起，成为一新品种，这是一种进步而比较复杂的方法。技术人员之数量及程度亦日渐增高，此都是好的现象。不过从整个农业建设事业上看来，欲达到原有之目的，则技术与人才均感不足，以往所收的效果，只可谓对于农林建设事业略植改进的根基，对于农林建设事业的本身，尚待继续努力，方能得到真正伟大之效果。不过以往的成绩亦不可轻视，其所培植之一点根基，对于将来的农林建设工作，是极有用处的。此后的问题，第一步是如何加强行政、技术与推广三种工作的联系及分工合作，如何扩充加强或归并调整现有的机构，设立必需的新机构，提高各种关于农业改进的技术水准，培养合用的技术人才，使质与量均大有增进。以上的种种，都是建设农林事业的基本工作，这种工作成功以后，就能第二步加强农林建设的实施。

全面抗战爆发后，政府农林政策偏重于农产品生产之增加，

---

① 中国第二历史档案馆：《国民政府主计部关于战时农业增产措施及其实施状况的调查统计》，《中华民国史档案资料汇编》，第5辑第2编，财政经济9，江苏古籍出版社，1994年版，第129页。

对于农产品的增产，系以粮食为主。战前各种农产品的生产，系随各地天然环境的配合，自然分布，不加以任何人工的限制或变更，战时为适应国防的需要起见，这种天然生产区域有时必须以人工的方法加以变动。就是说，为顾到国防计，在某一地方，虽以栽植甲种作物为最宜，亦要用技术或其他可以帮助农民之方法，劝令农民改植乙种作物，使战时不致缺乏这乙种作物的生产品。同时农民的福利，亦须特别注意，除实行平均地权及耕者有其田的政策，使农民辛勤所得的农林生产品得以合理分配及公平享受外，对于农民生存及福利有关的各种工作亦须切实推行。因之要达到农林建设的伟大目的，除行政技术与推广工作须密切联系合作外，与教育、经济、交通、内政及军事等方面的工作亦有密切关系，必须配合进行方可。总之，中央农业机关统由经济部管辖，由农林司办理农业行政（1940 年农林部成立，由农林部接办），中央农业实验所办理农业技术，农本局办理农业金融及农产运销。省方农业机关统隶于建设厅，各省设立农业改进所，主管全省农业技术，行政上受建设厅节制，技术上受中央农业实验所之指导，经费由各省与中央共同负担。此外，全省农业金融与农产运销则由农本局在各省设办事处主持办理。故中央与地方，在行政上既有联系，在技术上亦必协调，否则徒有联系之形式而无合作之精神，农业改进工作仍不免重复与冲突。

结 语

战时农林建设，关系国计民生，举凡军民衣食的所需、建筑交通材料的供给，以及工业原料的来源，都和农林有密切的关系。四千多年来，中国虽然以农立国，可是一切听其自然，鲜少显著而普遍的发展。20世纪以后，欧美农林技术的突飞猛进，刺激了国人，对于农业改进才逐渐注意。孙中山倡导民生主义，对于解决土地问题和增进农业生产，指示得很详细。抗战发生，农林建设的呼声更日高一日。可是农林建设的问题非常复杂，以战时所有的人力、物力、财力，要发展1 100多万方公里土地上的农林事业，当然不是一件容易的事情。但是建国的方针，首重自力更生，所以要完成农林建设，也必须本着这个方针，确定抗战建国时期的整个政策，以为推行的准绳。

首先，就政策而言，战时农林政策仍是根据孙中山的民生主义而产生，是民生主义的农林政策，是用以解决民生问题的基本方略和途径，亦即是发展国民经济生活的基本方策。这与蒋介石在新县制建设中提出的"养"的内涵是相一致的。而就政策的实施来看，总体而言是富有成效的，也是比较成功的。但是也存在诸多不足，主要是农民的土地问题没有解决，耕者有其田的目标没有实现。不仅如此，官僚、富商、地主等权贵阶层却竞相购买土地，坐拥大量田产，土地价格暴涨，高抬市价至十百倍以上，田租赋税更是高昂惊人，民众生机不绝如缕，贫苦日甚。"乐岁终身苦，丰年不免于饥寒。""这是战时在乡村里耳闻目睹的苦况，试举一个很简单的例子，有一次在重庆附近调查，眼见一位老农，在斜度最高的山坡上，收获苞谷（玉米），一失足便坠崖而死，旁边人说他太不知命，其实如果他家耕地宽，粮食足以自给，人非至愚，岂真愿临绝地以求生"①? 在农村经济已濒破产之际，一般佃农复遭恶劣地主之层层剥削，辗转呻吟，无法谋生，更遑论"养"民。

其次，就农业建设而论，其建设方针主要有七：

（1）增加衣食原料和工艺作物生产，并改进其品质以求自给自足。

（2）研究实验农业科学技术，改进生产方式。

（3）防除作物病虫害，改良肥料，以增加单位之产量。

（4）提倡农产品，加工制造，适应需要。

（5）发展农田水利，防止水旱灾歉。

（6）发展林业，振兴中国农业，力求林产自给自足，保障民生安宁；实行土地之合理利用，使宜林原野恢复森林；遵照孙中山遗教及参照世界各国森林国有之趋势，由中央建造及经营大规模之森林，奠立森林公营之基础；在不妨碍发展森林国有之原则下，尽量提倡民林，发动全民力量，普遍造林，俾荒废林野，得迅速复兴；整理保护暨开发利用天然森林，增进林业生产，供应战时需要。

（7）发展渔牧，改善牲畜品种，以增加各个牲畜之经济价值；增加牲畜饲养数量，以充裕抗战资源，协助农业生产，并备沦陷区域克复后补充之需；注意防治兽疫以减少农民损失，从消极方面增加牲畜数量；增进牲畜副产，以供内用，并备外销；增进禽畜及鱼类产量，并加工制造，以调剂供求；救济渔业人民，

---

① 中国农民银行调查组：《四川省农村经济调查报告》，内部刊行，1941 年，第 2 号，第 5 页。

增强抗战力量。

而其建设项目，则涵盖以下诸端：

其一，增加粮食生产，其具体举措包括三点：①督导川、湘、黔、桂、鄂、滇、粤、赣、闽、浙、陕、甘、豫、康、宁、绥、青、晋、皖等省，增产米麦及杂粮。②对鄂北、陕北、绥东、滇东、粤东等需要军粮最殷之区，及川北、湘西、黔西等因旱缺粮区域，加紧生产。③制定各省粮食增产督导办法，颁布施行，以加强增产工作效率。

其二，增进棉花生产，具体任务有二：①协助西部地区川、陕、豫、滇、湘、鄂、甘、康等省推广优良棉种，并酌量扩充栽培面积。②协助滇省推广长绒棉。

其三，增进工艺作物生产，其办法有四：①协助川、黔、滇、湘等省利用冬季休闲地，推广油菜种植。②督促粤、川、桂、闽诸省改良繁殖及推广蔗糖生产。③协助川、黔、桂、粤等省繁殖推广麻类作物。④督导各省保护研究改良茶丝生产，以供内销，并备将来之大宗输出。

其四，防治病虫害，其措施有二：①扩充作物病虫害防治药剂及机械之制造，以应示范推广之需要。②在陕、川等省防治棉虫，在滇、黔、桂、湘、川、陕、甘等省防治麦病，在川、陕、黔、桂等省防治马铃薯疫病，在川、黔、桂、湘、陕、甘等省重要城市附近一带防治菜虫。

其五，改进土壤肥料：①关于氮肥，在陕、桂等省办理豆科绿肥示范，及改良各水田，以增加土中有机成分。②关于磷肥，与各省合作设厂制造骨粉，已办者有滇、粤、桂、闽、川5厂，筹划中者有陕、豫、浙、湘、粤、桂、黔、滇、甘、康等10省。③督促协助各省农业改进机关举行各种肥料试验。

其六，发展农田水利，其任务有四：①推进调查研究与测量设计工作，以为改进之标准。②举办灌溉排水工程，以增加农业生产，除协助督促各省办理外，并由部组设立农田水利工程处，统筹规划全国工程事宜。③推进水旱预防工作，以稳定粮食生产，包括协助督导各省挖井、浚泉、修建塘坝、梯闸、水库、沟渠及修改梯田等工作，及与黄河水利委员会合作，在黄河上游从事推行水土保持工作。④研究改良灌溉排水机械，以增效率，先协助各省办理，再由中央大规模设厂制造，以事推广。

其七，开展林业建设，建设项目则因林木所属不同而各异，主要分为三大类。

中央林业，其措施有以下各项：①遵照孙中山遗教，凡大规模之林业，中央政府经营之；②规定森林与全国面积之百分比，扩充造林，达到标准；③规定森林用地标准，讲求土地之合理利用，凡陡坡、滩峡及林产利用等较农产利益为高，或有森林间接利益之地，均划为林地，由中央造林或鼓励人民造林；④广大面积之森林，可供国防建设及公共建设取材者，设国有林区管理之，其中林木已达采伐年龄者，由政府开发之；⑤有关国土之安全者，如水源林、防风林、保土林、海岸林等，得分别设置林区管理经营之；⑥林产物品可换取外汇，或抵制外货，或可供军工交通用材者，如桐油、核桃、杉木、樟树、金鸡纳树、橡胶树等，由政府设场经营，大量培植，广事倡导，必要时得由政府统筹管理之；⑦国内重要名胜如峨眉、五台、黄山、庐山、雁荡、鼎湖、罗浮、青城等处，划为国家风景林区，由政府整理保护培植，以供游览；⑧关于全国林业之研究改进事项，设立中央林业实验所专司其事；⑨国营林业，视经费、人才暨时势需要分别缓急推进之；⑩会商交通机关营造及开发利用关于枕木、电杆等用材林及建造木炭中燃料林，会商军事委员会及水利委员会等机关合作营造保安林，与教育部合作训练各级林业技术人才，并合作推广学校林。

地方林业，其举措有六：①各省小面积之次森林，由省设立林业机关管理之，如有木材可资利用者，按照中央森林章则采伐之；②小河流之水源林及局部之防水防沙风林等，当归各省经营；③除国营风景林区外，其他在各省之寺院林，及优美之风景林，由省林业机关管理指导之；④各省之特种经济林及薪炭林之供汽车用者，由省设场经营之；⑤各省市县之道旁林、行道树、堤岸林，由省及交通机关负责经营之；⑥地方林业经营成绩，由中央依法奖惩之。

团体及私有林业，其办法亦有六：①学校机关及人民团体，应营造公有林；②各县、区、联保、保及甲应营造公有林，营造时应与造产运动配合举行全民动员，普遍举行；③私有荒山荒地，应营造私有林；④各市城镇，应营造郊外公园林；⑤团体及民营林业，由政府以强制方式推进之，私有荒山荒地限期造林，逾期不造林者，由政府代为造林或办理合作造林，团体及私有森林经营有成绩者，由政府依法奖励之；⑥团体及私人所有森林，应行登记，政府予以切实保护，并由林业机关予以经营技术上之指导。

其八，发展渔牧，其任务有五。

繁殖改良，具体措施有三：①繁育优良种畜，搜集国内外牛、羊、猪及家禽良种，用供繁殖推广；②推广优良牧草及饲料作物，搜集国内外优良牧草及饲料作物品种，研究实验，育成适合当地生长数量最丰之养料，从事推广；③推广优良家畜饲养管理方法，调查民间饲养管理方法，指导改良。

配种繁殖站，其办法亦有三：①扩充原有耕牛繁殖场，并添设新场，广设配种站；②扩充役马繁殖场，并广设配种站；③推进西北羊毛改进处工作，并广设配种站。

筹设兽疫血清制造厂，充实中央及各省各血清制造厂，以及充实兽医用具制造厂。

兽疫，主要办法如下：①增设赣粤边区、川甘陕边区、川滇康边区、黔桂边区、浙闽边区等防疫总站，区内每县设防疫员 1 人；②充实川、黔、湘、鄂 4 省边区防疫总站，每县设置防疫人员；③充实西北兽疫防治处及其青宁两省工作站巡回工作队。

水鱼类：主要是充实中央淡水鱼养殖场及原有扬子江、珠江工作站，并增设黄河流域工作站；联合各机关增植陪都附近鱼产，于巴县、合川、江津等处设鱼苗推广站；推广繁殖各省淡水渔产，利用稻田及灌溉池塘设置养鱼示范池田；辅导渔业人民组织暨发展渔业经济，推广渔业合作社，介绍渔业贷款等。

可见，战时农业建设的内容十分广泛，几乎涵盖与农业相关的所有方面。凡战时已有的农业技术均全部派上用场，期获改良成功，而有助于抗战。上述农业建设亦是国民政府自上而下的强制性技术变革手段，即政府直接介入农业改良之中，发挥着主导作用，以行政命令的方式强制推行战争所需的农业新技术，尤其是战时最为紧缺的粮棉和外销物资改良，从而在农业改良中扮演了重要角色，最大限度地凭借强制性技术革新来实现战时西部地区农业技术进步。政府"农业改进的目标，在于增加衣食生产，发展有关国际贸易的农产品，促进农村副业，以培养战后农业资源。就政府的立场言，在求农业的发展，以奠定工业发展的基础，使国家趋于富强，人民生活程度提高。就农业经营者的立场言，则在以追求利润为中心，如何以最小劳费，获得最大报酬，而终极的目的，也不外增加生产，求土地资本合理利用"①。但由于战前四川等西部地区农村商品经济发育并不充分，农民的技术选择对市场依赖不大，市场规律难以在技术选择中发挥作用，故而在很大程度上制约了农业资源的优化配置和农业新技术的引进。兼以抗战前西部地区各省军阀混战连年，农民极端贫困，生

---

①　邹秉文：《中国农业建设问题》，《大公报》，1944 年 3 月 20 日，第 6 版，星期三。

产的目的主要是解决吃饭问题，根本无力承担引进新技术带来的可能风险，对新技术的需求不足乃至不愿或不能产生需求。同时又因自身文化素质甚低，缺乏正确认识和采用农业新技术的能力，保守成性，对技术变革充满疑虑，因此，不能单纯依靠市场刺激来使农民自主选择技术革新。而战时军糈民用孔殷，增加农产已刻不容缓，故采取行政命令的方式，自上而下，强制引进新技术，推进农业科技改良，遂成为国民政府改良农业的主要手段。同时，政府强制性技术改良，还能绕开土地所有权的问题，即在保持土地所有制不变的情况下推动农业改良。这对于取得西部地区地主阶级支持，稳定西部地区局势十分重要。其具体做法主要是通过行政命令等强制措施，控制农作物生产种类，以决定农业改良的方向，直接要求西部地区各省农业科研机关改进、推广某种农作物，以达到控制西部地区农民技术选择的目的。而从其实施成效看，总体上，各方面的技术改良均取得了一定成绩。如粮食、棉花、工艺作物等均有大量增产，农产品产量大幅度提高，耕牛驿马、家禽家畜等的品种得以改良，各种兽疫亦得到控制，政府强制性技术革新起了重要作用，基本上保证了战时军民衣食供给，并换取了巨额外汇和物资，充实了抗战需要，同时也平抑了西部地区物价，稳定了市场，安定了人心，为抗战胜利提供了物质保障。但另一方面，政府实行的农产品统制政策亦剥夺了技术革新本应带给农民的经济利益，使农民最终对技术改良失去兴趣。战争期间，尤其是1942年后，通货膨胀加剧，导致种子、肥料、农具、役畜等农业生产成本大幅度上涨，然各种农产品价格却并未相应提高，政府反而强制实行经济统制，压价收购，使农民蒙受巨大损失。如1941年四川内江地区实行甘蔗统购统销后，干柴在市面上尚值2.90元1市斤，而甘蔗却被压价收购为0.6元左右1市斤，致使沱江流域甘蔗产量在1943年比

1941年减产29％～31％。① 又如棉花，战初四川棉花产量上升较快，但在1941至1943年间，产量骤降40％～50％，减产的主要原因仍是统购价格过低。② 再如桐油，1943年每吨生产成本为15 129元，但统购价仅9 156元，农民亏损达5 973元之巨；1942年每担春丝内销市价为54 000元，但收购价仅34 000元，相差竟达两万元。③ 因农民无力维持此种亏本生产，遂使生丝、桐油产量再度跌入低谷，不少农民被迫废桑园，伐桐树，弃货于地，投桐籽于烘坑以充肥料。④ 因此，战时政府农业政策既有强制引进技术变革，促进西部地区农业科技改良，推动农业进步的一面，亦有不顾农民利益，使农民无法获得技术革新带来的经济效益而被迫放弃技术选择，阻碍或延缓农业改良的一面。政府政策的两重性和矛盾性，对获取最大物资支持抗战而言，本无可厚非。政府推动技术改良的主旨就是增加西部地区农产，支持抗战，将西部地区农业纳入战争轨道，就此层面言，强制性技术变革的推行是必要的、是成功的，也是功不可没的，是符合抗战这个大方向的。但对于维持技术革新的成果及技术变革的直接接受者农民而言，则无疑得失并存，成败参半。通过技术推广，农民获得了前所未有的新器、新种、新法，促进了农业生产，提高了产量，使其耳目一新，且在战初获得了一定的经济利益。但继之，政府统购统销政策却剥夺了技术变革带来的经济效益，甚至亏本至巨，严重挫伤了农民接受技术革新的积极性，使其最终对农业改良失去信心。

---

① 李忠义：《内江的蔗业和蔗农》，《现代农民》，上海中国农业协会，1944年，7卷5期，第23页。

② 彭通湖主编：《四川近代经济史》，西南财经大学出版社，2000年版，第467页。

③ 周开庆：《四川经济志》，台湾商务印书馆，1972年版，第29页。

④ 彭通湖主编：《四川近代经济史》，西南财经大学出版社，2000年版，第468页。

总之，战时农林建设的两大任务是动员和复员。就动员讲，应有人力、物力、地力的推动，所以要集中人才，繁殖种子，制造器械，扩充耕地面积，及增加单位面积产量，然后生产充裕，可以自给自足。就复员讲，应有人力、物力、地力的准备，因为战后有大量的士兵要归还农村，贫苦流落的人民亦要安插，所以战时也要准备管理、指导屯垦的人才，耕牛、农具的繁殖和制造，以及荒地的调查，等等。归纳来说，无论动员和复员，都需要人力，所以要集中人力，要训练人才；同时也需要物力，故要繁殖种子种畜，制造器械；又需要地力，所以要调查荒地，利用土地。换句话说，农林建设就是生产建设。战时的计划是要达到孙中山所说的"人尽其才，地尽其利，货畅其流"的目的。一面完成抗战建国大业，同时解决民生问题。但兹事体大，尽管农林部及各级农林机关全力以赴，全国人士亦共同合作，农业改良仍然任重道远。但无论如何，战时西部地区农业改良无疑有其特殊性和重要性，在支持战争的可持久性方面具有不可磨灭的贡献。战时西部地区农业科技不仅获得了前所未有的提高，推进了西部地区各省农业的发展，而且改变了战前农业科研、农业推广均分布在东南沿海一带，西部地区基本上全付阙如的状况，在一定程度上缩小了东西部农业发展的差距，打破了战前地区农业发展的非均衡性，提高了西部地区各省农业生产力，为农业发展注入了新的活力，亦为西部地区农业迈向近代化奠定了一定基础，在农业发展史上具有相当重要的地位，具有十分重要的价值。

参考资料

一　档案资料

四川省档案馆：《四川省建设厅档案》，全宗号民 115，案卷号 4071、4072、6853。

四川省档案馆：《四川省农林植物病虫害防治所档案》，全宗号民 149，案卷号 1、69、70。

四川省档案馆：《四川省稻麦改良场档案》，全宗号民 150，案卷号 26、98、101。

四川省档案馆：《四川省家畜保育所档案》，全宗号民 151，案卷号 15—19。

四川省档案馆：《四川省棉花改良场档案》，全宗号民 154，案卷号 20、21、23。

四川省档案馆：《四川省蚕桑改良场档案》，全宗号民 155，案卷号 17、19、20、22、25。

四川省档案馆：《四川省甘蔗改良档案》，全宗号民 148，案卷号 116、8771。

四川省档案馆：《四川省农业改进所粮食作物改良档案》，全宗号民 148，案卷号 129、137—139、2773、2774、2776、2778、2779、2781、2783—2787、2790—2793、2801、2811、2815—2817。

四川省档案馆：《四川省农业改进所园艺改良档案》，全宗号民 148，案卷号 167、6223、6225—6227、6229、6230。

四川省档案馆：《四川省农业改进所农情调查档案》，全宗号民 148，案卷号 70、201、3113、3242、1273。

四川省档案馆：《中央农业实验所四川工作站档案》，全宗号民 148，案卷号 380—385。

四川省档案馆：《中央农产促进委员会档案》，全宗号民 148，案卷号 6515。

四川省档案馆：《四川省农业改进所畜牧改良档案》，全宗号民 148，案卷号 15、82、83、2337—2339、2341—2345、2347、2355、2360—2363、2365、2371。

四川省档案馆：《四川省农业改进所棉花改良档案》，全宗号民 148，案卷号 3105—3107、3109—3113、5733。

四川省档案馆：《四川省农业改进所蚕桑改良档案》，全宗号民 148，案卷号 3732、3756—3758、3760—3769、3771、3774—3777。

四川省档案馆：《四川省农业改进所病虫害防治档案》，全宗号民 148，案卷号 80、4112、4113、4120—4124、4126—4130、7219。

四川省档案馆：《四川省农业改进所土壤肥料档案》，全宗号民 148，案卷号 4131—4139、4142。

四川省档案馆：《四川省农业改进所农业推广档案》，全宗号民 148，案卷号 84、85、5011—5018、5021—5023、5025、5027、5030、5033、5035、7612、7627、7630、7638、7641。

四川省档案馆：《四川省农业改进所林业改良场档案》，全宗号民 148，案卷号 6957—6959、6961、6963、6965、6966、6968、6971—6973、6975、6976、6978、6979、6981、6983—6986、5355。

四川省档案馆：《四川省农业改进所开展农民训练档案》，全宗号民 148，案卷号 81。

四川省档案馆：《四川省农业改进所外销物资档案》，全宗号民 148，案卷号 8717。

四川省档案馆：《四川省农业改进所烟草改良档案》，全宗号民 148，案卷号 8756。

四川省档案馆：《温江县农推所档案》，全宗号民 148，案卷号 89—93。

四川省档案馆：《仁寿县农推所档案》，全宗号民 148，案卷号 7673。

二　民国报刊

《农业推广通讯》，月刊，1939 年 8 月在成都创刊，原由四川农业促进委员会编，四川省农业改进所成立后由其主编，后又改为中央农产促进委员会编，之后复改由南京农林部农业推广委员会编。

《川农所简报》，月刊，四川省农业改进所办，1938 年 12 月创刊，1940 年 12 月后改为 3 卷 1 期计算。

《农商公报》，月刊，北京农商部公报编辑处，1914 年 8 月创刊。

《农业周报》，南京农业周报社，1931 年 5 月创刊。

《湖南农业》，季刊，湖南农业改进所办，1941 年 1 月创刊。

《四川经济季刊》，重庆四川省银行经济研究处编，1943 年 1 月创刊。

《农学》又名《农学报》，旬刊，上海农学报馆办，1897 年 4 月创刊。

《中农月刊》，南京中国农民银行总管理处办，1940 年 1 月在重庆创刊。

《中行月刊》，上海中国银行经济研究室办，1930 年 7 月创刊。

《水利委员会季刊》，南京水利委员会办，1942 年创刊，1944 年改为月刊。原在重庆出版，后迁往南京。

《1939 年兽疫防治报告》，《1940 年兽疫防治报告》，四川省农业改进所畜牧兽疫防治督导团。

《国立四川大学校刊》，旬刊，国立四川大学教务处办，1932 年 9 月创刊。

《中华农学会报》，月刊，南京农业学校中华农学会办，1919 年 1 月创刊。

《实业部月刊》，南京实业部统计处办，1936 年 4 月创刊。

《农报》，双月刊，南京实业部中央农业实验所办，1934 年 3 月在南京创刊。

《农林公报》，月刊，重庆农林部总务司办，1940 年 9 月创刊。

《农林新报》，旬刊，南京金陵大学农学院办，1924 年 1 月创刊。

《农声》，双月刊，广州国立中山大学农学院办，1923 年 5 月在广州创刊。

《西南实业通讯》，季刊，重庆中国西南实业协会，1940 年 1 月创刊。

《中国农民》，月刊，重庆中国农民经济研究会办，1942 年 2 月创刊。

《中华农学会报》，月刊，南京农业学校中华农学会办，1919 年 1 月创刊，原名《中华农学会丛刊》，自 1 卷 5 期起改名为《中华农林会报》；自 2 卷 1 期起改用本名。

《中华农学会通讯》，月刊，南京中华农学会办，1940 年 5 月在重庆创刊。

《地理学报》，双月刊，北京中国地理学会办，1934 年 9 月在南京创刊，为季刊。抗战期间迁重庆出版，抗战胜利后迁回南京。

《新新新闻》，日刊，成都新新新闻报社，1929 年 9 月 1 日创刊。

《大公报》，日刊，天津大公报馆办，1902 年 6 月 17 日在天津创刊，1936 年 4 月 1 日起在天津、上海两地同时发行。

三　民国时期文论

包望敏：《当前农会在农业推广中应有之地位》，《川农所简报》，1943 年，5 卷 4 期。

鲍仪夫：《西南经济建设鸟瞰》，《西南实业通讯》，1946 年，14 卷 5—6 期。

柏钧：《四川棉花增产问题》，《川农所简报》，1943 年，5 卷 3 期。

卜少夫：《云南蚕丝新村一瞥》，《西南日报》，1941 年 10 月 13 日，星期五。

蔡无忌：《民元来我国之农业》，朱斯煌编：《民国经济史》（一），1948 初版，文海出版社，1948 年版。

曹仲植：《食糖专卖与川康糖业》，《政治建设月刊》，1942 年，6 卷 4 期。

曾济宽：《苏省农业推广办理经过及今后计划》，《农业推广》，1934 年，第 11 期。

曾省：《昆虫事业之今昔观》，《农业通讯》，1942 年，4 卷 8 期。

陈豹荫：《四川的建设与抗战建国的前途》，《重庆大公报》，1942 年 1 月 28 日，星期四，第 2 版。

陈洪进：《战时棉产问题之分析》，《四川经济季刊》，1943 年，1 卷 1 期。

陈华癸：《水稻田的绿肥问题》，《农报》，1944 年，8 卷 10 期。

陈颖光：《通货膨胀与后方农业建设问题》，《农业推广通讯》，1942年，4卷3期。

陈秋璜：《改进沱江流域糖业意见》，《西南实业通讯》，1946年，14卷5、6期。

陈思：《富顺农推所农林下作报告》，《川农所简报》，1947年，第8卷。

陈汶仪：《温江县建会一年来辅导农会推进农业推广之检讨》，《川农所简报》，1939年，1卷18期。

陈殷光：《从紧缩谈到四川农业改进所的裁减问题》，《川农所简报》，1942年，4卷3期。

陈禹平：《四川省元平式速成堆肥推广》，《农业推广通讯》，1942年，3卷12期。

陈锺廉：《川省烟草事业建设之必要》，《川农所简报》，1941年，3卷7期。

崔敏俊、张济时：《四川省第一农业推广辅导区工作》，《农业推广通讯》，1942年，4卷11期。

催树：《四川蒸制骨粉问题》，《川农所简报》，1941年，3卷11期。

戴方澜：《对于改进农业推广的几点意见》，《农业推广通讯》，1942年，4卷8期。

戴弘：《我国肥料问题》，《农报》，1936年，3卷20期。

丁颖：《水稻纯系育种之理论与实施》，《农声月刊》（农艺专号），1936年，第194、195合刊。

董鹤龄：《县单位农业推广实施管见》，《农业推广通讯》，1942年，4卷12期。

董时进：《抗战以来四川之农业》，《四川经济季刊》，1943年，1卷1期。

冯孝廉：《从乡农会自立谈到县单位推广制度之完成》，《农业推广通讯》，1939年，1卷4期。

冯泽芳：《四川棉花种植前途及其改进意见》，《中华农学会通讯》，1937年，第159期。

戈福江：《推广效果的检讨》，《农业推广通讯》，1941年，3卷2期。

戈丽计：《目前畜牧推广事业两大方针》，《农业推广通讯》，1940年，2卷3期。

古龙：《我对于农业推广的希望》，《农业推广通讯》，1943年，5卷3期。

郭霞：《40年来之中国农业推广》，《农业通讯》，1948年，10卷8期。

郭显嘉：《四川家畜保险事业之回顾与前瞻》，《川农所简报》，1943年，5卷6期。

郝钦铭：《金大廿余年来之农作物增产概述》，《农林新报》，1937年，14卷28—30合期。

韩啸林：《日渐成长中的全国农会组织》，《农业推广通讯》，1939年，1卷4期。

胡昌炽：《中国最近园艺界之进步》，《农林新报》，1937年，14卷1期。

胡竟良：《农业推广方法纲要》，《农业推广通讯》，1942年，3卷5期。

胡竟良：《战时四川棉业问题》，《四川经济季刊》，1946年，3卷4期。

胡子昂：《四川经济建设感想》，《西南实业通信》，1943年，2卷2期。

黄楷：《4年来的治螟推广》，《农业推广通讯》，1942年，3卷4期。

黄启：《农业建设与政治运用》，《农业推广通讯》，1942年，3卷4期。

蒋叶：《谈县农业推广机构》，《农业推广通讯》，1942 年，4 卷 11 期。

蒋叶：《推广效果检讨》，《农业推广通讯》，1939 年，1 卷 3 期。

金超：《四川农业推广问题及其改进意见》，《四川经济季刊》，1945 年，2 卷 3 期。

金克超：《棉毛纺织人造纤维、制烟、卷烟工业与后方各业概况》，《四川经济季刊》，1945 年，2 卷 2 期。

锦民：《当前农业建设的几个问题》，《农业推广通讯》，1944 年，6 卷 3 期。

锦民：《棉花增产问题》，《农业推广通讯》，1943 年，5 卷 3 期。

李德彰：《我国园艺事业之近况及将来》，《园艺》创刊号，1935 年。

李先闻、张连桂：《玉米育种之理论与四川省杂交玉米之培育》，《农报》，1947 年，12 卷 1 期。

罗敦伟：《西南经济建设与计划经济》，《西南实业通讯》，1947 年，15 卷 1 期。

李凤荪：《中国治虫之过去概况与战后实施》，《农业通讯》，1942 年，4 卷 8 期。

李正英：《四川省蒸制骨粉之推广》，《农业推广通讯》，1941 年，3 卷 12 期。

李治楫：《国内农事试验机关概况》，《农业推广》，1935 年，6 期。

李忠义：《内江的蔗业和蔗农》，《现代农民》，1944 年，7 卷 5 期。

李广元：《扩入冬作中四川油菜推广》，《川农所简报》，1939 年，1 卷 20 期。

李守尧：《四川之蚕丝业概述》，《四川经济季刊》，1945 年，2 卷 3 期。

李子和：《县农林场事业之回顾与前瞻》，《川农所简报》，1946 年，7 卷 2 期。

林家齐：《甘蔗品种改良》，《农声月刊》，1932 年 2 月，第 129 期。

林景亮：《四川农业建设的基本问题》，《农业推广通讯》，1942 年，4 卷 12 期。

林变森：《在仁寿农业推广试验区一年来工作困难心得与改进建议》，《农业推广通讯》，1942 年，4 卷 6 期。

林岑生：《慰问一位推广同志——一封公开信》，《农业推广通讯》，1939 年，1 卷 5 期。

林庆森：《农业推广文字工作问题》，《农林新报》，1942 年，19 卷 26 期。

林芳炽：《如何举办示范农田》，《农业推广通讯》，1943 年，5 卷 11 期。

刘连筹：《四川省农业改进所改组情形及改组后近况》，《农业通讯》，1942 年，1 卷 2 期。

刘连筹：《中国农业改进与农民品质提高问题》，《中国农民》，1942 年，2 卷 1、2 期合刊。

刘宏运：《川西川南植棉考察记》（上、下），《川农所简报》，1941 年，3 卷 10 期。

龙华：《劝农大会参观记》，《川农所简报》，1941 年，3 卷 2 期。

龙远：《我们为什么要改进四川的园艺事业》，《川农所简报》，1940 年，1 卷 22 期。

陆仰尊：《农业推广人员的苦干精神》，《农业推广》，1937 年，第 14 期。

毛继：《中国农业推广之进步》，《农业推广通讯》，1946年，8卷2期。

毛宗良、冒兴汉：《重庆附近之芥菜》，《中华农学会报》，1941年，第173期。

毛宗良：《园艺建设》，《中华农学会报》，1948年，第188期。

马鸣琴：《我用的农业推广宣传方法》，《农业推广通讯》，1942年，4卷3期。

潘简良：《氮磷钾三要素对小麦、油菜农艺性状之影响》，《农报》，1943年，7卷18期。

彭家元、陈禹平：《元平式速成堆肥制造法》，《农声》，1937年，第205期。

彭家元：《四川肥料问题》，《川农所简报》，1944年，3卷4期。

丕录：《战后农业推广的几点意见》，《川农所简报》，1947年，8卷5期。

钱树人：《家畜保险与防疫》，《农业推广通讯》，1941年，3卷10期。

钱天鹤：《三年来之粮食增产》，《农业推广通讯》，1944年，6卷11期。

钱天鹤：《中国农业研究工作之鸟瞰》，《农业推广》季刊，1936年，第8期。

钱淦庭：《全国改良棉种推广调查》，《农业推广通讯》，1942年，4卷6期。

钱天鹤、费达生：《川康蚕丝产销之回顾与展望》，《西南实业通讯》，1942年，5卷1期。

乔启明：《农会与农业推广》，《农业推广通讯》，1939年，1卷4期。

乔启明：《农业推广与农村组织》，《农业通讯》，1947 年，1 卷 7 期。

乔启明：《如何培养农业推广人才》，《农业推广通讯》，1939 年，1 卷 3 期。

沈曾侃：《改善县推广所经费办法》，《农业推广通讯》，1942 年，4 卷 7 期。

沈鸿烈：《全国之农业建设》，《农业推广通讯》，1942 年，5 卷 7 期。

沈鸿烈：《在农林建设与工作竞赛运动座谈会讲词》，《农业推广通讯》，1942 年，4 卷 12 期。

沈宗瀚：《中国作物育种事业之过去现在及将来》，《农报》，1935 年，2 卷 25 期。

施中一：《农业合作与农业推广》，《农业推广通讯》，1940 年，2 卷 12 期。

施中一：《一年来之县单位农业推广实验》，《农业推广通讯》，1944 年，3 卷 1 期。

施中一：《增进农业推广工作效率的几点建议》，《农业推广通讯》，1940 年，2 卷 10 期。

受益：《8 年来四川棉业改良场》，《川农所简报》，1944 年，6 卷 3 期。

受益：《四川稻种改良与稻作区域之划分》，《川农所简报》，1942 年，4 卷 3 期。

受益：《县农推所今后工作尚须进一步努力》，《农业推广通讯》，1942 年，3 卷 6 期。

史奇生：《四年来温江永兴镇农会》，《农业推广通讯》，1942 年，4 卷 10 期。

宋希岸：《农业推广与国民经济建设》，《农业推广通讯》，1942 年，4 卷 2 期。

宋希痒：《江浙重要农村改进机关考察记》，《农业周报》，1934 年，2 卷 34 期。

苏哲元：《谈县农业推广机构》，《川农所简报》，1946 年，7 卷 1 期。

孙连运：《四川桐油外销展望》，《川农所简报》，1946 年，7 卷 3 期。

孙重民：《我在仁寿参观劝农大会的几点观感》，《川农所简报》，1939 年，卷 17 期。

孙光远：《四川省小麦推广之回顾与前瞻》，《中农月刊》，1940 年，6 卷 12 期。

孙虎臣、崔增体：《四川粮食棉花增产问题》，《四川经济季刊》，1945 年，2 卷 4 期。

檀学文：《关于日本蚕业经济的研究》（下），《中国蚕业》，1999 年，第 4 期。

陶然：《四川省粮食增产委员会陪都专员办事处工作报告节略》，《农业推广通讯》，1942 年，3 卷 4 期。

万福民：《抗战期间农业上两大问题》，《农业通讯》，1942 年，3 卷 1 期。

汪荫元：《成都战时物价之变迁及其对于社会所发生的影响》，《四川经济季刊》，1945 年，2 卷 4 期。

汪荫元：《我国农产物价之统制》，《四川经济季刊》，1943 年，2 卷 1 期。

王达三：《我国农业推广应有的趋向》，《农业通讯》，1947 年，1 卷 2 期。

王天予：《人造丝与蚕丝》，《中国实业》，1927 年，1 卷 11 期。

王兴瑞：《中国农业技术发展史》，《现代史学》，1936 年，3 卷 1 期。

王治范：《农推人员的修养与训练》，《农业推广通讯》，1942

年，4 卷 12 期。

王陵南：《四川土壤肥料与粮食增产》，《中国农民》，1942年，2 卷 1、2 期合刊。

于厦和：《中国现代兽医改进之理论与实际》，《中央畜牧兽医汇报》，1942 年，1 卷 1 期。

魏文元：《四川之棉作》，《四川经济季刊》，1946 年，3 卷 4 期。

魏元枕：《西南天然林之开发及其途径》，《西南实业通讯》，1940 年，1 卷 3 期。

巫宝三、马黎元：《中国农业所得》，《农林新报》，1932 年，8 卷 7 期。

吴敬亭：《关于农业推广的几点意见》，《农业推广通讯》，1942 年，4 卷 4 期。

徐淡人：《三十六年蚕种供需纪要》，《浙江经济》，1947 年，2 卷 5 期。

徐世余：《江苏省之蚕种业》，《农林新报》，1930 年，7 卷 193 期。

徐锦云：《论四川农业合作与农业推广之关系》，《农业推广通讯》，1941 年，3 卷 1 期。

徐国屏：《县农场经营与县农业推广》，《川农所简报》，1947年，8 卷 5 期。

熊大仕：《四川兽疫及防治概况》，《川农所简报》，1940 年，1 卷 18 期。

许康祖：《农改所改组之我见》，《川农所简报》，1942 年，4 卷 2 期。

许泽均：《农改所之裁撤》，《新新新闻》，1942 年 1 月 27日，星期二。

薛笃弼：《三年来与同仁互勉之回顾》，《水利委员会月刊》，

1944 年，1 卷 9 期。

杨传金：《农业推广之理论阐发及实际问题研讨》，《农业推广通讯》，1942 年，3 卷 4 期。

杨靖夫：《开发西南林业之我见》，《西南实业通讯》，1940 年，1 卷 1 期。

杨晓铜：《7 年来之四川农业改进》，《四川经济季刊》，1945 年，2 卷 2 期。

姚澄：《农业推广之商榷》，《农业推广通讯》，1942 年，4 卷 10 期。

殷维藩、周荣琳：《十年来四川棉作推广与增产》，《四川经济季刊》，1946 年，3 卷 4 期。

王友真：《抗战期间农业推广上的两大问题及其解决》，《农业推广通讯》，1944 年，4 卷 4 期。

俞夫：《西南森林与工业建设》，《西南实业通讯》，1941 年，5 卷 1 期。

原颂周：《中国化学肥料问题》，《农报》，1937 年，4 卷 2 期。

张汴：《四川植棉问题》，《四川经济季刊》，1944 年，3 卷 1 期。

张东白：《办理县农业推广所之我见》，《农业推广通讯》，1945 年，7 卷 2 期。

张朝阳：《仁寿县办理劝农大会实施管见》，《川农所简报》，1939 年，1 卷 17 期。

章道江：《4 年来之温江农会》，《川农所简报》，1941 年，3 卷 10 期。

张国远：《森林与建国的关系》，《民主与科学》，1945 年，1 卷 10 期。

张红盛：《农业推广的联系问题》，《川农所简报》，1944 年，

6 卷 3 期。

章洪元：《四川骨粉问题》，《四川经济季刊》，1943 年，1 卷 2 期。

张济时：《农会与农业推广问题》，《农业推广通讯》，1945 年，8 卷 7 期。

张济时：《农业推广员的基本精神》，《农业推广通讯》，1942 年，4 卷 3 期。

章楷：《四川农业推广之症结》，《农业推广通讯》，1942 年，4 卷 4 期。

张乃凤：《化学肥料问题论战缩影》，《农报》，1944 年，9 卷 19 期。

章文才：《园艺建设》，《中华农学会报》，1948 年，第 188 期。

章恕：《我们为什么要改进四川的伐木事业》，《川农所简报》，1941 年，3 卷 6 期。

赵连芳：《四川省农林建设之回顾与前瞻》，《川农所简报》，1941 年，3 卷 1 期。

赵连芳：《本所 3 年来人事及经费概况》，《川农所简报》，1941 年，3 卷 1 期。

赵培元：《川康森林概况与天然林材积之刍议》，《西南实业通讯》，1940 年，1 卷 6 期。

赵水余：《战时四川省之丝业》，《经济动员半月刊》，1938 年，1 卷 2 期。

郑万钧：《如何改进四川伐木事业》，《川农所简报》，1940 年，1 卷 23 期。

周拾录：《三十年来中国稻作之改进》，《中国稻作》，1948 年，7 卷 1—3 合期。

周怡春：《论我国农业推广》，《中华农学会通讯》，1943 年，第 28 号。

周民英：《改善农业推广人员生活办法之管见》，《川农所简报》，1947 年，8 卷 4 期。

周可涌：《四川省甘蔗推广问题》，《农业推广通讯》，1943 年，5 卷 4 期。

周绍麟：《如何动员农民自力治螟》，《农林新报》，1942 年，19 卷 21 期。

周学思：《开发川康森林中的天然造林问题之商讨》，《科学世界》，1941 年，1 卷 6 期。

朱海帆：《绿肥》，《农报》，1940 年，5 卷 10 期。

朱晋卿：《川西南农推视察简记》，《农业推广通讯》，1942 年，4 卷 8 期。

朱晋卿：《农业推广实验事业回顾与前瞻》，《农业推广通讯》，1939 年，1 卷 5 期。

朱天梱：《农具推广》，《川农所简报》，1940 年，2 卷 24、25 合期。

朱明：《四川省农业改进所之现状及今后改进之途径》，《中国农民》，1942 年，1 卷 6 期。

朱明：《四川畜牧业之现状及今后改进之途径》，《中华农学会通讯》，1943 年，第 28 号。

邹树文：《中大农学院改良棉作之经验》，《农业周报》，1934 年，3 卷 17 期。

邹秉文：《中国农业建设问题》，《大公报》，1944 年 3 月 20 日，第 6 版，星期三。

左学善、万福民：《四川省历年来之小麦推广》，《农业通讯》，1946 年，8 卷 3 期。

四 民国时期著作

曾同春：《中国丝业》，上海商务印书馆，1933 年版。

冯和法：《中国农村经济资料》，上海黎明书局，1934 年版。

郝钦铭：《作物育种学》（上），商务印书馆，1946 年版。

利查逊：《四川省土壤与农业》，实业部地质调查所，1939 年版。

陆费执：《中等园艺学》，中华书局，1926 年版。

吕平登：《四川农村经济》，商务印书馆，1936 年版。

秦孝仪：《十年来之中国经济建设 1927—1937》，南京扶轮日报社，1937 年版。

时事问题研究会编：《抗战中的中国经济》，抗战书店，1940 年版

唐启宇：《近百年来中国农业之进步》，国民党中央党部印刷所印行，1933 年。

唐志才：《改良农器法》，世界书局，1933 年版。

吴耕民：《蔬菜园艺学》下册，出版社不详，1936 年版。

吴蛛：《蔬菜栽培新法》，上海新学会社，1913 年版。

尹良莹：《四川蚕业改进史》，商务印书馆，1947 年版。

中国农村经济研究会编：《抗战中的中国农村动态》，新知识书店，1939 年版。

章之汶、李醒愚：《农业推广》，商务印书馆，1935 年版。

中美农业技术合作团：《改进中国农业之途径》，商务印书馆，1946 年版。

行政院农村复兴委员会编：《中国农业之改进》，商务印书馆，1935 年版。

彭家元：《肥料学》，商务印书馆，1935 年版。

沈雷春、陈禾章：《中国战时经济志》，文海出版社，1942 年版。

王兆新：《战时农业政策》，独立出版社，1942年版。

沈鸿烈：《农林建设》，中央训练团党政高级训练班编印，1942年。

钱天鹤：《农林建设》，中央训练团党政高级训练班编印，1943年。

陈济棠：《农林建设》，中央训练团党政高级训练班编印，1940年。

沈宗瀚：《农林垦牧》，中央训练团党政训练班讲演录，1939年。

胡竟良：《农业推广论文集》，文海出版社，1944年版。

常宗会：《常宗会自述》，独立出版社，1940年版。

五　档案资料汇编

中国第二历史档案馆：《上海丝厂协会委员会关于改良蚕丝泊标办法致工商部呈文》，《中华民国史档案资料汇编》，第5辑第1编，财政经济，江苏古籍出版社，1994年版。

中国第二历史档案馆：《非常时期经济方案》《第九战区经济委员会关于1941年度后方农林行政概况稿》，《中华民国史档案资料汇编》，第5辑第2编，财政经济5，江苏古籍出版社，1994年版。

中国第二历史档案馆：《重庆市政府检送重庆纺织工业普查报告致国民政府文官处函》《江浙丝绸机织联合会致工商部电》，《中华民国史档案资料汇编》，第5辑第2编，财政经济6，江苏古籍出版社，1994年版。

中国第二历史档案馆：《邹秉文关于1942年后方农业建设稿》《国民政府主计部关于战时农业增产措施及其实施状况的调查统计》《财政部贸易委员会1938年统制蚕丝棉花宁麻购销的工作报告》《国民政府主计部关于战时农业增产措施及其实施状况

的调查统计》《抗战建国纲领》，《中华民国史档案资料汇编》，第5辑第2编，财政经济7，江苏古籍出版社，1994年版。

中国第二历史档案馆：《经济部关于战时农业建设方针的工作报告》《农林部关于战时林业建设概况报告》《财政部贸易委员会拟定外销物资增产计划大纲草案》《防治兽疫计划草案》《国民参政会参议员提案选编》《国民政府主计部关于战时畜牧生产状况的调查统计》《拟请中央在各省设立大规模畜牧场案》《四联总处关于全国农贷概况统计》，《中华民国史档案资料汇编》，第5辑第2编，财政经济8，江苏古籍出版社，1994年版。

中国第二历史档案馆：《四川省第五区行政督察专员刘仁庵为乐山丝业致南京国民政府函》《四川省阆中县总工会关于丝业公司统制产茧剥夺工农生计致经济部呈》《四川乐山县缲丝业职业工会为丝厂停办工人失业请求救济呈》《陈大宁编1938年度广西省农业发展概况稿（1938年12月）》《国民政府云南蚕桑改进所关于云南蚕桑改良情况的报告（1940年7月）》《四川简阳县佃农请求限制地价的呈文（1941年4月）》，《中华民国史档案资料汇编》，第5辑第2编，财政经济9，江苏古籍出版社，1994年版。

六　中华人民共和国成立后著作

陈真等编：《中国近代工业史资料》第1辑，三联书店，1957年版。

抗日战争史学会编：《抗日战争时期四川大事记》，华夏出版社，1987年版。

四川文史资料研究委员会编：《四川文史资料选辑》第11辑，四川人民出版社，1986年版。

邓力群：《当代中国的农作物业》，中国社会科学出版社，1988年版。

高景岳：《无锡丝茧业向北洋政府提议改良蚕种》，《近代无锡蚕丝业资料选辑》，江苏古籍出版社，1987年版。

郭文韬、曹隆恭：《中国近代农业科技史》，中国农业科技出版社，1989年版。

陆仰渊、方庆秋：《民国社会经济史》，中国经济出版社，1991年版。

彭通湖：《四川近代经济史》，西南财经大学出版社，2000年版。

全国生产会议秘书处编：《全国生产会议总报告》，沈云龙主编：《近代中国史料丛刊》，3编44辑，文海出版社有限公司，1988年版。

沈宗瀚：《沈宗瀚自述》，传记文学出版社，1984年版。

水利水电科学研究院中国水利史稿编写组：《中国水利史稿》（上册），水利电力出版社，1989年版。

谭熙宏编：《十年来之中国经济》，文海出版社，1976年版。

汪敬虞：《中国近代工业史资料》第4卷，北京科学出版社，1957年版。

王洪峻：《抗战时期国统区的粮食价格》，四川省社会科学院出版社，1985年版。

许康、劳汉生：《中国管理科学化的历程》，湖南科技出版社，2001年版。

中国农业博物馆：《中国近代农业科技史稿》，中国农业科技出版社，1995年版。

中国社会科学院等编：《1949—1952中华人民共和国经济档案资料选编》（农业卷），社会科学出版社，1991年版。

周开庆：《四川经济志》，台湾商务印书馆，1972年版。

周开庆：《四川与对日作战》，商务印书馆，1971年版。

七　中华人民共和国成立后论文

钟华英：《从繁荣到衰败：民国四川蚕丝业的演进历史——以南充为例》，四川大学硕士学位论文，2005 年。

徐堪：《抗战时期粮政纪要》，《四川文献月刊》，1963 年，第 11、12 期合刊。

王树槐：《抗战时期云南的蚕桑业》，台湾研究院近代史研究所编：《抗战建国史研讨会论文集》（下册），1985 年版。

夏如兵：《中国近代水稻育种科技发展研究》，南京农业大学博士学位论文，2009 年。

李群：《中国近代畜牧业发展研究》，南京农业大学博士学位论文，2003 年。

蒋国宏：《江浙地区的蚕种改良研究（1898—1937）》，华东师范大学博士学位论文，2008 年。

后　记

本书是在我博士后出站报告的基础上修改而成的。2013 年，我很欣欣然地到西南大学做了博士后，之后发现其实很累。在站 4 年，努力耕耘，个中酸辛，我想凡有此经历者，皆深知其味，毋庸我赘言。

衷心感谢西南大学抗战大后方历史文化研究中心主任周勇教授和潘洵教授，从论文的选题到细节的推敲，从读书治学到做人处世，二位导师皆予我无微不至的关怀，付出了大量心血。

衷心感谢陈廷湘、刘志英、张守广、黄贤全等诸位教授，他们对我学习上和论文写作上的教诲与帮助，使我受益匪浅。

感谢博管办主任陈飏、吴超老师，以及历史文化学院办公室肖主任和各位老师。他们的辛苦工作为我顺利出站做好了准备。

感谢中国国家图书馆、重庆图书馆的刘老师、熊老师等，他们给我提供了大量资料，予我巨大帮助。

感谢重庆北碚图书馆各位老师给我提供了大量资料。

感谢师兄熊斌、杜俊华、朱海嘉等予我的帮助、关怀与鼓励。

正是在上述良师益友的大力帮助下，我得以顺利出站，也使我在人生的道路上获益匪浅。在本书完成之际，特向以上专家和朋友们表示衷心感谢。

西部地区农业改良是一庞大的选题，所涉范围较广，内容亦颇为繁杂，目前的研究还是一个尝试，一个初步的探索，并不是完美的，因此它不可能是令人满意的。虽然我已竭尽全力，力图使其更加圆满，更接近科学一些，但就个人力量而言，仍然是一个庞大的工作。为了尽早获得学界的指教，我不揣冒昧，把这本尚有不足之处的书奉献给大家，恳请各位专家学者批评指正。